普通高校经济管理类立体化教材　基础课系列

经　济　法

(第 2 版)

秦　雷　郑　轶　主　编

张真真　　陈东仿　袁晓峰　李超翠　副主编

清华大学出版社

北　京

内 容 简 介

本书是为适应我国高等学校非法律类专业学生学习和掌握经济法的实际需要，以实用为原则，依据相关理论和我国最新颁布的主要经济法律法规编写而成。

本书共十六章，包括经济法基础理论、企业法、公司法、企业破产法、合同法、竞争法、产品质量法、消费者权益保护法、税收法律制度、商标法、专利法、银行法、证券法、票据法、劳动法律制度以及经济仲裁和民事诉讼法律制度。全书体系完整、重点突出、编排及内容新颖，注重案例教学及背景知识的扩展，具有很强的实用性。

本书适合高等院校本科经济类、管理类、财经类专业学生使用，也可作为高职高专教材以及在职人员的自学参考用书。

图书在版编目(CIP)数据

经济法/秦雷，郑轶主编. —2 版. —北京：清华大学出版社，2019

(普通高校经济管理类立体化教材　基础课系列)

ISBN 978-7-302-51283-7

Ⅰ. ①经…　Ⅱ. ①秦…　②郑…　Ⅲ. ①经济法—中国—高等学校—教材　Ⅳ. ①D922.29

中国版本图书馆 CIP 数据核字(2018)第 215350 号

责任编辑：姚　娜　刘秀青
封面设计：李　坤
责任校对：王明明
责任印制：董　瑾
出版发行：清华大学出版社
网　　址：http://www.tup.com.cn, http://www.wqbook.com
地　　址：北京清华大学学研大厦 A 座　　邮　　编：100084
社 总 机：010-62770175　　邮　　购：010-62786544
投稿与读者服务：010-62776969, c-service@tup.tsinghua.edu.cn
质量反馈：010-62772015, zhiliang@tup.tsinghua.edu.cn
课件下载：http://www.tup.com.cn, 010-62791865
印 装 者：三河市铭诚印务有限公司
经　　销：全国新华书店
开　　本：185mm×260mm　　印　张：22.25　　字　数：540 千字
版　　次：2010 年 3 月第 1 版　2019 年 1 月第 2 版　　印　次：2019 年 1 月第 1 次印刷
定　　价：59.80 元

产品编号：078659-01

再版说明

我国社会主义市场经济建设进入了新的发展时代，确立了依法治国的总方略。在这一大背景下，我国经济领域的立法发展迅速，新制定的法律法规及现有法律法规的修订完善在不断进行。为了及时体现我国经济领域最新立法状况以及读者学习的需要，在清华大学出版社的鼎力支持下，我们对本书第 1 版进行了全面修订。新版在内容及结构上进行了适度调整，更加适合高等院校经管类专业本、专科学生阅读使用。相比第 1 版，本版主要更新了课后的案例分析题以及绝大部分的背景阅读材料；结合我国《民法总则》、新修订的《公司法》《反不正当竞争法》《个人所得税法》《商标法》《专利法》等，更新了教材相应部分的内容，部分章节由作者进行了全面改写。参加第 2 版编写的作者分工如下：秦雷编写第一、五、十一、十三章；郑轶编写第二、三、十五章；张真真编写第十、十四章；陈东仿编写第十二、十六章；袁晓峰编写第四、九章；李超翠编写第六～八章；最后由秦雷和郑轶统稿。

由于编者水平有限，书中难免有疏漏之处，恳请各位读者不吝赐教。

编　者

前言

自改革开放以来，我国经济建设取得了举世瞩目的成就。近年来，面对日益复杂多变的国际环境，我国政府采取了积极的干预措施，保持了经济的平稳增长，这些强有力的举措使我国成为目前世界上最具有活力的经济体。这些成就的取得得益于国家总体经济发展战略以及社会主义市场经济体制的建立和市场经济秩序的稳定，而经济法在实施国家总体战略、建立和维护市场经济秩序方面具有不可比拟的优势。具备一定的经济法知识对于提高市场主体的法律意识和维护与遵守市场经济秩序起着重要的作用，同时也是市场主体维护自身权益的必然要求。

经济法是我国高校经济类、管理类专业的核心课程之一，高校一般将经济法开设为一门专业基础课程；多个类别的经济类职业资格准入或者水平考试也都将经济法列为考试的重要内容。为了给高校非法律专业的学生学习经济法提供方便，同时也为了帮助其他读者了解和自学经济法的基础知识，我们不揣简陋，编写了这本经济法教材。

经济法作为一个重要的法律部门，在理论上仍有许多未决的争论，如经济法该如何定义以及经济法的调整对象应当包括哪些内容等。其主因在于经济法与其他部门法之间，尤其是与民商法、行政法之间的界限不易界定清楚。我们无意参与法学理论界的争论，也无意把本书的重心放在对经济法与其他部门法关系的界定上，我们的初衷是要在实用的基础上为非法律专业学生和读者较系统又突出重点地介绍经济法的理论与实务知识。

本书依据我国现行的法律法规，并参照有关司法解释的内容编写而成。考虑到经济类和管理类学生的知识结构以及专业要求，在内容的选择上，增加了相关法律知识的介绍，并尽量与学生所学专业相联系，以便学生在以后的实际工作中更好地加以运用。为体现本书的实用性、新颖性，我们在每章前都有本章导读、学习目标及关键概念，每章正文有不定量的专栏，或介绍背景知识，或给出典型案例，每章后亦有本章小结、复习思考题以及案例分析。

本书在编写过程中参考了大量的他人成果，但限于篇幅未在书中一一列出，列于书末参考文献中，在此表示感谢。同时，衷心感谢清华大学出版社老师的热情帮助及专业化指导，使本书得以顺利出版；也感谢给予我们各方面帮助的其他同志。

由于编者水平有限，书中难免有疏漏之处，恳请读者不吝赐教。

编　者

目 录

第一章 经济法基础理论 1

第一节 经济法概述 2

一、经济法的产生和发展 2

二、经济法的概念 9

三、经济法的调整对象及特征 10

四、经济法的渊源 11

第二节 经济法律关系 12

一、经济法律关系的概念 12

二、经济法律关系的构成 13

三、经济法律关系的发生、变更和终止 17

第三节 物权与债权 17

一、物权 18

二、债权 27

第四节 代理与时效 31

一、代理 31

二、时效 33

第五节 经济法的法律责任 35

一、法律责任的概念和种类 35

二、违反经济法的法律责任 36

本章小结 37

复习思考题 37

案例分析 38

第二章 企业法 39

第一节 企业法概述 40

一、企业的概念、特征和分类 40

二、企业法的概念及我国企业法的构成 41

第二节 个人独资企业法 41

一、个人独资企业概述 41

二、个人独资企业法概述 42

三、个人独资企业的权利 42

四、个人独资企业的义务 43

五、个人独资企业的设立 43

六、个人独资企业的投资人及事务管理 44

七、个人独资企业的解散与清算 45

第三节 合伙企业法 46

一、合伙企业法概述 46

二、普通合伙企业 47

三、有限合伙企业 51

四、合伙企业的解散与清算 54

五、违反合伙企业法的法律责任 55

第四节 外商投资企业法 56

一、外商投资企业法概述 56

二、中外合资经营企业法 57

三、中外合作经营企业法 60

四、外资企业法 63

本章小结 65

复习思考题 65

案例分析 65

第三章 公司法 67

第一节 公司法概述 68

一、公司的概念和种类 68

二、公司法的概念和特征 73

三、公司的设立登记 74

第二节 有限责任公司 76

一、有限责任公司的设立 76

二、有限责任公司的组织机构 78

三、有限责任公司董事、监事、高级管理人员的资格和义务 81

四、有限责任公司的股权转让 82

五、一人有限责任公司 83

六、国有独资公司 83

第三节 股份有限公司 84

一、股份有限公司的设立 84

二、股份有限公司的组织机构......87
第四节　公司股份与债券的发行和转让......90
一、股份与股份发行......90
二、股份转让......91
三、公司债券的发行与转让......92
四、上市公司......94
第五节　公司的财务与会计制度......95
一、公司财务会计制度的概念......95
二、财务会计在公司中的作用......95
三、公司财务会计工作的基本要求......95
四、利润分配......96
第六节　公司的合并与分立、解散与清算......97
一、公司的合并与分立......97
二、公司的解散与清算......98
第七节　违反公司法的法律责任......99
一、发起人(股东)的法律责任......100
二、公司的法律责任......100
三、清算组的法律责任......101
四、承担资产评估、验资或者验证机构的法律责任......101
五、政府有关主管部门的法律责任......101
六、其他违反公司法的有关规定......101
本章小结......102
复习思考题......102
案例分析......102
第四章　企业破产法......104
第一节　企业破产法概述......105
一、破产的概念及其法律特征......105
二、破产法的含义及其适用......105
三、破产案件的管辖......106
第二节　破产申请与受理......106
一、破产原因......106
二、破产申请......106
三、破产案件的受理......107
四、债权申报......108
第三节　债务人财产与管理人......108
一、债务人财产及相关权利......109
二、破产费用与共益债务......110
三、管理人......110
第四节　债权人会议与和解、重整......111
一、债权人会议......111
二、和解......112
三、重整......114
第五节　破产宣告和破产终结......116
一、破产宣告......116
二、破产财产的变价和分配......116
三、破产程序的终结......117
本章小结......118
复习思考题......118
案例分析......118
第五章　合同法......120
第一节　合同法概述......121
一、合同的概念与特征......121
二、合同法的概念与特征......122
三、合同法的基本原则......122
四、合同的分类......124
第二节　合同的订立......125
一、合同的内容与形式......125
二、合同订立的程序......126
三、缔约过失责任......129
第三节　合同的效力......130
一、合同的生效......130
二、效力待定的合同......131
三、无效合同、可撤销或可变更的合同及其法律后果......132
第四节　合同的履行......133
一、合同履行的原则......133
二、合同履行的规则......134
三、合同履行中的抗辩权......135
四、代位权与撤销权......136
第五节　合同的担保......136
一、保证......137
二、抵押......139
三、质押......141

四、留置……143
五、定金……144
第六节 合同的变更、转让和终止……144
一、合同的变更……145
二、合同的转让……145
三、合同的终止……147
第七节 违约责任……149
一、违约责任概述……149
二、承担违约责任的方式……150
三、违约责任的免除……151
本章小结……152
复习思考题……152
案例分析……153

第六章 竞争法……154

第一节 竞争法概述……155
一、竞争法的概念……155
二、竞争法的基本内容……155
三、竞争法的基本原则……156
四、我国竞争法的立法概况……157
第二节 反不正当竞争法……158
一、反不正当竞争法的概念和特征……158
二、不正当竞争行为的概念及其构成……158
三、不正当竞争行为的具体类型及其法律责任……158
第三节 反垄断法……162
一、反垄断法的概念及其立法目的……162
二、垄断协议及其法律规制……162
三、滥用市场支配地位……164
四、经营者集中……167
五、行政垄断……169
六、反垄断执法机构……170
本章小结……170
复习思考题……170
案例分析……171

第七章 产品质量法……172

第一节 产品质量法概述……172
一、产品及产品质量……173
二、产品质量法及其适用范围……174
三、产品质量责任和产品责任……174
第二节 产品质量的监督……175
一、产品质量监督体制……175
二、产品质量监督管理制度……175
第三节 生产者、销售者的产品质量责任和义务……176
一、生产者的产品质量责任和义务……177
二、销售者的产品质量责任和义务……177
第四节 产品损害赔偿责任……178
一、产品损害赔偿责任的概念……178
二、产品损害赔偿责任的归责原则……178
三、损害赔偿范围及责任形式……178
第五节 产品质量行政责任和刑事责任……179
一、生产者、销售者违反产品质量法的行政责任和刑事责任……179
二、国家机关及其工作人员的行政责任和刑事责任……180
本章小结……181
复习思考题……181
案例分析……181

第八章 消费者权益保护法……182

第一节 消费者权益保护法概述……183
一、消费者的概念……183
二、消费者权益保护法……183
三、消费者权益保护法的立法宗旨与基本原则……184
第二节 消费者的权利……184
一、消费者权利的含义……184
二、消费者的主要权利……184
第三节 经营者的义务……186
一、经营者的含义……186
二、经营者的主要义务……186
第四节 消费者权益的保护……187

一、国家对消费者权益的保护......188
二、社会对消费者权益的保护......188
三、消费者权益争议的解决......189
四、法律责任的确定......190
本章小结......191
复习思考题......191
案例分析......192

第九章 税收法律制度......193
第一节 税收法律制度概述......193
一、税收的一般理论......194
二、税法概述......194
第二节 流转税法律制度......196
一、增值税法律制度......197
二、消费税法律制度......198
三、关税法律制度......199
第三节 所得税法律制度......200
一、企业所得税法律制度......200
二、个人所得税法律制度......201
第四节 财产、行为、资源税法律制度......203
一、财产税法律制度......203
二、行为税法律制度......205
三、资源税法律制度......207
第五节 税收征收管理法......208
一、税收征管法的法律适用......209
二、税务管理......209
三、税款征收......211
本章小结......212
复习思考题......213
案例分析......213

第十章 商标法......214
第一节 商标及商标法概述......215
一、商标与注册商标......215
二、商标的种类......216
三、商标法概述......217
四、商标管理......218
第二节 商标注册的申请和审批......219
一、商标注册的申请......219
二、商标注册的审批程序......221
三、注册商标的无效宣告......222
第三节 商标权及其法律保护......222
一、注册商标专用权人的权利和义务......223
二、注册商标专用权的保护......223
三、驰名商标及其保护......225
四、商标权的国际保护......226
本章小结......227
复习思考题......228
案例分析......228

第十一章 专利法......229
第一节 专利法概述......230
一、专利和专利法的概念......230
二、专利制度的起源和发展......230
第二节 专利权......231
一、专利权及其特征......231
二、专利权的主体与客体......231
三、授予专利权的条件......234
第三节 专利的申请和审批......235
一、专利的申请......235
二、我国专利申请的审查......238
第四节 专利权的保护......239
一、专利权的期限、终止与无效宣告......239
二、专利实施的强制许可......240
三、专利权的保护......241
四、专利权的国际保护......244
本章小结......245
复习思考题......245
案例分析......245

第十二章 银行法......247
第一节 银行及银行法概述......248
一、金融机构及其分类......248
二、银行及其功能......248
三、银行法及其调整对象......249
第二节 中国人民银行法......249

普通高校经济管理类立体化教材·基础课系列

一、中国人民银行的性质和法律地位......249
二、中国人民银行的组织机构......251
三、中国人民银行的货币政策工具......251
四、中国人民银行业务的禁止性规定......253
五、中国人民银行的金融监管权......253
第三节 银行业监督管理法......254
一、银行业监督管理法概述......254
二、银行业监管的法律规定......255
第四节 商业银行法......258
一、商业银行的概念、特征......258
二、商业银行法概述......258
三、商业银行的设立、变更......260
四、商业银行的业务规则......261
五、商业银行的监督管理......263
六、商业银行的接管和终止......263
本章小结......265
复习思考题......265
案例分析......265
第十三章 证券法......266
第一节 证券法概述......267
一、证券法的概念与特征......267
二、证券法的调整范围......268
三、证券法的基本原则......269
四、证券市场......269
第二节 证券发行与承销......270
一、证券发行......270
二、证券承销......272
第三节 证券交易及其信息公开......273
一、证券交易的概念......273
二、证券交易的一般规则......273
三、证券上市交易的条件......274
四、禁止的证券交易行为......276
五、上市公司信息公开......278
第四节 上市公司收购......280
一、上市公司收购的概念与种类......280
二、上市公司收购的一般规则......281
三、上市公司收购程序......282
第五节 证券交易所及证券服务机构......283
一、证券交易所......283
二、证券公司......284
三、证券登记结算机构......285
四、其他证券交易服务机构......285
本章小结......286
复习思考题......286
案例分析......287
第十四章 票据法......288
第一节 票据及票据法......289
一、票据的含义......289
二、票据的特征......289
三、票据的分类......290
四、票据的功能......291
五、票据法概述......291
第二节 票据行为......292
一、票据行为概述......292
二、票据行为的有效要件......293
第三节 票据当事人的权利......295
一、票据权利......295
二、利益偿还请求权......296
三、票据抗辩权......297
第四节 票据的瑕疵、票据丧失及补救......298
一、票据的瑕疵......298
二、票据的丧失及补救......300
第五节 汇票......301
一、汇票的概念和特征......302
二、汇票的种类......302
三、汇票的出票......303
四、汇票的背书......303
第六节 本票与支票......304
一、本票......304
二、支票......305
本章小结......307
复习思考题......307

案例分析......307

第十五章　劳动法律制度......308

第一节　劳动法概述......309

一、劳动法的含义及调整对象......309

二、我国的劳动立法及其适用范围......310

三、劳动法律关系......310

四、劳动法的基本原则......311

第二节　促进劳动就业......312

一、劳动就业概述......312

二、人力资源市场管理......313

三、劳动就业服务......314

第三节　劳动合同制度......317

一、劳动合同概述......317

二、劳动合同的订立......318

三、劳动合同的效力......319

四、劳动合同的履行与变更......319

五、劳动合同的解除......320

六、劳动合同的终止......323

第四节　工时制度和工资制度......323

一、工作时间和休息时间......323

二、工资制度......324

第五节　违反劳动法律的法律责任......325

一、违反《劳动法》的法律责任......325

二、违反《就业促进法》的法律责任......326

三、违反《劳动合同法》的法律责任......326

本章小结......328

复习思考题......328

案例分析......328

第十六章　经济仲裁和诉讼法律制度......330

第一节　经济仲裁法律制度......331

一、经济仲裁概述......331

二、仲裁机构和仲裁委员会......332

三、仲裁协议......333

四、仲裁程序......334

五、涉外经济仲裁......336

第二节　经济诉讼法律制度......337

一、经济诉讼的基本原则......337

二、经济纠纷审理机构受案范围及案件管辖......338

三、审判组织和诉讼参加人......340

四、经济纠纷案件审理的具体程序规则......341

本章小结......344

复习思考题......345

案例分析......345

主要参考文献......346

第一章　经济法基础理论

本章导读：

我国《宪法》规定，我国实行社会主义市场经济。市场经济因其具有竞争机制、价格机制和供求机制等机制，在经济发展中具有不可替代的优势，但市场经济本身也存在其无法克服的缺陷，即“市场失灵”。正是由于“市场失灵”的存在，在一定程度上需要国家对经济发展适度地实施干预。发达国家市场经济发展的历史经验表明，在市场经济发展过程中，国家既不能采取自由放任的政策，也不能采取过度干预的政策，否则经济发展过程中就会存在许多无法克服的困境。非常典型的，如资本主义发展初期，在重商主义理论的影响下，西方国家采取国家过度干预，从而导致不正常垄断现象的出现，阻碍了市场主体的积极性，从而使经济发展受到影响。后来，在以亚当·斯密为代表的自由主义经济理论的影响下，资本主义国家纷纷实施自由放任的经济政策，最后导致 20 世纪 30 年代初西方国家的经济大危机。因此，在市场经济发展过程中，“市场失灵”和“政府失灵”都是客观存在的，两个失灵的存在说明市场经济需要政府采取措施对其进行调节，而法律是政府调节的主要手段之一，但是传统的行政法、民法等都无法完成这一任务，这使得经济法获得了产生和发展的基础。针对 2008 年发生的全球金融危机，张守文教授在《金融危机的经济法解析》一文中着重从经济法理论的视角，对金融危机的发生、扩展和解决等问题进行解析，认为金融危机是源于“市场失灵”和“政府失灵”。透过金融危机的发生，可以看到加强经济法调整的重要价值：在金融危机的解决方面，应当遵循经济法的法定原则、适度原则和绩效原则等基本原则，注意危机发生后不同类型法律责任的确定和分担，并应通过经济法的各个部门法的综合调整，促进经济与社会的协调发展，从根本上防范和化解金融危机。

以上所述，从一个侧面简单地说明了经济法存在的必要性和重要性，这也正是我们要学好经济法的原因之一。经济法不仅在宏观上具有克服“市场失灵”和“政府失灵”的优势，而且在微观上也可以保护市场主体各方面的权利，如《公司法》对股东权利的保护，《消费者权益保护法》《产品质量法》对消费者权利的保护，《证券法》对投资者权利的保护，《反不正当竞争法》《反垄断法》对市场主体正当竞争权利的保护等，这是我们要学好经济法的另一个原因。当然，要学好经济法的理由远不止这两条，读者可在学习过程中慢慢体会。

学习目标：

本章主要阐述了经济法的基础理论，包括经济法产生的基础、西方国家经济立法的发展、我国经济法的产生和发展、经济法学科的产生、经济法的概念及调整对象、经济法律关系、物权与债权、代理与时效、法律责任等内容。通过对本章的学习，读者要认识到学习经济法的必要性和重要性，首先在思想上解决为什么要学习经济法，其次，要重点理解经济法产生的基础，了解经济法的发展过程，掌握经济法的概念、经济法律关系的各个构成要素，了解违反经济法要负的法律责任。

关键概念：

经济法(Economic Law)
市场经济(Market Economic)
经济法律关系(Economic Legal Relationship)
政府干预(Government Intervenes)
物权(Property Law)
债权(Obligatory Right)
代理(Agency)
诉讼时效(Negative Prescription)
法律责任(Legal Liability)

第一节　经济法概述

经济法的产生和发展是社会经济发展的必然结果，现代意义上的经济法是市场经济发展到一定阶段的产物。经济法具有不同于其他法律部门的特征，有其自身的调整对象。

一、经济法的产生和发展

经济法是市场经济内在矛盾发展的必然产物，市场经济内在矛盾导致“市场失灵”，“市场失灵”导致“国家干预”，“国家干预”的方式和程度须由经济法律来规范，否则“国家干预”也会失灵。

(一)关于经济法产生的不同观点

对于经济法何时产生的问题学术界历来存在争论，学者们从不同的角度所做的理解和认识存在较大差异。有学者总结了目前国内外法学界关于经济法产生问题的认识，认为主要有以下两类观点。

第一类观点认为，经济法产生于古代社会，但由于对经济法在古代社会何时成为一个法律部门存在分歧，又有两种不同的认识：①以杨紫烜教授为代表，他们认为经济法作为一个独立的法律部门形成于古代社会。因为经济法的产生和发展是不以人们的意志为转移的，是客观存在的，古代社会存在经济法产生的经济基础、法制前提和思想条件。②以关乃凡教授为代表，他们认为随着国家与法律的产生，经济法也随之产生，但到 19 世纪末 20 世纪初的垄断资本主义阶段才成为一个新的法律部门。

第二类观点认为，经济法产生于资本主义阶段，但对经济法产生在资本主义哪个阶段，以及资本主义以前是否存在经济法存在分歧，从而产生五种不同的认识：①以李昌麒教授为代表，他们认为近代经济法产生于资本主义形成和巩固时期，在此之前经济法存在于古代的“诸法合体”的法律体系之中，不是现代意义上的经济法。李昌麒教授认为，真正意义上的经济法肇端于 19 世纪末，距今已有百余年历史，大体可以分为两个阶段：第一阶段始于 19 世纪末，止于 20 世纪 60 年代中叶，这一阶段的经济法称为“传统经济法”；第二阶段始于 20 世纪 60 年代后半叶，此时各国开始修正既往的全面干预经济的做法，呈现出政府对经济适度干预的发展趋向，从而使经济法的执行更富有社会大众基础，构成了经济法现代发展的又一个重要的价值取向。②以漆多俊教授为代表，他们认为近代经济法产生于 19 世纪末 20 世纪初的美国，此前存在经济法性质的法律规范，但没有部门法意义上的经济法。③以刘瑞复教授为代表，他们认为经济法产生于 19 世纪末 20 世纪初国家垄断资本主义形成阶段，在一般垄断资本主义阶段向国家垄断资本主义过渡阶段，只是产生了经济法现象，但没有部门法意义上的经济法，而在自由资本主义阶段和古代社会没有产生经济法。④以史际春教授为代表，他们认为经济法产生于第一次世界大战的德国，在此之前没有经济法存在，即经济法是资本主义由自由竞争进入垄断阶段后才产生的。⑤王绍乐先生等认为经济法产生于 20 世纪 70 年代中期，在此之前没有经济法的存在。他们认为经济法是现代市场经济发展到一定阶段出现政府干预失灵的特定历史下产生的法律，它并非是政府干预伊始便产生，而是政府干预失灵后为了解决政府干预失灵而产生的。

上述关于经济法产生的认识都有相应的理由，学者们的不同认识是源于对经济法产生的含义和判断标准有着不同的理解。我们认为关于经济法产生的问题可从以下三个方面来认识：一是经济立法(经济法规)的产生，二是经济法作为独立法律部门的产生，三是经济法作为一门学科的产生。当然三者之间又不可能完全分开，经济立法的产生是经济法成为独立法律部门的基础和前提，也是经济法成为一门法学学科的前提。经济立法自古就有，在古代无论东方还是西方基本上都是“诸法合体”，民法、刑法、经济法不分，如古巴比伦的《汉谟拉比法典》，我国的《周礼》《秦律》等，因而经济立法的产生无须讨论。这里主要介绍经济法作为部门法和独立法学学科的产生和发展。

(二)经济法产生和发展的基础

为何古代有经济法规，但并无作为独立法律部门的经济法？这是因为古代没有经济法作为独立法律部门产生的基础。经济法具有突出的现代性，这是经济法不同于各类传统部门法的重要特征，因而经济法是一种现代法，到了现代社会才有了经济法作为独立法律部门存在的基础。现代社会实质上就是通常所说的工业社会，工业社会是指以工业生产为经济主导成分的社会，是继农业社会或传统社会之后的社会发展阶段。西方国家在工业革命后纷纷进入工业社会，并普遍采用市场经济作为基本经济制度的实现形式。正是作为西方工业社会基本经济制度实现形式的市场经济成了经济法产生的起点和发展的推动力。“经济法作为调整一定经济关系的部门法，并不是在国家和法产生的初期就存在的，经济法是随着商品经济的出现而萌芽，随着市场经济的孕育、发展而兴起、发展起来的。”“随着商品生产和交换规模的扩大，统一市场体系的建成，国际国内市场的衔接，资本主义国家最终形成了现代市场经济体制，现代经济法也正式作为一个部门法登上了历史舞台。”[①]

市场经济就是以市场为“导向”或以市场为“媒介”的一种经济形式，即凡是经济活动过程需要通过市场这个中介环节来进行的经济形式就是市场经济。市场经济的发展经历了三个阶段：原始市场经济、古典市场经济和现代市场经济。原始市场经济是以手工生产

① 吴弘．新编经济法[M]．上海：立信会计出版社，2004.

力为基础，以单家独户占有生产资料为特征，在自然经济夹缝中存在，并作为自然经济补充形式的一种市场经济，是初始的市场经济；古典市场经济又称为自由市场经济，是以机器生产力为基础，以单个厂商占有生产资料为特征，政府采取不干预的市场经济形式，其典型形式是资本主义自由竞争时期的市场经济；现代市场经济是指建立在现代生产力水平以及现代科学技术的基础上，以生产资料的高度集团化与国有化为特征，采取宏观调控的市场经济，是市场经济发展的高级阶段。现代市场经济萌芽于 20 世纪初，形成于两次世界大战期间，成熟于20世纪50年代初期，大力发展于20世纪60年代以后。①

市场经济发展的不同阶段，总是伴随着经济理论的发展和指导，在不同经济理论影响下的政府，则会采取不同的策略制定出相应的法律或政策以确立经济发展所需要的制度，并以此来适应或促进市场经济的发展。

马克思曾指出："对现代生产方式的最早的理论探讨即是重商主义。"②所以，重商主义是资本主义最初的经济学说。重商主义的基本观点之一就是主张国家干预经济。在重商主义的影响下，早期的资本主义国家制定了一系列体现国家干预经济的法律法规，这些法律法规在一定程度上使封建主义生产方式迅速过渡到资本主义生产方式，帮助资本主义实现早期积累，进而形成了有利于巩固资产阶级政权的物质基础及其生产方式。但重商主义理论过分强调干预，主张对社会经济生活实行全面的、严格的干预，这样的结果只能是严重抑制了经济发展的活力。这与现代经济法崇尚适度干预的基本精神相悖。在重商主义影响下所制定的一系列国家干预社会生活的法律，主要目的也不是为了维护社会整体利益，而是为了新兴商业资产阶级推翻封建势力、建立有利于巩固资产阶级政权的物质基础及其生产方式的政治目的。例如，18 世纪的英国在"圈地运动"中，先后颁布过 2000 多个法令，马克思评论指出："18 世纪的进步表现为：法律本身现在成了掠夺人民土地的工具。"③此时还出现了工厂法、劳工法、矿业法、济贫法、谷物法等。这些立法仅具有经济法的合法外衣，实质上是政府发布的经济性指令，因而不是现代意义上的经济法。

以亚当·斯密为代表的古典经济学派则极力反对国家干预。亚当·斯密在 1776 年出版的《国民财富的原因和性质的研究》(简称《国富论》)一书中对重商主义过分强调国家干预进行了批评，并指责 18 世纪英国政府扶助的重商主义垄断现象，认为是重商主义政策导致的垄断抑制了竞争。斯密所强调的经济自由主义思想适应了当时产业资本主义发展对自由开放的社会经济环境的强烈要求，成为资本主义生产方式和资产阶级政权的政策依据。亚当·斯密在《国富论》中提出了著名的"看不见的手"的理论，并依此理论认为政府的任务在于：第一，建立市场体系的政治前提，即建立基本法律与秩序、保护产权和维护合同制度；第二，"建立和维护某些公用事业和某些公共制度"，具体包括"积累资本(私人、社会、人力)以及促进技术和组织创新"。除此以外，增加社会财富的办法就是经济活动完全自由，无须政府进行干预，国家在社会经济领域只充当"守夜人"。这种思想反映了当时代表先进生产力的资产阶级的利益和要求，并与实行放任的经济政策相结合，推动了整个西方自由市场经济的发展。因此，这一时期立法主要是民商法，丰富、完备的

---

① 白永秀，任保平. 中国市场经济理论与实践[M]. 北京：高等教育出版社，2007.

② 马克思. 资本论(第 3 卷)[M]. 北京：人民出版社，1986.

③ 马克思. 资本论(第 1 卷)[M]. 北京：人民出版社，1986.

民商法律制度是这一时期法律发展的重大成果。[①]调整经济的法律制度，如关税、贸易等的发展得到了国家的法律支持，且出现了若干新型的经济法律制度，如劳动法、企业法、金融法、产业法以及财政法。

西方自由主义经济发展到 20 世纪 30 年代初陷入了空前严重的经济危机，几乎使西方资本主义经济面临“全面毁灭”的危险境地。从重商主义政策导致不正常垄断到自由主义经济政策导致严重的经济危机可以看出，在市场经济发展中，国家的过度干预政策和自由放任政策都会导致经济发展出现严重问题。在危机严重的美国，当时新上任的罗斯福政府采取“罗斯福新政”，其主要的认识就是：政府必须干预经济，采取积极的财政政策来刺激消费和增加投资，弥补自由市场造成的有效需求不足。正是在这样的背景下，经济学家凯恩斯于 1936 年出版了《就业、利息和货币通论》一书，在书中，凯恩斯反对自由放任的经济政策，明确提出国家直接干预经济的主张。经济学和经济政策从此步入凯恩斯主义时代，现代国家干预主义由此诞生。与此相适应，大量体现国家干预经济的法律、法规在西方国家得到颁布，在德国有学者对这些新的法律进行理论解释，认为现代法律体系出现了“经济法”这样一个法律部门。从此西方国家的经济再一次得到快速发展。

但到 20 世纪 70 年代，遵循凯恩斯主义的国家相继陷入“滞胀”状态。凯恩斯主义认为经济增长将促使充分就业，高通胀与低增长、高失业不可能并存。但是在滞胀的情况下，政府如果采取扩张性政策来降低失业，则会带来更严重的通胀，而采取紧缩政策来降低通货膨胀则会引起更严重的失业与萧条。政府的“有形之手”在操纵西方经济几十年后也“失灵”了。之后西方兴起了新自由主义经济理论，西方各国也纷纷采取新自由主义经济政策促进经济发展，但经济发展速度大不如前。特别是 2008 年一场全球性金融风暴，再次把各国政府推到干预经济的前沿，各国纷纷出台法律、政策对面临深渊的金融危机实施干预。

从市场经济发展的过程看，国家在制定经济发展的政策时总是面临自由放任(由市场自发调节经济)与国家干预的制度选择。但如果是单方面选择自由放任或是国家干预政策，都会使经济发展陷入困境，原因在于“市场失灵”与“政府失灵”都是客观存在的。1986 年获得诺贝尔经济学奖的布坎南提出的公共选择理论，就认为市场存在着缺陷，国家同样也存在缺陷，国家应当有选择地对市场根本性的缺陷进行积极弥补，以减少市场体制的摩擦，降低交易费用。我国的经济法研究专家们从经济法产生和存在的必要性出发，对“市场失灵”与“政府失灵”问题进行了深入的研究。例如，李昌麒先生把“市场失灵”的表现形式概括为：市场不完全；市场不普遍；信息不充分和不对称；外部性问题；公共产品供应不足；存在经济周期等。同时指出，经济法对市场失灵的克服具有其内在优势，即经济法可以直接限制市场主体私权；经济法可以直接改变市场主体的利益结构；经济法具有公共利益优势和远视优势。所以经济法是克服“市场失灵”的最佳法律形式。同时他还认为：政府作用的领域或范围应当受到严格限制。“政府干预”与“干预政府”是经济立法必须正确处理的一个问题的两个方面，偏向任何一个方面都会影响经济法功能的全面发挥，所以，如何规范政府干预经济的行为是我国经济法理论研究和经济立法面临的重要任务。经济法在实现政府干预法治化的进程中，必须从四个方面对政府的干预经济行为进行

① 曹平等. 中国经济法基础理论新探索[M]. 北京：中国法制出版社，2006.

规范，即对干预程序、干预方法、干预领域和范围、干预责任进行规范。[①]

综上所述，经济法作为现代才有的部门法，是在市场经济发展过程中，随着社会经济发展的需要，国家为了克服“市场失灵”和“政府失灵”，更好地促进社会经济的发展以及发展中的公平正义的需要而发展起来的法律部门。

【专栏 1-1】

关于市场经济的一些论述

(三)西方国家经济立法的产生和发展

以上我们分析了作为部门法的现代经济法产生的基础及其存在的原因，下面以德国、日本、美国以及苏联、东欧国家等为例简单介绍一下西方国家经济立法的发展状况。

德国是最早制定经济法的国家，因此有人称德国是经济法的发源地，也有人称“德国是经济法之母”。德国在 19 世纪 70 年代出现了生产与资本的迅速集中，卡特尔垄断组织在许多经济部门广泛发展。德国为了争霸欧洲以及争夺海外市场，大力扶持、参与卡持尔，使私人垄断资本向国家垄断资本转化，发展国家资本主义。1896 年德国制定了世界上最早的反不正当竞争法——《向不正当竞争行为斗争法》；1897 年德国最高法院通过判决，否定了约束同业公会等团体而保障自由营业的法律条款；1910 年出台了扶持卡特尔的钾矿业法，抑制新设企业进入钾矿业。从 19 世纪末开始，俾斯麦政府通过对海关进行保护和制定单行的经济监督法律，如 1896 年颁布的《股票交易所法》、1901 年颁布的《保险监督法》等，开始对自由经济进行干预，并于第一次世界大战之初对经济和企业进行全面干预。1914 年 8 月 4 日，德国制定了 16 项战争经济法，其中最重要的一部法律是《一般授权法》。该法第三条规定：“联邦参议院被授权在战争时期制定法律，只要其证实对经济损失有所必要和帮助。”德国法学界认为，德国现代经济法就是在这一天产生的。德国于 1919 年颁布了《煤炭经济法》，这是世界上第一部以经济法命名的法律。1923 年 11 月 2 日制定了《卡特尔条例》。第二次世界大战期间纳粹政府为了支持战争的需要制定了一系列经济法，强化了对经济的统制。第二次世界大战后，联邦德国议会进行了大量的立法和修法活动。

日本经济法深受德国影响。在日本，不仅经济法规数量多，而且经济法也被认为是一个独立的法律部门。严格地说，日本经济法产生于第一次世界大战期间。当时，为适应战时经济统制，先后制定和实施了《军需工业总动员法》《船舶管理法》《军用汽车补助法》《战时海上保险法》等。第一次世界大战后，爆发了波及整个资本主义世界的经济危机，日本为了摆脱危机，颁布了一系列相关的法律、法规，如《米谷法》(1925 年颁布)、《出口补偿法》(1930 年颁布)、《工业组合法》(1932 年颁布)、《重要产业统制法》(1931 年颁布)、《外汇管理法》(1933 年颁布)、《石油业法》(1934 年颁布)、《制铁业法》(1937 年颁布)、《电力管理法》(1938 年颁布)等。第二次世界大战后，日本从 1945 年战争结束至 1984 年年末，颁布的经济法律、法令达 332 件。1979 年出版的《六法全书》中经济法是独立的一篇，与公法、民事法、刑法、社会法、税法并列，可见，经济法在日本法

① 李昌麒．论市场经济、政府干预和经济法之间的内在联系．载杨紫烜主编：经济法研究第 1 卷，北京：北京大学出版社，2000.

的体系中占有重要地位。日本的经济法体系，按功能可分为：①实行经济民主化和非军事化的经济法，主要有《经济力过度集中排除法》《劳动关系调整法》等，通过这些法律重新建立了自由竞争的经济制度。②维护竞争、限制垄断的经济法，如《禁止垄断法》《不正当竞争防止法》等。③振兴经济、促进企业合理发展的经济法，如《机械工业振兴措施法》《电子工业振兴措施法》《中小企业近代化资金支助法》《企业合理促进法》等。④危机对策法，如《物价统制令》《石油需求正常化法》等。⑤协调国际经济关系法，即解决贸易纠纷和对外合作方面的法规，如《外汇外贸管理法》《海外经济协力基金法》等。

美国没有使用“经济法”这一明确的概念，但存在实质意义的经济法。美国的经济法以反垄断法和危机对策法为主要内容。1890 年，美国国会通过了《谢尔曼反托拉斯法》，该法具有明显的国家运用法律手段直接干预经济的特征，因而大多认为“这是第一部现代意义的资本主义性质的经济法”。后来，又制定了一系列反垄断法，如 1914 年颁布的《克莱顿法》《联邦贸易委员会法》，1936 年颁布的《鲁滨逊—巴特曼法案》、1937 年颁布的《米勒—泰丁法案》、1938 年颁布的《惠勒—李法案》、1950 年颁布的《塞勒—凯弗维尔法》、1962 年颁布的《反托拉斯民事诉讼法》等，都是反垄断方面具有代表性的立法，构成了美国比较完备的反垄断法体系。1929 年世界性经济危机爆发后，美国总统罗斯福 1933 年 3 月执政后，宣布施行“新政”，要求国会授予总统“紧急时期大权”，并先后颁布了《国家工业复兴法》(1933 年颁布)、《紧急银行法》(1933 年颁布)、《社会保障法》(1935 年颁布)、《联邦紧急救济法》(1933 年颁布)、《国家劳工关系法》(1935 年颁布)等 70 多个法规。

此外，经济法作为国家干预经济的一种法律手段，也被苏联和东欧国家普遍采用。在某种意义上说社会主义国家更需要经济法，这是因为新生的社会主义国家不得不面对残酷的国际竞争，特别是资本主义国家的强力打压，尤其需要更多地借助国家强制力来迅速建立并巩固自己赖以存在的公有制。同时，社会主义国家在成立之初均采用计划经济体制，这种经济体制充分体现了社会主义国家具有更多的直接的经济建设和经济管理职能，所以计划经济体制的显著特征就是政府对社会经济生活进行全方位的管理(干预)，社会主义国家也正是通过制定经济政策和颁布经济法规来实现这种管理的。在十月革命胜利后，列宁领导的苏联政府在 20 世纪 20 年代早期实行了新经济政策，大量采用了经济立法的方式来促进经济建设。但后来苏联法学专家对经济法是否是独立的法律部门展开了激烈的争论，政府虽然不承认经济法是一个独立的法律部门，但是在现实中还是进行了大量的经济立法以便于国家对社会经济生活进行干预。东欧国家的经济法比较有特点的是前捷克斯洛伐克，它于 1964 年颁布了《捷克斯洛伐克社会主义共和国经济法典》，目前这也是世界上唯一的一部经济法典，用经济法典对国家在国民经济运行过程中所产生的各种社会关系进行统一调整。其他东欧国家大多把经济法作为一个独立的法律部门，建立了比较完备的经济法规体系，如前南斯拉夫、罗马尼亚等国。

(四)我国经济法的产生和发展

中华人民共和国成立以前我国有少量的经济立法，但中华人民共和国成立至十一届三中全会召开的改革开放前，我国除《宪法》外，没有严格意义上的经济法律，只有一些条例和各种经济政策，经济法是在改革开放后才大量出现的。改革开放后的经济立法经历了以下两个阶段。

第一阶段是经济法的产生时期(1979—1992)。此阶段我国以有计划的商品经济体制取代传统的计划经济，一方面注重市场调节，另一方面也保留了计划调节，国家的经营模式也逐步注重市场机制和价值规律，重视以法律手段调节经济，如《经济合同法》(1981 年颁布，1999 年 10 月 1 日废止)、《全民所有制工业企业法》《外商投资企业法》等，涉及经济生活的各方面，但总的来说，是为适应经济体制改革初期的要求而设定的，因而表现出以下特点：①经济法与民商法、行政法不分，将大量的本应属于民商法调整的社会关系纳入经济法范围，如《经济合同法》；同时由于国家直接介入经济生活，使得以约束政府行政权力的行政法也难以发挥作用。②国家的宏观调控主要依靠计划手段，这主要源于国家管理国民经济的方式即投资开设国有企业并直接进行管理。③缺少规制市场主体行为的反垄断法、限制不正当竞争法。

在具体立法方面有：《森林法》(1979 年 2 月)、《环境保护法》(1979 年 9 月)、《外汇管理条例》(1980 年 12 月)、《个人所得税法》(1980 年 9 月)等几十部主要的法律法规。之后，为适应经济发展的需要，对其中很多法律法规进行了修订。需要注意的是，这一时期我国市场经济体制还没建立，经济立法也存在较多的缺陷。

第二阶段是经济法的快速发展时期(1993 年至今)。1993 年 3 月宪法修正案明确提出“国家实行社会主义市场经济”，并提出要注重经济立法，因此从 1993 年起，围绕推进改革和建立市场经济体制颁布了大量法律、法规，以《反不正当竞争法》《消费者权益保护法》《农业法》等为起点进入了真正的经济立法时期，制定了大量的经济法律法规。这些立法构建和完善了我国经济法体系，直接以弥补市场缺陷、维护社会公平并促进经济与社会的良性发展为目的，与民商法、行政法相互补充，促进了我国市场经济的有序发展。在此期间我国还进行了市场经济就是法治经济的大讨论，最后达成共识：现代市场经济就是法治经济。实行市场经济的国家同时必须实行法治，没有法治的“市场经济”不是真正的市场经济。2001 年我国加入 WTO，为了适应 WTO 法律机制的要求，我国再次对大量的法律法规进行了修订。

特别要指出的是，2014 年 10 月 23 日党的十八届四中全会通过了《关于全面推进依法治国若干重大问题的决定》(以下简称《决定》)，《决定》认为“依法治国，是坚持和发展中国特色社会主义的本质要求和重要保障，是实现国家治理体系和治理能力现代化的必然要求”。《决定》提出要完善以《宪法》为核心的中国特色社会主义法律体系，具体措施包括健全宪法实施和监督制度；完善立法体制；深入推进科学立法、民主立法；加强重点领域立法。《决定》强调“社会主义市场经济本质上是法治经济”。这些科学的论断为我国经济法的发展打开了更为广阔的空间。

【专栏 1-2】

法治经济

(五)经济法学科的产生

经济法的最初出现仅仅是一个概念，其含义并不十分明确。但是经过不断丰富和发展，到今天经济法不仅成为一个独立的法律部门，也成为了一门法学学科。

经济法概念的最先使用者是法国的空想主义者摩莱里(Morelly)，他在 1755 年出版的《自然法典》一书中使用了“经济法”这个概念。在《自然法典》里，他针对资本主义的弊端设计了一种新的制度，为保证这种制度的实现，拟就了一个“合乎自然意图的法制蓝本”。有专家认为按现代法律观念来看，“法制蓝本”实际上是一个包括根本法、经济法、行政法、婚姻法、教育法和刑法等在内的较为完整的法律体系，而且经济法在其中占有十分重要的地位。但摩莱里在这里提出的经济法的调整范围仅限于分配领域，编制了“分配法或经济法”这样一个共 12 条的单行法律草案，说明当时分配领域出现了一些其他法律调整不了的社会关系，应由新的法律——“分配法或经济法”来调整。

1843 年，法国的著名空想社会主义者德萨米(Dezamy)在《公有法典》一书中将“分配法和经济法”作为专章进行论述。在《公有法典》中，德萨米基本上继承了摩莱里的经济法律思想，并且在一些方面有所发展。例如，他主张实行公有制，认为公有制的最好形式是公社，认为最好的分配方式是按比例的平等分配，主张建立没有贸易的社会制度，重视对劳动关系的法律调整等。

到 1865 年，法国小资产阶级思想家蒲鲁东(Proudhon)在《工人阶级的政治能力》一书提出“经济法是政治法和民法的补充和必然产物”的法律思想。在蒲鲁东看来，社会生活中已经出现了一种政治法和民法不能调整的经济关系，因而可以认为他主张由经济法来调整这种经济关系。所以，蒲鲁东对经济法的理解更接近现代意义上的经济法。但蒲鲁东作为无政府主义者，极力主张“打倒政权”，但是如果没有了“政权”，哪来政府对经济关系的干预？也就不可能有真正现代意义的经济法。

1906 年德国学者里特尔(Ritter)于德国创刊的《世界经济年鉴》上，使用了“经济的法”一词，有专家认为现代经济法的术语由此提出。20 世纪初至 20 世纪 20 年代初，德国法学家赫德曼(Hedman)等发表了一系列关于经济法的论文，其中 1916 年，赫德曼在《经济学字典》中使用了经济法的概念，他认为经济法是经济规律在法律上的反映，而且他还把有关经济法制和保护、监督卡特尔的法律统称为经济法，在理论上揭示了经济法产生的客观必然性。与此同时，在德国出版了不少以经济法为名的学术专著和教科书，如鲁姆夫的《经济法的概念》、努斯包姆的《新经济法论》、赫德曼的《经济法基础》等。这个时候的经济法概念，才有了比较完整的含义，经济法作为一门独立的法律学科也由此诞生。

二、经济法的概念

法学家博登海默认为：“概念是解决法律问题所必需和必不可少的工具。没有限定严格的专门概念，我们便不能清楚地和理性地思考法律问题。”[①]因而概念是研究和学习经济法的基础。但要严格定义经济法的概念是很难的，法学家哈特曾说过：“在与人类社会有关的问题中，没有几个像‘什么是法律’这个问题一样，如此反反复复地被提出来并由严肃的思想家用形形色色的、奇特的甚至反论的方式予以回答。”[②]自经济法概念出现以来已有两个多世纪了，但各国法学家就经济法的概念仍未达成一致。

在我国，学者们从不同的角度给出了多种定义，并根据定义的不同划分出不同的流派。我们无意也不可能给经济法以精准的定义，但为行文的方便，仍须明确经济法的含义。我们认为，经济法是调整国家基于社会整体利益对市场主体及其行为进行干预而形成

① [美]博登海默．法理学[M]．邓正来，译．北京：中国政法大学出版社，1999.

② [英]哈特．法律的概念[M]．张文显，等，译．北京：中国大百科全书出版社，1996.

的经济关系的法律规范的总称。这一概念体现了以下几方面含义：①经济法是调整经济关系的法律规范。经济法所要调整的经济关系是涉及社会整体利益的经济关系，不是市场主体之间的任何经济关系，从而体现了经济法的社会属性，是以“社会本位”为存在基础的法律规范。法学家庞德认为：利益包括个人利益、公共利益(即国家利益)和社会利益三类。个人利益应由民商法调整，公共利益应由行政法调整，而社会利益则有赖于经济法来调整[①]。②这里的市场主体应作广义的理解。即市场主体不仅是指市场活动的主体，还包括对市场进行各种干预的主体。市场主体本身以及市场主体的行为都应受经济法的规范和调整。③经济法体现了国家运用法律对市场经济活动的干预，从而使经济法具有了较强的权力属性。这体现了现代经济法的本质特征，也符合现代市场经济体制对国家干预的需求，同时也符合各国现代市场经济发展的实践。④经济法在调整体现社会整体利益的经济关系时，可以是事前调整，也可以是事后调整。事前调整是指国家制定大量的经济法律规范明确并维护社会整体利益，从而使市场主体不去从事有违社会整体经济利益的行为并自觉维护社会整体利益；事后调整则体现在当市场主体之间的经济关系损害了他人或社会整体利益时，必须承担不利的法律后果，受到相应的制裁。

【专栏 1-3】

法律规范

三、经济法的调整对象及特征

有自己的调整对象是经济法成为独立法律部门的重要因素，但经济法只调整特定的经济关系。作为重要法律部门的经济法具有不同于其他部门法的特征。

(一)经济法的调整对象

经济法的调整对象是特定的经济关系，具体是指国家对市场主体及其行为进行干预所形成的经济关系。这些特定的经济关系依据其产生的领域的不同还可以进一步细分为以下四类。

(1) 市场主体管理关系，是指在市场准入、企业形态设定等活动过程中发生的市场主体之间的社会关系。在市场经济条件下，市场主体与其他市场主体之间相互依存、相互发展，它们所从事的活动是整个社会经济活动的组成部分。在当今社会，相关立法表明市场主体已成为担负社会责任的主体。国家为了整个社会经济的协调发展，必须对市场主体的组织及其活动进行必要干预，包括市场准入、企业形态的设定、财务管理、审计和监督检查等。

(2) 市场秩序调控关系，是指国家在创造平等的市场竞争条件、维护公平竞争秩序过程中对市场主体行为进行干预所发生的社会关系。由于市场机制的功能缺陷，市场竞争中出现的不完全竞争或垄断、交易成本过高等问题，依靠市场自身是无法解决的。这就要求国家在积极培育市场体系的同时，加强市场管理，为市场主体的平等竞争创造条件。

(3) 宏观经济调控关系，是指国家为实现宏观经济平稳运行，保障经济持续、稳定、协调增长，运用经济、法律手段，对供给与需求总量、货币收支总量、财政收支总量和外

① 程宝山．中国经济法基本理论[M]．郑州：郑州大学出版社，2013.

汇收支总量等国民经济活动进行调节与控制过程中与其他主体所发生的经济关系。由经济法来调整宏观经济调控关系，有利于发挥宏观调控的长处，弥补市场调节的缺陷，防止或消除经济中的总量及结构失衡，优化资源配置，促进社会经济的可持续发展。

(4) 社会分配关系，是指在国民收入分配过程中所发生的经济关系。社会分配是指对物质生产部门的劳动者所创造的国民收入所进行的分配，它是社会再生产过程中的重要环节，包括初次分配和再分配。初次分配是国民收入在物质资料生产部门中所进行的分配；再分配是国民收入在初次分配的基础上，在全社会范围内所进行的分配。再分配主要是通过国家预算和公民用自己的收入支付服务性行为所收取的费用等途径进行。当前我国社会收入分配不公平，贫富差距越拉越大，因而必须加强对社会分配关系的法律调节。从摩莱里首次提出“经济法”概念即仅限于“分配法”来看，说明他认识到了社会分配关系在经济关系中的重要地位。由此，可以预计经济法在调整我国社会分配关系中也将会起到重要作用。

(二)经济法的特征

经济法具有一般法律的基本特征，如国家意志性、特殊规范性和强制性等，同时，经济法还有自己的一些特点，具体表现在以下几个方面。

(1) 综合性。经济法的综合性主要表现在经济法的调整手段、调整范围以及规范构成等方面都具有综合的因素。例如，经济法在调整同一经济关系时，有可能采用民事的手段、行政的手段，甚至刑事的手段来进行综合性的调整。

(2) 经济性。经济法的经济性主要表现在：①经济法往往把经济制度、经济活动的内容和要求直接规定为法律。正如赫德曼所说，经济法是经济规律在法律上的反映，任何经济法律规范的制定都取决于客观经济条件是否成熟和客观经济规律是否需要。②经济法是规范和调整市场主体之法，而市场主体进入市场往往都具有经济目的，且涉及各个经济领域。③经济法在调整经济关系时，经济手段是主要的手段，通常表现为赔偿损失等。

(3) 规制性。经济法是因“市场失灵”而产生的国家干预之法，是国家为了更好地促进国民经济的科学、高效运行对市场主体及其行为进行规制的产物，所以经济法在调整经济关系的过程中直接体现了国家意志，体现了法的强制性、授权性和指导性。经济法通常以限制或禁止性规定来规范主体的行为，并作为处理经济纠纷的相应依据。

(4) 政策性。经济法制度的形成，与经济政策的联系十分密切，有很强的“政策性”，这是以往的传统部门法所没有的。经济法的政策性具体表现为：①很多国家政策直接成为经济法的法律渊源。②经济法的许多法律法规是从国家政策演化而成的。政策的规范性不同于法律规范，如法律规范的逻辑结构应当包括条件假设、行为模式和法律后果，政策却没有这样严密的、规范性的逻辑结构，政策具有的是方向性规定、原则性规定、概括性规定和不稳定性等特征。③很多经济纠纷的解决直接依据国家相关政策。

四、经济法的渊源

法的渊源是指法的存在或表现形式，一般包括制定法、判例、司法解释、习惯、政策和学理等。经济法的渊源，是指经济法存在或表现的形式。我国经济法的渊源基本上都是制定法，主要包括以下几种类型。

(1) 宪法。宪法是由全国人民代表大会制定的规范性文件。例如，我国《宪法》明确规定“国家实行社会主义市场经济。国家加强经济立法，完善宏观调控”，这是我们制定经济法规范的总的指导方针。

(2) 法律。法律是由全国人民代表大会及其常务委员会制定的规范性文件，在地位和效力上仅次于宪法。以法律形式表现的经济法构成了经济法的主体和核心部分，如《反不正当竞争法》《税收征收管理法》《个人所得税法》《会计法》《审计法》《证券法》《公司法》等。

(3) 行政法规。行政法规是由国家最高行政机关即国务院制定的规范性文件，其地位和效力仅次于宪法和法律。经济法大量以这种形式存在，如《外汇管理条例》《国务院关于鼓励外商投资的规定》《股票发行与交易管理条例》《公司登记管理条例》等。

(4) 地方性法规。地方性法规是地方权力机关制定的规范性文件，其不得与宪法、法律和行政法规相抵触。全国人民代表大会及其常委会还专门制定了一些授权法，授权有关地方国家机关就经济体制改革和对外开放方面的问题制定法规和规章。

(5) 部门规章。部门规章是由国务院的组成部门及其直属机构在其职权范围内制定的规范性文件，如中国人民银行颁发的《支付结算办法》、中国证监会发布的《证券市场禁入暂行规定》《公开发行股票公司信息披露实施细则》等。

(6) 司法解释。司法解释是最高人民法院在总结审判经验的基础上，为明确法律的适用，统一全国的审判工作而发布的指导性文件。司法解释也是经济法的渊源之一。

(7) 政策、习惯及学理。政策和习惯具有经济法渊源的意义，而学理则与政策和习惯有着密切的联系，是间接的渊源。我国改革中的重大举措，一般都先以局部性、试验性的政策出台，待成熟后逐渐加以立法。一个国家的法律不管出台时如何先进，随着社会经济的发展和社会关系的复杂化，法律都将表现出一系列的不适应性，而当法律存在某些漏洞时，就需要政策、习惯来对这些社会关系进行调整，并由此涉及相关学理问题。因而，政策、习惯和学理对经济法来说也具有一定的渊源意义。

(8) 国际条约或协定。国际条约是指我国与他国或地区缔结的双边、多边协议和其他具有条约性质的文件。国际条约不属于国内法的范畴，但我国签订和加入的国际条约对于国内的国家机关、社会团体、企事业单位和公民也有约束力。因此，具有经济法相关内容的一些国际条约或协定，也是我国经济法的渊源。

第二节　经济法律关系

经济法律关系对市场主体有重要作用，通常市场主体只有加入具体的经济法律关系，才会产生具体的权利义务，也才有获利的可能性。

一、经济法律关系的概念

要理解和掌握经济法律关系的概念，首先要理解何为法律关系。在法制社会，法律关系与经济法律关系是社会关系的重要构成部分。

(一)法律关系

法律关系是指法律规范在调整人们行为过程中所形成的权利义务关系。法律关系具有以下特征：①它是一种意志关系，属上层建筑范畴。这里的意志包括国家的意志和当事人的意志。②它是由法律规定和调整的关系。法律关系的产生、变更和消灭是以得到法律认可为前提的，因而法律规范是法律关系存在的前提条件。③它是以权利义务为内容的关系。法律规定和调整人们的行为是通过界定当事人的权利义务得以实现的。④它是受国家强制力保证实施的关系。法律规范是由国家强制力保证实施的行为规范。

(二)经济法律关系

经济法律关系是法律关系的一种，是指国家在依法干预社会经济生活的过程中，在经济法主体之间形成的以权利与义务为内容的经济关系。其特征表现在以下几个方面。

(1) 经济法律关系主要产生于经济领域，是国家在干预社会经济活动过程中形成的意志的关系。它体现了国家意志和当事人意志两个方面，后者必须以前者为依据，不能违背前者的基本内容；而后者又是前者的归宿，即国家意志最终是靠当事人意志来实现调整经济关系的目的，没有当事人意志，经济法律关系既不能形成，也不可能实现。

(2) 经济法律关系是具有确定的经济内容的权利义务关系。经济权利义务关系的确定是经济法律关系形成的标志，其变更是经济法律关系变更的依据，其实现也是当事人参与经济法律关系的根本目的。

(3) 经济法律关系是由经济法规范和调整的法律关系。经济法律规范是经济法律关系产生及其内容得以实现的前提，经济法律关系是经济法调整经济关系的必然结果。

(4) 经济法律关系所确定的权利义务具有强制性。经济法律关系的权利义务一旦形成，即受国家强制力保护，当事人不得违背。

二、经济法律关系的构成

任何经济法律关系都有三个基本构成要素，即主体、内容和客体，并且缺一不可，其中任何一项内容发生变更，都可能会引起经济法律关系的变更。

(一)经济法律关系主体

经济法律关系主体是指参与经济法律关系，享受经济权利和承担经济义务的当事人。其中，享有经济权利的当事人称为权利主体，承担经济义务的当事人称为义务主体。

1. 经济法律关系的主体资格

经济法律关系的主体必须具备法定的主体资格。主体资格是指当事人参与经济法律关系，享有经济权利和承担经济义务的资格或能力。只有具有经济法律关系主体资格的当事人，才能参与经济法律关系。经济法律关系的主体资格既可由经济法律部门规定，也可由其他法律部门规定。

经济法律关系的主体资格可依据两种方式取得：一是法定取得，即依法律规定，凡是能够对经济生活实行干预并且接受干预的法人、非法人组织和自然人等，都可以成为经济法律关系的主体；二是授权取得，即依据有授权资格的机关授权而取得的可以对社会经济生活实施某种干预的资格。

2. 经济法律关系主体的范围

经济法律关系主体范围是由经济法调整的对象范围决定的，大致可分为以下四大类。

1) 法人

法人是具有民事权利能力和民事行为能力，依法独立享有民事权利和承担民事义务的组织。要成为法人一般须具备四个条件，一是依法成立，依据不同的法律可以设立不同类型的法人；二是要有自己的名称、组织机构、住所；三是要有自己的财产或者经费来源；四是必须能够独立地承担法律责任。法人是经济法律关系最重要的主体，是国民经济最主要的参与者，也是经济活动的主要实施者。法人可分为以下三大类。

(1) 特别法人。特别法人包括机关法人、农村集体经济组织法人、城镇农村合作经济组织法人和基层群众性自治组织法人。有独立经费的机关和承担行政职能的法定机构从成立之日起，即具有机关法人资格。基层群众性自治组织法人是指居民委员会和村民委员会。

机关法人又称国家机关，是指享有法定权力、代表国家行使国家职能的各种组织的总称，包括权力机关、行政机关和司法机关。各级机关法人是具有不同经济干预权限的经济法律关系主体，其中主要是国家行政机关中的经济管理机关。我国目前的经济行政管理机关可以分为四种：①综合性经济管理机关，如计划主管部门、市场监督管理部门。②职能性经济管理机关，如卫生行政主管部门、税务主管部门。③行业性经济管理部门，如化工主管部门、农业主管部门。④监督性经济管理机关，如审计部门。[①]

(2) 营利性法人。营利性法人是以取得利润并分配给股东等出资人为目的而成立的法人，包括有限责任公司、股份有限公司和其他企业法人等。营利性法人须依法登记并取得登记机关发给的营利性法人营业执照，方能成立并从事营利性活动。

(3) 非营利性法人。非营利性法人是为公益目的或者其他非营利目的成立，不向出资人、设立人或者会员分配所取得利润的法人。非营利性法人主要包括事业单位法人、社会团体法人、基金会法人、社会服务机构法人和捐助法人等。部分具有经济管理职能的行业协会经依法登记取得法人资格。

2) 非法人组织

非法人组织也是经济法律关系的重要主体。非法人组织是不具有法人资格，但能够依法以自己的名义从事相应活动的组织，包括个人独资企业、合伙企业、不具有法人资格的专业服务机构等。非法人组织依法需要经过批准才能成立的必须依法报批。除法律另有规定外，非法人组织的出资人或设立人对其债务要承担无限责任或无限连带责任。

3) 自然人

自然人在某些情况下也可以成为经济法的主体，比如有了收入后向税务机关缴纳所得税等。作为经济法律关系主体的自然人一般要求具有完全民事行为能力。十八周岁以上的自然人为成年人，是完全民事行为能力人，可以独立实施民事法律行为。不满十八周岁的自然人为未成年人。十六周岁以上的未成年人，以自己的劳动收入为主要生活来源的，视为完全民事行为能力人。八周岁以上的未成年人为限制民事行为能力人，可以从事与其年

① 葛恒云，赵伯祥. 经济法学[M]. 北京：对外经济贸易大学出版社，2016.

龄相当的民事活动；限制民事行为能力人还包括不能完全辨认自己行为的成年人。不满八周岁的未成年人为无民事行为能力人。

4) 农村承包经营户、个体工商户

农村承包经营户是指农村集体经济组织的成员，在法律允许的范围内，按照承包合同规定成为从事商品经营的主体。我国《民法总则》第五十四条规定：“自然人从事工商业经营，经依法登记，为个体工商户。个体工商户可以起字号。”他们以“户”的名义参与经济法律关系，一般须承担无限连带责任。

此外，国家，法人、非法人的分支机构在某些条件下也可以成为经济法律关系的主体。

(二)经济法律关系的内容

经济法律关系的内容是指经济法律关系主体享有的权利和承担的义务。这是经济法律关系的核心。经济法律关系的权利和义务一旦确定，即受国家强制力的保护。

1. 经济权利

经济权利是指经济法律关系的主体在经济管理及经营活动过程中依法享有的为一定行为或不为一定行为以及要求他人为一定行为或不为一定行为的资格。

经济权利的含义包括：①经济法律关系的主体有权在法定范围内依照自己的利益需要，根据自己的意志实施一定的经济行为。这一行为包括作为和不作为，前者指按其意志进行某种行为，后者则是依其意志不进行某种行为。②经济法律关系的主体有权依法要求负有义务的人作出或不作出一定的行为，以实现自己的利益。③经济法律关系的主体在其合法权利受到侵害或不能实现时，有权依法请求国家有关机关给予强制力保护。

经济权利是满足经济法律关系主体经济利益的基础。经济权利的主要内容包括以下几个方面：①经济职权，是指国家机关行使经济管理职能时依法享有的权利，包括计划权、协调权和监督权等；②财产所有权，是指所有者对自己财产享有的一种独立支配权，是一种物权，包括占有、使用、收益和处分四项职能；③经营管理权，是指企业进行生产经营活动时依法享有的权利，包括人、财、物、产、供、销等管理的多项权利；④请求权，是指经济法主体的合法权益受到侵犯时依法享有的要求侵权人停止侵权行为和要求国家机关保护其合法权益的权利，如要求赔偿权、请求调解权、申请仲裁权、经济诉讼权以及申请破产权等。享有经济权利的主体可以在经济法规定的范围内，根据自己的意志，从事一定的经济活动，以实现自己的经济利益；依照法律规定或合同的约定，可要求特定的义务主体为一定行为或不为一定行为，以实现自己的经济利益；在义务主体一方不履行义务时，经济权利主体一方可以凭借经济权利，要求有关国家机关强制义务主体履行，以保证自己经济利益的实现。公民依法享有的经济权利会随着一个国家社会经济的发展而不断变化。

2. 经济义务

经济义务是指经济法律关系主体为了满足经济权利主体的权利，在法律规定的范围内必须实施或不实施某种经济行为。这是相对于权利而存在的，是法律对经济法律关系主体行为的限制和约束。

经济义务的含义包括：①义务主体必须作出或者不作出一定行为，以满足权利主体的利益需要。②义务主体实施的义务行为是在法定的范围内进行的。超越法律规定的限度，义务主体则不受限制和约束。③义务主体不依法履行义务，就应承担相应的法律责任。

经济义务的主要内容包括：贯彻国家的方针和政策，遵守法律、法规；履行经济管理的职责；完成指令性计划；履行合同和协议；依法缴纳税金；不侵犯其他经济法主体的合法权益及其他经济义务。

(三)经济法律关系的客体

经济法律关系的客体是指经济法律关系的主体享有的权利和承担的义务所共同指向的对象。如果没有客体，权利义务就失去了依附的载体，也不可能发生权利义务。因此，客体是经济法律关系不可缺少的要素之一。

学者们对经济法律关系客体的类型有不同的看法，概括起来大体上可分为以下四大类。

(1) 物。物是指可以为人们控制和支配，有一定经济价值并以物质形态表现出来的具有稀缺性的物体。有些物不能为人们所控制和支配，或即使能为人们控制和支配，但无一定经济价值的物，不能成为经济法律关系的客体。

(2) 行为。行为是指经济法律关系的主体为达到一定经济目的所进行的活动。它包括经济管理行为、完成一定工作的行为和提供一定劳务的行为。经济管理行为是指经济法律关系的主体行使经济管理权或者经营管理权所指向的各种干预行为，如经济决策行为、经济命令行为、审查批准行为以及经济监督检查行为等；完成一定工作的行为是指经济法律关系的主体的一方利用自己的资金和技术设备为对方完成一定的工作任务，而对方根据完成工作的数量和质量支付一定报酬的行为；提供一定劳务的行为是指为对方提供一定劳务或服务满足对方的需求，而对方支付一定酬金的行为。这一行为与完成一定工作的行为不同，前者通过一定行为最终体现为一定的经济效果，并不产生实物形态；后者则是通过劳动最终表现为一定的客观物质成果。

(3) 智力成果。智力成果，亦称无形财富、知识财富，是指人们创造的能够带来经济价值的创造性脑力劳动成果，如专利、专有技术、商标等。随着人们对文化娱乐的重视，各种文学艺术成果也越来越体现出经济价值。随着社会的进步和科学技术的发展，智力成果在社会财富中将日益重要，其成为经济法律关系的客体是一种必然。根据我国《民法总则》第一百二十三条规定，智力成果大体包括：作品；发明、实用新型、外观设计；商标；地理标志；商业秘密；集成电路布图设计；植物新品种等。

(4) 经济信息。经济信息是反映社会经济活动发生、变化等基本情况的各种数据、情报和资料的总称。经济信息分为计划信息、控制信息、生产和经营信息、统计信息等。在信息时代，经济信息成为一种重要的资源，并对经济的运行有十分重要的影响。经济信息的重要性及高价值性，决定了国家和各类主体都应加强经济信息的搜集与管理，建立并完善经济信息系统，维护经济信息的安全。因而需要把经济信息的收集与分析、加工与传递纳入经济法制建设的轨道。我国在《统计法》《会计法》等经济法律中都规定了有关信息收集、传递和管理的制度。

此外，在现实经济生活中，权利亦可能成为经济法律关系的客体。如土地使用权的客体是土地，但土地使用权在土地出让和转让法律关系中则成为这一法律关系指向的对象，则土地使用权就构成该法律关系的客体。

三、经济法律关系的发生、变更和终止

经济法律关系的发生是指由于一定客观情况的出现而在主体之间形成一定的经济权利与义务关系；经济法律关系的变更是指已经发生的经济法律关系要素的变化；经济法律关系的终止是指经济法律关系主体之间的经济权利与义务归于消灭。

经济法律关系的发生、变更和终止须具备三个条件：一是有相应的法律规范依据；二是有经济法律关系主体，这是法律权利与义务的实际承担者；三是有法律事实出现。法律规范和法律主体只是法律关系产生的抽象的、一般的前提，并不能直接引起法律关系的变化，法律事实则是法律关系产生的具体条件，只有法律规范规定的法律事实发生时，才会引起法律关系的发生、变更和终止。因而，法律事实是法律关系发生、变更和终止的直接原因。

经济法律事实是指能够引起经济法律关系发生、变更和终止的客观情况。“客观情况”的内涵十分广泛，但只有那些能够引起法律后果的事实，我们才把它们称为“法律事实”。法律事实的具体表现形式并不相同，这就决定了不同性质的法律事实可以产生不同性质的法律关系。民事法律事实产生民事法律关系，经济法律事实产生经济法律关系。

根据经济法律事实的发生是否与人的意志有关，可以分为经济行为和事件。经济行为是法律行为的一种，是经济法律事实最重要的组成部分。它是指经济法律关系主体为了实现一定的经济目的而进行的活动。经济行为按其性质可以划分为经济合法行为和经济违法行为，这两种行为都可以引起经济法律关系的发生、变更或终止。

(1) 经济合法行为。这是指经济法律关系主体实施的符合法律规定的经济行为。这种行为又可以分为以下几类：①经济管理行为，即具有经济职权的经济法律关系主体干预经济的行为，具体而言是指国家在调控经济和规制市场时发生的行为，如国有资产管理行为、征税行为等。②经营管理行为，即企业或其他经济组织和个人为实现一定的经济目的而依法实施的一切行为，如企业发包、承包行为，农户经营承包行为等。③行政执法、经济仲裁、经济审判行为，这是指行政机关、仲裁机构、各级人民法院在处理经济纠纷案件或经济违法行为中的查处、裁决等行为。

(2) 经济违法行为。这是指经济法律关系主体违反经济法律和法规规定所实施的行为，如国家机关的不当罚款行为、市场主体的不正当竞争行为、侵犯消费者合法权益的行为等。

事件是不以当事人的意志为转移但能引起经济法律关系发生、变更或终止的客观情况。事件可以是自然现象，也可以是社会现象。前者如严重的自然灾害，可以引起计划法律关系、税收法律关系发生变化；后者如军事行动或政府禁令，它们也可以引起某项干预行为的变化，如引起外贸管制关系发生等。

第三节　物权与债权

物权与债权都是财产权利，但其本身并不属于经济法的范畴，因为这两种权利是我们学习和理解经济法的重要基础知识，有必要在此简要介绍。

一、物权

物权即人们对于物的权利，物权根据不同标准也可作多种分类，通常的分类为：所有权、用益物权和担保物权。本节主要介绍所有权和用益物权。

(一)物权法概述

物权法是调整平等主体之间因物的归属和利用而发生的法律关系的法律总称。2007 年 3 月 16 日，第十届全国人大第五次会议通过了《中华人民共和国物权法》(以下简称《物权法》)，于 2007 年10 月 1 日正式实施。该法共 5 编 19 章，247 条。该法的颁布对于促进我国经济社会发展、构建和谐社会、保护公民的合法财产权利等必将产生深远的影响。

1. 物及其分类

物权法上的物是指存在于人身之外，能够为人们支配并且能满足人类某种需要，具有稀缺性的物质实体，具有以下法律特征：①客观物质性。物权法上的物通常为有体之物，必须是客观存在的物质实体，其存在的形式没有限制。②存在于人身之外。人体本身虽是物质实体，但人是独立的权利主体，在本质上不能被他人支配，不能作为民事权利的客体。③可支配性。物能够被权利主体支配。④稀缺性。

按照不同标准可对物进行不同分类：①动产与不动产。动产是能够移动且不会损害其价值的物，如洗衣机。不动产是性质上不能移动或虽可移动但移动会损害价值的物，如房屋。②特定物与种类物。特定物是指具有独立特征或被权利人指定，不能被替代的物。种类物是指不特定的并可被他物替代的物。③主物与从物。主物是指独立存在，与其他独立物结合使用，并在其中发挥主要效用的物。在两个独立物结合使用中处于附属地位、起辅助和配合作用的是从物。④原物与孳息。原物是指依其自然属性或法律规定产生新物的物，如产生幼畜的母畜、带来利息的存款等。孳息是指物或者权益而产生的收益，包括天然孳息和法定孳息。天然孳息是原物根据自然规律产生的物，如幼畜。法定孳息是原物根据法律规定带来的物，如存款利息、股利、租金等。天然孳息，只有所有权人的，由所有权人取得；既有所有权人又有用益物权人的，由用益物权人取得，当事人另有约定的，按照约定。法定孳息，当事人有约定的，按照约定取得；没有约定或者约定不明确的，按照交易习惯取得。

2. 物权及其分类

《物权法》所称物权，是指权利人依法对特定物享有直接支配和排他的权利，包括所有权、用益物权和担保物权。物权具有如下特征：①物权的权利主体是特定的，而义务主体是不特定的。物权是特定主体享有的、排除一切不特定人的侵害的财产权利，是一种绝对权和对世权。②物权是权利人享有的对物的直接支配并排斥他人干涉的权利。所谓直接支配，是指权利人无须借助于他人的行为就能够行使自己的权利；所谓排斥他人干涉，是指物权具有排他性。这种排他性一方面是指物权具有不容他人侵犯的性质，另一方面是指同一物之上不得同时成立两个内容不相容的物权。③物权的客体是特定的物。

从不同的角度可以把物权分为不同的种类。①所有权与他物权。所有权是指所有人依法对其物进行占有、使用、收益和处分的权利。它是物权中最完整、最充分的权利。他物权是指所有权以外的物权，亦称限制物权。它是所有权权能与所有权人发生分离，由所有权人以外的人，即他物权人对物享有一定程度的支配权。②用益物权和担保物权。根据设立物权的目的不同，可将他物权分为用益物权和担保物权。用益物权是指以物的使用收益为目的的物权，包括地上权、地役权和永佃权等；担保物权是指以担保债权的实现为目的，即以确保债务的履行为目的的物权，包括抵押权、质权和留置权等。③动产物权和不动产物权。这是按物权的客体为动产或不动产而进行的分类。④意定物权与法定物权。这是根据物权发生原因的不同而进行的分类。意定物权是指由当事人的意思而设立的物权；法定物权是指根据法律规定而当然发生的物权。一般而言，各种物权均以意定取得为主，但也有个别物权(如留置权)只适用法定取得方式。

3. 物权的效力

物权的效力是指物权所特有的功能及作用。不同的物权，效力也不同。

1) 物权的排他效力

物权的排他效力主要体现在：①同一物之上不得存在两个所有权，即一物不容二主；②同一物上不得成立两个内容相互矛盾的他物权；③物权是对世权，即物权的效力可以对抗权利人以外的所有不特定的人。例如，“私人场所，非请勿入”就是体现。

2) 物权的优先效力

物权的优先效力的内容主要包括：①对外的优先性。即在同一标的物之上同时存在物权和债权时，物权优先。例如，对于担保物的处理，担保物权人比普通债权人有优先受偿的权利。②对内的优先性。同一物上有多项其他物权并存时，应根据法律规定和物权设立的时间先后确立优先的效力。③例外情况：第一种，同一物之上某种具有物权效力的债权与不具有物权效力的债权同时并存时，前者优先，例如，已预告登记的商品房买卖合同。第二种，“买卖不破租赁”，即先成立的租赁权优先于后成立的物权，租赁权成立之后，即使标的物已经转让给他人，租赁权也具有对抗新的所有权人的效力。

【专栏 1-4】

物权的优先效力

3) 物权的追及效力

物权的追及效力，即物权的标的物不管辗转流通到何人手中，其所有人皆可依法向物的占有人请求返还原物。任何非法取得他人所有之物的都有义务返还，不返还需要承担相应的法律责任。

4. 物权法的基本原则

1) 物权法定原则

《物权法》第五条规定：“物权的种类和内容，由法律规定。”该条规定表明了物权法定这一基本原则，是《物权法》区别于《合同法》的重要标志。物权法定原则，是指物权的种类、内容、效力和公示方法都应由法律明确规定，而不能由当事人通过合同任意设定。该原则包括两个方面的内容：①物权种类法定，即当事人不得自由创设法律未规定的物权新种类，如我国的担保物权就只能是抵押、质押和留置三种。②物权内容法定，即物权的方式、效力等内容由法律规定，当事人不得在物权中自由创设新的内容，如法律规定动产质押必须移转占有，当事人就不能创设不移转占有的动产质押。

2) 一物一权原则

一物一权原则强调了物权的排他性，即在一个标的物上只能成立同种类型、同种效力的一个物权，不能存在两个以上的所有权或两个以上内容、效力相同的他物权。该原则包括以下内容：①一个独立物上只能存在一个所有权。但一物之上的所有人可以为多人，此时所有权仍然是一个，只不过主体为多人，即所有权可以共有。②一个所有权的客体仅为一个独立物。根据一物一权原则，一个所有权的客体仅为一个独立物，集合物原则上不能成为一个所有权的客体，而应为多个所有权的客体。

3) 物权公示、公信原则

物权公示、公信原则是物权法上关于物权变动的基本原则。《物权法》第六条规定："不动产物权的设立、变更、转让和消灭，应当依照法律规定登记。动产物权的设立和转让，应当依照法律规定交付。"该条规定确立了物权法的公示、公信原则。

(1) 公示原则。公示即公开揭示，使之让世人知晓之意。物权公示是指物权的权利状态必须通过一定的公示方法向社会公开，使第三人在物权变动时，知道权利状态，维护交易安全。确立物权公示原则的理由有两个，一是物权是对世权，物权变动涉及的范围大，不公示不利于保护权利人；二是物权变动直接关系到财产的归属和利用，对商品经济的正常发展有直接作用，不公示不足以确保商品交易的安全和有效。

(2) 公信原则。公信是指物权变动经过公示以后所产生的公信力。确立物权公信原则的理由在于，商品交换要求及时、安全地将商品的物权移转给受让人，而受让人在事实上很难对出让人的处分权进行周详的了解，只要出让人以合法的方式证明自己有处分权，受让人即可信任其有处分权，而物权公示在一般情况下足以证明出让人有处分权。公信原则的主要内容有：一是登记记载的权利人，在法律上推定其为真正的权利人；二是任何人因为相信登记记载的权利而与权利人进行了移转该权利的交易，该项交易应当受到法律保护，即使公示有瑕疵，善意受让人也不负返还义务。

4) 平等保护原则

《物权法》第三条第三款规定："国家实行社会主义市场经济，保障一切市场主体的平等法律地位和发展权利。"同时，该法第四条规定："国家、集体、私人的物权和其他权利人的物权受法律保护，任何单位和个人不得侵犯。"这些规定说明了物权法的平等保护原则是指物权主体(无论是国家、集体还是私人)在法律地位上是平等的，享有的所有权及其他物权在受到侵害以后，应当受到物权法的平等保护。

5. 物权变动

物权变动是指物权的设立、变更、转让及消灭。设立即创设原来没有的物权；变更则是在权利人不变的情况下改变物权的相关内容；转让是物权人将物权有偿或无偿地转移给他人；消灭是指已经存在的物权依法定事由而终止。不动产与动产物权的变动是不同的。

1) 不动产的物权变动

《物权法》第九条规定："不动产物权的设立、变更、转让和消灭，经依法登记，发生效力；未经登记，不发生效力，但法律另有规定的除外。"由此可知，我国的不动产变动采用登记生效主义，即当事人在完成一定法律行为或其他法律事实后，还需要登记这个法律事实才能完成不动产物权的变动。该条中"法律另有规定的除外"的情形主要有：①

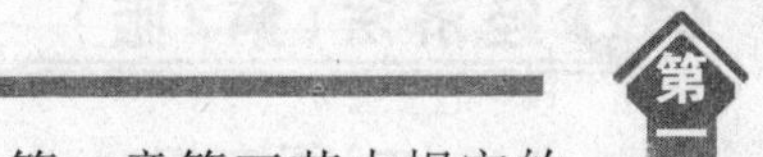

依法属于国家所有的自然资源，所有权可以不登记。②《物权法》第二章第三节中规定的物权变动的三种特殊情况：一是因人民法院、仲裁委员会的法律文书，人民政府的征收决定等，导致物权设立、变更、转让或者消灭的，自法律文书生效或者人民政府的征收决定等行为生效时发生效力。二是因继承或者受遗赠取得物权的，自继承或者受遗赠开始时发生效力。三是因合法建造、拆除房屋等事实行为设立和消灭物权的，自事实行为成就时发生效力。上述三种情形的物权变动虽不以登记为要件，但获得权利的主体在处分该物权时，仍应当依法办理登记，未经登记，不发生物权效力。③部分物权的变动不以登记为生效要件，但以登记为对抗要件。例如，土地承包经营权自土地承包经营权合同生效时设立，未经登记，不得对抗善意第三人；地役权自地役权合同生效时设立，未经登记，不得对抗善意第三人；已经登记的宅基地使用权转让或者消灭的，应当及时办理变更登记或者注销登记，即宅基地使用权不以登记为生效要件。

《物权法》对不动产物权登记的有关事项作了详细的规定：①不动产登记由不动产所在地的登记机构办理。国家对不动产实行统一的登记制度。②不动产物权的设立、变更、转让和消灭，依照法律规定应当登记的，自记载于不动产登记簿时发生效力。在办完登记手续以后，登记机关发给不动产权属证书，不动产权属证书与不动产登记簿不一致的，除有证据证明不动产登记簿确有错误外，以不动产登记簿为准。权利人、利害关系人认为不动产登记簿记载的事项错误的，可以申请更正登记。利害关系人对不动产登记簿记载的权利有异议的，可提出异议并记入登记簿，异议登记的有效期为 15 天。③当事人签订买卖房屋或者其他不动产物权的协议，为保障将来实现物权，按照约定可以向登记机构申请预告登记。预告登记后，未经预告登记的权利人同意，处分该不动产的，不发生物权效力。预告登记后，债权消灭或者自能够进行不动产登记之日起 3 个月内未申请登记的，预告登记失效。④此外，《物权法》还规定，与当事人之间订立有关设立、变更、转让和消灭不动产物权的合同，除法律另有规定或者合同另有约定外，自合同成立时生效，未办理物权登记的，不影响合同效力。

2) 动产的物权变动

动产物权的设立和转让，自交付时发生效力，但法律另有规定的除外，所以当事人虽就动产所有权移转问题达成协议，但在尚未交付标的物以前，所有权并不移转。另《物权法》第二十四条规定：“船舶、航空器和机动车等物权的设立、变更、转让和消灭，未经登记，不得对抗善意第三人。”因此对于船舶、航空器和机动车等动产，其所有权的转移仍以交付为要件，但如果交付后没有办理登记，不能对抗善意第三人。

6. 物权的法律保护

根据《物权法》的规定，物权的保护方式主要有：①请求确认物权。因物权的归属、内容发生争议的，利害关系人可以请求确认权利，在诉讼法上称之为确认之诉。②请求返还原物。无权占有不动产或者动产的，权利人可以请求返还原物。③请求排除妨碍或者消除危险。《物权法》规定，妨害物权或者可能妨害物权的，权利人可以请求排除妨害或者消除危险。④请求恢复原状。造成不动产或者动产毁损的，权利人可以请求修理、重作、更换或者恢复原状。⑤请求损害赔偿。当物权遭受侵害，造成权利人损害的，权利人可以向加害人请求损害赔偿。

(二)所有权

1. 所有权的概念及特征

所有权是指所有权人对自己的动产或不动产，依法享有的占有、使用、收益和处分的权利。按照权利主体的性质不同，可将所有权分为国家所有权、集体所有权和私人所有权；按照客体性质不同，可将所有权分为动产所有权与不动产所有权；按照权利主体数量不同，可将所有权分为单独所有和共有。

1) 所有权的权能

所有权包括四项权能：占有权、使用权、收益权和处分权。①占有权，是指权利主体对于财产的实际控制权；②使用权，是指权利主体对于财产的利用权；③收益权，是指权利主体通过财产的占有、使用等途径获取经济利益；④处分权，是指权利主体在法律允许的范围内对财产进行处置的权利。处分有事实上的处分和法律上的处分，前者指所有人通过法律行为改变所有物的法律状态，如加工、消费、毁损；后者指通过某种法律行为改变所有物的法律状态，如转让、租借。处分权是财产所有人最基本的权利，是所有权的核心。

2) 所有权的法律特征

(1) 完全性。它是指所有人对于所有物可以进行全面的占有、使用、收益和处分，即进行完全支配的权利，而他物权人对于标的物仅在某一方面享有支配权。因此，所有权又称完全物权，其他物权又称限制物权。

(2) 整体性。它是指所有权不是对标的物占有、使用、收益、处分的权能的总和，而是一项整体性的权利，是对物的统一支配权。所有权的整体性决定了所有权本身不得在内容或时间上加以分割。

(3) 弹力性。它是指所有人可以通过设定他物权使所有权的权能与作为整体的所有权相分离，但所有人并不因此丧失其对所有物的支配。当他物权消灭时，所有权恢复到它原来的状态，即分离出去的权能又复归于所有权人。

(4) 永久性。所有权因标的物的存在而永久存在，不能预定其存续期间。

2. 所有权的取得

所有权的取得必须符合法律规定，否则将不受法律保护。所有权的取得方式分为原始取得和继受取得。原始取得主要包括：劳动生产、善意取得、征收、孳息、拾得遗失物、发现埋藏物等；继受取得主要有买卖、赠与、继承、互易等。《物权法》对所有权的取得还做了一些特别规定。

1) 征收

征收是指国家依法定程序将集体所有的土地和城市房屋及其他不动产收归国家所有的制度，是国家所有权的一种特殊取得方式。征收具有强制性、有偿性和公益性的特点。《物权法》第四十二条规定：“为了公共利益的需要，依照法律规定的权限和程序可以征收集体所有的土地和单位、个人的房屋及其他不动产。征收集体所有的土地，应当依法足额支付土地补偿费、安置补助费、地上附着物和青苗的补偿费等费用，安排被征地农民的社会保障费用，保障被征地农民的生活，维护被征地农民的合法权益。征收单位、个人的房屋及其他不动产，应当依法给予拆迁补偿，维护被征收人的合法权益；征收个人住宅的，还应当保障被征收人的居住条件。”

此外《物权法》还规定了征用制度。《物权法》第四十四条规定：“因抢险、救灾等紧急需要，依照法律规定的权限和程序可以征用单位、个人的不动产或者动产。被征用的不动产或者动产使用后，应当返还被征用人。单位、个人的不动产或者动产被征用或者征用后毁损、灭失的，应当给予补偿。”

2) 善意取得

善意取得是指无处分权人将不动产或者动产让与第三人时，受让人因善意而依法取得该不动产或动产的所有权的制度。《物权法》第一百零六条规定，善意取得须符合以下条件：①受让人需是善意的，不知道出让人是无处分权人；②受让人支付了合理的价款；③转让的财产应登记的已经登记，不需要登记的已经交付给受让人。三项条件必须同时具备，否则不构成善意取得。

【专栏 1-5】

善意取得的进一步理解

善意取得成立后的法律效果：①受让人取得标的物的所有权；②受让动产上的原有权利消灭；③让与人对原所有人负赔偿责任。由于善意取得发生后，原权利人无权要求让与人返还原物，只能要求无权处分人承担赔偿责任，也可以要求让与人返还不当得利。

3) 拾得遗失物

拾得遗失物是指发现他人遗失之物而予以占有的法律事实。成立拾得遗失物须具备两个条件：一是标的物为遗失物，遗失物是指占有人非基于自身意思而丧失占有的动产；二是应有拾得行为，拾得是指发现并占有遗失物。《物权法》对遗失物处理的具体规定有：①拾得遗失物，应当返还权利人。拾得人应当及时通知权利人领取，或者送交公安等有关部门。②有关部门收到遗失物，知道权利人的，应当及时通知其领取；不知道的，应当及时发布招领公告。自有关部门发出招领公告之日起 6 个月内无人认领的，遗失物归国家所有。③拾得人在遗失物送交有关部门前，有关部门在遗失物被领取前，应当妥善保管遗失物。因故意或者重大过失致使遗失物毁损、灭失的，应当承担民事责任。④权利人领取遗失物时，应当向拾得人或者有关部门支付保管遗失物支出的必要费用；权利人悬赏寻找遗失物的，领取遗失物时应按照承诺履行义务；拾得人侵占遗失物的，无权请求保管遗失物等支出的费用，也无权请求权利人按照承诺履行义务。⑤拾得漂流物、发现埋藏物或者隐藏物的，参照拾得遗失物的有关规定。文物保护法等法律另有规定的，依照其规定。

3. 业主的建筑物区分所有权

《物权法》第七十条规定：“业主对建筑物内的住宅、经营性用房等专有部分享有所有权，对专有部分以外的共有部分享有共有和共同管理的权利。”由此可知，建筑物区分所有权是由专有权、共有权及共同权构成的“复合物权”，其中专有权是主要部分。

(1) 专有部分的所有权。它是指业主对其建筑物专有部分享有占有、使用、收益和处分的权利。专有部分是指建筑物中在构造上和使用上具有独立性、可分割出来单独登记的部分。业主在行使权利时不得危及建筑物的安全，不得损害其他业主的合法权益，业主不得违反法律、法规以及管理规约，将住宅改变为经营性用房。业主将住宅改变为经营性用

户的，除遵守法律以及管理规约外，应当经有利害关系的业主同意。业主转让建筑物内的住宅、经营性用房，其对共有部分享有的共有和共同管理的权利一并转让。

(2) 共有部分的共有权。它是指建筑物区分所有人对建筑物共用部分享有的占有、使用及收益的权利，也称“共用部分持份权”。对专有部分以外的共有部分既是业主的权利，又是业主的义务，且此项义务不得放弃。我国《物权法》规定，共有部分包括：①建筑区划内的道路，属于业主共有，但属于城镇公共道路的除外。②建筑区划内的绿地，属于业主共有，但属于城镇公共绿地或者明示属于个人的除外。③建筑区划内的其他公共场所、公用设施和物业服务用户，属于业主共有。④占用业主共有的道路或者其他场地用于停放汽车的车位，属于业主共有。同时为了解决车位紧张问题，法律还特别对开发商出售车位的权利进行了限制，即要求在建筑区划内规划用于停放汽车的车位、车库应当首先满足业主需要。⑤建筑物及其附属设施的维修基金，属于业主共有。

(3) 共有部分的共同管理权。业主对专有部分以外的共有部分享有共同管理的权利，包括对共同财产和公共事务的参与决策和管理的权利。其具体为可以设立业主大会，选举业主委员会；制定或者修改业主大会议事规则和建筑物及其附属设施的管理规约；选聘和解聘物业服务企业或者其他管理人，筹集和使用建筑物及其附属设施的维修资金，改建和重建建筑物及其附属设施等。业主大会和业主委员会，对任意弃置垃圾、排放大气污染物或者噪声、违反规定饲养动物、违章搭建、侵占通道、拒付物业费等损害他人合法权益的行为，有权依照法律、法规以及管理规约，要求行为人停止侵害、消除危险、排除妨害、赔偿损失。《物权法》第七十六条规定了业主共同行使权利的事项，其中大部分事项，如制定和修改业主大会议事规则、制定和修改建筑物及其附属设施的管理规约、选举业主委员会或者更换业主委员会成员、选聘和解聘物业服务机构或者其他管理人等事项经专有部分占建筑物总面积过半数的业主且占总人数过半数的业主同意即可。但是对于筹集和使用建筑物及其附属设施的维修资金和改建、重建建筑物及其附属设施的行为，则应当经专有部分占建筑物总面积 2/3 以上的业主且占总人数 2/3 以上的业主同意。

4. 相邻关系

相邻关系是指相邻不动产的权利人，在行使对不动产的权利时，相互之间应当给予必要的便利或接受必要的限制所产生的权利义务关系。相邻关系中相邻一方对相邻另一方的权利，称为相邻权。《物权法》规定不动产的相邻权利人应当按照有利生产、方便生活、团结互助、公平合理的原则，正确处理相邻关系。法律、法规对处理相邻关系有规定的，依照其规定；法律、法规没有规定的，可以按照当地习惯。主要的相邻关系有以下几类。

(1) 相邻用水、排水关系。不动产权利人应当为相邻权利人用水、排水提供必要的便利。对自然流水的利用，应当在不动产的相邻权利人之间合理分配；对自然流水的排放，应当尊重自然流向。

(2) 相邻通行关系。不动产权利人对相邻权利人因通行等必须利用其土地的，应当提供必要的便利。

(3) 相邻修建、管线安设关系。不动产权利人因建造、修缮建筑物以及铺设电线、电缆、水管、暖气和燃气管线等必须利用相邻土地、建筑物的，该土地、建筑物的权利人应当提供必要的便利。

(4) 相邻通风、采光、日照关系。建造建筑物，不得违反国家有关工程建设标准，妨碍相邻建筑物的通风、采光和日照。

(5) 相邻环保关系。不动产权利人不得违反国家规定弃置固体废物，排放大气污染物、水污染物、噪声、光、电磁波辐射等有害物质。

(6) 相邻安全关系。不动产权利人挖掘土地、建造建筑物、铺设管线以及安装设备等，不得危及相邻不动产的安全。

如果不动产权利人因用水、排水、通行、铺设管线等利用相邻不动产并造成损害的，应当给予赔偿。

5. 共有

不动产或者动产可以由两个以上单位、个人共有，共有包括按份共有和共同共有。

(1) 按份共有。《物权法》规定，按份共有人对共有的不动产或者动产按照其份额享有所有权。按份共有人对共有的不动产或者动产享有的份额，没有约定或者约定不明确的，按照出资额确定；不能确定出资额的，视为等额享有。按份共有的各共有人，依其份额对共有物享有使用、收益的权利。

(2) 共同共有。共同共有人对共有的不动产或者动产共同享有所有权。共有人对共有的不动产或者动产没有约定为按份共有或者共同共有，或者约定不明确的，除共有人具有家庭关系等外，视为按份共有。共同共有具有以下法律特征：①共同共有的成立以共同关系的存在为前提；②共同共有是不分份额的共有；③共同共有人对共有物共同(平等)地享有权利、承担义务，而不是按比例分配。

(3) 共有物的管理、处分及分割。①共有物的管理。共有人按照约定管理共有的不动产或者动产；没有约定或者约定不明确的，各共有人都有管理的权利和义务。②共有物的处分。处分共有的不动产或者动产以及对共有的不动产或者动产做重大修缮的，应当经占份额 2/3 以上的按份共有人或者全体共同共有人同意，但共有人之间另有约定的除外。③共有物的分割。共有人约定不得分割共有的不动产或者动产，以维持共有关系的，应当按照约定，但共有人有重大理由需要分割的，可以请求分割；没有约定或者约定不明确的，按份共有人可以随时请求分割，共同共有人在共有的基础丧失或者有重大理由需要分割时可以请求分割。因分割对其他共有人造成损害的，应当给予赔偿。共有人可以协商确定分割方式，达不成协议，共有的不动产或者动产可以分割并且不会因分割减损价值的，应当对实物予以分割；难以分割或者因分割会减损价值的，应当对折价或者拍卖、变卖取得的价款予以分割。共有人分割所得的不动产或者动产有瑕疵的，其他共有人应当分担损失。

(4) 共有财产上的债权债务。因共有的不动产或者动产产生的债权债务，在对外关系上，共有人享有连带债权、承担连带债务，但法律另有规定或者第三人知道共有人不具有连带债权债务关系的除外；在共有人内部关系上，除共有人另有约定外，按份共有人按照份额享有债权、承担债务，共同共有人共同享有债权、承担债务。偿还债务超过自己应当承担份额的按份共有人，有权向其他共有人追偿。

(三)用益物权

除所有权外，物权还包括他物权，他物权包括用益物权和担保物权。这里我们主要讨

论用益物权，担保物权的内容将在合同担保中讨论。

用益物权是用益物权人对他人所有的不动产或者动产，依法享有占有、使用和收益的权利。用益物权有以下特征：①用益物权是由所有权派生的物权；②用益物权是受限制的物权；③用益物权是一项独立的物权，且是主物权(地役权除外)，不是从物权；④用益物权一般以不动产为客体。

用益物权的类型包括：①土地承包经营权；②建设用地使用权；③地役权；④宅基地使用权；⑤准物权，包括海域使用权、采矿权、取水权和渔业权等。下面主要介绍前三种。

1. 土地承包经营权

所谓土地承包经营权，是指以从事农业生产为目的，对承包的土地进行占有、使用和收益的权利。我国《物权法》规定，土地承包经营权自土地承包权合同生效时设立。承包经营权的期限因为内容的不同而有所不同：耕地的承包期为 30 年；草地的承包期为 30～50 年；林地的承包期为 30～70 年，特殊林木的林地承包期，经国务院林业行政主管部门批准可以延长。县级以上地方人民政府应当向土地承包经营权人发放土地承包经营权证、林权证、草原使用权证，并登记造册，确认土地承包经营权。

土地承包经营权人依照《农村土地承包法》的规定，有权将土地承包经营权采取转包、互换、转让等方式流转；流转的期限不得超过承包期的剩余期限。但未经依法批准，不得将承包地用于非农建设。土地承包经营权人将土地承包经营权互换、转让，当事人要求登记的，应当向县级以上地方人民政府申请土地承包经营权变更登记；未经登记，不得对抗善意第三人。通过招标、拍卖、公开协商等方式承包荒地等农村土地，依照农村土地承包法等法律和国务院的有关规定，其土地承包经营权可以转让、入股、抵押或者以其他方式流转。在承包期内，承包地被征收的，土地承包经营权人有权依照法律规定获得相应补偿。

2. 建设用地使用权

建设用地使用权，是指权利人以建造建筑物、构筑物及其附属设施为目的，对国有土地进行占有、使用和收益的权利。建设用地使用权可以在土地的地表、地上或者地下分别设立；新设立的建设用地使用权，不得损害已设立的用益物权。

建设用地使用权的取得方式有出让、划拨等方式。工业、商业、旅游、娱乐和商品住宅等经营性用地以及同一土地有两个以上意向用地者的，应当采取招标、拍卖等公开竞价的方式出让。严格限制以划拨方式设立建设用地使用权；采取划拨方式的，应当遵守法律、行政法规关于土地用途的规定。建设用地使用权的取得必须向登记机构办理登记，登记是建设用地使用权生效的条件。登记机构应当向建设用地使用权人发放建设用地使用权证书。

权利人取得建设用地的使用权后，除法律另有规定的以外，有权将建设用地使用权转让、互换、出资、赠与或者抵押，但当事人之间应当采取书面形式订立相应的合同；使用权期限由当事人约定，但不得超过建设用地使用权的剩余期限。建设用地使用权转让、互换、出资或者赠与的，应当向登记机构申请变更登记，附着于该土地上的建筑物、构筑物及其附属设施一并处分；建筑物、构筑物及其附属设施转让、互换、出资或者赠与的，其占用范围内的建设用地使用权一并处分。所以，建设用地使用权与附着在上面的建筑物所有权采取“房随地走、地随房走、房地一体”的流转规则。

3. 地役权

1) 地役权的概念

地役权是指地役权人按照合同约定，利用他人的不动产，以提高自己的不动产的效益的权利，其中他人的不动产为供役地，自己的不动产为需役地。地役权自地役权合同生效时设立。当事人要求登记的，可以向登记机构申请地役权登记；未经登记，不得对抗善意第三人。

与其他的用益物权不同，地役权具有从属性和不可分性。地役权的从属性，具体表现为：一是地役权不得与需役地相分离而单独转让，不得单独设定抵押；二是地役权不得与需役地的所有权或使用权相分离，作为其他权利的标的。除合同另有约定外，以土地承包经营权、建设用地使用权等转让的，地役权一并转让；以土地承包经营权、建设用地使用权等抵押的，在实现抵押权时，地役权一并转让。地役权的不可分性，是指地役权存在于需役地和供役地的全部，不能分割为各个部分或仅仅以一部分而单独存在。

2) 地役权的效力

地役权的效力体现在：①地役权人有权依据合同约定的利用目的和方法利用供役地，同时尽量减少对供役地权利人物权的限制。②地役权的期限由当事人约定，但不得超过土地承包经营权、建设用地使用权等用益物权的剩余期限。③地役权与其他用益物权的关系。土地所有权人享有地役权或者负担地役权的，设立土地承包经营权、宅基地使用权时，该土地承包经营权人、宅基地使用权人继续享有或者负担已设立的地役权；土地上已设立土地承包经营权、建设用地使用权、宅基地使用权等权利的，未经上述用益物权人同意，土地所有权人不得设立地役权；需役地以及需役地上的土地承包经营权、建设用地使用权部分转让时，转让部分涉及地役权的，受让人同时享有地役权；供役地以及供役地上的土地承包经营权、建设用地使用权部分转让时，转让部分涉及地役权的，地役权对受让人具有约束力。

3) 地役权的消灭

地役权人有下列情形之一的，供役地权利人有权解除地役权合同，地役权消灭：①违反法律规定或者合同约定，滥用地役权；②有偿利用供役地，约定的付款期间届满后在合理期限内经两次催告未支付费用的。

二、债权

债权与债务是相对应的概念，这里我们主要介绍债权，其理由在于债权是债的主要体现，我们通常说债的关系既包括债权关系，也包括债务关系。

(一)债权概述

我国《民法通则》规定，债是指按照合同的约定或者依照法律的规定，在当事人之间产生的特定的权利和义务关系。享有权利的人是债权人，负有义务的人是债务人。

债的构成要素包括债的主体、债的内容和债的客体(又称标的)。债的主体即债权人和债务人。有权要求对方当事人为一定行为或不为一定行为的是债权人，也就是权利主体；负有满足对方当事人权利的为债务人，也就是义务主体。

债的内容包括债权与债务，债权与债务相互依存。债权与债务是通过给付连接起来的，债权人有权请求债务人履行给付义务，债务人有义务向债权人作出给付。

债的客体(债的标的)必须是法律、法规所允许的，是指债权债务所共同指向的对象，即给付。给付是指债务人应为的特定行为，给付可分为作为和不作为。作为是积极的给付，不作为是消极的给付。从形式看，给付包括交付财物、移转权利、支付金钱、提供劳务或者服务、提交成果、不作为等。

(二)债权及其特征

债权是债的主要方面。债权是因合同、侵权行为、无因管理、不当得利以及法律的其他规定，权利人请求特定义务人为或者不为一定行为的权利。

债权具有以下特征：①债权是财产权。债权或直接具有一定的财产价值，或可以转化为一定的财产价值。②债权是请求权。债权的作用主要是请求权的行使，而非直接支配债务人的人身、债务人的行为或者债务人应为给付之物，此与物权不同。债权是请求权，但并非所有的请求权都是债权，如物权请求权。③债权是相对权。所谓相对权，是指债权仅对债务人有效，即只能请求债务人履行，不能要求债务人之外的第三人履行(另有约定除外)，也不能直接支配债务人的人身或财产，而物权是对世权。④债权有期限性。债权主要是作为债权人实现特定目的的一种手段而存在，目的达到，债权即归于消灭。作为物权的典型代表的所有权具有永续性。

(三)债的分类

债依据不同的标准可以分为不同的种类，以下主要介绍常见的四种分类。

1. 法定之债与意定之债

按照债的设定及其内容是否允许当事人自行决定，债可以分为法定之债和意定之债。法定之债，是指债的发生及其内容均由法律加以明确规定的债。不当得利之债、无因管理之债、侵权行为之债、缔约过失之债，都属于法定之债。意定之债，是指债的发生及其内容完全由当事人依其意思加以决定的债。单方允诺属于意定之债。

2. 特定之债与种类之债

按债的标的物是特定物还是种类物，债可以分为特定之债与种类之债。

特定之债，是指以特定物为标的的债。特定物可以是依物的性质而特定，如某幅字画，也可以是依当事人的意思指定的物，如某房屋、某牌号的轿车等，不能用其他的物来代替。特定之债有以下特点：①标的物被商定或指定后，债权人或债务人原则上不得变更；②当标的物灭失时，发生履行不能，债务人可不实际履行。

种类之债，是指以种类物为标的的债。实践中，买卖、消费等合同大多以不特定物为标的物。种类之债有以下特点：①种类之债以种类物为给付标的；②种类之债只有在标的物特定化之后才能履行；③种类之债的标的物所有权自交付时转移于债权人，正式交付前

标的物意外灭失的责任由债务人承担，交付之后由债权人承担。

3. 简单之债与选择之债

按债的标的是否具有可选择性，债可以分为简单之债与选择之债。

简单之债，又称“单纯之债”，是指债的标的是单一的，当事人只能就该种标的履行的债。简单之债的当事人只能就某一标的履行债务，否则将构成债的不履行。

选择之债，是指债的关系成立时有数个标的，有选择权的当事人有权从数个标的中选择一个标的为给付的债。选择之债不是有多个债存在，而是只有一个债，但履行债的标的有多个，选择其一给付即可。

从选择之债的数个给付中确定一种给付，称为选择之债的特定。经特定后，债务才能得到履行，所以选择之债的特定，对于双方当事人极为重要。特定的方法三种：①因合意而特定。即双方当事人协商一致从数个给付中选择一个给付作为债的标的。②因行使选择权而特定。选择权可以归属于债权人、债务人或第三人，但各国一般都规定除法律另有规定或当事人另有约定外，选择权属于债务人。③因给付不能而特定。如果数个给付因给付不能仅存一种给付时，由于选择权已无从行使，该选择之债即特定。

4. 按份之债和连带之债

据债的主体多少，可将债分为单一之债和多数之债。如果债权人和债务人均为一人时，叫作单一之债；债权人或债务人一方或双方为数个人时，叫作多数之债。我国《民法通则》规定了两种多数人之债，即按份之债和连带之债。

1) 按份之债

按份之债是指两个或两个以上的债权人或债务人各自按照一定的份额(等份或不等份)享有债权或承担债务的债。两个或两个以上的债权人各自就自己的债权份额享有请求权、受领权的，为按份债权；两个或两个以上的债务人各自就自己的债务份额承担清偿义务的，为按份债务。在多数之债中，除法律有特别规定或者当事人有特别约定外，都属于按份之债。

按份之债的主体仅在自己的份额内享有权利或负担义务。就某一债权人或者某一债务人发生的事项，如履行迟延、履行不能、不完全履行、受领迟延等，对于其他的债权人和债务人不产生影响；某一债权人或某一债务人作出的免除债务、提存、抵销、债的关系无效或被撤销以及某一债务人因不可抗力或时效完成而消灭债务等事项，对其他债的当事人也不发生影响。

2) 连带之债

连带之债是指两个或两个以上的债权人或债务人，对外享有连带债权或负有连带债务的债。在连带之债中，多数债权人中的任何一个人都有要求债务人清偿全部债务的权利，这种连带关系称为连带债权；多数债务人中的任何一人都负有清偿全部债务的义务，这种连带关系称为连带债务。法律规定连带之债的目的在于确保债权人的利益。在连带之债中，每一个债务人对债务均负全部清偿的义务，债权人有权要求任何一个债务人履行全部义务，因而所有债务人以其所有的财产作为债权人债权实现的责任财产，当其中一个债务人无力清偿债务时，债权人可以向其他债务人提出请求，这样对债权人非常有利。

连带之债的发生，有两方面的原因，即法律的规定和当事人的约定。①基于法律的规定而发生，主要有个人合伙债务、合伙型联营债务、代理关系中的连带责任、共同侵权行为人的连带责任、连带保证中的连带责任。②因当事人约定而产生，如当事人有明确约定，可产生连带之债。

(四)债发生的根据

债发生的根据又称债发生的原因，即是引起债的关系产生的法律事实。各国法律规定，可发生债的法律事实主要有合同、侵权行为、无因管理、不当得利及其他。

1. 合同

合同是最常见的、最普遍的债的发生原因。合同是当事人之间设立、变更、终止民事关系的协议。合同依法成立后，即在当事人间产生债权债务关系，因此合同是债的发生根据。基于合同所产生的债即为合同之债。

2. 侵权行为

侵权行为是指不法侵害他人的合法权益的行为。当事人一方不法侵害他人的财产权利或人身权利，造成另一方损失时，加害人应依法承担民事责任。受侵害的当事人一方有权请求加害人赔偿损失，加害人则负有赔偿损失的义务。因此，侵权行为也可以在加害人与受害人之间形成债的关系。侵权行为虽是法律所禁止的不法行为，但基于侵权行为所产生的侵权行为之债却是合法的，是受法律保护的。

3. 无因管理

1) 无因管理的含义

无因管理是指行为人在不对他人承担法定义务或约定义务的情况下，为了他人的财产利益或者人身利益免受损害，基于自愿而管理他人事务或为他人提供服务的行为。管理他人事务的人为管理人；受管理人管理事务的人为本人或受益人；因事务的管理在管理人和本人之间发生的权利义务关系，为无因管理之债。

2) 无因管理的成立要件

(1) 没有法定的或者约定的义务。所谓法定的义务，是指法律直接规定的义务；所谓约定的义务，是指因合同产生的义务。

(2) 管理人须对他人进行管理或者服务。对他人进行管理或者服务，即指管理他人事务。

(3) 管理人须为避免他人利益受损失而为管理。管理人的管理是否是为他人谋利益，应当从动机和效果两个方面看。从动机看，管理事务的动机是避免他人利益受损失，而不是为了使自己利益不受损失；从效果看，因管理所取得的利益最终要归于本人，而不是归于管理人自己。

3) 无因管理之债的内容

(1) 管理人的义务与责任。管理人自管理行为开始起，即应尽到适当管理、通知、继续管理和报告、计算的义务，其中，适当管理义务为管理人的主要义务，其他义务为管理人的从属义务。管理人应承担因未尽善良管理人的注意，未以有利于本人的方法进行管理，或者违反管理人所负担的义务等而发生的法律责任。

(2) 本人的义务。本人对管理人所负担的义务，即是管理人所享有的权利。无因管理成立后，本人的义务有：①偿还必要的费用；②清偿必要的债务；③赔偿损害。

4. 不当得利

不当得利是指没有合法根据取得不当利益，而造成他人损失的行为。其中取得不当利益的一方被称为受益人，受到损失的一方被称为受害人或者受损人。

不当得利包括以下类型：①民事法律行为不成立、无效及被撤销所产生的不当得利；②履行不存在的债务所引起的不当得利；③因合同解除产生的不当得利；④基于受益人、受害人或第三人行为而产生的不当得利；⑤基于事件而产生的不当得利。

不当得利的构成要件：①受益人获得财产上的利益，包括消极得利(财产应减少而未减少)和积极得利(财产积极的增加)；②受损人遭受财产上的损失；③受益与受损之间存在因果关系；④受益人获得利益无合法依据。

不当得利中，受益人应当将取得的不当利益返还受损人，返还利益的范围应包括原物和原物所生的孳息。另外，《民法通则实施意见》规定利用不当得利所取得的其他利益，扣除劳务管理费用后，应予以收缴，所以除原物和原物的孳息之外的其他利益由国家收缴。

此外，悬赏广告、缔约过失行为等也可以产生债的关系。

有关债的其他内容，限于篇幅，我们将以合同之债为典型在第五章《合同法》中讨论。

第四节　代理与时效

代理和时效制度是民法的重要制度，但鉴于其对学习和理解经济法知识与案例的重要性，我们在此作简单介绍。

一、代理

代理是指代理人在代理权范围内，以被代理人的名义实施民事法律行为，由被代理人对代理人的代理行为承担民事责任的一种法律制度。在代理关系中，以被代理人名义实施民事行为的人，称为代理人；由他人代为实施民事行为的人，称为被代理人，也称本人；与代理人实施民事行为的人，称为第三人或相对人。

代理具有以下四个法律特征：①代理人以被代理人的名义实施法律行为。非以被代理人的名义而以自己的名义代替他人实施法律行为的不属于代理，如行纪等。②代理行为应是具有法律意义的行为。③代理人在被代理人授权范围内独立进行意思表示。即代理人不能超越代理权限的范围，同时代理人在代理权限内可以独立地进行意思表示。④代理行为产生的法律后果直接由被代理人承担。代理人在代理权限内进行的代理行为，在法律上视为被代理人自己的法律行为，由此而产生的权利和义务直接由被代理人承担。

(一)代理的种类

根据代理权产生的根据，可以将代理分为委托代理和法定代理。

1. 委托代理

委托代理是指代理人按照被代理人的委托行使代理权而产生的代理。委托合同与委托授权行为皆为产生委托代理权的根据。其中，委托合同是委托人与受托人约定，由受托人处理委托人事务的合同。委托合同的成立和生效，并不当然地产生代理权，只有在委托人作出授予代理权的单方行为后，代理权才发生。委托代理授权的形式，可以用书面形式，也可以用口头形式。法律、行政法规规定用书面形式的，应当用书面形式。书面形式的授权委托书应当载明代理人的姓名或者名称、代理事项、权限和期间，并由被代理人签名或者盖章。

2. 法定代理

法定代理是指代理人依照法律的规定行使代理权而产生的代理。在法定代理中，代理权之授予基于法律的直接规定。法定代理主要适用于被代理人为无行为能力人或限制行为能力人的情况。

(二)无权代理

1. 无权代理的概念和类型

无代理权的人以他人名义实施的代理行为，称为无权代理，亦即无代理权之代理。无权代理在法律上并不当然无效，如经被代理人追认，即成为有权代理。无权代理的三种情形：①自始就不存在代理权的代理，即当事人实施代理行为，根本未获得被代理人的授权。②超越代理权的代理，即代理人虽然获得了被代理人的授权，但他实施的代理行为，超越了被代理人的授权范围，构成无权代理。③代理权终止后的代理，即代理人获得了被代理人的授权，但在代理权期限届满继续实施代理行为，构成无权代理。

2. 无权代理的法律效果

《民法总则》第一百七十一条规定："行为人没有代理权、超越代理权或者代理权终止后，仍然实施代理行为，未经被代理人追认的，对被代理人不发生效力。"《合同法》第四十八条规定："未经被代理人追认，对被代理人不发生效力，由行为人承担责任。"由此可以看出，通过被代理人行使追认权，无权代理行为可转化为有权代理，具有法律效力。

被代理人可以通过明示和默示行使追认权。明示是指被代理人以明确的意思表示对无权代理行为予以承认；默示则是指被代理人虽没有明确表示承认无权代理行为对自己的效力，但以特定的行为，如以履行义务的行为对无权代理行为予以承认，或是被代理人明知他人以自己名义实施民事法律行为，但不作否认表示。被代理人行使追认权，可以向交易相对人作出，也可以向无权代理人作出。一经作出追认，无权代理行为即获得如同有权代理行为同样的法律效力，因为追认的表示具有溯及力，无权代理行为自始有效，由被代理人承担相应法律后果。

交易相对人的撤销权。与无权代理人进行民事行为时，不知也不应知其为无权代理的善意相对人享有撤销权。善意相对人行使撤销权后，基于无权代理所为的民事行为不发生效力。但撤销权的行使应于被代理人行使追认权之前行使，且被撤销的无权代理行为，被代理人不能再行追认。

被代理人对无权代理行为享有追认或拒绝追认的选择权，若被代理人明确表示拒绝追认或在交易相对人确定的催告期内不作出追认的表示，代理行为不生效。无权代理行为未被追认的，善意相对人有权请求行为人履行债务或者就其受到的损害请求行为人赔偿。

3. 表见代理

所谓表见代理，是指本属于无权代理，但因本人与无权代理人之间的关系，具有授予代理权的外观即所谓外表授权，致使相对人相信其有代理权而与其为法律行为，法律使之发生与有权代理同样的法律效果。我国《民法总则》第一百七十二条规定："行为人没有代理权、超越代理权或者代理权终止后，仍然实施代理行为，相对人有理由相信行为人有代理权的，代理行为有效。"《合同法》四十九条也有类似规定。

如果善意的交易相对人不愿该无权代理发生与有权代理同样的法律效果，也可行使撤销权，使其归于无效。

表见代理的构成要件为：①交易相对人有理由相信无权代理人有代理权。这是指交易相对人根据所知的某些情况可以合理地认为无权代理人有代理权。如无权代理人持有被代理人的有效授权委托书，被代理人曾对交易相对人声称无权代理人为其代理人等。②交易相对人为善意且无过失，即交易相对人不知道也不可能知道无权代理人并不拥有代理权。此时，交易相对人应就其善意负担举证责任。③无权代理人与第三人所为的民事行为，合于法律行为的一般有效要件和代理行为的表面特征。

表见代理的发生原因主要包括：①被代理人以书面或口头形式直接或间接地向第三人表示以他人为自己的代理人，而事实上他并未对该他人进行授权，第三人信赖被代理人的表示而与该他人为交易。②被代理人与代理人之间的委托合同不成立、无效或被撤销，但尚未收回代理证书，交易相对人基于对代理证书的信赖，与行为人进行交易。③代理关系终止后，被代理人未采取必要措施公示代理关系终止并收回代理人持有的代理证书，造成第三人不知代理关系终止而仍与代理人为交易。

二、时效

时效，是指一定事实状态在法定期间持续存在，从而产生与该事实状态相适应的法律效果的法律制度。时效是导致民事法律关系发生、变更和消灭的法律事实。时效制度的设立，属于强行性规定，当事人不得约定不受时效限制或变更法定的时效期间。

时效分为取得时效和诉讼时效(即消灭时效)。我国法律并无取得时效的规定。

(一)诉讼时效的含义、种类及起算

1. 诉讼时效的含义

诉讼时效又称消灭时效，是指对在法定期间内不行使权利的权利人，使其丧失胜诉权的法律制度。

2. 诉讼时效的种类

诉讼时效分为普通诉讼时效和特别诉讼时效。

1) 普通诉讼时效

普通诉讼时效是指普遍适用于处理法律规定的各种民事法律关系的时效。除法律另有规定外，所有的民事法律关系皆适用普通时效。我国《民法总则》第一百八十八条规定普通诉讼时效的期间为3年。

2) 特别诉讼时效

特别诉讼时效是指由法律就某些民事法律关系规定的短于或长于普通诉讼时效期间的时效。特别诉讼时效不具有普遍性，只适用于特定的民事法律关系。例如，我国《合同法》第一百二十九条规定“因国际货物买卖合同和技术进出口合同发生纠纷，要求保护权利的诉讼时效期间为 4 年。”《产品质量法》第四十五条规定“因产品存在缺陷造成损害要求赔偿的诉讼时效为 2 年”，即因产品责任的赔偿请求权应适用特别法规定的 2 年特殊时效。

3. 诉讼时效的起算

诉讼时效期间自权利人知道或者应当知道权利受到损害以及义务人之日起计算。但是，从权利受到损害之日起超过 20 年的，人民法院不予保护。其意思为，权利人不知或不应知道权利已被侵害，自权利受到损害之日起经过 20 年的，其权利也失去法律的强制性保护。另外，如果同一债务因约定分期履行的，诉讼时效期间自最后一期履行期限届满之日起算；无民事行为能力人或者限制民事行为能力人对其法定代理权的诉讼时效期间自该法定代理终止之日起算。

(二)诉讼时效期间的中止、中断和延长

1. 诉讼时效期间的中止

诉讼时效期间的中止是指在诉讼时效期间进行中，因发生一定的法定事由使权利人不能行使请求权，暂时停止计算诉讼时效期间，待阻碍时效期间进行的法定事由消除后，诉讼时效继续进行。

1) 中止的法定事由

依据《民法总则》第一百九十四条规定，诉讼时效中止的法定事由包括：①不可抗力。不可抗力指不能预见、不能避免和不能克服的客观情况。发生不可抗力时，权利人主观上要求行使权利，但客观上无法行使，所以法律规定中止时效予以救济。②无民事行为能力人或者限制民事行为能力人没有法定代理人，或者法定代理人死亡、丧失民事行为能力、丧失代理权；③继承开始后未确定继承人或者遗产管理人；④权利人被义务人或者其他人控制；⑤其他导致权利人不能行使请求权的障碍。

2) 中止的发生时间

中止只能发生在诉讼时效期间的最后 6 个月内，并自中止时效的原因消除之日起满 6 个月，诉讼时效期间届满。

3) 诉讼时效期间中止的法律效果

诉讼时效期间中止后，中止的期间不计入时效期间内。待中止事由消除后，时效期间继续进行，继续计算的时效期间不得超过6个月。

2. 诉讼时效期间的中断

诉讼时效期间中断是指在诉讼时效进行期间，因发生一定的法定事由，使已经经过的时效期间归于无效，待时效期间中断的事由消除后，诉讼时效期间重新计算。

1) 中断的法定事由

根据《民法总则》第一百九十五条的规定，引起诉讼时效期间中断的法定事由有：①权利人向义务人提出履行请求；②义务人同意履行义务；③权利人提起诉讼或者申请仲裁；④与提起诉讼或者申请仲裁具有同等效力的其他情形。

2) 中断的法律后果

中断发生后诉讼时效期间停止计算，待中断、有关程序终结时起，诉讼时效重新计算。有关程序终结是指提起诉讼、申请仲裁以及与其具有同等效力的其他情形完结。

3. 诉讼时效期间的延长

有的权利人在诉讼时效期间内未能行使权利确有正当原因，其原因不属于时效期间中止、中断的法定事由的情形，而严格适用诉讼时效将造成不公。针对这种情况，依据《民法总则》的规定，有特殊情况的，法院可以延长时效期间，以便保护特定情况下权利人由于特殊原因未能及时行使的权利，避免造成不公平的结果。

(三)诉讼时效的客体

诉讼时效的客体，是指诉讼时效制度所适用的权利类型。关于诉讼时效的客体，依诉讼时效制度的立法目的，应解释为仅适用于请求权。

诉讼时效的客体为请求权，但并非一切请求权均适用诉讼时效。一般认为债权请求权以及物上请求权中的返还财产请求权、恢复原状请求权适用诉讼时效。物上请求权中的排除妨害请求权、消除危险请求权、所有权确认请求权，基于身份关系的请求权以及基于相邻关系的请求权等，一般不适用诉讼时效制度，即不受时效制度限制。

第五节　经济法的法律责任

法律责任是法的基本构成要素，法律如果没有规定责任，是无法发挥作用的，因此，不管何种类型的法律，都规定违反法律应承担相应的责任。经济法与其他法律部门的不同在于其法律责任的种类齐全，包括了民事责任、行政责任和刑事责任三大责任类型。

一、法律责任的概念和种类

法律责任是指行为人不履行法定的或约定的义务，依法应当承担的不利后果，即法律后果。因违法行为的性质不同，当事人应承担的法律责任的性质也不同。一般认为法律责任可分为民事责任、行政责任和刑事责任三类。①民事责任是指法律关系的主体由于侵权行为、违约行为或由于法律的特别规定依法所应承担的不利的民事法律后果；②行政责任是指法律关系的主体违反法律、法规的规定所应承受的由国家行政机关或国家授权的组织依行政程序对其给予的行政制裁；③刑事责任是指法律关系的主体触犯国家刑法所应承受的由国家审判机关给予的刑事制裁。

二、违反经济法的法律责任

经济法在对经济法律关系进行调整时，既可以追究违反经济法的当事人的民事责任，也可以追究行政责任，甚至还可以追究刑事责任，以保障经济法的实施。

(一)民事责任

经济法律关系主体违反了经济法律、法规，损害了其他经济法律关系主体的财产权益和其他民事权益，依法应当承担相应的民事法律后果。民事责任主要表现为具有财产内容的财产责任。民事责任一般有四个构成要件：①损害事实；②须有违法行为；③损害事实与行为之间有因果关系；④过错。

由于民事责任发生在有经济法律关系的当事人之间，是违法行为人对受害人承担的责任，法律允许违法行为人向受害人自行承担民事责任。在一定的范围内，民事责任的承担方式和范围也可以由当事人自行约定。根据我国《民法通则》的规定，在经济法律关系中，违法行为人承担民事责任的方式主要有：①停止侵害；②赔偿损失；③支付违约金；④返还财产；⑤继续履行；⑥修理、重作、更换；⑦恢复原状；⑧消除影响、恢复名誉；⑨消除危险；⑩排除妨碍；⑪赔礼道歉。

(二)行政责任

行政责任是指经济法律关系主体违反经济法律、法规规定，破坏了法律所要建立和维护的正常的社会经济秩序，国家行政机关或国家授权的组织依照行政程序对违法行为人给予相应的行政制裁。行政制裁包括行政处分和行政处罚。对违反经济法的责任人通常是给予行政处罚。它主要包括：①警告。警告一般以书面形式作出，必须向经济违法行为人本人宣布并送达本人。②罚款。罚款是处罚机关强制违法行为人承担金钱给付义务，缴纳一定数额款项的处罚形式，是一种比较常用的行政制裁措施。罚款一般是针对违法行为人的合法收入。③没收违法所得、没收非法财物。它是指行政处罚机关强制收缴违反经济法律、法规的单位或个人违法所得的金钱或财物归国家的一种行政处罚措施。没收违法所得、没收非法财物一般针对违法行为人的非法收入。④责令停产停业。责令停产停业是行政处罚实施机关对违法从事生产经营者而给予的直接剥夺其生产经营活动的权利的一种处罚形式，是一种比较严厉的行政处罚措施。⑤暂扣或吊销许可证和营业执照。这是指行政处罚实施机关依法对持有某种许可证或营业执照的违反经济法律、法规的单位或个人给予取消资格的处罚。暂扣或吊销许可证和营业执照的条件有严格规定，行政处罚机关处罚的程序应严格依法进行，程序不合法的行政处罚无效。

(三)刑事责任

刑事责任是对违反经济法的当事人最严厉的一种法律责任形式。经济法律关系主体违反经济法规定，破坏社会主义市场经济秩序并触犯刑律，国家机关将对有关单位和个人追究刑事责任，给予相应的刑事制裁。我国在《刑法》分则第三章专门规定了破坏社会主义市场经济秩序罪，我国许多经济法律、法规中也规定了对严重违反经济法，破坏社会主义

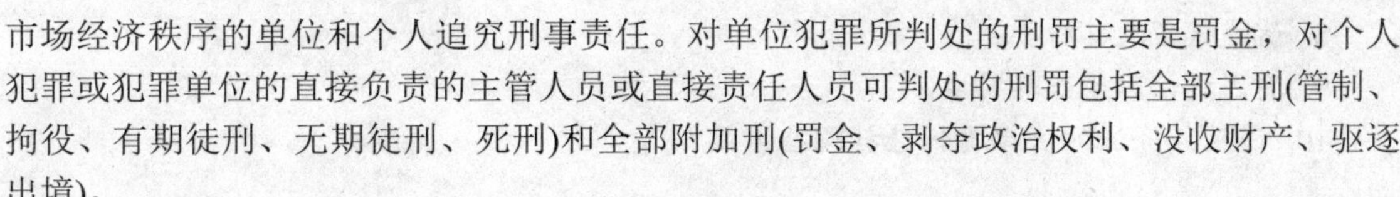

市场经济秩序的单位和个人追究刑事责任。对单位犯罪所判处的刑罚主要是罚金，对个人犯罪或犯罪单位的直接负责的主管人员或直接责任人员可判处的刑罚包括全部主刑(管制、拘役、有期徒刑、无期徒刑、死刑)和全部附加刑(罚金、剥夺政治权利、没收财产、驱逐出境)。

本章小结

经济法的产生和发展有其自身的基础，市场经济及其相应经济、法学理论的发展是现代经济法产生和发展的必备条件。经济法是调整国家基于社会整体利益对市场主体及其行为进行干预所发生的经济关系的法律规范的总称，经济法的这种干预体现了国家的权力属性。这是符合现代市场经济要求的，由于在市场经济条件下市场主体的行为都具有利益最大化的倾向，所以其行为并不一定符合社会的整体利益的要求，因而必须由国家进行适度的干预。不是市场主体及其行为形成的任何经济关系都是经济法调整的对象，经济法的调整对象限于与社会整体经济利益相关的经济关系。经济关系经由经济法律调整就形成经济法律关系。经济法律关系由主体、内容和客体构成，其中经济法律关系的内容是核心。发生一定的经济法律事实，经济法律关系就会产生、变更和终止。经济法律事实包括经济行为和事件。经济法律关系一经合法成立，就发生法律效力，就受到法律的保护，当事人就应全面履行其所确定的义务，否则就要承担相应的法律责任。违反经济法的法律责任包括民事责任、行政责任和刑事责任三种。

物权与债权是当事人重要的两种财产权利，物权是绝对权、静态财产权，而债权是一种相对权、动态的财产权，当然在一定条件下动态和静态是可以相互转化的。物权和债权是当事人从事经济活动的基础和目的，只有在物权法和债权法的完善保护下，当事人经济活动中的财产才是安全的。经济法主体，特别是经济活动的主体在从事经济活动过程中都可能会涉及代理问题，代理就是代理人在代理权范围内，以被代理人的名义实施民事法律行为，被代理人对代理人的代理行为承担民事责任的一种法律制度。经济活动中的代理主要是委托代理。当事人不管是自己还是由代理人从事某种经济活动所产生的债权，都涉及保护期限的问题，这就是法律上的时效制度，如果当事人的权利受到侵犯，必须在诉讼时效期间内主张权利才能够得到法律的保护。

复习思考题

1. 试述经济法产生的基础。
2. 如何理解经济法的概念？
3. 简述经济法的调整对象。
4. 简述经济法律关系的主体。
5. 试述经济法律关系的内容。
6. 简述物权、债权的含义及其特征。
7. 简述所有权、用益物权的含义及其内容。

8. 试述代理及其种类。

9. 简述诉讼时效及其种类。

10. 违反经济法的法律责任包括哪些方面?

案例分析

万某和赵某为夫妻,2000 年购置城中心房屋一套,所有权登记在万某名下。2016 年 6 月 3 日,法院判决万某和赵某离婚,且房屋归赵某所有,双方在判决后未办理房屋所有权变更登记。同年 8 月 8 日,赵某与于某签订合同,将该房屋售予于某,于某看了赵某离婚判决书后确信该房为赵某所有,当即付款 350 万元价款,并迅速搬入该房居住。9 月 6 日,万某与肖某经过磋商签订了合同并将该房卖于肖某,肖某查阅房屋登记簿后确认房屋归万某所有,遂付款 380 万元给万某,双方于 10 月 11 日办理完毕房屋产权变更手续。

根据上述事实回答下列问题,并说明理由:

(1) 赵某自何时起取得该房屋的所有权?

(2) 于某是否取得了该房屋的所有权?

(3) 赵某与于某之间的房屋买卖合同是否已经生效?

(4) 肖某是否取得了该房屋的所有权?

第二章 企业法

本章导读：

企业是世界上最重要的经济活动组织，也是社会财富创造的主要主体。如果一个人找到较好的盈利项目，往往都是通过创办企业来实现的。企业具有悠久的历史，其原始形式就是家庭作坊，但家庭作坊并不是企业，因而一般无须专门的法律来规范。商品经济的最初发展以及其市场的需求情况仅仅有家庭作坊就能满足人们交易的愿望。但是随着生产力水平的提高、商品经济的发展、人们交易愿望的多样化、交易目的的财富化以及交易的频繁化，使家庭作坊不再适应人们交易及创造财富的需要，于是企业就出现了。最初的企业由于脱胎于家庭作坊，所以具有浓厚的家族特点，但其社会性不断增强，对人们的社会经济生活的影响日益增加。组织形式单一是早期企业的重要特点，由于技术和市场的限制，投资规模一般较小，个人或家庭就有能力承担，所以早期企业多是以个人独资的形式存在。后来由于技术的发展以及市场的扩大，经常出现个人投资不能满足需要，于是多人共同出资的企业形式就出现了，这就是合伙企业。个人独资企业和合伙企业是历史上两种最古老的企业形式，直到今天这两种企业仍然具有强大的生命力，广泛存在于全世界。其原因之一就是个人独资企业和合伙企业设立的条件极为简单，手续也很简便，且能适应人们多元化的需求。但其缺点也比较明显，如难以大规模集资、难以做大；其出资人对个人企业和合伙企业的债务须承担无限责任，这一缺陷使得出资人一旦经营失败，将背上沉重的债务，影响其未来的生活及人生目标的实现。

企业法的出现比企业要晚很多，虽然早在罗马帝国时期的罗马法就有关于合伙以及法人的规定，但真正的企业立法一直到英国的产业革命时期才开始出现。我国的企业立法出现得更晚，始于清朝政府的“新政”时期，即 19 世纪末期。中华人民共和国成立后，在 1979 年以前我国总共制定了近 170 件企业方面的法令、条例等，有力地促进了我国国民经济的恢复和发展。改革开放后，才开始有大量的真正意义上的企业立法。

在本章，我们将重点介绍我国的《个人独资企业法》《合伙企业法》《中外合资企业法》《中外合作企业法》《外资企业法》。希望对读者了解我国相关企业法的规定，并对创业、经营活动有所帮助。

学习目标：

本章的内容主要包括个人独资企业的概念及特征、个人独资企业的设立及其权利义务、个人独资企业事务的管理以及个人独资企业的解散、清算，合伙企业的概念及特征、普通合伙企业的设立及合伙事务的管理、有限合伙企业的设立及合伙事务的管理、合伙企业的入伙与退伙、合伙企业的解散与清算，中外合资企业、中外合作企业、外商独资企业的概念、特征、设立、事务管理及解散、清算等。通过学习，读者要了解相关法律的主要内容，着重理解各类企业的概念、特征及其立法的意义；掌握各类企业的设立及其事务的管理。

关键概念：

个人独资企业(Individual Sole-source Investment Enterprise)
个人独资企业法(Individual Sole Ownership Law of Enterprise)
投资人(Investor)
设立(Establishment)
变更(Change)
解散(Dismisses)
清算(Liquidation)
合伙企业(Partnership Enterprise)
合伙企业法(The Law of Partnership Enterprise)
合伙企业的财产(Partnership Enterprise's Property)
入伙(Joins a Group)
退伙(Withdraws From a Group)
无限连带责任(Infinite Joint And Several Liability)
中外合资企业(Enterprise With Chinese And Foreign Investment)
中外合作企业(Chinese Foreign Cooperative Enterprises)
外资企业(Enterprise Owned by Foreign Capitalists)

第一节　企业法概述

企业是市场经济活动的重要主体，企业法是规定市场主体的设立、组织与活动的法。不同的企业类型由不同的法律进行规范。

一、企业的概念、特征和分类

理解企业的含义及其分类是学习企业法的基础，我国不同的企业法对不同企业的含义都有规定。企业的类型与企业法的分类有密切关系，前者是后者的基础。

(一)企业的概念及特征

“企业”一词源于英语中的 Enterprise 一词，由日本人译为汉字“企业”并传入中国。Enterprise 的原意是企图冒险从事某项事业，并有持续经营的意思，后来引申为经营组织或经营体。企业是依法成立并具有一定组织形式及法律地位的以营利为目的的从事商品生产及服务的独立核算的经济组织。企业具有以下几个方面的特征。

(1) 企业是社会经济组织。企业是一种社会组织，它须由多人组成，是一个群体，且必须有自己的组织机构及活动规则。企业是一种社会经济组织，必须从事经济活动；企业作为社会经济组织，还必须是一定的人员和一定的物的结合。

(2) 企业是以营利为目的从事生产经营活动的社会经济组织。企业必须是从事生产经营活动的社会组织，所谓生产经营活动是指创造社会财富的活动，包括生产、交易、服务等经营活动。企业是以营利为目的的，企业从事生产经营活动是为了赚取利润。

(3) 企业是依法设立的具有一定法律地位的经济组织。企业一旦成立，就在一定程度上独立于其设立人，而成为一个独立的市场竞争的主体。企业在生产经营活动中以企业的名义而不是以设立人的名义与外界发生各种联系，形成各种法律关系，由此而产生的法律责任也由企业来承担。

(二)企业的分类

根据需要的不同，依据不同的标准，企业可分为不同的类型。

(1) 按企业的经济性质，可将企业分为全民所有制企业、集体所有制企业、私营企业和混合所有制企业。采用这种划分方法除了可明确企业财产所有权的归属外，还方便国家对不同经济性质的企业采用不同的经济政策和监管办法。

(2) 按企业所属行业，可将企业划分为工业企业、农业企业、商业企业、矿业企业和各种服务性企业等。这种划分有利于经济统计、为国家经济布局提供相应数据。

(3) 按出资者的不同，可将企业分为独资企业、合资企业、公司企业、内资企业、外资企业、中外合资企业和中外合作企业等。其划分的目的是国家统计和宏观决策的需要。

(4) 按企业的法律地位，可将企业划分为法人企业和非法人企业。这样划分能明确反映出企业的法律地位及责任能力，有利于国家管理，也有利于企业间的经济交往活动。

各国对企业的划分标准有所不同，或者是在同一种划分标准下，其具体划分内容也不同。例如，我国按经济性质划分企业，这是多数国家所没有的；又如，对合伙企业，有的国家认为其可具有法人资格，有的国家则认为其不可具有法人资格。

【专栏 2-1】

现代企业的类型

二、企业法的概念及我国企业法的构成

企业法是规范和调整企业设立、存续和终止的各种法律关系的法律规范的总称，它是企业设立、变更、终止及经营的行为规范，也是国家对企业进行管理调控的法律依据。

我国的企业法主要由以下法律法规构成：《公司法》《全民所有制工业企业法》《合伙企业法》《个人独资企业法》《乡镇企业法》《中外合资经营企业法》《中外合作经营企业法》《外资企业法》《乡村集体所有制企业条例》《城镇集体所有制企业条例》《私营企业暂行条例》等。这些法律法规根据我国企业的复杂情况，对企业的经济性质、企业特点、法律地位、设立条件、组织结构和活动要求等分别作出了细致全面的规定。

本章主要介绍《个人独资企业法》《合伙企业法》《外资企业法》等的有关内容。

第二节　个人独资企业法

个人独资企业法是用来规范个人独资企业的设立、经营活动与终止的法律。这里的个人独资企业仅指中国公民在中国境内设立的企业。

一、个人独资企业概述

2000 年 1 月 1 日实施的《中华人民共和国个人独资企业法》(以下简称《个人独资企

业法》)规定，个人独资企业是指依照《个人独资企业法》在中国境内设立，由一个自然人投资，财产为投资人所有，投资人以其个人财产对企业债务承担无限责任的经营实体。

依据《个人独资企业法》的规定，个人独资企业具有以下法律特征。

(1) 个人独资企业是由一个自然人投资设立的。个人独资企业是一个经营实体，具有组织体的特征，即个人独资企业与投资人是相对分离的。

(2) 个人独资企业的财产为投资人个人所有，即投资人对个人独资企业的财产依法享有所有权。个人独资企业的全部资产，包括以独资企业名义所获得的利润归投资者个人所有。当投资人直接运用企业财产从事经营时，投资人既是财产的所有者，又是经营者，形成所有者与经营者的统一。

(3) 个人独资企业不具有法人资格。个人独资企业是自然人从事商业经营的一种组织形式，但这种组织本身却不是独立的法律主体。虽然个人独资企业一般都设置单独的财产目录和业务账簿，用于记载投入企业经营的财产情况和业务状况，但其目的只是为了填写纳税账表和使企业主了解、掌握企业的经营状况。在经营管理上，企业主享有决定企业一切事项、管理企业业务的权力；企业的盈利由企业主独自享有和自由处分。

(4) 投资人以其个人财产对企业的债务承担无限责任。所以，个人独资企业债权人债权的实现在很大程度上依赖于投资人的信用和偿债能力，因而《个人独资企业法》对个人独资企业的资本没有作出任何强制性的规定。

总之，基于上述特征，个人独资企业在设立条件、注册资本、登记程序及内部管理方式的选择等方面都比较灵活。

二、个人独资企业法概述

《个人独资企业法》为个人创业提供了企业形式的选择，对促进就业有积极作用。

(一)个人独资企业法的含义和立法宗旨

个人独资企业法是调整一个自然人设立独资企业、从事生产经营活动的法律规范的总称。《个人独资企业法》第一条揭示了其立法宗旨：①规范个人独资企业的行为；②保护个人独资企业投资人和债权人的合法权益；③维护社会经济秩序，促进社会主义市场经济的发展。

《个人独资企业法》主要规范了个人独资企业的设立、个人独资企业的投资人及事务管理、个人独资企业的解散和清算、法律责任等内容。

(二)个人独资企业法的适用范围

《个人独资企业法》只适用于个人独资企业，不适用于具有独资特点的全民所有制企业，不适用于国有独资公司及其他一人公司。同时，《个人独资企业法》第四十七条明确规定：“外商独资企业不适用本法。”

三、个人独资企业的权利

作为企业的一种具体类型，个人独资企业依法享有自主从事经营活动的权利。国家应保护个人独资企业的合法权益，并采取具体措施鼓励、扶持其发展。《个人独资企业法》第五条明确规定："国家依法保护个人独资企业的财产和其他合法权益。"为了进一步支持和保护个人独资企业的发展，该法第二十四条还规定："个人独资企业可以依法申请贷款、取得土地使用权，并享有法律、行政法规规定的其他权利。"第二十五条规定："任何单位和个人不得违反法律、行政法规的规定，以任何方式强制个人独资企业提供财力、物力、人力；对于违法强制提供财力、物力、人力的行为，个人独资企业有权拒绝。"第四十一条规定："违反法律、行政法规的规定强制个人独资企业提供财力、物力、人力的，按照有关法律、行政法规予以处罚，并追究责任人员的责任。"

四、个人独资企业的义务

《个人独资企业法》对个人独资企业的义务进行了详细规定，主要有以下几个方面。

(1) 《个人独资企业法》第四条规定："个人独资企业从事经营活动必须遵守法律、行政法规，遵守诚实信用原则，不得损害社会公共利益。"诚实信用原则是市场经济活动中必须遵守的最基本的原则。个人独资企业在经营活动中，应充分注意和维护与交易对方的利益平衡，以及与社会利益的平衡。个人独资企业应当以善意的方式履行自己的义务，不得滥用权利规避法律或者合同义务。

(2) 《个人独资企业法》第四条规定："个人独资企业应当依法履行纳税义务。"个人独资企业不缴纳所得税，所得税由投资人个人按月或按季预交，但个人独资经营收入应缴纳营业税或增值税等。

(3) 《个人独资企业法》第二十一条规定："个人独资企业应当依法设置会计账簿，进行会计核算。"个人独资企业的财务会计管理应当与专门的财务会计法律法规规定相衔接。

(4) 个人独资企业应当保障职工权益。《个人独资企业法》第六条规定："个人独资企业应当依法招用职工。职工的合法权益受法律保护。个人独资企业职工依法建立工会，工会依法开展活动。"第二十二条规定："个人独资企业招用职工的，应当依法与职工签订劳动合同，保障职工的劳动安全，按时、足额发放职工工资。"第二十三条规定："个人独资企业应当按照国家规定参加社会保险，为职工缴纳社会保险费。"如果个人独资企业侵犯职工合法权益，未保障职工劳动安全，不缴纳社会保险费用的，将按照有关法律、行政法规予以处罚，并追究有关责任人员的责任。

五、个人独资企业的设立

个人独资企业的设立需要符合一定的条件，并须向工商行政管理部门申请登记，取得营业执照后方可从事经营活动。

(一)个人独资企业的设立条件

我国对个人独资企业在立法上采取了准则主义，即只要符合设立的条件，企业即可登记成立，无须经过有关部门的批准。但个人独资企业不得从事法律、行政法规禁止经营的业务。如果个人独资企业拟从事法律、行政法规规定须报经有关部门审批的业务，应当在申请设立登记时提交有关部门的批准文件。《个人独资企业法》第八条规定了设立个人独资企业应当具备的条件。

(1) 投资人为一个自然人。个人独资企业中的“人”只能是自然人，且仅限于具有相应的民事权利能力和完全民事行为能力的中国公民。法律、行政法规禁止从事营利性活动的人，不得作为投资人申请设立个人独资企业，如法官、检察官、警察及其他国家公务员等。

(2) 有合法的企业名称。个人独资企业的名称应当与其责任形式及经营范围相符合。

(3) 有投资人申报的出资。由于个人独资企业的投资人以其个人财产对企业债务承担无限责任，无限责任的责任形式本身就是对交易安全的一种保障，债权人可以通过追究投资人个人的财产责任来保障自己的债权实现。所以《个人独资企业法》并没有对个人独资企业规定最低资本数额的要求。

(4) 有固定的生产经营场所和必要的生产经营条件。这是个人独资企业开展经营活动的物质基础。

(5) 有必要的从业人员。从业人员是企业开展经营活动必不可少的要素和条件，关于从业人员的人数，法律并没有作具体规定，由企业视经营情况而定。

(二)个人独资企业的设立程序

个人独资企业的设立程序，是指为使个人独资企业成立而依法进行的一系列法律行为及所经法律程序的总称。个人独资企业的设立程序主要包括申请、受理和审查、登记。

根据《个人独资企业法》第九条的规定：“申请设立个人独资企业，应当由投资人或者其委托的代理人向个人独资企业所在地的登记机关提交设立申请书、投资人身份证明、生产经营场所使用证明等文件。委托代理人申请设立登记时，应当出具投资人的委托书和代理人的合法证明。”第十条规定：“个人独资企业设立申请书应当载明下列事项：①企业的名称和住所；②投资人的姓名和居所；③投资人的出资额和出资方式；④经营范围。”

《个人独资企业法》第十二条规定：“登记机关应当在收到设立申请文件之日起 15 日内，对符合本法规定条件的，予以登记，发给营业执照；对不符合规定条件的，不予登记，并应当给予书面答复，说明理由。”第十三条规定：“个人独资企业的营业执照的签发日期，为个人独资企业成立日期。在领取个人独资企业营业执照前，投资人不得以个人独资企业名义从事经营活动。”第三十七条规定：“违反本法规定，未领取营业执照，以个人独资企业名义从事经营活动的，责令停止经营活动，处以三千元以下的罚款；情节严重的，吊销营业执照。”

六、个人独资企业的投资人及事务管理

个人独资企业的投资人享有一定的权利，也应承担相应的责任，既可以亲自对企业进行管理，也可以委托他人对企业进行管理，受托人应尽到管理的职责。

(一)投资人的权利和责任

《个人独资企业法》第十七条规定：“个人独资企业投资人对本企业的财产依法享有所有权，其有关权利可以依法进行转让或继承。”但个人独资企业并不是独立的财产所有权主体，个人独资企业的财产与投资人的个人财产并没有明确的界限。

由于个人独资企业是一个投资人以其个人财产对企业债务承担无限责任的经营实体，因此，《个人独资企业法》第三十一条规定：“个人独资企业财产不足以清偿债务的，投资人应当以其个人的其他财产予以清偿。”如果个人独资企业投资人在申请企业设立登记时明确以其家庭共有财产作为个人出资的，应当依法以家庭共有财产对企业债务承担无限责任。

(二)个人独资企业的事务管理

《个人独资企业法》第十九条规定：“个人独资企业投资人可以自行管理企业事务，也可以委托或者聘用其他具有民事行为能力的人负责企业的事务管理。”可见，个人独资企业的事务有两种管理方式：一是自行管理；二是委托他人管理。为了保护投资人、受托人和第三人的正当权益，投资人委托或者聘用他人管理企业事务，应当与受托人或者被聘用的人签订书面合同，明确委托的具体内容和授予的权利范围。需要特别指出的是，投资人对受托人或者被聘用的人员职权的限制，不得对抗善意第三人。

为保护投资人权益，《个人独资企业法》专门规定了受托人或者被聘用人员的义务和责任。首先，受托人或者被聘用的人员应当履行诚信、勤勉义务，按照与投资人签订的合同负责个人独资企业的事务管理。投资人委托或者聘用的人员管理个人独资企业事务时违反双方订立的合同，给投资人造成损害的，应当承担民事赔偿责任。其次，投资人委托或者聘用的管理个人独资企业事务的人员不得有下列行为：①利用职务上的便利，索取或者收受贿赂；②利用职务或者工作上的便利侵占企业财产；③挪用企业的资金归个人使用或者借贷给他人；④擅自将企业资金以个人名义或者以他人名义开立账户储存；⑤擅自以企业财产提供担保；⑥未经投资人同意，从事与本企业相竞争的业务；⑦未经投资人同意，同本企业订立合同或者进行交易；⑧未经投资人同意，擅自将企业商标或者其他知识产权转让给他人使用；⑨泄露本企业的商业秘密；⑩法律、行政法规禁止的其他行为。

投资人委托或者聘用的人员违反规定从事上述行为，侵犯个人独资企业财产权益的，责令退还侵占的财产；给企业造成损失的，依法承担赔偿责任；有违法所得的，没收违法所得；构成犯罪的，依法追究刑事责任。

七、个人独资企业的解散与清算

个人独资企业可经由投资人决定解散或依法定事由解散，并可经清算之后申请注销。

(一)个人独资企业的解散

《个人独资企业法》第二十六条规定：“个人独资企业有下列情形之一的，应当解散：①投资人决定解散；②投资人死亡或者被宣告死亡，无继承人或者继承人决定放弃继承；③被依法吊销营业执照；④法律、行政法规规定的其他情形。”

(二)个人独资企业的清算

清算就是把当事人所欠的债务、所享有的债权算清楚并最后结清的行为。清算制度的目的就是为了规范企业清算行为，保护债权人、投资人和其他利害关系人的合法权益，清算应当坚持公开、公正的原则。

《个人独资企业法》第二十七条规定："个人独资企业解散，由投资人自行清算或者由债权人申请人民法院指定清算人进行清算。投资人自行清算的，应当在清算前 15 日内书面通知债权人，无法通知的，应当予以公告。债权人应当在接到通知之日起 30 日内，未接到通知的应当在公告之日起 60 日内，向投资人申报其债权。"第二十八条规定："个人独资企业解散后，原投资人对个人独资企业存续期间的债务仍应承担偿还责任，但债权人在 5 年内未向债务人提出偿债请求的，该责任消灭。"第三十条规定："清算期间，个人独资企业不得开展与清算目的无关的经营活动。"

(三)财产的分配

在清算工作中，财产分配制度的主要内容是财产分配的顺序和内容，其目的是保护债权人、投资人、企业职工以及其他利害关系人的合法权益。《个人独资企业法》第二十九条规定："个人独资企业解散的，财产应当按照下列顺序清偿：①所欠职工工资和社会保险费用；②所欠税款；③其他债务。"

在按以上规定的顺序清偿债务前，投资人不得转移、隐匿财产。个人独资企业财产不足以清偿债务的，投资人应当以其个人的其他财产予以清偿。

个人独资企业及其投资人在清算前或清算期间隐匿或转移财产，逃避债务的，依法追回其财产，并按照有关规定予以处罚；构成犯罪的，依法追究刑事责任。

个人独资企业清算结束后，投资人或者人民法院指定的清算人应当编制清算报告，并于 15 日内向登记机关办理注销登记。

第三节　合伙企业法

一、合伙企业法概述

(一)合伙企业法的制订

合伙企业法是指调整合伙企业在设立、变更、终止，以及经营管理中形成的各种社会关系的法律规范的总称。《中华人民共和国合伙企业法》(以下简称《合伙企业法》)，由第八届全国人大常委会第二十四次会议于 1997 年 2 月 23 日通过，自 1997 年 8 月 1 日起施行，2006 年 8 月 27 日第十届全国人大常委会第二十三次会议进行了修订，于 2007 年 6 月 1 日起施行。

《合伙企业法》仅适用于其规定的合伙企业。理解《合伙企业法》需注意以下问题。

(1) 该法不适用于不具备企业形态的契约型合伙。合伙企业与契约型合伙的主要区别在于：①合伙企业必须具有营利目的，而契约合伙不一定具有营利目的；②合伙企业具有较为长期稳定的营业，而契约合伙的营业往往是临时性的；③合伙企业必须有自己的名称，而契约型合伙则不一定有名称；④设立合伙企业必须向企业登记机关申请登记，而契约型合伙只要订立合伙合同即为成立。

(2) 该法规定的合伙企业，主要是由工商行政管理机关登记管理的企业。登记为合伙企业的会计师事务所可以直接适用特殊普通合伙的有关规定；律师事务所等非企业专业服务机构，也可以参考其合伙人承担责任的方式。

(二)合伙及合伙企业

合伙是指两个以上的自然人、法人和其他组织为了共同目的，相互约定共同出资、共同经营、共享收益、共担风险的自愿联合。

合伙企业是指依照《合伙企业法》在中国境内设立的由两个或两个以上的合伙人订立合伙协议，共同出资、共享收益，至少有一个以上的合伙人对企业债务承担无限责任的营利性组织。我国《合伙企业法》规定了两种合伙企业类型，即普通合伙企业和有限合伙企业。有限合伙企业由普通合伙人和有限合伙人组成，普通合伙人对合伙企业债务承担无限连带责任，有限合伙人以其认缴的出资额为限对合伙企业债务承担责任。

(三)合伙企业设立登记

申请合伙企业设立登记，应当向企业登记机关提交登记申请书、合伙协议书、合伙人身份证明等文件。合伙企业的经营范围中有属于法律、行政法规规定在登记前须经批准的项目的，该项经营业务应当依法经过批准，并在登记时提交批准文件。申请人提交的登记申请材料齐全、符合法定形式，企业登记机关能够当场登记的，应当当场登记，发给营业执照。除此之外，企业登记机关应当自受理申请之日起 20 日内，作出是否登记的决定。对符合《合伙企业法》规定条件的，予以登记，发给营业执照；对不符合《合伙企业法》规定条件的，不予登记，并应当给予书面答复，说明理由。合伙企业的营业执照签发日期，为合伙企业成立日期。合伙企业领取营业执照前，合伙人不得以合伙企业名义从事经营活动。合伙企业设立分支机构的，应当向分支机构所在地的企业登记机关申请登记，领取营业执照。

二、普通合伙企业

普通合伙企业由普通合伙人组成，合伙人对合伙企业债务承担无限连带责任。

(一)普通合伙企业的特征

根据《合伙企业法》的规定，普通合伙企业的特征包括以下四个方面。

(1) 它是由两个以上的投资人共同投资兴办的。合伙企业的投资人可以为自然人，也可以为法人和其他组织，但是必须为两人或者两人以上。需要注意的是，国有独资公司、国有企业、上市公司以及公益性的事业单位、社会团体不得成为普通合伙人。

(2) 合伙人以合伙协议确定各方出资、分享利润和承担债务的份额。在合伙人合意的基础上达成的协议是合伙企业成立的基石，合伙协议是合伙人之间确定权利义务关系最重要的依据。

(3) 合伙人对合伙企业债务承担无限连带责任。在合伙企业与第三人的关系中，合伙企业以合伙共有财产清偿第三人的债务，在合伙财产不足以清偿合伙企业的债务时，合伙人负有以其在合伙出资以外的个人财产清偿合伙债务的责任。当然，在合伙人之间可以依据合伙协议确定各自应当承担的债务份额，而且由于合伙人承担连带责任，所清偿数额超过其应当承担的数额时，有权向其他合伙人追偿。

(4) 合伙企业属人合型企业。合伙企业的设立是基于合伙人之间的相互信赖，在合伙企业中普通合伙人共同参与企业的经营管理，并具有代表合伙企业执行合伙事务的权利；合伙企业吸收新的合伙人必须经全体合伙人一致同意；任何一个合伙人不得在未经合伙人同意的情况下转让其在合伙企业中的份额。

(二)普通合伙企业设立的条件

根据《合伙企业法》第十四条的规定，设立合伙企业应当具备下列条件。

(1) 有两个以上合伙人，并且都是依法承担无限责任者。合伙人应当是具有完全民事行为能力的人，法律、行政法规禁止从事营利性活动的人，不得成为合伙企业的合伙人。

(2) 有书面合伙协议。合伙协议是各合伙人通过协商达成的确定相互间的权利义务的具有法律约束力的协议。合伙协议应当载明下列事项：①合伙企业的名称和主要经营场所的地点；②合伙目的和合伙企业的经营范围；③合伙人的姓名或者名称住所；④合伙人的出资方式、数额和缴付期限；⑤利润分配、亏损分担办法；⑥合伙事务的执行；⑦入伙与退伙；⑧争议解决办法；⑨合伙企业的解散与清算；⑩违约责任。

合伙协议经全体合伙人签名、盖章后生效。合伙人依照合伙协议享有权利，承担责任。除合伙协议另有约定外，修改或者补充合伙协议，应当经全体合伙人一致同意。

(3) 有合伙人补缴或者实际缴付的出资。合伙人可以用货币、实物、知识产权、土地使用权或者其他财产权利出资，也可以用劳务出资。对货币以外的出资需要评估作价的，可以由全体合伙人协商确定，也可以由全体合伙人委托法定评估机构进行评估；以劳务出资的，其评估办法由全体合伙人协商确定，并在合伙协议中载明。合伙人应当按照合伙协议约定的出资方式、数额和缴付出资的期限，履行出资义务。各合伙人实际缴付的出资，为对合伙企业的出资。

(4) 有合伙企业的名称和生产经营场所。合伙企业在其名称中应标明“普通合伙”字样，并不得使用“有限”或者“有限责任”字样。

(5) 法律、行政法规规定的其他条件。

(三)合伙企业财产

合伙企业财产包括合伙人的出资、以合伙企业名义取得的收益和依法取得的其他财产。

1. 合伙企业分割财产的限制

(1) 合伙人在合伙企业清算前，不得请求分割合伙企业的财产，但是，《合伙企业法》另有规定的除外。

合伙企业的财产原则上不得分割，因此，合伙企业的财产具有独立性和完整性。独立性是指合伙企业的财产独立于合伙人，合伙人出资后就失去了对出资部分财产的所有权、持有权和占有权，合伙企业的原始财产和积累财产的财产权主体都是合伙企业而不是单独的每一个合伙人；完整性是指合伙企业的财产是作为一个完整的统一体而存在的，合伙人对合伙企业财产权益的表现形式只是按照合伙协议所确定的财产收益份额或者比例。

有下列情形之一的，合伙企业应当向合伙人的继承人退还被继承合伙人的财产份额：①继承人不愿意成为合伙人；②法律规定或者合伙协议约定合伙人必须具有相关资格，而该继承人未取得该资格；③合伙协议约定不能成为合伙人的其他情形。

合伙人的继承人为无民事行为能力人或者限制民事行为能力人的，经全体合伙人一致同意，可以依法成为有限合伙人，普通合伙企业依法转为有限合伙企业；全体合伙人未能一致同意的，合伙企业应当将被继承合伙人的财产份额退还该继承人。

(2) 合伙人在合伙企业清算前私自转移或者处分合伙企业财产的，合伙企业不得以此对抗善意第三人。合伙企业的财产是由合伙人依约定或依规定来管理和使用的，任何合伙人都无权在合伙企业清算前私自处分或转移合伙企业的财产。

2. 合伙企业财产的转让

合伙人向合伙人以外的人转让其在合伙企业中的全部或者部分财产份额时，须经其他合伙人一致同意，合伙协议另有约定的除外；合伙人之间转让在合伙企业中的全部或者部分财产份额时，应当通知其他合伙人。除合伙协议另有约定外，合伙人向合伙人以外的人转让其在合伙企业中的财产份额的，在同等条件下，其他合伙人有优先购买权。

合伙人以外的人依法受让合伙人在合伙企业中的财产份额的，须经修改合伙协议即成为合伙企业的合伙人，依照《合伙企业法》和修改后的合伙协议享有权利，履行义务。

3. 合伙企业财产的质押

《合伙企业法》规定，合伙人以其在合伙企业中的财产份额出质的，须经其他合伙人一致同意；未经其他合伙人一致同意，其行为无效，由此给善意第三人造成损失的，由行为人依法承担赔偿责任。

(四)合伙企业事务的管理

各合伙人对执行合伙企业事务享有同等的权利，合伙企业既可以由全体合伙人共同执行合伙企业事务，也可以由合伙协议约定或者全体合伙人决定，委托一名或者数名合伙人执行合伙企业事务。全体合伙人在委托一名或者数名合伙人执行合伙企业事务时可以规定必要的权限，但合伙企业对合伙人执行合伙企业事务以及对外代表合伙企业权利的限制，不得对抗不知情的善意第三人。执行合伙企业事务的合伙人，对外代表合伙企业，如果合伙协议或者全体合伙人一致同意委托一名或者数名合伙人执行合伙企业事务，其他合伙人不再执行合伙企业事务。但是不参加执行事务的合伙人有权监督执行事务的合伙人，检查其执行合伙企业事务的情况。执行合伙企业事务的合伙人，应当依照约定向其他不参加执行事务的合伙人报告事务执行情况以及合伙企业的经营状况和财务状况，其执行合伙企业事务所产生的收益归全体合伙人，所产生的亏损或者民事责任，由全体合伙人共同承担。

被委托执行合伙企业事务的合伙人不按照合伙协议或者全体合伙人的决定执行事务的，其他合伙人可以决定撤销该委托。全体合伙人均负有不得自营或者同他人合作经营与本合伙企业相竞争的业务；除合伙协议另有约定或者经全体合伙人同意外，不得同本合伙企业进行交易或者从事损害本合伙企业利益的活动。

合伙企业的利润分配、亏损分担，按照合伙协议的约定办理；合伙协议未约定或者约定不明确的，由合伙人协商决定；协商不成的，由合伙人按照实缴出资比例分配、分担；无法确定出资比例的，由合伙人平均分配、分担。但是为维护合伙经营的平等、公平原则，《合伙企业法》第三十二条规定：“合伙协议不得约定将全部利润分配给部分合伙人或者由部分合伙人承担全部亏损。”

合伙人依法或依合伙协议对合伙企业有关事项作出决议时，除法律另有规定或者合伙协议另有约定外，经全体合伙人决定实行一人一票的表决办法。合伙企业的重大事务，如改变合伙企业的名称，改变合伙企业的经营范围、主要经营场所的地点，处分合伙企业的不动产，转让或者处分合伙企业的知识产权和其他财产权利，以合伙企业名义为他人提供担保，聘任合伙人以外的人担任合伙企业的经营管理人员，必须经全体合伙人一致同意。

(五)入伙与退伙

1. 入伙

入伙是指合伙关系存续期间，现有合伙人以外的人加入而成为新的合伙人。新合伙人入伙时，除合伙协议另有约定外，应当经全体合伙人同意，并依法订立书面入伙协议，原合伙人应当向新合伙人告知原合伙企业的经营状况和财务状况。入伙的新合伙人与原合伙人享有同等权利，承担同等责任，但是入伙协议另有约定的，按照协议约定。新合伙人对入伙前合伙企业的债务承担无限连带责任。

2. 退伙

退伙是指在合伙企业存续期间，部分合伙人退出合伙企业，解除其合伙人身份；如果全体合伙人宣布退出合伙，则构成合伙的解散，而不应当视作退伙。退伙分为三种情况，即约定退伙、当然退伙和除名退伙。

(1) 约定退伙。约定退伙是指在合伙期限内合伙人因合伙协议约定的退伙事由出现、经全体合伙人同意、发生合伙人难以继续参加合伙企业的事由或其他合伙人严重违反合伙协议约定的义务而发生的退伙。在合伙协议未规定合伙期限的情况下，约定退伙是指合伙人在不给合伙企业事务的执行造成不利影响的前提下，经提前 30 日通知其他合伙人而宣布退伙。合伙人无正当理由不得擅自退伙，否则应赔偿因其擅自退伙而给其他合伙人造成的损失。

(2) 当然退伙。当然退伙是指在合伙人死亡或者被依法宣告死亡、被依法宣告为无民事行为能力人、丧失偿债能力或者被人民法院强制执行在合伙企业中的全部财产份额的情形，上述情形实际发生之日为退伙生效日。《合伙企业法》第四十八条规定，合伙人有下列情形之一的，当然退伙：①作为合伙人的自然人死亡或者被依法宣告死亡；②个人丧失偿债能力；③作为合伙人的法人或者其他组织依法被吊销营业执照、责令关闭、撤销，或者被宣告破产；④法律规定或者合伙协议约定合伙人必须具有相关资格而丧失该资格；⑤合伙人在合伙企业中的全部财产份额被人民法院强制执行。

(3) 除名退伙。除名退伙是指经其他合伙人一致同意，因某个或某几个合伙人未履行出资义务、故意或者重大过失给合伙企业造成损失、执行合伙企业事务时有不正当行为或者有协议约定的其他事由出现而将其除名。对合伙人的除名决议，应当书面通知被除名人，被除名人自接到除名通知之日起，除名生效，被除名人退伙。被除名人如果对除名决议有异议的，可以在接到除名通知之日起 30 日内，向人民法院提起诉讼。

不管何种原因导致合伙人退伙，其他合伙人应当与该退伙人按照退伙时合伙企业的财产状况进行结算，退还退伙人的财产份额。退伙时尚有未了结的合伙企业事务的，待了结后进行结算。退伙人在合伙企业中财产份额的退还办法，由合伙协议约定或者由全体合伙人决定，可以退还货币，也可以退还实物。退伙人对其退伙前已发生的合伙企业债务，仍应与其他合伙人承担连带责任。合伙人退伙时，合伙企业财产少于合伙企业债务的，退伙人应当按照合伙协议约定的比例或者在未约定比例的情况下，按出资额的比例分担亏损。

(六)特殊的普通合伙企业

《合伙企业法》规定的特殊普通合伙企业，即是采用合伙制的以专业知识和专门技能为客户提供有偿服务的专业服务机构，如律师事务所、审计师事务所、诊所等。特殊的普通合伙企业名称中应当标明“特殊普通合伙”字样。

特殊普通合伙企业中，合伙人或者数个合伙人在执业活动中因故意或者重大过失造成合伙企业债务的，应当承担无限责任或者无限连带责任，其他合伙人以其在合伙企业中的财产份额为限承担责任；合伙人在执业活动中非因故意或者重大过失造成的合伙企业债务以及合伙企业的其他债务，由全体合伙人承担无限连带责任。

合伙人执业活动中因故意或者重大过失造成的合伙企业债务，以合伙企业财产对外承担责任后，该合伙人应当按照合伙协议的约定对给合伙企业造成的损失承担赔偿责任。

特殊的普通合伙企业应当建立执业风险基金、办理职业保险。执业风险基金用于偿付合伙人执业活动造成的债务。执业风险基金应单独立户管理，其管理办法由国务院规定。

三、有限合伙企业

有限合伙企业的重要特征是其合伙人分为两类，一类为承担无限责任的合伙人，即普通合伙人；另一类是承担有限责任的合伙人，即有限合伙人。有限合伙人仅以出资为限对合伙企业债务承担责任。有限合伙企业由普通合伙人负责经营。

(一)有限合伙企业概述

有限合伙企业是指由有限合伙人和普通合伙人共同组成，普通合伙人对合伙企业债务承担无限连带责任，有限合伙人以其认缴的出资额为限对合伙企业债务承担责任的合伙组织。《合伙企业法》规定，对有限合伙企业有特殊规定的，应适用有限合伙企业的特殊规定；无特殊规定的，适用有关普通合伙企业及其合伙人的一般规定。

有限合伙企业与普通合伙企业及有限公司的区别在于：①在经营管理方面，有限合伙企业中的有限合伙人一般是不参与合伙人具体经营管理的，而是由普通合伙人从事具体的经营管理；而普通合伙企业中的合伙人一般都可以参与合伙企业的经营管理；有限公司的股东有权直接或间接参与公司的经营管理。②在风险承担方面，有限合伙人以他的出资额为限承担有限责任，普通合伙人对合伙企业债务承担无限连带责任；而普通合伙企业的合伙人之间对企业债务承担无限连带责任；有限公司的股东仅以出资额为限对公司债务承担有限责任。

(二)有限合伙企业设立的法律规定

(1) 有限合伙企业对合伙人的要求。有限合伙企业一般由 2 个以上 50 个以下合伙人设立，法律另有规定的除外。有限合伙企业至少应当有一个普通合伙人。有限合伙企业是由普通合伙人和有限合伙人共同组成的企业，缺少任何一种类型的合伙人都没法成立有限合伙企业。如有限合伙企业仅剩有限合伙人的，应当解散；有限合伙企业仅剩普通合伙人的，应当转为普通合伙企业。

(2) 有限合伙企业的名称。有限合伙企业名称中应当标明“有限合伙”字样，而不能标明“普通合伙”“特殊普通合伙”“有限公司”“有限责任公司”等字样。

(3) 有限合伙企业的合伙协议。有限合伙企业的协议是有限合伙企业生产经营的重要法律文件，是有限合伙企业设立的基础。有限合伙企业的协议除符合普通合伙企业合伙协议的规定外，还应包括以下事项：①普通合伙人和有限合伙人的姓名或者名称、住所；②执行事务合伙人应具备的条件和选择程序；③执行事务合伙人权限与违约处理办法；④执行事务合伙人的除名条件和更换程序；⑤有限合伙人入伙、退伙的条件、程序以及相关责任；⑥有限合伙人和普通合伙人相互转变程序。

(4) 有限合伙人的出资。有限合伙人可以用货币、实物、知识产权、土地使用权或者其他财产权利作价出资，但有限合伙人不得以劳务出资。有限合伙人应当按照合伙协议的约定按期足额缴纳出资；未按期足额缴纳的，应当承担补缴义务，并对其他合伙人承担违约责任。有限合伙企业登记事项中应当载明有限合伙人的姓名或者名称及认缴的出资数额。有限合伙人出资采用的是认缴制，而不是实缴制。

(三)有限合伙企业的事务执行

1. 有限合伙企业事务由普通合伙人执行

有限合伙企业事务执行人有权对外开展经营活动，其后果由全体合伙人承担，如合伙协议约定由数个合伙人执行合伙事务，则这些普通合伙人均为合伙事务的执行人；如合伙协议无约定或推举执行人，则全体普通合伙人就是合伙事务的共同执行人。合伙事务的执行人享有与普通合伙人相同的权利，也有接受其他合伙人的监督和检查、谨慎执行合伙事务的义务，如果由于其过失造成合伙财产损失的，应向合伙企业或者其他合伙人承担赔偿责任。同时，执行事务合伙人可要求在合伙协议中确定执行事务的报酬及报酬提取方式。

有限合伙人不执行合伙事务，所以不得对外代表有限合伙企业。有限合伙人的下列行为，不视为执行合伙事务：①参与决定普通合伙人入伙、退伙；②对企业的经营管理提出建议；③参与选择承办有限合伙企业审计业务的会计事务所；④获取经审计的有限合伙企业财务会计报告；⑤对涉及自身利益的情况，查阅有限合伙企业财务会计账簿等财务资料；⑥在有限合伙企业中的利益受到侵害时，向有责任的合伙人主张权利或者提起诉讼；⑦执行事务合伙人怠于行使权利时，督促其行使权利或者为了本企业的利益以自己的名义提起诉讼；⑧依法为本企业提供担保。

2. 有限合伙人的权利

(1) 有限合伙人可以同本企业进行交易，但合伙协议另有约定的除外。因有限合伙人并不参与有限合伙企业事务的执行，所以有限合伙人与本有限合伙企业进行交易时，一般不会损害本有限合伙企业的利益。有限合伙协议可以对有限合伙人与有限合伙企业之间的交易进行限定。普通合伙人如要禁止有限合伙人同本有限合伙企业进行交易，应在合伙协议中作出约定。

(2) 有限合伙人可以经营与本企业相竞争的业务。《合伙企业法》规定，除合伙协议另有约定外，有限合伙人可以自营或者同他人合作经营与本有限合伙企业相竞争的业务。与普通合伙人不同，有限合伙人一般不承担竞业禁止义务。普通合伙人如要禁止有限合伙人自营或者同他人合作经营与本企业相竞争的业务，应在合伙协议中作出约定。

【专栏 2-2】

有限合伙企业的法律问题

有限合伙人不承担竞业禁止义务的原因：①有限合伙人不参与有限合伙企业的业务执行，对有限合伙企业的重大决策没有实质的控制权；②有限合伙人在有限合伙企业中存在着经济利益，有限合伙企业自营或者与他人合作经营和本有限合伙企业相竞争的业务时，通常并不会去损害有限合伙企业的利益，否则也必将损害到它自己的利益。

(四)有限合伙人财产出质、转让及债务承担

除合伙协议另有约定的外，有限合伙人可以将其在有限合伙企业中的财产份额出质。有限合伙人在有限合伙企业中的份额是他的财产权益，在有限合伙企业存续期间，可以对这项财产权利以一定的处分，包括有限合伙人对该财产份额进行质押。

有限合伙人可以按照合伙协议的约定向合伙人以外的人转让其在有限合伙企业中的财产份额，但应当提前 30 日通知其他合伙人。有限合伙人对外转让其在有限合伙企业中的财产份额时，有限合伙企业的其他合伙人有优先购买权。

有限合伙人的自有财产不足清偿其与合伙企业无关的债务的，该合伙人可以以其从有限合伙企业中分取的收益用于清偿；债权人也可以依法请求人民法院强制执行该合伙人在有限合伙企业中的财产份额用于清偿。人民法院强制执行有限合伙人的财产份额时，应通知全体合伙人。同等条件下，其他合伙人有优先购买权。所以，有限合伙人首先应当以自有财产清偿其债务，在自有财产不足以清偿其与合伙企业无关的债务时，有限合伙人才可使用其在有限合伙企业中分取的收益进行清偿，同时，只有在该种情况下人民法院才可以应债权人请求，强制执行该合伙人在有限合伙企业中的财产份额用于清偿。

(五)有限合伙企业的入伙与退伙

1. 入伙

新入伙的有限合伙人对入伙前有限合伙企业的债务，以其认缴的出资额为限承担责任，而普通合伙企业新入伙的合伙人对入伙前合伙企业的债务承担连带责任。

2. 退伙

《合伙企业法》关于有限合伙人退伙的具体规定有以下几点。

(1) 有限合伙人当然退伙的情形。有限合伙人出现下列之一情形时，当然退伙：①作为合伙人的自然人死亡或者被依法宣告死亡；②作为合伙人的法人或者其他组织依法被吊销营业执照、责令关闭、撤销，或者被宣告破产；③法律规定或者合伙协议约定合伙人必须具有相关资格而丧失该资格；④合伙人在合伙企业中的全部财产份额被人民法院强制执行。

(2) 可以不退伙的情形。作为有限合伙人的自然人在有限合伙企业存续期间丧失民事

行为能力，并不影响有限合伙企业的正常生产经营活动，其他合伙人不能要求该丧失民事行为能力的合伙人退伙。

(3) 有限合伙人继承人的权利。作为有限合伙人的自然人死亡、被依法宣告死亡或者作为有限合伙人的法人及其他组织终止时，其继承人或者权利承受人可以依法取得该有限合伙人在有限合伙企业中的资格。

(4) 有限合伙人退伙后的责任承担。有限合伙人退伙后，对基于其退伙前的原因发生的有限合伙企业债务，以其退伙时从有限合伙企业中取回的财产为限承担责任。

(六)合伙人性质的转变

《合伙企业法》规定，除合伙协议另有约定外，普通合伙人转变为有限合伙人，或者有限合伙人转变为普通合伙人，应当经全体合伙人一致同意。有限合伙人转变为普通合伙人的，对其作为有限合伙人期间有限合伙企业发生的债务承担无限连带责任。普通合伙人转变为有限合伙人的，对其作为普通合伙人期间合伙企业发生的债务承担无限连带责任。

四、合伙企业的解散与清算

《合伙企业法》第八十五条规定，合伙企业有下列情形之一的，应当解散：①合伙期限届满，合伙人决定不再经营；②合伙协议约定的解散事由出现；③全体合伙人决定解散；④合伙人已不具备法定人数满 30 天；⑤合伙协议约定的合伙目的已经实现或者无法实现；⑥被依法吊销营业执照、责令关闭或者被撤销；⑦法律、行政法规规定的其他原因。

合伙企业解散，应当由清算人进行清算，并通知和公告债权人。合伙企业解散，清算人由全体合伙人担任；未能由全体合伙人担任清算人的，经全体合伙人过半数同意，可以自合伙企业解散事由出现后 15 日内指定一个或者数个合伙人，或者委托第三人，担任清算人。若在宣告解散事由出现起 15 日内未确定清算人的，合伙人或者其他利害关系人可以申请人民法院指定清算人。清算人在清算期间依据法律规定执行以下清算事务：①清理合伙企业财产，分别编制资产负债表和财产清单；②处理与清算有关的合伙企业未了结事务；③清缴所欠税款；④清理债权、债务；⑤处理合伙企业清偿债务后的剩余财产；⑥代表合伙企业参加诉讼或者仲裁活动。

合伙企业财产在支付清算费用后，按下列顺序进行清偿：①合伙企业职工工资、社会保险费用和法定补偿金；②缴纳所欠税款；③清偿债务。其中，法定补偿金主要是指法律、行政法规和规章所规定的应当支付给职工的补偿金，如我国《劳动法》规定的解除劳动合同的补偿金。合伙企业财产按上述顺序清偿后仍有剩余的，则依据合伙协议约定的比例或者未约定比例的依据出资比例在合伙人之间分配。若合伙企业清算时，其全部财产不足清偿其债务，则由合伙人依据合伙协议约定的比例或者未约定比例的依据出资比例进行分担，合伙人对合伙企业的债务承担无限连带责任。合伙企业解散后，原合伙人对合伙企业存续期间的债务仍应承担连带责任，但债权人在 5 年内未向债务人提出偿债请求的，合伙人的债务清偿责任消灭。

清算结束，清算人应当编制清算报告，经全体合伙人签名、盖章后，在 15 日内向企业登记机关报送清算报告，申请办理合伙企业注销登记。

五、违反合伙企业法的法律责任

合伙企业、合伙人及其他相关人员违反《合伙企业法》的，须承担相应的法律责任。

(一)违法行为及其法律责任

1. 合伙企业及合伙人的违法行为及法律责任

合伙企业及合伙人违反《合伙企业法》应承担下列责任。

(1) 违反《合伙企业法》的规定，提交虚假文件或者采取其他欺骗手段，取得合伙企业登记的，由企业登记机关责令改正，处以 5000 元以上 5 万元以下的罚款；情节严重的，撤销企业登记，并处以 5 万元以上 20 万元以下的罚款。

(2) 违反《合伙企业法》的规定，合伙企业未在其名称中标明“普通合伙”“特殊普通合伙”或者“有限合伙”字样的，由企业登记机关责令限期改正，处以 2000 元以上 1 万元以下的罚款。

(3) 违反《合伙企业法》的规定，未领取营业执照，而以合伙企业或者合伙企业分支机构名义从事合伙业务的，由企业登记机关责令停止，处以 5000 元以上 5 万元以下的罚款。

(4) 合伙企业登记事项发生变更时，未依照规定办理变更登记的，由企业登记机关责令限期登记；逾期不登记的，处以 2000 元以上 2 万元以下的罚款。合伙企业登记事项发生变更，执行合伙事务的合伙人未按期申请办理变更登记的，应当赔偿由此给合伙企业、其他合伙人或者善意第三人造成的损失。

(5) 合伙人执行合伙事务，或者合伙企业从业人员利用职务上的便利，将应当归合伙企业的利益据为己有的，或者采取其他手段侵占合伙企业财产的，应当将该利益和财产退还合伙企业；给合伙企业或者其他合伙人造成损失的，依法承担赔偿责任。

(6) 合伙人对《合伙企业法》规定或者合伙协议约定必须经全体合伙人一致同意始得执行的事务擅自处理，给合伙企业或者其他合伙人造成损失的，依法承担赔偿责任。

(7) 不具有事务执行权的合伙人擅自执行合伙事务，给合伙企业或者其他合伙人造成损失的，依法承担赔偿责任。

(8) 合伙人违反《合伙企业法》的规定或者合伙协议的约定，从事与本合伙企业相竞争的业务或者与本合伙企业进行交易的，该收益归合伙企业所有；给合伙企业或者其他合伙人造成损失的，依法承担赔偿责任。

(9) 合伙人违反合伙协议的，应当依法承担违约责任。合伙人履行合伙协议发生争议的，合伙人可以通过协商或者调解解决。不愿通过协商、调解解决或者协商、调解不成的，可以按合伙协议约定的仲裁条款或者事后达成的书面仲裁协议，向仲裁机构申请仲裁。合伙协议中未订立仲裁条款，事后又没达成书面仲裁协议的，可以向人民法院起诉。

2. 合伙企业清算人的违法行为及法律责任

合伙企业清算人违反《合伙企业法》应承担下列责任。

(1) 清算人未依照《合伙企业法》规定向企业登记机关报送清算报告，或者报送清算报告隐瞒重要事实，或者有重大遗漏的，由企业登记机关责令改正。由此产生的费用和损失，由清算人承担和赔偿。

(2) 清算人执行清算事务，牟取非法收入或者侵占合伙企业财产的，应当将该收入和侵占的财产退还合伙企业；给合伙企业或者其他合伙人造成损失的，依法承担赔偿责任。

(3) 清算人违反《合伙企业法》规定，隐匿、转移合伙企业财产，对资产负债表或者财产清单作虚假记载，或者在未清偿债务前分配财产，损害债权人利益的，依法承担赔偿责任。

3. 行政管理机关及其人员的违法行为及法律责任

有关行政管理机关的工作人员违反《合伙企业法》的规定，滥用职权、徇私舞弊、收受贿赂、侵害合伙企业合法权益的，依法给予行政处分。

(二)其他有关规定

另外，违反《合伙企业法》的规定，构成犯罪的，依法追究刑事责任；应当承担民事赔偿责任和缴纳罚款、罚金，其财产不足以同时支付的，先承担民事赔偿责任。

第四节　外商投资企业法

外商投资企业法是规范外商投资企业行为的法律规范。外商投资企业由于其主体的特殊性，与国内企业在法律适用上存在较大差异，需要专门的法律进行规范。

一、外商投资企业法概述

外商投资企业具有涉外因素，是由外商独资或外商与我国企业合资、合作成立的企业。我国外资企业法包括《中华人民共和国中外合资经营企业法》(以下简称《中外合资经营企业法》)、《中华人民共和国中外合作经营企业法》(以下简称《中外合作经营企业法》)、《中华人民共和国外资企业法》(以下简称《外资企业法》)。

(一)外商投资企业的概念和特征

外商投资企业，是指依照我国的外商投资企业法律制度，在我国境内设立的，由外国投资者与我国投资者共同投资或者外国投资者单独投资的企业。我国投资者包括我国的公司、企业或者其他经济组织或者个人，外国投资者包括外国的公司、企业和其他经济组织或者个人。外商投资企业分为中外合资经营企业、中外合作经营企业和外资企业三种类型。

外商投资企业具有如下特征：①外商投资企业是外商直接投资举办的企业。直接投资，是指投资者将资金投入企业，并不同程度地参与企业的决策或经营，通过企业盈利分配获得投资利润的投资方法。我国的外商投资企业就是外商直接投资举办的企业，相对间接投资而言，具有更大的稳定性。②外商投资企业是吸引外国私人投资举办的企业。私人投资，是指以个人、公司或其他经济组织的名义进行的投资。它与政府的对外援助不同，具有民间经济技术合作的色彩。③外商投资企业是依法经我国政府主管部门批准，在我国境内设立的企业。我国对外商投资企业的设立采取许可主义。外商投资企业设在我国境内，尽管有来源于境外的资金，但是属于我国的企业，受我国法律保护。

(二)我国外商投资企业立法

外商投资企业法是调整外商投资企业设立、变更、终止及经营管理中发生的各种经济关系的法律规范的总称。

我国外商投资企业法调整的对象主要是：①外国投资者与我国投资者的关系。如出资的比例、期限，利润及产品分配，风险和亏损分担等关系，需要由外商投资企业法调整。②外国投资者与我国政府之间的关系。如管辖和保护外商投资企业中的关系，应当由外商投资企业法调整。

另外，鉴于我国的特殊情况，我国的外商投资企业法还适用于华侨及香港、澳门和台湾同胞在大陆投资设立的企业。

我国外商投资企业的立法主要有：①《中外合资经营企业法》是在 1979 年 7 月 1 日第五届全国人大第二次会议通过，并于 1990 年 4 月 4 日第七届全国人大第三次会议、2001 年 3 月 15 日第九届全国人大第四次会议和 2016 年 9 月 3 日第十二届全国人大常委会第二十二次会议作三次修改，加上其实施条例，是中外合资经营企业(简称合营企业)的主要法律依据。②《中外合作经营企业法》是在 1988 年 4 月 13 日第七届全国人大第一次会议通过，并于 2000 年 10 月 31 日第九届全国人大常委会第十八次会议、2016 年 9 月 3 日第十二届全国人大常委会第二十二次会议、2016 年 11 月 7 日第十二届全国人大常委会第二十四次会议和 2017 年 11 月 4 日第十二届全国人大常委会第三十次会议作四次修改，加上其实施细则，是中外合作经营企业(简称合作企业)的主要法律依据。③《外资企业法》是 1986 年 4 月 12 日由第六届全国人大第四次会议通过，并于 2000 年 10 月 31 日第九届全国人大常委会第十八次会议和 2016 年 9 月 3 日第十二届全国人大常委会第二十二次会议修改，加上其实施细则，是外资企业的主要法律依据。除上述列举的立法之外，我国颁布的其他许多法律、法规及规章也是规范和保护外商投资企业的重要法律组成部分。

二、中外合资经营企业法

《中外合资经营企业法》对中外合营企业的概念、特征、设立条件与程序、注册资本、利润分配、解散与清算等进行了详细规定。

(一)中外合资经营企业的概念与特征

中外合资经营企业，亦称股权式合营企业，是外国的公司、企业、其他经济组织或个人同我国的公司、企业或其他经济组织，依照平等互利原则，经我国政府批准，在我国境内设立，由双方共同投资、共同经营，按照投资比例分享利润，分担风险和亏损的企业。

中外合资经营企业(简称合营企业)具有以下特征：①合营企业的一方为外国合资者，另一方为我国合资者。 ②中外合资各方共同投资、共同经营，按各自的出资比例共担风险、共负盈亏。共同投资是指中外合资者都要有投资，并且各方出资折成一定的出资比例。其中，外方合资者的出资比例一般不低于合营企业注册资本的 25%，否则，不享受合营企业的待遇。③合营企业的组织形式为有限责任公司，合资各方对合营企业的责任以各自认缴的出资额为限。④合营企业是经我国政府批准设立的中国法人。合营各方签订的合营协议、合同、章程必须经我国外经贸主管部门审查批准，相关机关应在 3 个月内决定批准与否。经批准设立的合营企业具有中国法人资格。

(二)合资经营企业的注册资本、出资方式及期限

1. 合营企业的注册资本

合营企业的注册资本，是指设立合营企业在工商行政管理机关登记注册的资本，是合资各方认缴的出资额之和。合营企业的注册资本应当符合下列要求：①在合营企业的注册资本中，外国合资者的出资比例一般不得低于 25%，这是外国合资者认缴出资的最低限额。②合营企业在合资期限内，不得减少其注册资本。但因投资总额和生产经营规模等发生变化，确需减少注册资本的，需经审批机关批准。合营企业在合资期限内可以增加注册资本。合营企业增加、减少注册资本，应当修改合营企业章程并办理变更注册资本登记手续。③合营企业的注册资本应符合《公司法》规定的有限责任公司注册资本最低限额的规定。

2. 合营企业的出资方式、期限

合资各方可以用货币、实物、工业产权、专有技术和场地使用权作为投资。

(1) 货币出资。合资各方可以用货币出资，即现金出资。外方投资者以现金出资时，只能以外币缴付出资，不能以人民币缴付出资。

(2) 实物、工业产权、专有技术。合资各方可以用实物作价出资，外国合营者作为投资的技术和设备，必须确实是适合我国需要的先进技术和设备。如果有意以落后的技术和设备进行欺骗，造成损失的，应赔偿损失。工业产权包括商标专用权和专利权，专有技术是指采用保密手段掌握的具有经济价值的技术。其中，以工业产权或专有技术以及机器设备或其他物料作为出资，还应经中国合营者的企业主管部门审查同意，报审批机构批准。

(3) 场地使用权。我国合资者的投资可包括为合营企业经营期间提供的场地使用权。如果场地使用权未作为中国合营者投资的一部分，合营企业应向中国政府缴纳使用费。

合资各方应当在合营企业合同中订明出资期限，逾期未缴或少缴的，应按合同的约定支付延迟利息或赔偿损失。出资期限的具体规定如下：①合营企业合同约定一次缴清出资的，各方应当在营业执照签发之日起 6 个月内缴清。②合营企业合同约定分期缴付出资的，各方的第一期出资不得低于各自认缴出资额的 15%，并在营业执照签发之日起 3 个月内缴清。③合资各方未能在规定期限内缴付出资的，视同合营企业自动解散，合营企业批准证书自动失效。

合资各方缴付出资后，应当由在我国注册的会计师验证，出具验资报告，据此发给合营企业出资证明书。

(三)合资经营企业的组织机构

根据《中外合资经营企业法》及其实施条例的规定，合营企业的组织机构是董事会和经营管理机构。董事会是合营企业的最高权力机构，其人数组成由合营各方协商，在合同、章程中确定，并由合营各方委派和撤换。董事长和副董事长由合营各方协商确定或由董事会选举产生。中外合营者的一方担任董事长的，由他方担任副董事长。董事长是合营企业的法定代表人，董事会人员不得少于 3 人。董事的任期为 4 年，经合营各方继续委派

可以连任。董事会的职权是按合营企业章程规定，讨论决定合营企业的一切重大问题，如企业发展规划、生产经营活动方案、收支预算、利润分配、劳动工资计划、停业，以及总经理、副总经理、总工程师、总会计师、审计师的任命或聘请及其职权和待遇等。董事会会议应有 2/3 以上的董事出席方能举行，其决议方式可根据合营企业章程载明的议事规则作出。但涉及合营企业的下列事项须经出席会议的全体董事一致通过方可作出决议：①合营企业章程的修改；②合营企业的终止、解散；③合营企业注册资本的增加、减少；④合营企业的合并、分立。

合营企业设经营管理机构，负责合营企业的日常经营管理工作。经营管理机构设总经理一人，副总经理若干人，其他高级管理人员若干人。正副总经理(或正副厂长)由合营各方分别担任，均由合营企业董事会聘请。

(四)合资经营企业的利润分配

合营企业税后利润扣除合营企业章程规定的储备基金、职工奖励及福利基金、企业发展基金后，即为可分配利润，应按照合营各方的出资比例进行分配。以前年度尚未分配的可以向投资者分配的利润，可以并入本年度可以分配的利润进行分配。

(五)合资经营企业的期限、解散和清算

1. 合营期限

合营企业的合营期限，按不同行业、不同情况，作不同的约定。有的行业的合营企业，应当约定合营期限；有的行业的合营企业，可以约定合营期限，也可以不约定合营期限。其中：从事服务性行业的，如饭店、公寓、写字楼、娱乐、饮食、出租汽车、彩扩、洗像、维修、咨询等，土地开发及经营房地产的，资源勘查开发的，国家规定限制投资项目的，国家其他法律、法规规定需要约定合营期限的，应当在合营合同中约定合营企业的合营期限。

合营企业的合营期限，一般项目原则上为 10～30 年。投资大、建设周期长、资金利润率低的项目以及由外国合营者提供先进技术或者关键技术生产尖端产品的项目；或者在国际上有竞争能力的产品的项目，其合营期限可以延长到 50 年。经国务院特别批准的，合营期限可以在 50 年以上。

约定合营期限的合营企业，合营各方同意延长合营期限的，应在距合营期满 6 个月前向审查批准机关提出申请。审查批准机关应自接到申请之日起 1 个月内决定批准或不批准。

2. 合营企业的解散

合营企业有下列情形之一时解散：①合营期限届满，投资各方又无意继续延长合营期限；②企业发生严重亏损，无力继续经营；③合营一方不履行合营企业协议、合同或章程规定的义务，致使企业无法继续经营；④因自然灾害、战争等不可抗力遭受严重损失，无法继续经营；⑤合营企业未达到其经营目的，同时又无发展前途；⑥合营企业合同、章程所规定的其他解散原因已经出现。上述第②、④、⑤、⑥项情况发生，由董事会提出解散申请书，报审批机关批准；第③项情况发生的，由履行合同的一方提出申请，报审批机构批准。

3. 合营企业的清算

合营企业宣告解散时，应当进行清算。除企业破产清算应当按照有关法律规定的程序进行清算外，合营企业的清算应当按照《外商投资企业清算办法》的规定成立清算委员会，由清算委员会负责清算事宜。清算委员会的成员一般应当在合营企业的董事中选任。董事不能担任或者不适合担任清算委员会成员时，合营企业可以聘请中国的注册会计师、律师担任。审批机关认为必要时，可以派人进行监督。

【专栏 2-3】

合营企业与我国有限责任公司出资的比较

合营企业的清算工作结束后，由清算委员会提出清算结束报告，提请董事会会议通过后，报告审批机关，并向登记管理机关办理注销登记手续，缴销营业执照。

三、中外合作经营企业法

我国的《中外合作经营企业法》对合作企业的概念、特征、设立条件与程序、合作企业合同与章程、合作企业管理、解散与清算等作了明确规定。

(一)合作经营企业的概念和特征

中外合作经营企业(简称合作企业)，亦称契约式合营企业，它是外国的公司、企业、其他经济组织或个人同我国的公司、企业或其他经济组织，依照我国法律，经我国政府批准，设在我国境内，由双方通过合作经营，合同约定各自权利义务的企业。

合作企业有别于合营企业，具有以下特点：①合作企业的一方为外国合作者，另一方为我国合作者。②合作企业合作各方的权利和义务都在签订的合同中确定。③合作企业的法人资格有可选择性。合作企业可以是依法取得我国法人资格的企业，也可以是非法人企业。具备法人资格的合作企业，为有限责任公司，以其投资或者提供的合作条件为限对合作企业承担责任；不具备法人资格的合作企业及其合作各方，依照我国民事法律的有关规定承担民事责任。④合作企业中的外国合作者可以先行收回投资。⑤合作企业的管理机构具有多样性。合作企业可以采用董事会制，也可以采用联合管理委员会制，还可以采用委托管理制，即委托中外合作者以外的他人经营管理。

(二)合作经营企业的设立

在我国境内设立合作企业，应当符合国家的发展政策和产业政策，遵守国家关于指导外商投资方向的规定。国家鼓励举办的合作企业：一是产品出口的生产型合作企业；二是技术先进的生产型合作企业。

合作企业的设立程序包括申请、审批和登记。审批机关是国家对外经济贸易主管部门和国务院授权的部门或地方人民政府。审批机关应当自收到规定的全部文件之日起 45 日内决定批准或不批准。对外经济贸易主管部门和国务院授权的部门批准的，由对外经济贸易主管部门颁发批准证书；国务院授权的地方人民政府批准的，由其颁发批准证书。

申请设立合作企业，有下列情形之一的，不予批准：①损害国家主权或者社会公共利益的；②危害国家安全的；③对环境造成污染损害的；④有违反法律、行政法规或者国家产业政策的其他情形的。

设立合作企业的申请经批准后，应当自接到批准证书之日起 30 日内向工商行政管理机关申请登记，领取营业执照。合作企业的营业执照签发日期，为该企业的成立日期。合作企业应当自成立之日起 30 日内向税务机关办理税务登记。

合营者在合营期限内协商同意对合作企业合同作重大变更的，应当报审批机关批准。变更内容涉及法定的工商、税务登记项目的应当办理变更登记手续。

(三)合作经营企业合同和章程

合作企业合同是中外合营者为明确合作经营中各方的权利义务而达成的协议。合作企业合同是涉外经济合同，须经我国政府批准后才能成立。合作企业合同的主要内容包括：①合作各方的名称、注册地、住所及法定代表人的姓名、职务、国籍(外国合作者是自然人的，包括其姓名、国籍和住所)；②合作企业的名称、住所、经营范围；③合作企业的投资总额，注册资本，合作各方投资或者提供合作条件的方式、期限；④合作各方投资或者提供的合作条件的转让；⑤合作各方收益或者产品的分配，风险或者亏损的分担；⑥合作企业董事会或者联合管理委员会组成以及董事或者联合管理委员会委员名额的分配，总经理及其他高级管理人员的职责和聘任、解聘办法；⑦采用的主要生产设备、生产技术及其来源；⑧产品在我国境内销售和境外销售的安排；⑨合作企业外汇收支的安排；⑩合作企业的期限、解散和清算；⑪合作各方其他义务以及违反合同的责任；⑫财务、会计、审计的处理原则；⑬合作各方之间争议的处理；⑭合作企业合同的修改程序。

合作企业的章程，是指按照合作企业合同约定，经合作各方一致同意，约定合作企业的组织原则、经营管理方法等事项的书面文件。合作企业章程的内容与合作企业合同不一致的，以合作企业合同为准。合作企业章程自审查批准机关颁发批准证书之日起生效。合作企业的章程主要包括下列内容：①合作企业名称及住所；②合作企业的经营范围和合作期限；③合作各方的名称、注册地、住所及法定代表人的姓名、职务和国籍(外国合作者是自然人的，包括其姓名、国籍和住所)；④合作企业的投资总额、注册资本，合作各方投资或者提供合作条件的方式、期限；⑤合作各方收益或者产品的分配，风险或者亏损的分担；⑥合作企业董事会或者联合管理委员会的组成、职权和议事规则，董事会董事或者联合管理委员会委员的任期，董事长、副董事长或者联合管理委员会主任、副主任的职责；⑦经营管理机构的设置职权、办事规则、总经理及其他高级管理人员的职责和聘任、解聘办法；⑧有关职工招聘、培训劳动合同、工资、社会保险、福利、职工安全卫生等劳动管理事项的规定；⑨合作企业财务、会计和审计制度；⑩合作企业解散和清算办法；⑪合作企业章程的修改程序。

(四)合作企业的管理

合作企业的经营管理根据批准的合作合同和章程进行，其经营管理自主权不受干涉，并依法受保护。合作企业根据其类型，可以采用董事会制、联合管理委员会制以及其他方式实行经营管理。取得我国法人资格的合作企业，一般采用董事会制；没有取得我国法人资格的合作企业，采用联合管理制。但是，法人型的合作企业也可以采用联合管理制。董事会或联合管理委员会是合作企业的权利机构，决定合作企业的重大问题。董事长或主任是合作企业的法定代表人。合作企业设总经理一人，负责日常经营管理工作，对董事会或联合管理委员会负责。除上述内容之外，合作企业合同还应当约定其他内容。

合作企业的生产经营管理及劳动管理的法律规定与合营企业基本相同。

(五)外商先行回收投资的规定

根据《中外合作经营企业法》及其实施细则的规定，中外合作者在合作企业合同中约定合作期限届满时，合作企业的全部固定资产无偿归中国合作者所有的，外国合作者在合作期限内可以申请按下列方式先行回收其投资：①在按照投资或者提供合作条件进行分配的基础上，在合作企业合同中约定扩大外国合作者的收益分配比例；②经财政税务机关审查批准，外国合作者在合作企业缴纳所得税前回收投资；③经财政税务机关和审查批准机关批准的其他回收投资方式。

外国合作者在合作期限内先行回收投资应符合下列法定条件：①中外合作经营者在合作企业合同中约定合作期限届满时，合作企业的全部固定资产无偿归中国合作者所有；②对于税前回收投资的，必须向财政税务机关提出申请，并由财政税务机关依法审查批准；③中外合作者应当依照有关法律的规定和合作企业合同的约定，对合作企业的债务承担责任；④外国合作者提出先行回收投资的申请，并具体说明先行回收投资的总额、期限和方式，经财政税务机关审查同意后，报审查批准机关审批；⑤外国合作者应在合作企业的亏损弥补之后，才能先行回收投资。

(六)合作企业的期限、解散和清算

合作企业的期限由中外合作者协商确定，并在合作企业合同中约明。合作企业期限届满，合作各方协商同意要求延长合作期限的，应当在期限届满的180日前向审查批准机关提出申请，说明原合作企业合同执行情况，延长合作期限的原因，同时报送合作各方就延长的期限内各方的权利、义务等事项所达成的协议。审查批准机关应当自接到申请之日起30日内，决定批准或者不批准。经批准延长合作期限的，合作企业凭批准文件向工商行政管理机关办理变更登记手续，延长的期限从期限届满后的第一日起计算。

合作企业合同约定外国合作者先行回收投资，并且投资已经回收完毕的，合作企业期限届满不再延长。但是，外国合作者增加投资的，经合作各方协商同意，可以向审查批准机关申请延长合作期限。

合作企业解散的原因主要有：①合作期限届满；②合作企业发生严重亏损，或者因不可抗力遭受严重损失，无力继续经营；③中外合作者一方或者数方不履行合作企业合同、章程规定的义务，致使合作企业无法继续经营；④合作企业合同、章程中规定的其他解散原因已经出现；⑤合作企业违反法律、行政法规，被依法责令关闭。

上述第②项、第④项所列情形发生，应当由合作企业的董事会或者联合管理委员会作出决定，报审查批准机关批准。上述第③项所列情形发生，不履行合作企业合同、章程规定的义务的中外合作者一方或者数方，应当对履行合同的他方因此遭受的损失承担赔偿责任。履行合同的一方或者数方有权向审查批准机关提出申请，解散合作企业。

合作企业的清算。《中外合作经营企业法》第二十三条规定：“合作企业期满或者提

前终止时，应当依照法定程序对资产和债权、债务进行清算。中外合作者应当依照合作企业合同的约定确定合作企业财产的归属。”即合作企业的清算事宜，应依照国家有关法律、行政法规及合作企业合同、章程的规定办理。

四、外资企业法

《外资企业法》是规范外商独资企业行为的法律规范，其对外商独资企业的概念、设立条件和程序、投资和管理、解散与清算等作了详细规定。

(一)外资企业的概念和特征

外资企业，亦称外商独资经营企业，它是依照我国法律，在我国境内设立，经我国政府批准，全部资本均由外国或境外投资者投资的企业。

外资企业具有以下特征：①外资企业是依照我国的法律规定在我国境内设立的法人企业。外资企业必须遵守我国的法律、行政法规，不得损害我国社会的公共利益。同时，外资企业受到我国法律的管辖和保护。②外资企业的全部资本由外国投资者投入。这也是外资企业与中外合资经营企业、中外合作经营企业的主要区别。③外资企业不包括外国企业和其他经济组织在我国境内的分支机构。④外资企业是一个独立的经济实体，独立核算，自负盈亏，独立承担法律责任。

(二)外资企业的设立

设立外资企业，必须有利于我国国民经济的发展，能够取得显著的经济效益。国家鼓励外资企业采用先进技术和设备，从事新产品开发，实现产品升级换代，节约能源和原材料，并鼓励举办产品出口的外资企业。申请设立外资企业，有下列情况之一的，不予批准：①有损我国主权或者社会公共利益的；②危及我国国家安全的；③违反我国法律、法规的；④不符合我国国民经济发展要求的；⑤可能造成环境污染的。

设立外资企业的程序包括申请、审批和登记。在申请之前，须经企业所在地县级或者县级以上政府签署意见。其具体步骤是：①外国投资者向拟设外资企业所在地的县级或者县级以上人民政府提交报告。②外国投资者通过外资企业所在地的县级或者县级以上人民政府向审批机关提出申请，并报送下列文件：设立外资企业申请书；可行性研究报告；外资企业章程；外资企业法定代表人名单；外国投资者的法律证明文件和资信证明文件；拟设立外资企业所在地的县级或者县级以上人民政府的书面答复；需要进口的物资清单等。③审批机关应在收到申请文件之日起 90 日内决定批准或不批准。④外国投资者应在收到批准之日起 30 日内向登记机关申请登记，领取营业执照。外资企业以营业执照签发之日起成立。

(三)外资企业的投资和管理

1. 外资企业的投资

外资企业的全部资本由外商投资组成。外国投资者可以是一人，也可以是数人。外资企业的投资总额由注册资本和借入资本构成。外资企业的投资总额，是指开办外资企业所需资金总额，即按其生产规模需要投入的基本建设资金和生产流动资金的总和；外资企业的注册资本，是指为设立外资企业在工商行政管理机关登记的资本总额，即外国投资者认缴的全部出资额。

外资企业的资本出资方式可以用可自由兑换的外币，也可以用机器设备、工业产权、专有技术等作价出资。外国投资者以机器设备、工业产权、专有技术等作价出资的，应符合我国法律规定的条件，并且工业产权、专有技术的作价应与国际上通常的作价原则相一致，其作价金额不得超过外资企业注册资本的20%。

外国投资者可以分期缴付出资，但最后一期出资应当在营业执照签发之日起 3 年内缴清。其中，第一期出资不得少于外国投资者认缴出资额的 15%，并应当在外资企业营业执照签发之日起 90 日内缴清。外国投资者未能在前款规定的期限内缴付第一期出资的，外资企业批准证书即自动失效。

2. 外资企业的管理

外资企业在生产计划制订、物资购买、产品销售等方面享有与合营企业大致相同的自主权。外资企业有权自行决定购买本企业自用的机器设备、原材料、燃料、零部件、配套件、元器件、运输工具和办公用品等。外资企业可以在我国市场销售其产品，国家鼓励外资企业出口其生产的产品。外资企业有权自行出口本企业生产的产品，也可以委托我国的外贸公司代销或者委托我国境外的公司代销。用高价进口、低价出口等方式逃避税收的，税务机关有权根据《税法》的规定，追究其法律责任。

(四)外资企业的期限、终止与清算

外资企业的经营期限由外国投资者在设立外资企业的申请中拟订，由审批机关审批；外资企业的经营期限以其营业执照签发之日起计算，期满须延长的，应在距期满前 180 日前向审批机关提出书面申请，审批机关应在收到申请之日起 30 日内决定是否批准。批准延长的，应在收到批准文件之日起30日内向工商行政管理机关办理变更登记手续。

外资企业有下列情形之一的，应予终止：①经营期限届满；②经营不善，严重亏损，外国投资者决定解散；③因自然灾害、战争等不可抗力而遭受严重损失，无法继续经营；④破产；⑤违反我国法律、法规，危害社会公共利益被依法撤销；⑥外资企业章程规定的其他解散事由已经出现。以上因第②～④项情形而终止，应自行提交终止申请书，报审批机关核准，审批机关作出核准的日期为企业的终止日期。

对外资企业因上述第①、②、③、⑥项而终止的，应在终止之日起 15 日内对外公告并通知债权人，并在终止公告发出之日起 15 日之内提出清算程序、原则及清算委员会人选，报审批机关审核后进行清算。清算委员会应当由外资企业的法定代表人、债权人代表以及有关主管机关的代表组成，并聘请我国的注册会计师、律师等参加。清算费用从外资企业现存财产中优先支付。

外资企业清算结束后，应向工商行政管理机关办理注销登记手续，缴销营业执照；其资产净值和剩余财产超过注册资本的部分视为利润，应依法缴纳所得税。

本章小结

本章介绍了企业及其特征，我国企业法的构成以及个人独资、合伙企业、外资企业法。简单地说，企业就是依法成立的，以营利为目的的社会经济组织，而企业法就是调整企业的设立、组织、权利与义务、终止的法律规范。我国已经加大了现代企业立法的力度，按照企业所有制对企业进行分类已经大大弱化，逐渐强化了按照企业的责任形式来对企业进行分类。个人独资企业和合伙企业都是承担无限责任的企业，而且普通合伙企业的出资人对合伙企业债务是承担无限连带责任的。外资企业在我国还是比较特殊的一类市场主体，因此需要由特别的法律来规范。我国的外商投资企业包括合营企业、合作企业和外商独资企业三种。外商投资企业符合条件的可以取得法人资格，其中合营企业、外商独资企业采用有限责任公司形式，合作企业如果符合有限责任公司条件的也可以采用有限公司形式。《外资企业法》没有规定的，可以适用我国《公司法》的有关规定。此外，我们要把外商独资企业与根据我国《个人独资企业法》成立的企业区分开来，只有我国公民才能依据《个人独资企业法》的规定成立个人独资企业，而且不具有法人资格，出资人要对个人独资企业的债务承担连带责任。

复习思考题

1. 简述企业及其特征。
2. 简述个人独资企业的特征。
3. 简述合伙企业及其法律特征。
4. 如何处理合伙人的退伙?
5. 试述普通合伙与有限合伙的区别。
6. 简述外商投资企业的类型和特征。
7. 简述中外合营企业与中外合作企业的区别。
8. 中外合作企业先行收回投资有哪些规定?
9. 外商独资企业的投资和经营管理有哪些规定?

案例分析

普通合伙企业的设立条件

2016 年 9 月，A、B、C、D 协商设立普通合伙企业。其中，A、B、D 为辞职职工，C 为一法人型集体企业，其拟定的合伙协议约定：A 以劳务出资，B、D 以实物出资，对企业债务承担无限责任，并由 A、B 负责公司的经营管理事务；C 以货币出资，对企业债务以其出资额承担有限责任，但不参与企业的经营管理。经过纠正有关问题后，合伙企业得以成立。开业不久，D 发现 A、B 的经营不符合自己的要求，随即提出退伙。在该年 11 月下旬 D 撤资退伙的同时，合伙企业又接纳 E 入伙。该年 11 月底，在企业财产不足清偿的情况下，合伙企业的债权人甲就 11 月前发生的债务要求现在的合伙人及退伙人共同承担连带清偿责任。对此，D 认为其已退伙，对合伙企业的债务不再承担责任；入伙人 E 则认为自己对入伙前发生的债务也不承担任何责任。

2016 年 12 月，E 向丙公司借款时，在仅征得A的同意后，将其在合伙企业中的财产份额出质给丙公司。

(资料来源：2017 年 CPA 考试辅导. 中华会计网校，第五章)

根据上述事实，回答下列问题并说明理由：

(1) C 是否可以成为普通合伙企业的合伙人？

(2) 在合伙企业的设立中，请指出不合规定之处？

(3) 对债权人甲的请求，合伙人应当如何承担责任？

(4) 假设合伙协议约定只有 A 和 D 有权执行合伙事务，B 和 C 无权执行合伙事务，而 B 与乙公司签订一份合同，乙公司并不知道合伙协议对 B 的职权限制，A、D 知悉后认为该合同不符合企业的利益，并明确地向乙公司表示对该合同不予承认，那么，该合同的效力如何确认？

(5) E 的出质行为是否有效？

第三章 公 司 法

本章导读：

随着社会经济的不断发展，企业的形式也在不断发展。公司作为一种新的企业形式是在市场经济发展过程中为适应企业规模不断扩大的要求而产生的。公司是现代企业的典型形式，被称为现代企业制度的最佳实现形式。现代企业制度是适应社会化大生产及有利于社会资源合理配置要求的，以企业产权制度为核心，企业法人制度为基础，按照产权明晰、责权分明、政企分开、管理科学设置的一种新型企业制度。公司法通过一系列制度安排，使公司成功地实现所有权与经营权的分离，从而得以让具有专业知识的人来经营公司，并能够从社会投资者手里吸收大量的资金，实现公司的快速发展，促进一国经济的发展。通过所有权与经营权分离的制度安排，公司制度还可以决定不同参与者在企业活动中的利益实现方式，从而以不同形式引导这些参与者的行为选择，影响他们的努力程度；通过公司内部制度的安排，公司制度可以决定不同参与者在企业活动组织中的地位，从而影响企业选择经营方向、内容和规模，协调不同参与者的贡献。这一系列的制度安排都有赖于完善的公司立法。公司在近现代市场经济发展中作用巨大，正如马克思所言：“假如必须等待积累去使某些单个资本增长到能够修建铁路的程度，那么恐怕直到今日世界上还没有铁路。但是，集中通过股份企业转瞬之间就把这件事完成了。”①所以，发达的市场经济国家都非常重视公司立法。

个人独资企业、合伙企业的投资人要么承担无限责任，要么承担无限连带责任，这对投资者来说，可能面临风险不可控的状况。面对风险，人人都有选择的权利，国家之所以要制定公司法，一方面是市场经济的发展需要新的企业形式，另一方面也是为了投资人在决定投资或创业时有更多可供选择的避免更大风险的方式，以促进社会的和谐发展。读者学习本章后，如有投资、创业需求，也可以根据自己的风险承受能力、投资的数额、企业的规模、经营行业(项目)的风险等选择个人独资企业、合伙企业或公司作为投资的载体。

学习目标：

本章主要内容有公司、公司法的含义及其特征，公司的登记管理，有限责任公司设立的条件及其组织机构，董事、监事及高级管理人员的资格及职责，股份有限公司的设立及组织机构，股份和债券的发行与转让，公司的财务会计制度，公司的合并与分立等。通过学习本章，读者们应该了解公司的发展历程、公司的登记、公司的分类、公司的财务会计制度；理解和掌握公司及公司法的概念与特征、有限责任公司设立的条件和组织机构的有关规定，股东的权利义务，股份公司设立的方式及设立条件，股份公司的组织机构及其权利义务，股份、债券的特点及其发行的条件，公司合并、分立的条件、类型及其程序。

---

① 马克思、恩格斯. 马克思恩格斯全集(第 23 卷)[M]. 北京：人民出版社，1972.

关键概念：

公司(Corporation)
公司法(Company Law)
有限责任公司(Limited Liability Company)
股份有限公司(Limited Company by Share)
两合公司(Limited Partaership Company)
一股一权(One Share One Vote)
股份(Stock)
董事(Director)
股东(Share-Holder)

第一节　公司法概述

公司出现有其社会历史、经济及组织基础，公司是随着工业社会的发展而出现并发展起来的。公司必须依公司法设立，经依法登记后才能正式开展经营活动。

一、公司的概念和种类

公司是依法设立的以营利为目的的企业法人。从不同的角度可以将公司分为不同的类型，我国《公司法》确立的公司形式为有限责任公司和股份有限公司。

(一)公司的演变和发展

1. 公司的萌芽

公司产生于独资企业和合伙组织之后。在中世纪，地中海出现的商业组织是现代公司的萌芽，其表现形式有家族经营团体、康枚达组织、法人实体和同业行会。家族经营团体是合伙的一种形式，由单个人出资的独资企业发展而来。独资企业所有人去世后，独资企业有时为一人所继承，这时企业仍为独资企业；若为多人所继承，企业就成为合伙企业，成为数个继承人的共同财产。这种合伙的成员是同一家庭成员，因此构成了家族经营团体，这是今天无限责任公司的原始形态。康枚达组织是中世纪晚期在地中海沿岸城市出现的一种以商事契约为基础的商业组织。按照康枚达契约约定，资本家负责出资，由船东贩售货物于海上，盈利按出资额分配。亏损时，船东负无限责任，资本家则以其出资额为限承担有限责任。法人实体是经皇家颁发特许状和政府特别准许设立的组织，它因特许成立而成为独立的法人。16 世纪时，这种组织已具有了合伙人的共同责任和共同免责的特征，它的稳定性和持久性优于康枚达组织，对后来公司基本制度的发展有重要影响。在 13—15 世纪的意大利，银行家们成立了银行家行会，盈利按各银行家贷款的数额比例分配，亏损也以贷款数额为责任限额。这种有限责任为以后有限责任公司形式的发展奠定了基础。

2. 公司的发展和地位的确立

到中世纪末期，随着工商业的发展，原有的合伙组织形式已不能适应经济发展的要求，大企业制度兴起，合伙的经营方式发生了变化，逐渐排除人合性，而仅为资本的联合，并实行出资人的有限责任，于是开始出现了股份有限公司。股份有限公司的出现，在公司制度的发展史中具有划时代的意义。1600 年，经英国女王特许，东印度公司成立，定名为“伦敦商人对印度贸易公司”。就公司的组织形式而言，东印度公司首开先河，为现代股份公司的发展奠定了基础。但东印度公司还不是现代意义上的股份公司，最初它只是一种临时性的组织。只是经特许垄断对印度的贸易，公司的任何成员都可单独进行这一贸易，也可以合股经营。直到 1657 年，英国才出现了较为稳定的公司组织，传统的、近代的股份公司才逐步过渡为现代意义上的股份公司，公司组织才有了质的飞跃。最初股份公司的成立采取特许主义，须经政府核准。一些企业家为避开政府的批准，于 18 世纪末创立了股份两合公司。至 19 世纪末，德国为适应企业需要，吸取无限责任公司与股份公司的长处，首创有限责任公司。至此，公司制度发展已经比较完备。

19 世纪末 20 世纪初，公司这种企业组织形式得到了空前规模的发展，公司的发展进入现代时期。为加快资本的集中，占据垄断地位，资本家通过大量地发行股票、合作经营等形式集资，股份公司作为企业组织形式被广泛采用，公司终于成为一种占统治地位的企业组织形式。

3. 我国公司制度的发展

我国最早的公司是清朝末年洋务运动时成立的诸如招商局一类的企业，其组织形式为现代公司。中华人民共和国成立后，私营企业的公司先后被改造为公私合营企业，公私合营企业本质上仍属有限公司范畴。20 世纪 80 年代以后，随着改革开放的发展，有限责任公司和股份有限公司不断发展。在《中华人民共和国公司法》(以下简称《公司法》)及配套法规出台后，公司发展日益规范化、标准化。

(二)公司的概念及特征

1. 公司的概念

公司虽然是现代社会最为重要的企业组织形式，但各国公司法对于公司的定义不尽相同。在英国，公司是指任何以经营商业或工业企业为目标的由个人组成的团体；在法国，《法国民法典》第 1832 条规定了民事公司，即“公司由二人或数人依据一项契约约定将其财产或技艺用于共同事业，以期分享利润或获取由此可得之经济利益而设立”。[①]我国《公司法》第二条规定：“本法所称公司是指依照本法在中国境内设立的有限责任公司和股份有限公司。”从这一规定看，我国《公司法》并未给出公司的确切定义，但是通过《公司法》的相关规定可以认为：我国的公司是指股东依照《公司法》设立的，股东以其出资额或所持股份为限对公司承担责任，公司以其全部资产对公司债务承担责任的企业法人。

多数国家的公司法规定公司须有两个以上的投资者，但也有一些国家允许单一投资者的公司存在。我国的公司有有限责任公司和股份有限公司两种，其中有限责任公司又有一般有限责任公司、一人有限责任公司和国有独资有限责任公司三种形式。

---

① 朱慈蕴．公司法原论[M]．北京：清华大学出版社，2011.

2. 公司的特征

从公司的发展历程和各国公司法关于公司的规定来看，公司具有以下特征。

(1) 公司必须依法设立。依法设立是我国法律对各种法人的共同要求。公司作为法人必须依法定条件及程序设立。我国《公司法》不仅规定了公司设立的条件，同时也规定了公司设立的程序，而且只有依据这些规定设立才能取得公司的资格，这充分体现了《公司法》的强制性。不依照《公司法》设立的公司就不是《公司法》意义上的公司，就不能得到《公司法》的保护。

(2) 公司必须以营利为目的。营利是通过经营获取利润，以较少的经营投入获取较大的经营收益。营利是一切企业组织存在和活动的基本动机和目的，是经营活动的出发点和归属点。没有营利，就没有企业；不能营利，企业就无法生存。营利是企业的生命和根本。股东之所以把资本金投入公司，是因为公司有可能帮助股东实现收益最大化的目标，但如果公司不以营利为目的，势必与股东的投资目的相悖。因而各国大都规定公司法上的公司为商事公司，是以营利为目的的商业组织。

(3) 公司是具有独立法人资格的经济组织。企业可分为法人企业与非法人企业。法人企业是指具有民事权利能力和民事行为能力，依法独立承担民事责任的组织。非法人企业则是以自己的名义从事生产、经营和提供服务活动，但不独立承担民事责任的组织。我国《公司法》第三条规定："公司是企业法人，有独立的法人财产，享有法人财产权。公司以其全部财产对公司的债务承担责任。"公司的独立法人资格表现在：首先，公司拥有独立的法人财产，享有法人财产权。公司的财产来自股东的投资，股东一旦将投资的财产移交给公司，在法律上这些财产便属于公司所有，股东就丧失了对这些财产的直接支配权。公司财产与股东个人财产在法律上是分开的，股东只是按出资的比例享受一定权利。其次，公司独立承担财产责任。《公司法》规定公司以其全部财产对公司的债务承担责任；同时公司责任与股东责任及其工作人员的责任是分开的、独立的。最后，公司具有独立的组织机构和名称。这是《公司法》对公司的法定要求，否则公司不能成立。

【专栏 3-1】

公司的社会责任

(4) 公司是以股东投资为基础设立的经济组织。公司存在的基础和前提条件是股东的投资行为，没有股东的投资就没有公司。股东对公司的投资在公司成立后成为股权。公司股东在公司中享有的多种权利都是以股权为基础而存在的。

(三)公司的种类

公司种类繁多，根据不同的标准可将公司分为不同的类型。

1. 根据公司的信用标准分类

根据公司的信用标准，公司可分为人合公司、资合公司和人合兼资合公司。人合公司是指以股东个人信用为基础的公司，无限责任公司是最典型的人合公司。资合公司是指以股东的出资额为基础的公司，股份有限公司是典型的资合公司。人合兼资合公司是指同时具有人的信用和资本信用两种因素的公司，两合公司即属这种公司。

2. 根据公司的控制和被控制关系分类

根据公司的控制和被控制关系，公司可分为母公司和子公司。母公司是指通过持有其他公司的股份或其他方式而能实际控制其他公司经营活动的公司；子公司是指其一定比例的股份被其他公司持有，经营活动受其他公司控制的公司。子公司具有独立的法人资格。

3. 根据公司的组织系统分类

根据公司的组织系统，公司可分为总公司和分公司。总公司，又称本公司，是指依法首先设立或同时设立，具有独立法人资格，并管辖全部企业组织系统的公司；分公司是公司依法设立的以本公司名义进行经营活动，其法律后果由本公司承担的分支机构。分公司不是独立的公司，不具有企业法人资格，不是独立的法律主体。

4. 根据公司的国籍分类

根据公司的国籍，公司可分为本国公司、外国公司和跨国公司。本国公司是指具有本国国籍，依本国法律享有权利、履行义务的公司；外国公司是指依外国法设立的，不具有本国国籍的公司；跨国公司是指以本国为基地，在其他国家或地区设立分公司、子公司或其他参股性投资企业，从事国际性生产经营及服务活动的大型经济组织。

5. 根据股东所承担的责任形式分类

根据股东所承担的责任形式，公司可分为有限责任公司、股份有限公司、无限责任公司和两合公司。

1) 有限责任公司

有限责任公司是指由 50 个以下的股东共同出资设立，股东以其认缴的出资额为限对公司债务承担有限责任，公司以其全部资产对其债务承担责任的企业法人。有限责任公司具有以下几个方面的特征。

(1) 股东责任的有限性。有限责任公司各股东对公司所负责任，仅以其认缴的出资额为限，除此之外对公司债权人不负直接责任，即股东对公司的债务仅以其认缴的出资额为限承担有限责任。如果公司的财产不足以清偿全部债务，股东也没有以自己出资以外的个人财产为公司清偿债务的义务。公司对其债务也仅以公司全部财产为限承担有限责任；超过公司全部财产的责任公司无力承担，股东也不用承担。

(2) 人资两合性。就某一个有限责任公司而言，只有对该公司出资才可能成为其股东，体现了资合性；不是谁都可以成为该公司的股东，且有人数限制，体现出人合性。

(3) 组织运营的封闭性。有限责任公司在美国被称为“封闭公司”，在英国被称为“少数人公司”，有限责任公司是与“开放式公司”相对的公司形式，其封闭性表现为：首先，股东人数有上限，我国《公司法》第二十四条规定：“有限责任公司由 50 个以下股东出资设立。”其次，从设立方式上来看，有限责任公司只能采用发起设立方式而不能采用募集设立方式，不能向社会公开发行股票筹集资本。第三，股东资本的不等额性。有限责任公司的资本不划分为等额股份，股东出资后获得的是出资证明书，而不是股票，不能自由转让。第四，管理方式基本封闭，如不必向社会公开披露财务、生产、经营管理等信息等。

(4) 组织机构设置的灵活性。依据《公司法》规定，如果公司的生产经营规模小、股东人数少的有限责任公司的组织机构，可设置为股东会、1 名执行董事和 1～2 名执行监事；公司的生产经营规模较大、股东人数较多的有限责任公司的组织机构，可设置为股东会、董事会、监事会；国有独资公司其组织机构的设置更灵活，它不设股东会，只设有董事会、经理、监事会和职代会。个人独资公司，股东会、董事会、监事会都不设。

(5) 设立程序的简便性。我国有限责任公司的设立一般不需要审批，特殊情况的才经过审批。即投资者只要满足《公司法》规定的设立有限责任公司的条件，办理登记手续后，公司即可成立。设立过程中所涉及事务主要为股东之间的内部事务，如设立协议的签订、公司章程的制定和出资的履行等主要由投资者自己决定，因而其设立程序比较简单。

2) 股份有限公司

股份有限公司是指全部资本由等额股份构成并通过发行股票筹集资本，股东以其所认购股份对公司承担责任，公司以其全部资产对公司债务承担责任的企业法人。股份有限公司具有以下几个方面的特征。

(1) 股东责任的有限性。股份有限公司的股东仅以其认购的股份为限对公司负责，对公司债权人不负任何直接的法律责任。公司的债权人既不能向股东主张权利，也不能要求股东以其个人财产清偿公司的债务。公司仍需以其全部资产为限对公司债务承担责任。

(2) 公司组织的资合性。股份有限公司是典型的资合公司，其资合性表现为：①公司对外信用的基础是公司资本，是公司所募集的股本总额。它既是公司成立的要件，是公司能够得以发展的源泉，也是对公司债权人的总担保。②投资者只要出资就可以成为公司股东，并不看投资人有无信用，投资者出资只要合法，其来源在所不问，从而有利于广泛吸收社会资金，积少成多，促进企业快速成长。③股份可在法定场所自由转让。通过股份的自由转让达到股票证券化、证券大众化的目的，方便投资者投资。股份自由转让所带来的股东频繁变动并不影响股份公司的持续经营能力。

(3) 公司运营的公开性。英美法系国家一般把股份公司称为开放式公司，是因为其经营状况要公开。由于股份公司可以公开发行股票、募集资本，以及其股票可以自由转让，所以决定了其经营状况的有关信息，只要不涉及商业机密，不仅要向股东公开，而且要向社会公开，使社会公众及时了解公司的经营状况，以最大限度地保护公司股东、债权人及社会公众的利益。这与有限责任公司完全不同。

(4) 公司资本的股份性。我国《公司法》规定股份公司资本划分为等额股份，即将资本总额划分为若干等额的股份，每股面值金额与股份数的乘积即资本总额。股东持有的股份数量可以不同，但每股的票面金额则必须相等。资本的股份化和股份的均等化不仅适应了股份有限公司公开发行股份、募集社会资金的要求，也便于股东权的行使和利润分配。

(5) 所有权与经营权的分离性。所有权与经营权的分离(也称两权分离)，实际就是所有者不再亲自经营自己的事业，而将其委托给他人经营(将经营权授予董事、经理)，自己只保留对企业的最终控制权和剩余索取权(如利润分配权)。正是由于所有权与经营权的分离，导致现代社会很多股权分散的公司被经营管理层所控制，从而产生新的问题——“内部人控制”。从法学角度看，股份公司股东享有股东权，而公司则享有法人财产权，这两种权利是分别独立的。

3) 无限责任公司

无限责任公司是由负无限责任的股东组成的公司。股东除对公司负有一定的出资义务外，还需对公司债务承担无限连带责任。

4) 两合公司

两合公司是由负无限责任的股东和负有限责任的股东组成的公司。在这类公司中，无限责任股东除负有一定的出资义务外，还需对公司债务承担无限连带责任；而有限责任股东，除负有一定的出资义务外，只以其对公司的出资额为限对公司债务承担责任。

在上述公司形式中，无限责任公司和两合公司目前在各国逐渐减少，而有限责任公司和股份有限公司目前是世界各国主要的企业组织形式。

二、公司法的概念和特征

不同国家公司立法采用的体例不同，有的国家采用单行法，有的国家规定在商法典中，其理由是公司是商事主体。不管采用何种体例，各国公司法在内容上逐步趋于一致。

(一)公司法的含义及其发展

公司法是调整公司的设立、组织与活动、解散、清算及其他对内对外法律关系的法律规范的总称。公司法调整的对象和范围包括公司设立过程、存续期间和终止过程中的法律行为和法律关系。公司法有广义和狭义之分，广义的公司法是指国家关于公司的设立、组织与活动的各种法律、法规和规章的总称；狭义的公司法是指国家关于公司的设立、组织与活动的单个法律。

西方国家公司法已经有三百余年的历史。在大陆法系国家，早期的公司法主要规定在商法典中。早在 1673 年，法国就颁布世界上第一部商事法律——《商事条例》，该条例的商人部分首次专门规定了无限责任公司的法律问题。后来随着公司作用和影响的增大，大陆法系国家的公司法从商事法典中分离出来，采用单行法的形式，如德国 1892 年颁布了《有限责任公司法》，1965 年颁布了《股份及股份两合公司法》。英国在 1856 年制定了第一部规定股东有限责任的公司法——《合股公司法》。从 19 世纪末到现代，英国商务部成立了专门委员会，不定期地对公司法进行审查和修订。英国 1948 年制定了新的《公司法》，并于 1967 年、1972 年、1980 年、1985 年对该法做了重大修改。

我国的公司法立法时间不长，也较为薄弱。我国历史上第一部公司法是 1904 年颁布的《大清公司律》，1914 年北洋政府颁布了《公司条例》，1929 年南京国民政府颁布了《中华民国公司法》。中华人民共和国成立后，中央人民政府政务院于 1950 年、1951 年先后颁布了《私营企业暂行条例》《私营企业暂行条例实施办法》，规定了无限责任公司、有限责任公司、两合公司、股份有限公司和股份两合公司等五种公司形式。20 世纪 90 年代，我国加快了公司立法的步伐，1992 年以来制定了一批法规和规章。1993 年 12 月 29 日全国人民代表大会常务委员会通过了《公司法》，该法分为 11 章，共 230 条，于 1994 年 7 月 1 日起施行；之后于 1999 年和 2004 年进行了两次修正，并于 2005 年 10 月 27 日第十届全国人民代表大会常务委员会第十八次会议进行了大规模的修订，分 13 章，共 219 条，于 2006 年 1 月 1 日起施行。为了进一步鼓励国民创业、促进经济发展，放宽了公司注册资本限制，2013 年 12 月 28 日第十二届全国人民代表大会常务委员会第六次会议通过了《公司法》的修正案，对《公司法》再次修订，并于 2014 年 3 月 1 日起实施。新修订的《公司法》分 13 章，共 218 条。

(二)公司法的特征

公司法的特征可以概括为以下几个方面。

(1) 公司法是一种组织法。组织法是指规定某种社会组织的设立、变更、终止、内部组织机构及其运作的法律规范的总称。公司法规定公司的设立条件、设立程序、公司的组织机构以及公司组织的变更、公司终止的条件和程序，着重调整投资人与公司的关系，公司与其内部成员的关系，公司领导成员的权利义务关系以及公司在设立、变更和消灭过程中与其他人和有关单位的关系，体现出组织法的特征。

(2) 公司法是一种行为法。行为法是指调整由法律主体的行为或活动而产生的社会关系的法律规范的总称。公司法是一部规定公司行为活动的法律，它规定与公司组织特点有关的经营活动，如股票的发行、转让等。与公司的组织特点有关的经营活动，如公司对外签订合同等不属于公司法的调整对象。

(3) 公司法内容中强制性规范较多。公司是现代企业制度的主要形式，对社会经济生活的影响重大，所以必须对公司的设立、活动等作出必要的强制规定。

(4) 公司法是具有较强国际性的法律。虽然公司法主要调整的是本国公司，但世界各国关于公司的基本分类及模式等大体相同，所以具有国际趋同性。从公司法适用范围来看，我国《公司法》适用于外商投资的有限责任公司；外国的法人、自然人可依法成为我国股份有限公司的发起人；我国《公司法》对外国公司的分支机构作了专门规定。

三、公司的设立登记

公司设立是指发起人为组建公司，使其取得法人资格，必须采取和完成的多种连续的准备行为。与公司设立密切相关的是公司成立，公司成立是指公司经过设立程序，具备了法律规定的条件，依法取得法人资格的一种法律事实。因此，公司只有在法定机关登记后才能正式成立，才具有法人资格，其权利才受到法律的保护。

(一)公司设立登记的管辖及登记事项

工商行政管理机关是我国的公司登记机关。国家工商行政管理局主管全国的公司登记工作。我国的公司登记实行三级管辖制度，具体如下。

(1) 国家工商行政管理局负责下列公司登记：①国务院国有资产监督管理机构履行出资人职责的公司以及该公司投资设立并持有 50%以上股份的公司；②外商投资的公司；③依照法律、行政法规或者国务院决定的规定，应当由国家工商行政管理总局登记的公司；④国家工商行政管理总局规定应当由其登记的其他公司。

(2) 省(自治区、直辖市)工商行政管理局负责以下公司登记：①省、自治区、直辖市人民政府国有资产监督管理机构履行出资人职责的公司以及该公司投资设立并持有 50%以上股份的公司；②省、自治区、直辖市工商行政管理局规定由其登记的自然人投资设立的公司；③依照法律、行政法规或者国务院决定的规定，应当由省、自治区、直辖市工商行政管理局登记的公司；④国家工商行政管理总局授权登记的其他公司。

(3) 设区的市(地区)工商行政管理局、县工商行政管理局，以及直辖市的工商行政管理分局、设区的市工商行政管理局的区分局，负责本辖区内下列公司的登记：①上述第(1)、(2)项所列公司以外的其他公司；②国家工商行政管理总局和省、自治区、直辖市工商行政管理局授权登记的公司，但其中的股份有限公司由设区的市(地区)工商行政管理局负责登记。

公司登记的事项包括：①名称；②住所；③法定代表人姓名；④注册资本；⑤公司类型；⑥经营范围；⑦营业期限；⑧有限责任公司股东或者股份有限公司发起人的姓名或者名称。

(二)公司设立登记的程序

1. 申请名称预先核准

《公司登记管理条例》规定：设立公司应当申请名称预先核准。法律、行政法规或者国务院决定规定设立公司必须报经批准，或者公司经营范围中属于法律、行政法规或者国务院决定规定在登记前须经批准的项目的，应当在报送批准前办理公司名称预先核准，并以公司登记机关核准的公司名称报送批准，即公司在设立登记或报批前必须取得公司登记机关发给的《企业名称预先核准通知书》。设立有限责任公司，应当由全体股东指定的代表或者共同委托的代理人向公司登记机关申请名称预先核准；设立股份有限公司，应当由全体发起人指定的代表或者共同委托的代理人向公司登记机关申请名称预先核准。预先核准的公司名称保留期为 6 个月，在保留期内，该名称不得用于从事经营活动，不得转让。

【专栏 3-2】

公司名称的有关要求

申请名称预先核准，应当提交下列文件：①有限责任公司的全体股东或者股份有限公司的全体发起人签署的公司名称预先核准申请书；②全体股东或者发起人指定代表或者共同委托代理人的证明；③国家工商行政管理总局规定要求提交的其他文件。

2. 申请设立登记

设立有限责任公司，应当由全体股东指定的代表或者共同委托的代理人向公司登记机关申请设立登记；设立国有独资公司，应当由国务院或者地方人民政府授权的本级人民政府国有资产监督管理机构作为申请人，申请设立登记。法律、行政法规或者国务院决定规定设立有限责任公司必须报经批准的，应当自批准之日起 90 日内向公司登记机关申请设立登记；逾期申请设立登记的，申请人应当报批准机关确认原批准文件的效力或者另行报批。设立股份有限公司，应当由董事会向公司登记机关申请设立登记，以募集方式设立股份有限公司的，应当于创立大会结束后30日内向公司登记机关申请设立登记。

【专栏 3-3】

公司设立与公司成立是两个不同的概念

依法设立的公司，由公司登记机关发给《企业法人营业执照》。公司营业执照签发日期为公司成立日期。公司凭公司登记机关核发的《企业法人营业执照》刻制印章，开立银行账户，申请纳税登记。

3. 分公司登记

公司设立分公司的，应当自决定作出之日起 30 日内向分公司所在地的公司登记机关申请登记；法律、行政法规或者国务院决定规定必须报经有关部门批准的，应当自批准之日起 30 日内向公司登记机关申请登记。核准登记的，领取营业执照。分公司登记事项发生变更的，应办理变更登记；公司撤销分公司的，应当办理注销登记。

分公司的登记事项包括：名称、营业场所、负责人、经营范围。分公司的名称应当符合国家有关规定。分公司的经营范围不得超出公司的经营范围。设立分公司应当向公司登记机关提交下列文件：①公司法定代表人签署的设立分公司的登记申请书；②公司章程以及由公司登记机关加盖印章的《企业法人营业执照》复印件；③营业场所使用证明；④分公司负责人任职文件和身份证明；⑤国家工商行政管理总局规定要求提交的其他文件。

4. 公司的变更登记与注销登记

如果公司设立登记时已登记的事项发生变化，如公司的名称、住所、法定代表人、注册资本、经营范围、类型、股东等发生变化以及公司因合并或分立而存续时应当到公司登记机关办理变更登记。公司董事、监事、经理发生变动的，应当向原公司登记机关备案。公司章程修改未涉及登记事项的，也应将修改后的公司章程或者公司章程修正案送原公司登记机关备案。未经核准变更登记，公司不得擅自改变登记事项。

公司终止的应经公司登记机关注销登记。注销登记是公司终止的法律标志。公司申请注销登记，应提交五项文件：①公司清算组织负责人签署的注销登记申请书；②人民法院的破产裁定、解散裁判文书，公司依照《公司法》作出的决议或者决定，行政机关责令关闭或者公司被撤销的文件；③股东会、股东大会、一人有限责任公司的股东、外商投资的公司董事会或者人民法院、公司批准机关备案、确认的清算报告；④《企业法人营业执照》；⑤法律、行政法规规定应当提交的其他文件。

公司登记机关应当将登记的公司登记事项记载于公司登记簿上，供社会公众查阅、复制。吊销《企业法人营业执照》和《营业执照》的公告由公司登记机关发布。

第二节　有限责任公司

有限责任公司是公司的重要形式，一般为中小企业广泛采用。其优点在于股东人数不多，便于沟通；组织机构简单，可节约营运成本；公司设立也相对简便。

一、有限责任公司的设立

符合法定条件即可设立有限责任公司。设立有限责任公司应注意的是，一般有限责任公司、一人有限责任公司、国有独资公司的设立条件和程序略有差异。

(一)有限责任公司设立的条件

1. 股东符合法定人数

《公司法》第二十四条规定：“有限责任公司由 50 个以下股东出资设立。”一个自然人股东或者一个法人股东可以单独依法设立有限责任公司。国家单独出资、由国务院或者地方人民政府委托本级人民政府国有资产监督管理机构履行出资人职责的，可以单独设立国有独资的有限责任公司。

2. 有符合公司章程规定的全体股东认缴的出资额

有限责任公司的注册资本为在公司登记机关登记的全体股东认缴的出资额。

法律、行政法规以及国务院决定对有限责任公司实缴、注册资本最低限额另有规定的，从其规定。

【专栏 3-4】

公司资本出资制度和资本的原则

股东可以用货币、实物、知识产权、土地使用权出资，也可以用能以货币估价并可以依法转让的非货币财产(如股权、债权、矿业权等)作价出资。股东不得以劳务、信用、自然人姓名、商誉或者设定担保的财产等作价出资。对作为出资的非货币财产应当评估作价，核实财产，不得高估或者低估作价。法律、行政法规对评估作价有规定的，从其规定。

3. 股东共同制定公司章程

我国《公司法》第十一条规定：“设立公司必须依法制定公司章程。公司章程对公司、股东、董事、监事、高级管理人员具有约束力。”股东应当在公司章程上签名、盖章。

有限责任公司章程应当载明下列事项：①公司名称和住所；②公司经营范围；③公司注册资本；④股东的姓名或者名称；⑤股东的出资方式、出资额和出资时间；⑥公司的机构及其产生办法、职权、议事规则；⑦公司法定代表人；⑧股东会会议认为需要规定的其他事项。

4. 有公司名称，建立符合有限责任公司要求的组织机构

公司作为独立的企业法人，必须有自己的名称。公司名称，一方面表明公司的法律性质，便于国家有关部门管理，便于社会公众的认识；另一方面也有利于保障公司的合法权益。公司名称一经确定，该公司对这一名称即享有名称权，他人不得再使用这一名称；作为构成公司形象的主要因素，是公司“商誉”的重要组成部分，属于公司的无形资产，也是《保护工业产权巴黎公约》所确认的工业产权的保护对象之一。

公司成立后没有相应的组织机构就无法运行。《公司法》规定，有限公司应设的机构为股东会、董事会或执行董事、监事会或监事等。

5. 有公司住所

公司以其主要办事机构所在地为住所。经公司登记机关登记的公司的住所只能有一个，公司的住所应当在其公司登记机关辖区内。确定公司住所有如下意义：①在民事诉讼中，可根据住所地来确认地域管辖；②可以确定送达诉讼文书的处所；③住所是确定债务履行地的依据；④住所是确定公司行政管辖机关的依据；⑤在涉外民事关系中，住所是决定该关系适用何国法律的依据之一。

(二)有限责任公司的设立程序

(1) 订立发起人协议。有限责任公司只能由发起人发起设立。经过可行性分析，发起人应该签订发起人协议，对拟设立公司的基本情况作出意向性规定，并明确各方权利义务。在公司设立前，发起人对设立费用及相关债务承担连带无限责任。

(2) 订立公司章程。设立公司必须先订立章程，将要设立的公司的基本情况以及各方面的权利义务加以明确规定。

(3) 股东缴纳出资。股东应当按期足额缴纳公司章程中规定的各自所认缴的出资额。股东以货币出资的，应当将货币出资足额存入有限责任公司在银行开设的账户；以非货币财产出资的，应当依法办理其财产权的转移手续。股东不按照前款规定缴纳出资的，除应当向公司足额缴纳外，还应当向已按期足额缴纳出资的股东承担违约责任。

(4) 确立公司组织机构。股东出资缴纳完毕后，应依法建立公司组织机构，并选出相关负责人。股东只有确立了公司组织机构及公司高级管理人选后，才可申请设立登记。

(5) 设立登记。股东认足公司章程规定的出资后，由全体股东指定的代表或者共同委托的代理人向公司登记机关申请设立登记。申请设立有限责任公司，应当向公司登记机关提交下列文件：①公司法定代表人签署的设立登记申请书；②全体股东指定代表或者共同委托代理人的证明；③公司章程；④依法设立的验资机构出具的验资证明，国家法律、行政法规另有规定的除外；⑤股东首次出资是非货币财产的，应当在公司设立登记时提交已办理其财产权转移手续的证明文件；⑥股东的主体资格证明或者自然人的身份证明；⑦载明公司董事、监事、经理的姓名、住所的文件以及有关委派、选举或者聘用的证明；⑧公司法定代表人任职文件和身份证明，公司住所证明；⑨企业名称预先核准通知书；⑩国家工商行政管理总局规定要求提交的其他文件。

(6) 签发出资证明书。公司成立后应向股东签发出资证明书。出资证明书是证明股东已缴纳出资额的文件，由公司在登记注册后签发。出资证明书应当载明下列事项：①公司名称；②公司成立日期；③公司注册资本；④股东的姓名或者名称、缴纳的出资额和出资日期；⑤出资证明书的编号和核发日期。出资证明书必须由公司盖章。

二、有限责任公司的组织机构

有限责任公司的组织机构一般包括股东会、董事会、监事会，股东人数较少的公司可以不设董事会和监事会，只设执行董事和监事。

(一)有限责任公司的股东会

1. 股东会的组成

有限责任公司的股东会由股东组成。股东是指取得公司股份或认缴公司出资，作为公司成员并对公司享有股权的人。股东在公司成立之前可以先予产生。除国家有某些限制的特别规定外，有权代表国家投资的政府部门或机构、企业法人、具有法人资格的事业单位和社会团体、自然人，均可以按照规定成为有限责任公司的股东。

2. 股东的权利和义务

股东作为出资者按投入公司的资本额享有所有者的资产受益、重大决策和选择管理者等的权利。其具体表现为：①参加股东会并根据出资份额或持股比例享有表决权；②了解公司经营状况和财务状况；③选举和被选举为董事会、监事会成员；④依法或依约定获取股利、转让出资；⑤有限责任公司股东可以优先购买其他股东转让的出资；⑥优先认购公司新增的注册资本；⑦公司终止后，依法分得公司的剩余财产；⑧查阅、复制公司章程、股东会会议记录、董事会会议决议、监事会会议决议和财务会计报告，但股东有非法目的的除外；⑨诉讼权，董事、高级管理人员违反法律、行政法规或者公司章程的规定，损害股东利益的，股东可以向人民法院提起诉讼；⑩公司章程规定的其他权利。

我国《公司法》规定，股东负有以下义务：①足额缴纳所认缴的出资；②依其所缴的出资额或所持公司股份承担公司债务；③公司成立后，股东不得抽逃出资；④公司股东滥用股东权利给公司或者其他股东造成损失的，应当依法承担赔偿责任；⑤公司股东滥用公司法人独立地位和股东有限责任，逃避债务，严重损害公司债权人利益的，应当对公司债务承担连带责任，这在理论上即是“公司法人人格否认”制度。

“公司法人人格否认”制度，又称“刺破公司面纱”制度或“揭开公司面纱”制度，是指为阻止公司独立人格的滥用和保护公司债权人利益及社会公共利益，就具体法律关系中的特定事实，否认公司与其背后的股东各自独立的人格及股东的有限责任，责令公司的股东对公司债权人或公共利益直接负责，以实现公平、正义目标之要求而设置的一种法律制度。该制度具有以下特征：①公司人格的否认以公司取得法人资格为前提；②公司人格否认是在具体法律关系中否认公司的独立人格；③公司人格否认的后果是由滥用权利的股东直接清偿公司的债务。

3. 股东会的职权

股东会是公司的最高权力机构。有限责任公司股东会有以下职权：①决定公司的经营方针和投资计划；②选举和更换非由职工代表担任的董事、监事，决定有关董事、监事的报酬事项；③审议批准董事会的报告；④审议批准监事会或者监事的报告；⑤审议批准公司的年度财务预算方案、决算方案；⑥审议批准公司的利润分配方案和弥补亏损方案；⑦对公司增加或者减少注册资本作出决议；⑧对发行公司债券作出决议；⑨对公司合并、分立、变更公司形式、解散和清算等事项作出决议；⑩修改公司章程；⑪公司章程规定的其他职权。

4. 股东会的决议

有限责任公司股东会的议事方式和表决程序，除《公司法》有规定的以外，由公司章程规定。股东会会议作出修改公司章程、增加或者减少注册资本的决议，以及公司合并、分立、解散或者变更公司形式的决议，必须经代表 2/3 以上有表决权的股东通过。

股东会决议由股东按照出资比例或章程规定行使表决权。

对《公司法》所列股东会职权，股东以书面形式一致表示同意的，可以不召开股东会会议，直接作出决定，并由全体股东在决定文件上签名、盖章。

5. 股东会的召集及形式

首次股东会会议由出资最多的股东召集和主持，并依法行使职权。

设董事会的有限责任公司股东会会议由董事会召集，董事长主持；董事长不能履行职务或不履行职务的，由副董事长主持；副董事长不能履行职务或不履行职务的，由半数以上董事共同推举1名董事主持。有限责任公司不设董事会的，股东会会议由执行董事召集和主持。如上述人员或机构不能尽召集之责时，可由监事会或无监事会之公司的监事召集和主持股东会会议。以上人员或机构都不能尽召集之责时，代表1/10以上表决权的股东可以自行召集和主持股东会会议。

除公司章程另有规定或者全体股东另有约定的外，召开股东会会议，应当于会议召开15日前通知全体股东。

有限责任公司股东会会议的形式分为定期会议和临时会议两种。定期会议应当按照公司章程的规定召开。代表1/10以上表决权的股东，1/3以上的董事，监事会或者不设监事会的公司的监事提议召开临时会议的，应当召开临时会议。

(二)有限责任公司的董事会和经理

1. 董事会

董事会是公司股东会的执行机构。董事会由3～13人组成。董事任期由公司章程规定，但每届任期不得超过3年；董事任期届满，连选可以连任。两个以上的国有企业或者其他两个以上的国有投资主体投资设立的有限责任公司，其董事会成员中应当有公司职工代表；其他有限责任公司董事会成员中也可以有公司职工代表。董事会中的职工代表由公司职工通过职工代表大会、职工大会或者其他形式民主选举产生。董事会设董事长1人，可以设副董事长。董事长、副董事长的产生办法由公司章程规定。

股东人数较少或者规模较小的有限责任公司，可以设1名执行董事，不设立董事会。执行董事可以兼任公司经理。

董事会有以下职权：①召集股东会会议，并向股东会报告工作；②执行股东会的决议；③决定公司的经营计划和投资方案；④制订公司的年度财务预算方案、决算方案；⑤制订公司的利润分配方案和弥补亏损方案；⑥制订公司增加或者减少注册资本以及发行公司债券的方案；⑦制订公司合并、分立、变更公司形式、解散的方案；⑧决定公司内部管理机构的设置；⑨决定聘任或者解聘公司经理及其报酬事项，并根据经理的提名决定聘任或者解聘公司副经理、财务负责人及其报酬事项；⑩制定公司的基本管理制度。此外，董事会还享有公司章程规定的其他职权。

董事会的召开：董事会会议由董事长召集和主持；董事长不能履行职务或者不履行职务的，由副董事长召集和主持；副董事长不能履行职务或者不履行职务的，由半数以上董事共同推举1名董事召集和主持。董事会决议的表决，实行1人1票。

董事会的议事方式和表决程序，除《公司法》另有规定的外，由公司章程规定。

2. 经理

经理由董事会聘任，负责公司的日常经营管理工作，对董事会负责，其职权包括：①主持公司的生产经营管理工作，组织实施董事会决议；②组织实施公司年度经营计划和投资方案；③拟订公司内部管理机构设置方案；④拟订公司的基本管理制度；⑤制定公司的具体规章；⑥提请聘任或者解聘公司副经理、财务负责人；⑦决定聘任或者解聘除应由董事会决定聘任或者解聘以外的负责管理人员；⑧董事会授予的其他职权。

公司章程对经理职权另有规定的，从其规定。经理可列席董事会会议。

(三)有限责任公司的监事会

1. 监事会的组成

监事会是公司的内部监督机构。我国《公司法》规定，其成员不得少于 3 人。股东人数较少或者规模较小的有限责任公司，可以设 1～2 名监事，不设立监事会。监事的任期每届为 3 年。监事任期届满，连选可以连任。监事会应当包括股东代表和适当比例的公司职工代表，其中职工代表的比例不得低于 1/3，具体比例由公司章程规定。监事会中的职工代表由公司职工通过职工代表大会、职工大会或者其他形式民主选举产生。

监事会设主席 1 人，由全体监事过半数选举产生。董事、高级管理人员不得兼任监事。

2. 监事会或监事的职权

监事会或监事的职权包括：①检查公司财务；②对董事、高级管理人员执行公司职务的行为进行监督，对违反法律、行政法规、公司章程或者股东会决议的董事、高级管理人员提出罢免的建议；③当董事、高级管理人员的行为损害公司的利益时，要求董事、高级管理人员予以纠正；④提议召开临时股东会会议，在董事会不履行《公司法》规定的召集和主持股东会会议职责时召集和主持股东会会议；⑤向股东会会议提出提案；⑥依照《公司法》第一百五十二条的规定，对董事、高级管理人员提起诉讼；⑦公司章程规定的其他职权。

监事可以列席董事会会议，并对董事会决议事项提出质询或者建议。监事会、不设监事会的公司的监事行使职权所必需的费用，由公司承担。

监事会、不设监事会的公司的监事发现公司经营情况异常，可以进行调查；必要时，可以聘请会计师事务所等协助其工作，费用由公司承担。

监事会每年度至少召开一次会议，监事可以提议召开临时监事会会议。监事会的议事方式和表决程序，除《公司法》另有规定的外，由公司章程规定。监事会决议应当经半数以上监事通过。监事会应当对所议事项的决定作成会议记录，出席会议的监事应当在会议记录上签名。

三、有限责任公司董事、监事、高级管理人员的资格和义务

《公司法》规定的公司高级管理人员是指公司的经理、副经理、财务负责人，上市公司董事会秘书和公司章程规定的其他人员。董事、监事、高级管理人员把持公司的各关键部门，只有符合一定的资格条件，才能担任公司经营管理的重任；同时，在经营管理中上述人员还必须忠于公司事务，尽职尽责。

《公司法》对有限责任公司的董事、监事、高级管理人员的资格没有明确规定，但规定有下列情形之一的，不得担任公司的董事、监事、高级管理人员：①无民事行为能力或者限制民事行为能力；②因贪污、贿赂、侵占财产、挪用财产或者破坏社会主义市场经济

秩序，被判处刑罚，执行期满未逾 5 年，或者因犯罪被剥夺政治权利，执行期满未逾 5 年；③担任破产清算的公司、企业的董事或者厂长、经理，对该公司、企业的破产负有个人责任的，自该公司、企业破产清算完结之日起未逾 3 年；④担任因违法被吊销营业执照、责令关闭的公司、企业的法定代表人，并负有个人责任的，自该公司、企业被吊销营业执照之日起未逾 3 年；⑤个人所负数额较大的债务到期未清偿。

公司违反上述规定选举、委派董事、监事或者聘任高级管理人员的，该选举、委派或者聘任无效。董事、监事、高级管理人员在任职期间出现上述第①项所列情形的，公司应当解除其职务。

《公司法》规定，董事、高级管理人员不得有下列行为：①挪用公司资金；②将公司资金以其个人名义或者以其他个人名义开立账户存储；③违反公司章程的规定，未经股东会、股东大会或者董事会同意，将公司资金借贷给他人或者以公司财产为他人提供担保；④违反公司章程的规定或者未经股东会、股东大会同意，与本公司订立合同或者进行交易；⑤未经股东会或者股东大会同意，利用职务便利为自己或者他人谋取属于公司的商业机会，自营或者为他人经营与所任职公司同类的业务；⑥接受他人与公司交易的佣金归为己有；⑦擅自披露公司秘密；⑧违反对公司忠实义务的其他行为。

【专栏 3-5】

股东派生诉讼与直接诉讼

董事、高级管理人员违反以上规定所得的收入应当归公司所有。

董事、监事、高级管理人员执行公司职务时违反法律、行政法规或者公司章程的规定，给公司造成损失的，应当承担赔偿责任。

四、有限责任公司的股权转让

由于有限责任公司是人资两合的公司，所以股东之间的相互信任要求较高，《公司法》对股东向公司股东以外的人转让股权有一定的限制。

(一)有限责任公司股权转让的一般规定

有限责任公司的股东之间可以相互转让其全部或者部分股权，也可向股东以外的人转让股权，但应当经其他股东过半数同意。其他股东半数以上不同意转让的，不同意的股东应当购买该转让的股权；不购买的，视为同意转让。股东应就股权转让事项书面征求其他股东同意，其他股东自接到书面通知之日起满 30 日未答复的，视为同意转让。

股东转让股权后，公司应当注销原股东的出资证明书，向新股东签发出资证明书，并修改相应公司章程和股东名册中有关股东及其出资额的记载。

(二)股东的优先购买权

股东对外转让股权时，其他股东在同等条件下有优先购买权。两个以上股东主张行使优先购买权的，协商确定各自的购买比例；协商不成的，按照转让时各自的出资比例行使优先购买权。人民法院依照法律规定的强制执行程序转让股东的股权时，其他股东在同等条件下有优先购买权。但是其他股东自人民法院通知之日起满 20 日不行使优先购买权的，视为放弃优先购买权。

(三)公司的股权收购义务

为了防止公司大股东或公司侵害部分股东的利益，我国《公司法》第七十四条明确规定：有以下情形之一的，对股东会该项决议投反对票的股东可以请求公司按照合理的价格收购其股权：①公司连续 5 年不向股东分配利润，而公司该 5 年连续盈利，并且符合本法规定的分配利润条件的；②公司合并、分立、转让主要财产的；③公司章程规定的营业期限届满或者章程规定的其他解散事由出现，股东会会议通过决议修改章程使公司存续的。

此外，《公司法》还就股东资格的继承问题作了规定，除公司章程另有规定的外，自然人股东死亡后，其合法继承人可以继承股东资格。

五、一人有限责任公司

《公司法》第五十七条规定："一人有限责任公司，是指只有一个自然人股东或者一个法人股东的有限责任公司。一人有限责任公司分为自然人一人有限责任公司和法人独资公司。

一人有限责任公司具有以下特征：①股东的唯一性，其投资主体是一个自然人或法人。②责任的有限性，一人有限责任公司的股东仅以出资额为限对公司承担有限责任，因而公司有独立的法人资格，股东人格与公司人格是相互分开的。③资本的单一性。一人有限责任公司的所有出资都来自一个投资人，从而区别于一般有限责任公司的资本由两个以上投资人出资构成。

我国《公司法》在承认一人有限责任公司的同时对其作了特别规定，具体内容包括：①不设股东会。凡需由股东会决议之事项都应由股东作出，并应采用书面形式，由股东签字后置备于公司。一人公司是否设立董事会、监事会，由公司章程具体规定。②一个自然人只能投资设立一个一人有限责任公司。该一人有限责任公司不能投资设立新的一人有限责任公司。③一人有限责任公司在登记时应注明"一人独资"，且应在公司营业执照中载明。④一人有限责任公司应当在每一会计年度终了时编制财务会计报告，并经会计师事务所审计。

此外，《公司法》明确了一人有限责任公司法人资格的例外：股东不能证明公司财产独立于股东自己财产的，应当对公司债务承担连带责任。

六、国有独资公司

国有独资公司也是一人公司，由于其投资主体的特殊性，《公司法》对其作了特别规定。

(一)国有独资公司的概念和特征

国有独资公司是指国家单独出资、由国务院或者地方人民政府委托本级人民政府国有资产监督管理机构履行出资人职责的有限责任公司。

国有独资公司的特征包括：①投资主体具有唯一性。它是一人有限责任公司，投资主体只能是国家，由国家单独出资。②投资经营范围的特定性。国有独资公司适用于国务院确定的生产特殊产品的公司或者属于特定行业的公司，主要是指关系国计民生、国防、社会安全或者国家专营的产品、行业，如造币、烟草、军工、邮政、通信、电力等行业。③出资人职责的特定性。国务院或各级政府国有资产监督管理机构受托履行出资人职责，即由国有资产监督管理机构代行股东权利。

(二)国有独资公司的组织机构

(1) 不设股东会，由国有资产监督管理机构行使股东会职权。这些职权主要有：①委派或更换董事会成员，从董事会成员中指定董事长、副董事长；②授权董事会行使股东会部分职权；③依照法律、行政法规的规定，对公司的国有资产实施监督管理；④对公司资产的转让，依照法律、行政法规的规定，办理审批和财产权转移手续；⑤决定公司的合并、分立、解散、增减资本和发行公司债券。

(2) 设立董事会。董事会是公司的执行机关。董事每届任期不得超过 3 年。董事会成员中应当有公司职工代表。董事会成员由国有资产监督管理机构委派，但董事会成员中的职工代表由公司职工代表大会选举产生。董事长、副董事长由国有资产监督管理机构从董事会成员中指定。

(3) 设立经理，经理由董事会聘任或者解聘。经国有资产监督管理机构同意，董事会成员可以兼任经理。国有独资公司的董事长、副董事长、董事、高级管理人员，未经国有资产监督管理机构同意，不得在其他公司或者其他经济组织兼职。

(4) 设立监事会。国有独资公司监事会成员不得少于 5 人，其中职工代表的比例不得低于 1/3。

监事会成员由国有资产监督管理机构委派，但监事会中的职工代表由公司职工代表大会选举产生。监事会主席由国有资产监督管理机构从监事会成员中指定。

监事会的职权：行使《公司法》第五十四条第一～三项规定的职权和国务院规定的其他职权。

第三节　股份有限公司

股份有限公司是最重要的公司形式之一，是现代企业制度的典型代表。股份有限公司经核准可以向社会公开募集资本，因此其涉及面非常广，也比较容易做大做强。企业家多对股份有限公司情有独钟。

一、股份有限公司的设立

股份有限公司设立有比较严格的条件要求，设立程序必须合法。

(一)股份有限公司设立的方式

股份有限公司的设立方式分为发起设立和募集设立两种。发起设立是指由发起人认购公司应发行的全部股份而设立公司；募集设立是指由发起人认购公司应发行股份的一部分，其余股份向社会公开募集或者向特定对象募集而设立公司。一般来说，股份有限公司更常采用的方式是募集设立。

(二)股份有限公司设立的条件

1. 发起人符合法定人数

股份有限公司的发起人是指依法办理筹建股份有限公司事务的人。《公司法》规定：设立股份有限公司的发起人应当在 2 人以上 200 人以下，其中须有半数以上的发起人在中国境内有住所。发起人应当签订发起人协议，明确各自在公司设立过程中的权利和义务。发起人既可以是自然人，也可以是法人。

作为发起人应承担如下责任：①在公司不能成立时，对设立行为所产生的债务和费用负连带责任。②在公司不能成立时，对认股人已缴纳的股款，负返还股款并加算银行同期存款利息的连带责任。③在公司设立过程中，由于发起人的过失致使公司利益受到损害的，应当对公司承担赔偿责任。④发起人(认股人)缴纳股款或者交付抵作股款的出资后，不得抽回其股本；未按期募足股份或发起人未按期召开创立大会或者创立大会决议不设立公司的情形除外。

2. 有符合公司章程规定的全体发起人认购的股本总额或者募集的实收股本总额

(1) 发起设立。注册资本为在公司登记机关登记的全体发起人认购的股本总额。在发起人认购的股份缴足前，不得向他人募集股份。

(2) 募集设立。注册资本为在公司登记机关登记的实收股本总额。以募集设立方式设立的，发起人认购的股份不得少于公司股份总数的 35%；但法律、行政法规另有规定的，从其规定。

法律、行政法规以及国务院决定对股份有限公司注册资本实缴、注册资本最低限额另有规定的，从其规定。

(3) 发起人的出资要求。发起人的出资要求与有限责任公司基本相同。以发起设立方式设立股份有限公司的，发起人应当书面认足公司章程规定其认购的股份，并按照公司章程规定缴纳出资。以非货币财产出资的，应当依法办理其财产权的转移手续。发起人不依法缴纳出资的，应当按照发起人协议承担违约责任。股份有限公司成立后，发起人未按照公司章程的规定缴足出资的，应当补缴；其他发起人承担连带责任。

3. 股份发行、筹办事项符合法律规定

以募集设立方式设立股份有限公司的，其股本除由发起人自己认购一部分外，还须向社会公众募集，《公司法》对公开募集股份作了较严格的规定。

(1) 须经有关部门核准。向社会公开募集股份时，必须经过国务院证券管理部门核准。国务院证券管理部门依法对发起人申请向社会公开募集股份的材料进行审查，并作出核准或不核准的决定。凡未经国务院证券管理部门核准，发起人不得向社会公开募集股份。

(2) 向社会公开有关信息。发起人向社会公开募集股份，必须公告招股说明书，并制作认股书。认股书应当载明招股说明书所列事项：①发起人认购的股份数；②每股的票面

金额和发行价格；③无记名股票的发行总数；④募集资金的用途；⑤认股人的权利、义务；⑥本次募股的起止期限及逾期未募足时认股人可以撤回所认股份的说明。认股书由认股人填写认购股数、金额、住所，并签名、盖章。认股人按照所认购股数缴纳股款。

(3) 由证券经营机构承销和银行代收股款。发起人向社会公开募集股份，应当由依法设立的证券公司承销，签订承销协议。发起人还应同银行签订代收股款协议；代收股款的银行应按协议代收和保存股款，向缴纳股款的认股人出具收款单据，并负有向有关部门出具收款证明的义务。

4. 发起人制定公司章程，采用募集方式设立的经创立大会通过

股份有限公司章程应包括以下内容：①公司名称和住所；②公司经营范围；③公司设立方式；④公司股份总数、每股金额和注册资本；⑤发起人的姓名或者名称、认购的股份数、出资方式和出资时间；⑥董事会的组成、职权和议事规则；⑦公司法定代表人；⑧监事会的组成、职权和议事规则；⑨公司利润分配办法；⑩公司的解散事由与清算办法；⑪公司的通知和公告办法；⑫股东大会会议认为需要规定的其他事项。

股份有限公司创立大会应在股款筹足，经法定验资机构验资并出具证明后 30 日内召开；否则，认股人有权要求发起人返还所缴股款并加算银行同期存款利息。发起人应当在创立大会召开 15 日前将会议日期通知各认股人或者予以公告。创立大会应有代表股份总数过半数的认股人出席，方可举行。

股份有限公司创立大会行使下列职权：①审议发起人关于公司筹办情况的报告；②通过公司章程；③选举董事会成员；④选举监事会成员；⑤对公司的设立费用进行审核；⑥对发起人用于抵作股款的财产的作价进行审核；⑦不可抗力或者经营条件发生重大变化直接影响公司设立的，可作出不设立公司的决议。

创立大会对以上所列事项作出决议，必须经出席会议的认股人所持表决权过半数通过。

5. 有公司名称，建立符合股份有限公司要求的组织机构

其内容参见有限责任公司。

6. 有公司住所

其内容参见有限责任公司。

(三)股份有限公司的成立

设立股份有限公司，应当由董事会向公司登记机关申请设立登记；以募集方式设立股份有限公司的，应当于创立大会结束后 30 日内向公司登记机关申请设立登记。申请设立股份有限公司，应当向公司登记机关提交下列文件：①公司法定代表人签署的设立登记申请书；②董事会指定代表或者共同委托代理人的证明；③公司章程；④发起人的主体资格证明或者自然人身份证明；⑤载明公司董事、监事、经理姓名、住所的文件以及有关委派、选举或者聘用的证明；⑥公司法定代表人任职文件和身份证明；⑦企业名称预先核准通知书；⑧公司住所证明；⑨国家工商行政管理总局规定要求提交的其他文件。此外，法律、行政法规或者国务院决定规定设立股份有限公司必须报经批准的，还应当提交有关批准文件。

以募集方式设立股份有限公司的，还应当提交创立大会的会议记录以及依法设立的验资机构出具的验资证明；以募集方式设立股份有限公司公开发行股票的，还应当提交国务院证券监督管理机构的核准文件。

《企业法人营业执照》颁发日为股份有限公司成立日。

(四)有限责任公司变更为股份有限公司

有限责任公司可以根据需要变更为股份有限公司，但应按我国《公司法》的有关规定办理：①应当符合《公司法》规定的股份有限公司的条件。②折合的股份总额不得高于公司净资产额。净资产是股东实际拥有的资产。③依照《公司法》有关设立股份有限公司的程序办理变更手续。为增加资本向社会公开募集股份时，应当依照《公司法》有关向社会公开募集股份的规定办理。④有限责任公司依法变更为股份有限公司的，原有限责任公司的债权、债务由变更后的股份有限公司承担。

二、股份有限公司的组织机构

股份有限公司的组织机构由股东大会、董事会和经理、监事会组成。股份有限公司，特别是上市公司涉及面广、资产庞大，必须有健全的组织机构，且其职权设置合理才能保护广大股东的利益。

(一)股份有限公司的股东大会

1. 股东大会的性质和职权

股份有限公司股东大会由全体股东组成，股东大会是公司的权力机构。股份有限公司股东大会的职权与有限责任公司股东大会的职权基本相同。但股份有限公司，除有特别规定外，股东可以依法自由转让出资，无须经股东大会批准。(关于股东的权利、义务参见本章第二节的相关内容)

2. 股东大会的形式及召开

股东大会的形式分为年会和临时会议两种。年会即每年按时召开 1 次，上市公司的股东大会年会应于上一个会计年度完结之后的 6 个月之内举行。临时会议是指在年会以外遇有特殊情况依法召开的大会。我国《公司法》规定了召开临时会议的五种情况：①董事人数不足《公司法》规定人数或者公司章程所定人数的 2/3 时；②公司未弥补的亏损达实收股本总额 1/3 时；③单独或者合计持有公司 10%以上股份的股东请求时；④董事会认为必要时；⑤监事会提议召开时。出现上述情形之一的，应当在 2 个月内召开临时股东大会。

股东大会会议由董事会召集，董事长主持；董事长不能履行职务或者不履行职务的，由副董事长主持；副董事长不能履行职务或者不履行职务的，由半数以上董事共同推举 1 名董事主持。董事会不能履行或者不履行召集股东大会会议职责的，监事会应当及时召集和主持；监事会不召集和主持的，连续 90 日以上单独或者合计持有公司 10%以上股份的股东可以自行召集和主持。

股份有限公司召开股东大会会议，应当将会议召开的时间、地点和审议的事项于会议召开 20 日前通知各股东；临时股东大会应当于会议召开 15 日前通知各股东；发行无记名股票的，应当于会议召开30日前公告会议召开的时间、地点和审议事项。

单独或者合计持有公司3%以上股份的股东，可以在股东大会召开10日前提出临时提案并书面提交董事会；董事会应当在收到提案后2日内通知其他股东，并将该临时提案提交股东大会审议。临时提案的内容应当属于股东大会职权范围，并有明确议题和具体决议事项。股东大会不得对上述通知中未列明的事项作出决议。无记名股票持有人出席股东大会会议的，应当于会议召开5日前至股东大会闭会时将股票交存于公司。

3. 股东大会的决议

(1) 股份有限公司股东大会的决议分为特别决议和一般决议。特别决议是指对修改公司章程，增加或者减少注册资本，公司合并、分立、解散或者变更公司形式，以及上市公司在一年内购买、出售重大资产或者担保金额超过公司资产总额30%的决议。除特别决议之外的决议为一般决议。特别决议须经出席会议的股东所持表决权的2/3以上通过，一般决议只需经出席会议的股东所持表决权的半数以上通过。

股东大会选举董事、监事，可以根据公司章程的规定或者股东大会的决议实行累积投票制。所谓累积投票制，是指股东大会选举董事或者监事时，每一股份拥有与应选董事或者监事人数相同的表决权，股东拥有的表决权可以集中使用。

(2) 股东出席股东大会，所持每一份股份有一份表决权。股东可以自己出席股东大会，也可以委托代理人出席股东大会。代理人受托出席股东大会时，须向公司提交股东授权委托书，并只能在授权范围内行使表决权。公司的控股股东在行使表决权时，不得作出有损于公司和其他股东合法权益的决定。公司的关联股东在股东大会审议有关关联交易事项时，不应当参与投票表决，其所代表的有表决权的股份数不计入有效表决总数；股东大会决议的公告应当充分披露非关联股东的表决情况。如有特殊情况，关联股东无法回避时，公司在征得有关部门的同意后，可以按照正常程序进行表决，并在股东大会决议公告中作出详细说明。

(3) 股份有限公司股东大会应对所议事项的决定形成会议记录。主持人、出席会议的董事应当在会议记录上签名。会议记录应当与出席会议的股东的签名册及代理出席的委托书一并保存。

4. 股东大会、董事会决议违规的处罚

股东大会、董事会的决议违反法律、行政法规，侵犯股东合法权益的，股东有权向人民法院提起要求停止该违法行为和侵害行为的诉讼。

(二)股份有限公司的董事会和经理

1. 股份有限公司的董事会

(1) 董事会是股份有限公司股东大会的执行机构，对股东大会负责。股份有限公司的董事会由5～19名董事组成，董事任期3年；董事会成员中可以有公司职工代表；上市公司还应当设立独立董事。董事会设董事长1人，可以设副董事长1～2人。董事长和副董事长由董事会以全体董事的过半数选举产生。

(2) 股份有限公司董事会的职权。股份有限公司董事会的职权与有限责任公司董事会

的职权基本相同。

(3) 股份有限公司董事会的召开。股份有限公司的董事会每年度至少召开两次会议，由董事长召集主持，董事长不能履行职务或者不履行职务的，由副董事长召集主持，副董事长不能履行职务或者不履行职务的，由半数以上董事共同推举 1 名董事召集主持。董事会的每次会议应于会议召开 10 日前通知全体董事和监事。

代表 1/10 以上表决权的股东、1/3 以上董事或者监事会，可以提议召开董事会临时会议。董事长应当自接到提议后 10 日内，召集和主持董事会会议。董事会召开临时会议，可以另定召集董事会的通知方式和通知时限。

董事会会议应由董事本人出席，如因故不能出席，可书面委托其他董事代为出席，并于委托书中载明授权范围。董事会应对会议所议事项的决定作成会议记录，出席会议的董事应当在会议记录上签名。董事应当对董事会的决议承担责任。董事会的决议违反法律、行政法规或者公司章程、股东大会决议，致使公司遭受严重损失的，参与决议的董事对公司负赔偿责任。但经证明在表决时曾表明异议并记载于会议记录的，该董事可以免除责任。

(4) 股份有限公司董事会的决议。股份有限公司的董事会，须有过半数的董事出席方可举行。董事会的决议必须经全体董事的过半数通过，董事会决议的表决，实行 1 人 1 票。董事应当对董事会的决议承担责任。

上市公司董事与董事会会议决议事项所涉及的企业有关联关系的，不得对该项决议行使表决权，也不得代理其他董事行使表决权。该董事会会议由过半数的无关联关系董事出席即可举行，董事会会议所作决议须经无关联关系董事过半数通过。出席董事会的无关联关系董事人数不足 3 人的，应将该事项提交上市公司股东大会审议。

2. 股份有限公司的经理

股份有限公司的经理负责公司的日常经营管理工作，由公司董事会聘任或者解聘。公司董事会可以决定由董事会成员兼任经理。股份有限公司经理的职权与有限责任公司经理的职权相同。

(三)股份有限公司的监事会

股份有限公司应设监事会，其成员不得少于 3 人。监事会应包括股东代表和适当比例的公司职工代表，且职工代表的比例不得低于 1/3，具体比例由公司章程规定；监事任期 3 年。监事会设主席 1 人，可以设副主席。监事会主席和副主席由全体监事过半数选举产生。监事会主席召集和主持监事会会议；监事会主席不能履行职务或者不履行职务的，由监事会副主席召集和主持监事会会议；监事会副主席不能履行职务或者不履行职务的，由半数以上监事共同推举 1 名监事召集和主持监事会会议。董事、高级管理人员不得兼任监事。

监事会每 6 个月至少召开 1 次会议。监事可以提议召开临时监事会会议。监事会的议事方式和表决程序，除《公司法》另有规定之外，主要由公司章程规定。监事会应当对所议事项的决定作成会议记录，出席会议的监事应当在会议记录上签名。

【专栏 3-6】

国外公司治理结构

监事会行使职权所必需的费用，由公司承担。股份有限公司监事会的职权与有限责任公司监事会的职权相同。

(四)股份有限公司董事、监事、高级管理人员的资格和义务

股份有限公司董事、监事、高级管理人员的资格和义务与有限责任公司相同，具体内容见本章第二节。

(五)股份有限公司的工会

在我国，保护职工的合法利益、保证职工参加民主管理是每一个公司企业的责任。在股份有限公司，职工及其工会参与管理主要体现在两个方面：①公司研究决定有关职工工资、级别，以及安全生产、劳动保护、劳动保险等涉及职工切身利益的问题时，应当事先听取公司工会和职工的意见，并邀请工会或职工代表列席有关会议。②公司研究决定生产经营的重大问题、制定重要的规章制度时，应当听取公司工会和职工的意见和建议。

第四节　公司股份与债券的发行和转让

有限责任公司和股份有限公司都可以发行公司债券，但只有股份有限公司才能发行股份。公司债券、股份的发行是其转让的前提。公司债券、股份的发行和转让都必须符合法定的条件。

一、股份与股份发行

股份有限公司可以公开发行股份(股票)，但必须符合法定的条件和程序，发行股份时还必须遵守一定的原则。

(一)股份与股票

股份是用来划分股份有限公司注册资本的最小计量单位。股份的特征表现为：①股份所代表的金额相等。股份作为股份有限公司资本的最基本的构成单位，其所代表的金额是相等的，相同性质的每一股份代表的权利也是相等的。②股份表示股东享有权益的范围。股份作为股东法律地位的表现形式，反映着股东的权利和利益。③股份具有证券性，通常表现为股票，以便于流通。股份的转让并不影响公司资产的稳定性。

股票是股份的法律表现形式，是公司签发的证明股东所持股份的凭证。股份有限公司成立后，即向股东正式交付股票，公司成立前不得向股东交付股票。

股票可以分为不同的类别(详细分类参见第十三章相关内容)。如以股票上面是否记载持有人的姓名和名称，可分为记名股票和无记名股票。公司可发行记名股票，也可发行无记名股票。但是公司向发起人、法人发行的股票，应当为记名股票，并应当记载该发起人、法人的名称或者姓名，不得另立户名或者以代表人姓名记名。

公司发行记名股票的，应当置备股东名册，记载下列事项：①股东的姓名或者名称及住所；②各股东所持股份数；③各股东所持股票的编号；④各股东取得股份的日期。发行无记名股票的，公司应当记载其股票数量、编号及发行日期。

(二)股份发行

1. 股份发行的概念

股份发行是指股份有限公司为筹集资本出售或分配股份的行为。股份的发行即股票的发行。股份的发行分为新设发行和新股发行。新设发行是公司在设立过程中发行股份，这是公司第一次发行股份。新股发行是公司在成立之后发行股份，又称增资发行，是指公司第一次发行股份以后的各次发行。

2. 股份发行的原则

股份的发行实行公平、公正，以及同股同权、同股同价的原则。同次发行的股票，每股的发行条件和价格应当相同，任何单位或者个人所认购的股份，每股应当支付相同价额。股票的发行价格可以等于或超过票面金额(溢价发行)，但不能低于票面金额。

3. 发行新股

公司公开发行新股必须符合有关增资发行的特殊条件：①前一次发行的股份已经募足，并间隔 1 年以上；②公司在最近 3 年内连续盈利，并可向股东支付股利；③公司最近 3 年内财务会计文件无虚假记载，从前一次公开发行股票至本次申请期间没有重大违法行为；④公司预期利润率可达同期银行存款利率；⑤前一次公开发行股票所得资金的使用与其招股说明书相同，并且资金使用效益良好。

上市公司非公开发行新股，应当符合经国务院批准的国务院证券监督管理机构规定的条件，并报国务院证券监督管理机构核准。

公司发行新股，依公司章程规定由股东大会或者董事会对下列事项作出决议：①新股种类及数额；②新股发行价格；③新股发行的起止日期；④向原有股东发行新股的种类及数额。

公司经国务院证券监督管理机构核准公开发行新股时，必须公告新股招股说明书和财务会计报告，并制作认股书。向社会公开发行新股，应当由依法设立的证券经营机构承销，签订承销协议。

二、股份转让

股份转让是指股份有限公司的股东，依照法定条件和程序将自己的股份让与他人，受让人取得股份成为该公司股东的行为。股东持有的股份可以依法转让，公司不得以公司章程禁止或限制。

(一)股份转让的限制

为保护公司、股东及公司债权人的利益，《公司法》对股份转让作了必要的限制。

(1) 股份转让场所限制。股东转让其股份，应当在依法设立的证券交易场所进行或者按照国务院规定的其他方式进行。

(2) 发起人所持股份转让限制。发起人持有的本公司股份，自公司成立之日起 1 年内不得转让。公司公开发行股份前已发行的股份，自公司股票在证券交易所上市交易之日起

1年内不得转让。

(3) 公司董事、监事、高级管理人员所持股份转让限制。上述人员应当向公司申报所持有的本公司的股份及其变动情况，在任职期间每年转让的股份不得超过其所持有本公司股份总数的25%；所持本公司股份自公司股票上市交易之日起1年内不得转让。上述人员离职后半年内，不得转让其所持有的本公司股份。公司章程可以对公司董事、监事、高级管理人员转让其所持有的本公司股份作出其他限制性规定。

(4) 公司不得收购本公司股份。但有下列情形之一的除外：①减少公司注册资本；②与持有本公司股份的其他公司合并；③将股份用于员工持股计划或者股权激励；④股东因对股东大会作出的公司合并、分立决议持异议，要求公司收购其股份的；⑤将股份用于转换上市公司发行的可转换为股票的公司债券；⑥上市公司为维护公司价值及股东权益所必需。

公司收购本公司股份须履行必要的决策程序。上述第①②项的收购，应经股东大会决议；第③⑤⑥项收购，可以依照公司章程的规定或者股东大会的授权，经三分之二以上董事出席的董事会会议决议；同时，第③⑤⑥收购应当通过公开的集中交易方式进行。

公司收购本公司股份须限时注销或转让。属于第①项情形的，应自收购之日起10日内注销；属于第②④项情形的，应在6个月内转让或者注销；属于③⑤⑥项的，公司合计持有的本公司股份数不得超过本公司已发行股份总额的10%，并应在3年内转让或者注销。

(二)股份转让的方式

1. 记名股票的转让

记名股票由股东以背书的方式或者法律、行政法规规定的其他方式转让，转让后由公司将受让人的姓名或者名称及住所记载于股东名册。股东大会召开前20日内或者公司决定分配股利的基准日前5日内，不得进行上述规定的股东名册的变更登记。但是，法律对上市公司股东名册变更登记另有规定的，从其规定。

2. 无记名股票的转让

无记名股票的转让由股东将该股票交付给受让人后即发生转让的效力。《公司法》第一百四十条规定：“无记名股票的转让，由股东将该股票交付给受让人后即发生转让的效力。”在现代证券市场上，这种转让一般通过证券商(经纪人)在证券交易所发出指令，由电脑系统撮合成交，无须持股人与受让人见面，转让效率比记名股票高。上市公司的股票，依照法律、行政法规及证券交易所的交易规则上市交易。

(三)记名股票的失效

记名股票被盗、遗失或者灭失，股东可以依照我国《民事诉讼法》规定的公示催告程序，请求人民法院宣告该股票失效。人民法院宣告该股票失效后，股东可以向公司申请补发股票。

三、公司债券的发行与转让

公司债券是指公司依照法定程序发行、约定在一定期限还本付息的有价证券。依法发行的公司债券可以在法定的场所转让。

(一)公司债券的特征和种类

1. 公司债券的特征

(1) 公司债券是一种有价证券。公司债券是公司债的表现形式，它所表示的是，债券持有人作为公司的债权人，享有按照约定的期限收回本金，取得利息的债权；发行债券的公司作为债务人，负有按照约定的期限向债券持有人还本付息的债务。

(2) 公司债券是一种要式证券。公司债券的制作和记载必须按照法律规定的方式进行。根据《公司法》的规定，公司以实物券方式发行公司债券的，必须在债券上载明公司名称、债券票面金额、利率、偿还期限等事项，并由法定代表人签名，公司盖章。

(3) 公司债券的持有人具有广泛性。由于公司债券是向社会公众公开募集的，并且具有流通性，因而公司债券的持有人具有广泛性。这使得公司债券所表现的债与一般的债有所不同，它表现的是发行债券的公司与广泛的债权人(债券持有人)之间的债的关系。

2. 公司债券的种类

(1) 记名公司债券和无记名公司债券。记名公司债券是指在公司债券上记载债权人姓名的公司债券。无记名公司债券是指在债券上不记载债权人姓名的公司债券。目前，我国已发行的公司债券大多为无记名公司债券。

(2) 可转换公司债券和非转换公司债券。可转换公司债券是指在一定条件下，可以转换成股票的公司债券。不能转换成股票的公司债券称为非转换公司债券。《公司法》规定，上市公司经股东大会决议可以发行可转换为股票的公司债券，并在公司债券募集办法中规定具体的转换办法。上市公司发行可转换为股票的公司债券，应当报国务院证券监督管理机构核准。发行可转换为股票的公司债券，应当在债券上标明“可转换公司债券”字样，并在公司债券存根簿上载明可转换公司债券的数额。

3. 公司债券与股份的区别

(1) 投资人享有的权利不同。债券持有人是公司的债权人，只享有在公司债券到期之后，对发行公司请求还本付息的权利，无参与公司经营管理的权利。而股份持有人是公司的股东，享有基于股东身份所产生的各种股东权利，是公司的最终所有者。

(2) 发行主体和条件不同。在我国，股票的发行主体只限于股份有限公司，而公司债券的发行主体还可以是有限责任公司。公司债券的发行价格可以按票面金额，也可以超过或低于票面金额；但股票的发行价格不能低于票面金额。

(3) 利益的分配不同。公司债债权人不管公司是否有盈余，都有权要求公司支付利息。而股东只有在公司有充分盈余时，才能请求支付股息和红利；公司债的利率也是预先确定并保持不变的，而股息和红利则视公司盈余的多少灵活确定。在公司分配盈余或分配剩余财产时，公司债优先于公司股份。

(4) 风险责任不同。购买公司债是一种出借行为，因而公司债权人不承担风险责任或只承担较小的风险责任，到清偿期限时，公司必须偿还本金，如公司破产或解散，公司债所有人有权得到公平清偿。而认购股份则是一种出资行为，股东一般无权要求返还出资，相反必须承担出资额范围内的有限责任，如公司破产、解散，只能参与公司剩余财产的分配。

(二)公司债券的发行条件

我国《证券法》第十六条规定，公开发行公司债券，应符合下列条件：①股份有限公司的净资产不低于人民币 3 000 万元，有限责任公司的净资产不低于人民币 6 000 万元；②累计债券余额不超过公司净资产的 40%；③最近 3 年平均可分配利润足以支付公司债券 1 年的利息；④筹集的资金投向符合国家产业政策；⑤债券的利率不超过国务院限定的利率水平；⑥国务院规定的其他条件。

有下列情形之一的，不得再次公开发行公司债券：①前一次公开发行的公司债券尚未募足；②对已公开发行的公司债券或者其他债务有违约或者延迟支付本息的事实，仍处于继续状态；③违反我国《证券法》规定，改变公开发行公司债券所募资金的用途。

公开发行公司债券筹集的资金，必须用于核准的用途，不得用于弥补亏损和非生产性支出。上市公司发行可转换为股票的公司债券，除应当符合上述规定的条件外，还应当符合我国《证券法》关于公开发行股票的条件，并报国务院证券监督管理机构核准。

(三)发行公司债券的其他规定

公司发行公司债券应当置备公司债券存根簿。发行记名公司债券的，应当在公司债券存根簿上载明下列事项：①债券持有人的姓名或者名称及住所；②债券持有人取得债券的日期及债券的编号；③债券总额，债券的票面金额、利率、还本付息的期限和方式；④债券的发行日期。发行无记名公司债券的，应当在公司债券存根簿上载明债券总额、利率、偿还期限和方式、发行日期及债券的编号。

(四)公司债券的转让和转换

1. 公司债券的转让

公司债券可以转让，转让价格由转让人与受让人约定。公司债券在证券交易所上市交易的，按照证券交易所的交易规则转让。

记名公司债券由债券持有人以背书方式或者法律、行政法规规定的其他方式转让；转让后由公司将受让人的姓名或者名称及住所记载于公司债券存根簿。无记名公司债券的转让由债券持有人将该债券交付给受让人后即发生转让的效力。

2. 公司债券的转换

发行可转换为股票的公司债券的，公司应当按照其转换办法向债券持有人换发股票，但债券持有人对转换股票或者不转换股票有选择权。

四、上市公司

《公司法》所称上市公司，是指其股票在证券交易所上市交易的股份有限公司。上市公司的股票，依照有关法律、行政法规及证券交易所交易规则上市交易。上市公司具有以下特征：①上市公司是股份有限公司的一种；②上市公司是股票获准上市的股份有限公司；③上市公司是股票在证券交易所交易的股份有限公司。

公司上市的目的和作用是：①增强公司融资功能，以及加快公司发展壮大的速度；②提高股东的投资回报；③提高公司的知名度和商誉；④规范公司行为，提高管理水平。

第五节　公司的财务与会计制度

健全的财务会计制度是公司顺利运转、快速发展的必备条件之一，因而《公司法》对此作了专门规定。

一、公司财务会计制度的概念

公司的财务会计制度是对存在于法律、行业通行规则和公司章程之中的公司财务会计处理规则的总称，是利用货币价值形式反映公司财务状况和经营成果，加强内部经营管理，提高经济效益的一项重要制度。公司财务会计制度由财务制度和会计制度两部分组成。公司财务制度是运用财务手段处理货币资金的筹集、支配和使用活动的法律制度；公司会计制度则是公司办理会计事务应遵循的规则、方法和程序的总称。公司建立自己的财务会计制度是公司立法中一项重要的法律制度，是公司的法定要求，也是避免公司财务风险的重要举措。

二、财务会计在公司中的作用

公司是以营利为目的、具有法人资格的经济组织，公司通过自己的经济活动，创造更多的财富，使自身的资产增加获取利润。只有使公司的财务会计管理规范化、明确化，才能使公司的经营活动有合理的基础，使股东及公司债权人的权益得到切实的保障。

具体来看，公司的财务会计工作的作用表现为：①投资者除参加决定一些重大事项外，一般不参与日常的生产经营活动，投资者只有通过公司财务状况来了解公司的生产经营状况，作为公司的债权人就更是如此。所以，公司的财务会计工作有利于保护投资者和债权人的利益。②公司财务会计制度的规范化和公开化，可使社会各方面都能方便地了解到公司的经营状况和盈利能力。对经营状况比较好的公司，可以起到吸收社会投资的作用。③各公司在统一的财务会计制度规定下筹集分配资金，记录反映经济业务，这有利于政府掌握情况，制定政策，实施管理。④保障公司高效运转。健全的财务会计制度是公司依法合理地筹措、利用资金，提高经济效益的有效手段，是加强和改善公司内部经营管理的重要措施，可以促进公司的高效运转。⑤有利于执法部门的监督。公司一经设立就应履行法律、行政法规等规定的各项义务，如纳税等。国家执法部门监督的重要手段之一就是检查公司的财务会计制度及财务会计的运行情况。

三、公司财务会计工作的基本要求

《公司法》对公司财务会计工作的基本要求主要有以下几方面。

(1) 公司必须依照法律、法规和有关部门的规定建立本公司的财务会计制度，并编制各项财务会计报表。公司应当在每一会计年度终了时制作财务会计报告，并依法经会计师事务所审计。公司财务会计报告是指公司对外提供的反映公司某一特定日期财务状况和某一会计期间经营成果、现金流量等的文件。按《企业财务会计报告条例》的规定，财务会计报告分为年度、半年度、季度和月度财务会计报告。年度、半年度财务会计报告应当包括会计报表、会计报表附注、财务情况说明书。会计报表应当包括资产负债表、利润表、现金流量表及相关附表。

(2) 公司的财务会计信息应依法披露。有限责任公司应当按照公司章程规定的期限将财务会计报告送交各股东。股份有限公司的财务会计报告应当在召开股东大会年会的20日前置备于本公司，供股东查阅；公开发行股票的上市公司必须公告的财务会计报告包括年度财务会计报告、半年度财务会计报告和季度财务会计报告。

(3) 公司应当向聘用的会计师事务所提供真实、完整的会计凭证、会计账簿、财务会计报告及其他会计资料，不得拒绝、隐匿、谎报。

(4) 公司除法定的会计账簿外，不得另立会计账簿。公司的资产也不得以任何个人名义开立账户存储。

(5) 公司应当依照法定程序聘任或解聘会计师事务所。

四、利润分配

利润分配是公司股东获取投资收益的渠道之一，对于有限责任公司来说，还是主要渠道，因此对股东的投资行为有较大影响。公司利润分配需符合法律规定或章程约定。

(一)利润

利润是指企业在一定时期(一年)内生产经营的财务成果，包括营业利润、投资净收益以及营业外收支净额。公司利润按下列顺序分配：①弥补以前年度亏损(在不超过税法规定的弥补期限之内)；②缴纳所得税；③弥补在税前利润弥补亏损之后仍存在的亏损；④提取法定公积金；⑤提取任意公积金；⑥支付股利。股东会或者董事会违反规定，在弥补亏损和提取法定公积金、法定公益金之前向股东分配利润的，必须将违反规定分配的利润退还公司。

(二)公积金

公积金是公司为预防亏损、增加财力和扩大营业规模而依照法律与公司章程规定或股东大会决议，从公司利润或公司资本收益中提取的一种储备金。提取公积金制度是国家规定的一项强制性制度，各国公司法一般都有规定。

1. 公积金的类型

公积金分为资本公积金和盈余公积金。①资本公积金是直接由资本原因所形成的公积金，主要来自超过票面金额发行股份所得的溢价款、法定财产重估增值、接受捐赠的资产价值等。②盈余公积金是从公司盈余中提取的公积金。盈余公积金又分为法定盈余公积金和任意盈余公积金两种。法定盈余公积金按照税后利润(减弥补亏损)的 10%提取，当盈余公积金累计金额已达注册资本 50%以上时可不再提取；任意盈余公积金按照公司章程规定或股东会决议提取和使用。

2. 公积金的作用

①弥补亏损。公司可使用盈余公积金弥补亏损。②转增资本。经股东会决议，资本公积金和盈余公积金可转为股本，从而增加公司的注册资本，增强公司的经营实力。股份有限公司用盈余公积金转增股本时，留存的法定盈余公积金不少于转增前公司注册资本的 25%。

(三)股利

股利又称红利，是公司盈利中分派给股东的部分。投资人向公司投资的目的就是获得股利。一般来说，公司在纳税、弥补亏损和提取法定公积金前，不得分配股利。公司持有的本公司股份也不得分配利润。

公司弥补亏损和提取公积金后所余税后利润，有限责任公司依照股东所持出资比例或章程约定分配；股份有限公司按照股东持有的股份比例分配，但股份有限公司章程规定不按持股比例分配的除外。

第六节　公司的合并与分立、解散与清算

公司合并与分立不仅对公司影响深远，对公司债权人及公司员工的影响也极大，因而《公司法》对公司合并与分立有较严格的程序要求。

一、公司的合并与分立

公司的合并与分立是公司设立后极有可能发生的，为数不少的公司就是通过合并方式做大做强的。公司合并与分立要符合法定程序，且要处理好债权和债务关系。

(一)公司的合并

公司合并是指两个以上的公司依照法定条件和程序变为一个公司的行为。公司合并的形式有两种：吸收合并与新设合并。吸收合并是指接纳一个或一个以上的企业加入本公司，加入方解散并取消原法人资格，接纳方存续。新设合并是指公司与一个或一个以上的企业合并成立一个新公司，原合并各方解散，取消原法人资格。

公司合并的程序为：①作出决定或决议。有限责任公司由股东会就公司合并作出决议，作出合并的决议须经代表 2/3 以上表决权的股东通过。股份有限公司由股东大会就公司合并作出决议。②签订合并协议。合并协议由合并各方共同签订。合并协议应当包括下列主要内容：合并各方的名称、住所；合并后存续公司或新设公司的名称、住所；合并各方的资产状况及处理办法；合并各方的债权和债务处理办法(应当由合并后存续的公司或者新设的公司承继)。③编制资产负债表和财产清单。④通知债权人。公司应当自作出合并决议之日起 10 日内通知债权人，并于 30 日内在报纸上公告。债权人自接到通知书之日起 30 日内，未接到通知书的自公告之日起 45 日内，可以要求公司清偿债务或者提供相应的担保。不清偿债务或者不提供相应担保的，公司不得合并。⑤办理合并登记手续。公司合并应当自公告之日起 45 日后申请登记。

公司合并协议一般应包括以下内容：①公司名称和住所。②存续期或者新设公司因合并而发行的股份总数、种类和数量，或者投资总数，每个出资人所占的投资总数的比例等。③合并各方现有的资本及对现有资本的处理办法。④合并各方所有的债权、债务的处理方法。⑤存续公司的章程是否变更；公司章程变更后的内容；新设公司章程如何订立及其主要内容。⑥公司合并各方认为应当载明的其他事项。合并协议须符合相关法律、法规的规定。

公司合并时，合并各方的债权、债务应当由合并后存续的公司或者新设的公司承继。合并后须依法进行公司变更登记或注销登记。

(二)公司的分立

公司分立是指一个公司依照法定条件和程序分为两个或两个以上的公司的行为。我国《公司法》对分立的形式未作明确规定，一般有两种：一是派生分立，公司以其部分财产和业务另设一个新的公司，原公司存续；二是新设分立，公司以全部财产分别归入两个以上的新设公司，原公司解散。

公司分立应当由公司的股东会或者股东大会作出决议；同时要签订分立协议，清理财产，清理债务，报经有关部门批准，并办理工商登记和税务登记手续。

公司分立协议是指公司分立各方就公司分立过程中的有关事项而达成的一致约定。其内容与合并协议大同小异，只是性质不同罢了。

公司分立，其财产应作相应的分割。公司分立，应当编制资产负债表及财产清单。公司应当自作出分立决议之日起10日内通知债权人，并于30日内在报纸上公告。

公司分立前的债务由分立后的公司承担连带责任，但是公司在分立前与债权人就债务清偿达成的书面协议另有约定的除外。分立后须依法进行公司变更登记或注销登记。

二、公司的解散与清算

如果出现法定或约定的原因，公司可以解散；但不管因何种原因解散公司，都应当对公司债权和债务进行清算。清算完结后公司可以向登记机关申请注销。

(一)公司的解散

根据《公司法》的规定，公司解散的原因有以下几种：①公司章程规定的营业期限届满或者公司章程规定的其他解散事由出现；②股东会或者股东大会决议解散；③因公司合并或者分立需要解散；④依法被吊销营业执照、责令关闭或者被撤销；⑤股东请求人民法院解散公司。公司经营管理发生严重困难，继续存续会使股东利益受到重大损失，通过其他途径不能解决的，持有公司全部股东表决权10%以上的股东，可以请求人民法院解散公司。

(二)公司的清算

公司解散应当依据相关法律、法规进行清算。清算是了结终止公司的各项财产关系。

1. 清算组

(1) 清算组的成立。要清算必须成立清算组。因公司章程规定的营业期限届满或者公司章程规定的其他解散事由出现时，或由股东会、股东大会决议解散的，或依法被吊销营业执照、责令关闭或者被撤销，或经营困难、股东请求人民法院解散公司时，应当在15日内成立清算组。有限责任公司的清算组由股东组成，股份有限公司的清算组由董事或者股东大会确定的人员组成。逾期不成立清算组进行清算的，债权人可以申请人民法院指定有关人员组成清算组进行清算。人民法院应当受理该申请，并及时组织清算组进行清算。

(2) 清算组的职权。①清理公司财产，分别编制资产负债表和财产清单；②通知、公告债权人；③处理与清算有关的公司未了结的业务；④清缴所欠税款以及清算过程中产生的税款；⑤清理债权、债务；⑥处理公司清偿债务后的剩余财产；⑦代表公司参与民事诉讼活动。

(3) 清算组的义务与责任。清算组在公司清算期间代表公司进行一系列民事活动，全权处理公司经济事务和民事诉讼活动。《公司法》规定，清算组成员应当忠于职守，依法履行清算义务；清算组成员不得利用职权收受贿赂或者其他非法收入，不得侵占公司财产；清算组成员因故意或者重大过失给公司或者债权人造成损失的，应当承担赔偿责任。

2. 清算工作程序

(1) 登记债权。公司解散时，先要清偿债务，然后才是股东分配剩余财产。清偿债务首先要登记债权。清算组应当自成立之日起10日内通知债权人，并于60日内在报纸上公告。债权人应当自接到通知书之日起30日内，未接到通知书的自公告之日起45日内，向清算组申报其债权。债权人申报债权，应当说明债权的有关事项，并提供证明材料。清算组应当对债权进行登记。在申报债权期间，清算组不得对债权人进行清偿。

(2) 清理公司财产，制定清算方案。清算组在清理公司财产、编制资产负债表和财产清单后，应当制定清算方案，并报股东会、股东大会或者人民法院确认。清算组在清理公司财产、编制资产负债表和财产清单后，发现公司财产不足清偿债务的，应当依法向人民法院申请宣告破产。公司经人民法院裁定宣告破产后，清算组应当将清算事务移交给人民法院，依照有关企业破产的法律实施破产清算。

(3) 清偿债务。公司财产在分别支付清算费用、职工的工资、社会保险费用和法定补偿金，缴纳所欠税款，清偿公司债务后的剩余财产，有限责任公司按照股东的出资比例分配，股份有限公司按照股东持有的股份比例分配。清算期间，公司存续，但不得开展与清算无关的经营活动。公司财产在未按上述规定清偿前，不得分配给股东。

(4) 公告公司终止。公司清算结束后，清算组应当制作清算报告，报股东会、股东大会或者人民法院确认，并报送公司登记机关，申请注销公司登记，公告公司终止。

第七节　违反公司法的法律责任

公司及其各类主体违反《公司法》的规定都应承担相应的责任。《公司法》规定的违反《公司法》的责任形式有民事责任、行政责任和刑事责任三种。下面我们以主体分类进行总结。

一、发起人(股东)的法律责任

《公司法》规定发起人(股东)违反《公司法》的规定应承担以下法律责任。

(1) 违反《公司法》的规定，办理工商登记时虚报注册资本、提交虚假证明文件或者采取其他欺诈手段隐瞒重要事实取得公司登记的，责令改正。对虚报注册资本的，处以虚报注册资本金额 5%以上 15%以下的罚款；对提交虚假证明文件或者采取其他欺诈手段隐瞒重要事实的公司，处以 5 万元以上 50 万元以下的罚款；情节严重的，撤销公司登记或者吊销营业执照。

构成犯罪的，依法追究刑事责任，处 3 年以下有期徒刑或者拘役，并处或单处虚报注册资本金 1%以上 5%以下的罚金。单位犯此罪的，对单位判处罚金，并对其直接负责的主管人员和其他直接责任人员，处 3 年以下有期徒刑或者拘役。

(2) 违反《公司法》的规定，公司的发起人、股东虚假出资，未交付或者未按期交付作为出资的货币或者非货币财产的，以及公司的发起人、股东在公司成立后，抽逃其出资的，由公司登记机关责令改正，处以虚假出资或抽逃出资金额 5%以上 15%以下的罚款。

构成犯罪的，依法追究刑事责任，处 5 年以下有期徒刑或者拘役，并处或者单处虚假出资金额或者抽逃出资金额 2%以上 10%以下的罚金。单位犯此罪的，对单位处以罚金，并对其直接负责的主管人员和其他直接责任人员处 5 年以下有期徒刑或者拘役。

二、公司的法律责任

我国《公司法》对公司的法律责任主要作了以下规定。

(1) 公司违反《公司法》的规定，在法定的会计账簿以外另立会计账簿的，由县级以上人民政府财政部门责令改正，处以 5 万元以上 50 万元以下的罚款。将公司资产以任何个人名义开立账户存储的，没收违法所得，并处以违法所得 1 倍以上 5 倍以下的罚款。构成犯罪的，依法追究刑事责任。

(2) 公司在依法向有关主管部门提供的财务会计报告等材料上作虚假记载或者隐瞒重要事实的，由有关主管部门对直接负责的主管人员和其他直接责任人员处以 3 万元以上 30 万元以下的罚款。

(3) 公司不依《公司法》的规定提取法定公积金的，由县级以上人民政府财政部门责令如数补足应当提取的金额，可以对公司处以 20 万元以下的罚款。

(4) 公司在合并、分立、减少注册资本或者进行清算时，不依照《公司法》规定通知或者公告债权人的，由公司登记机关责令改正，对公司处以 1 万元以上 10 万元以下的罚款。

(5) 公司在进行清算时，隐匿财产，对资产负债表或者财产清单作虚假记载或者在未清偿债务前分配公司财产的，由公司登记机关责令改正，对公司处以隐匿财产或者未清偿债务前分配公司财产金额 5%以上 10%以下的罚款；对直接负责的主管人员和其他直接责任人员处以 1 万元以上 10 万元以下的罚款。

(6) 公司在清算期间开展与清算无关的经营活动的，由公司登记机关予以警告，没收违法所得。

(7) 公司成立后无正当理由超过 6 个月未开业的，或者开业后自行停业连续 6 个月以上的，可以由公司登记机关吊销营业执照。公司登记事项发生变更时，未依照《公司法》的规定办理有关变更登记的，由公司登记机关责令限期登记；逾期不登记的，处以 1 万元以上 10 万元以下的罚款。

(8) 外国公司违反我国《公司法》的规定，擅自在中国境内设立分支机构的，责令改正或者关闭，并可处 5 万元以上 20 万元以下的罚款。

三、清算组的法律责任

我国《公司法》第二百零六条对清算组的法律责任作了规定。清算组不依照《公司法》的规定向公司登记机关报送清算报告，或者报送清算报告隐瞒重要事实或者有重大遗漏的，由公司登记机关责令改正。清算组成员利用职权徇私舞弊、谋取非法收入或者侵占公司财产的，由公司登记机关责令退还公司财产，没收违法所得，并可以处以违法所得 1 倍以上 5 倍以下的罚款。

四、承担资产评估、验资或者验证机构的法律责任

我国《公司法》第二百零七条对承担资产评估、验资或者验证机构的法律责任作了规定：承担资产评估、验资或者验证的机构提供虚假材料的，由公司登记机关没收违法所得，处以违法所得 1 倍以上 5 倍以下的罚款，并可以由有关主管部门依法责令该机构停业、吊销直接责任人员的资格证书，吊销营业执照。

承担资产评估、验资或者验证的机构因过失提供有重大遗漏的报告的，由公司登记机关责令改正，情节较重的，处以所得收入 1 倍以上 5 倍以下的罚款，并可以由有关主管部门依法责令该机构停业、吊销直接责任人员的资格证书，吊销营业执照。

承担资产评估、验资或者验证的机构因其出具的评估结果、验资或者验证证明不实，给公司债权人造成损失的，除能够证明自己没有过错的外，在其评估或者证明不实的金额范围内承担赔偿责任。

五、政府有关主管部门的法律责任

政府有关主管部门对公司负有一定的监督职责，违反《公司法》应承担下列责任。

(1) 公司登记机关对不符合《公司法》规定条件的登记申请予以登记，或者对符合《公司法》规定条件的登记申请不予登记的，对直接负责的主管人员和其他直接责任人员，依法给予行政处分。

(2) 公司登记机关的上级部门强令公司登记机关对不符合《公司法》规定条件的登记申请予以登记，或者对符合《公司法》规定条件的登记申请不予登记的，或者对违法登记进行包庇的，对直接负责的主管人员和其他直接责任人员依法给予行政处分。

六、其他违反公司法的有关规定

其他违反《公司法》的有关规定主要有以下几个方面。

(1) 未依法登记为有限责任公司或者股份有限公司，而冒用有限责任公司或者股份有

限公司名义的，或者未依法登记为有限责任公司或者股份有限公司的分公司，而冒用有限责任公司或者股份有限公司的分公司名义的，由公司登记机关责令改正或者予以取缔，可以并处10万元以下的罚款。

(2) 利用公司名义从事危害国家安全、社会公共利益的严重违法行为的，吊销营业执照。

(3) 公司违反《公司法》的规定，应当承担民事赔偿责任和缴纳罚款、罚金的，其财产不足以支付时，先承担民事赔偿责任。

(4) 违反《公司法》的规定，构成犯罪的，依法追究刑事责任。

本章小结

《公司法》是规范公司设立、组织、活动与终止的法律，依据《公司法》建立起来的公司是现代企业的典型代表。公司法律制度的完善对于推进我国现代企业制度的建立，规范公司行为具有重要意义。我国《公司法》上的公司包括有限责任公司和股份有限公司，但新《公司法》明确规定，一个自然人或法人也可以设立一人独资的有限责任公司。理解公司的关键是要弄懂“有限责任”，有限责任是指股东仅以出资或所持股份为限对公司承担责任，但是新《公司法》规定，如果股东滥用股东有限责任和公司独立人格，逃避债务，严重损害公司债权人利益的，应当对公司债务承担连带责任。

复习思考题

1. 简述公司及公司的特征。
2. 简述公司法及其特征。
3. 如何确定公司的名称？
4. 有限责任公司股东有哪些权利义务？
5. 公司董事、监事及高级管理人员有何义务？
6. 有限责任公司与股份有限公司有哪些区别？
7. 股份与债券有什么区别？
8. 在哪些情况下公司可以收购本公司股份？
9. 公司利润应如何分配？
10. 试述公司的合并与分立。

案例分析

股东大会的职权

A公司是一家上市公司，于2006年5月6日由B企业、C企业等6家企业作为发起人共同以发起设立方式成立，2012年8月9日，A公司获准发行5 000万股社会公众股，并于同年10月10日在证券交易所上市。2015年3月，中国证监会在对A公司进行例行检查中，发现以下事实：

(1) 2014 年 3 月 5 日，B 企业将所持 A 公司 1%的股份转让给了 D 公司，直到同年 3 月 15 日，D 公司未向 A 公司报告。

(2) 2014 年 4 月 6 日，A 公司董事会召开会议，通过了拟发行公司债券的方案和召开临时股东大会审议发行公司债券方案的决议。

(3) 2014 年 4 月 25 日，在临时股东大会上，除审议通过了发行公司债券的决议外，还根据 C 企业的提议，临时增加了一项增选一名公司董事的议案，并经出席会议的股东所持表决权的过半数通过。

(4) 2014 年 5 月 15 日，A 公司董事张某未经董事会同意，投资设立了 D 一人有限公司，虽然经营业务与 A 公司无关，但与 B 企业和 C 企业多次发生交易。

(资料来源：2017 年 CPA 考试辅导. 中华会计网校，第六章)

根据上述事实，回答下列问题并说明理由：

(1) B 企业转让 A 公司股份的行为是否符合法律规定？

(2) A 公司董事会决议是否符合法律规定？

(3) A 公司临时股东大会通过发行公司债券的决议和增选一名公司董事的决议是否符合法律规定？

(4) 张某设立 D 一人有限公司，与 B 企业和 C 企业多次发生交易的行为是否违反法律规定？

第四章　企业破产法

本章导读：

一般认为，“破产”一词最早源于拉丁语 Fallitax，意思是“事业失败”。也有学者认为，破产的英文对照词 Bankrupt，源于一种拉丁方言的意大利语 Banca Rotta，其中，Banca 意为板凳，Rotta 意为砸烂。在 14 世纪的意大利商业城市，商人们在市中心交易市场中有各自的板凳。当某个商人不能清偿债务时，他的债权人就按照交易习惯砸烂他的板凳，以示其经营失败，于是该商人就失去了在市场中的立足之地。在经营中谁又愿意失败被砸烂板凳，失去信誉甚至失去一切呢？不过，现代意义上的破产具有了更丰富的内涵，破产不仅是企业因经营不善而结束的程序，也可能是企业陷入困境后重生的机会——这就是和解与破产整顿。我们还要注意的是，企业不论大小都可能破产。

债务人既包括自然人，也包括法人，所以理论上法人和自然人都有可能破产，实践中也是如此。不过我国破产法叫企业破产法，不适用于个人，因而我国在法律上不允许自然人破产。在实践中，破产既可能是你自己所在的企业，也可能是你的债务人。党的十八届五中全会提出要“更加注重运用市场机制、经济手段、法治办法化解产能过剩，加大政策引导力度，完善企业退出机制”，中央经济工作会议进一步强调要对产能过剩行业实行关停并转，对“僵尸企业”采取资产重组、关闭破产等方式予以处置。所以，学习破产法，对于处理企业经营过程面临的破产风险具有重要意义。

学习目标：

本章向读者介绍了破产及其法律特征、破产法的含义及其发展、破产的申请与受理、债务人财产、管理人、债权人会议、和解、破产重整、破产宣告及破产终结等内容。读者通过学习，应该了解破产法及其发展、破产管辖，破产申请与受理、破产管理人及其职责；理解和掌握破产及其特征、破产的原因、债务人财产及其相应权利、债权人会议的组成及职权、和解的主要规定、重整计划及其执行、破产宣告、破产财产分配及破产终结等内容。

关键概念：

破产(Bankruptcy)
破产法(Bankruptcy Law)
破产申请(Bankruptcy Petition)
债权人会议(Creditor’s Meeting)
清偿(Pay Off)
和解(Reconciliation)
破产重整(Reforming of Bankruptcy)
破产宣告(Adjudication of Bankruptcy)

第一节 企业破产法概述

学习破产法首先要了解破产及破产法的含义及其特征。各国破产法对破产的定义有所不同，一般意义上的破产与破产法上的破产在含义上是有区别的，学习时要注意区分。

一、破产的概念及其法律特征

破产是商品经济发展到一定阶段所产生的一种经济和法律现象，在不同的语境下破产具有不同的含义。如《辞海》认为破产至少有三种含义：①犹言破家，即散尽家财之意。②彻底失败。这是日常用语，如某某计划破产、某人阴谋破产等，通常是贬义。③在法律上，指债务人既不能以其现有财产偿还全部债务，又不能与债权人达成和解结束债务关系时，由法院宣告破产，强制处理其全部财产，使所有债权人公平受偿而设置的一种诉讼程序，由法院用书面裁定宣告。我国《法学大辞典》认为，破产是指“债务人不能清偿到期债务或负债超过资产时，由法院强制执行其全部财产，公平清偿全体债权人，或者在法院主持下，由债务人与债权人会议达成和解协议，避免倒闭清算的法律制度”。我国《破产法》上的破产是指企业法人不能清偿到期债务，并且资产不足以清偿全部债务或者明显缺乏清偿能力时，依法进行债务清理或和解重整的法律制度。

破产具有以下法律特征：①破产是一种执行程序。破产是为全体债权人的利益而对债务人的全部财产进行的执行程序。②破产是在债务人不能清偿债务时适用的一种法律程序。③破产是对债务人全部法律关系的彻底清算。因是彻底清算，如果以债务人所有资产一次性清偿债务，则可能导致债务人民事主体资格的丧失。④破产的宗旨在于公平清理债权债务。公平清理债权债务，亦即如何使债权人共同分担损失和共同享有利益，保证同一顺序的债权人地位平等和受偿机会均等。

【专栏 4-1】

破产的种类

二、破产法的含义及其适用

破产法是指调整各方当事人在企业破产过程中所发生的各种法律关系的法律规范的总称。破产法具有悠久的历史，有学者认为古罗马时代破产法就初步形成了，到中世纪时，《威尼斯条例》等法规就有商人破产处理办法的较详细规定。英国于 1542 年颁布《破产条例》，并于 1913 年对历代颁布的破产法进行整理后，在 1914 年颁布《破产整理法》，且为美国所效仿；1807 年法国颁布《商法典》，对破产进行规范。我国直到 1906 年清政府才公布《破产律》。中华人民共和国成立后，直到 1986 年 12 月 2 日第六届全国人大常委会第十八次会议才通过《中华人民共和国国有企业破产法(试行)》。2006 年 8 月 27 日第十届全国人大常委会第二十三次会议通过了《中华人民共和国企业破产法》(以下简称《破产法》)，并于 2007 年 6 月 1 日始施行。之后最高人民法院先后发布了关于适用《中华人民共和国破产法》若干规定(一、二)。

破产有狭义和广义之分。狭义的破产仅指破产清算程序；广义的破产包括三种程序：

破产清算程序、和解程序和重整程序。

我国现行《破产法》的适用范围仅包括企业法人，对没有法人资格的企业、个体工商户、合伙组织、农村承包经营户、自然人的破产，没有作出规定。但《破产法》第一百三十五条规定，其他法律规定企业法人以外的组织的清算，属于破产清算的，参照适用破产法规定的程序。

三、破产案件的管辖

企业破产案件由债务人住所地人民法院管辖。债务人住所地是指债务人的主要办事机构所在地；债务人无办事机构的，由其注册地人民法院管辖。这样的规定有利于破产案件的及时、公平处理。

基层人民法院一般管辖县、县级市或区的工商行政管理机关核准登记企业的破产案件；中级人民法院一般管辖地区、地级市(含本级)以上工商行政管理机关核准登记企业的破产案件，纳入国家计划调整企业的破产案件也由中级人民法院管辖；个别案件的级别管辖，可以依照我国《民事诉讼法》的有关规定办理。

第二节　破产申请与受理

企业破产应由当事人申请，当事人申请后，法院经审查符合破产原因的，法院会受理并公告。债权人需在合理期限内申报债权。

一、破产原因

破产原因，也称破产界限，是指企业适用破产程序的必要条件。破产原因是法律规定的特别法律事实，是法院受理破产申请和实施破产宣告的根据。我国《破产法》第二条规定，破产原因包括：①债务人不能清偿到期债务且资产不足以清偿全部债务；②债务人不能清偿到期债务且明显缺乏清偿能力。满足一个原因即可认定债务人破产。不能清偿到期债务须是债务人同时存在以下三种情形：①债权债务关系依法成立；②债务履行期限已经届满；③债务人未完全清偿债务。

【专栏4-2】
破产原因的界定

二、破产申请

破产申请是当事人向法院请求宣告债务人破产的意思表示，是当事人的破产请求权的具体行使。申请人不申请债务人破产的，人民法院不得依职权宣告债务人破产。但在民事诉讼程序或民事执行程序进行中，人民法院获悉债务人不能清偿到期债务的，应当告知债务人可以向其所在地人民法院申请破产。破产申请是引发破产程序开始的唯一动因。

债务人认为具备破产原因可以向人民法院提出重整、和解或者破产清算的申请。债务人不能清偿到期债务，债权人可以向人民法院提出对债务人进行重整或者破产清算的申请，但不可以提出和解申请。债权人申请债务人破产的，无须证明债务人资不抵债或者明显缺乏清偿能力，但应当提交债务人不能清偿到期债务的有关证据。此外，企业清算责任人也可以依法申请企业破产。

向人民法院提出破产申请，应当提交破产申请书和有关证据。破产申请书应当载明下列事项：①申请人、被申请人的基本情况；②申请目的；③申请的事实和理由；④人民法院认为应当载明的其他事项。债务人提出申请的，还应当向人民法院提交财产状况说明、债务清册、债权清册、有关财务会计报告、职工安置预案以及职工工资的支付和社会保险费用的缴纳情况。人民法院受理破产申请前，申请人可以请求撤回申请。

三、破产案件的受理

破产案件的受理，是指人民法院在收到破产案件申请后，认为申请符合法定条件而予以接受，并由此开始破产程序的司法行为。债权人提出破产申请的，人民法院应当自收到申请之日起 5 日内通知债务人。债务人对申请有异议的，应当自收到人民法院的通知之日起 7 日内向人民法院提出，人民法院应当自异议期满之日起 10 日内裁定是否受理。除前述情形外，人民法院应当自收到破产申请之日起15 日内裁定是否受理。

人民法院受理破产申请的，应当自裁定作出之日起 5 日内送达申请人；债权人提出申请的，人民法院应当自裁定作出之日起 5 日内送达债务人，债务人应当自裁定送达之日起 15 日内，向人民法院提交财产状况说明、债务清册、债权清册、有关财务会计报告以及职工工资的支付和社会保险费用的缴纳情况。人民法院应当自裁定受理破产申请之日起 25 日内通知已知债权人，并予以公告。通知和公告应载明下列事项：①申请人、被申请人的名称或者姓名；②人民法院受理破产申请的时间；③申报债权的期限、地点和注意事项；④管理人的名称或者姓名及其处理事务的地址；⑤债务人的债务人或者财产持有人应当向管理人清偿债务或者交付财产的要求；⑥第一次债权人会议召开的时间和地点；⑦人民法院认为应当通知和公告的其他事项。

根据《破产法》的规定，破产案件受理后，会产生以下法律后果。

(1) 对债务人的约束力。自受理破产申请的裁定送达债务人之日起至破产程序终结之日，债务人的法定代表人、经法院决定的财务管理人员和其他经营管理人员承担下列义务：①妥善保管其占有和管理的财产、印章和账簿、文书等资料；②根据人民法院、管理人的要求进行工作，并如实回答询问；③列席债权人会议并如实回答债权人的询问；④未经人民法院许可，不得离开住所地；⑤不得新任其他企业的董事、监事、高级管理人员。

(2) 对债权人的约束力。①人民法院受理破产申请后，债务人对个别债权人的债务清偿无效；②人民法院受理破产申请后，债务人的债务人或者财产持有人应当向管理人清偿债务或者交付财产。债务人的债务人或者财产持有人故意违反前述规定向债务人清偿债务或者交付财产，使债权人受到损失的，不免除其清偿债务或者交付财产的义务。

(3) 对管理人的约束力。人民法院受理破产申请后，管理人对破产申请受理前成立而债务人和对方当事人均未履行完毕的合同有权决定解除或者继续履行，并通知对方当事人。管理人自破产申请受理之日起 2 个月内未通知对方当事人，或者自收到对方当事人催告之日起 30 日内未答复的，视为解除合同。管理人决定继续履行合同的，对方当事人应当履行，但是，对方当事人有权要求管理人提供担保。管理人不提供担保的，视为解除合同。

(4) 对债务人相关民事程序的影响。①人民法院受理破产申请后，有关债务人财产的保全措施应当解除，执行程序应当中止；②人民法院受理破产申请后，已经开始而尚未终结的有关债务人的民事诉讼或者仲裁应当中止；在管理人接管债务人的财产后，该诉讼或者仲裁继续进行；③人民法院受理破产申请后，有关债务人的民事诉讼只能向受理破产申请的人民法院提起。

四、债权申报

破产债权是人民法院受理破产申请时债权人对债务人所享有的债权。破产申请受理后，破产债权人可以申报债权。债权申报是债权人在破产案件受理后，依照法定程序主张并证明其债权，以便参加破产程序的法律行为。债权申报期限自人民法院发布受理破产申请公告之日起计算，最短不得少于30日，最长不得超过3个月。

《破产法》对债权申报的具体规定包括：①未到期的债权，在破产申请受理时视为到期。②附条件、附期限的债权和诉讼、仲裁未决的债权，债权人可以申报。③债权人应当在人民法院确定的债权申报期限内向管理人申报债权。债务人所欠职工的工资、补偿金、社会保险费用等，不必申报，由管理人调查后列出清单并予以公示。职工对清单记载有异议的，可以要求管理人更正；管理人不予更正的，职工可以向人民法院提起诉讼。④债权人申报债权时，应当书面说明债权的数额和有无财产担保，并提交有关证据。如果是连带债权的，应当说明。⑤连带债权人可以由其中一人代表全体连带债权人申报债权，也可以共同申报债权。⑥债务人的保证人或者其他连带债务人已经代替债务人清偿债务的，以其对债务人的求偿权申报债权。债务人的保证人或者其他连带债务人尚未代替债务人清偿债务的，以其对债务人的将来求偿权申报债权，但债权人已经向管理人申报全部债权的除外。⑦连带债务人中数人被裁定适用《企业破产法》规定的程序的，其债权人有权就全部债权分别在各破产案件中申报债权。⑧管理人或者债务人依照《企业破产法》规定解除合同的，对方当事人以因合同解除所产生的损害赔偿请求权申报债权。⑨债务人是委托合同的委托人，被裁定适用《企业破产法》规定的程序，受托人不知道该事实，继续处理委托事务的，受托人以由此产生的请求权申报债权。⑩债务人是票据的出票人，被裁定适用《企业破产法》规定的程序，该票据的付款人继续付款或者承兑的，付款人以由此产生的请求权申报债权。⑪在人民法院确定的债权申报期限内，债权人未申报债权的，可以在破产财产最后分配前补充申报；但此前已进行的分配，不再对其补充分配。为审查和确认补充申报债权的费用，由补充申报人承担。

管理人收到债权申报材料后，应登记造册，对申报的债权进行审查，并编制债权表。债权表和债权申报材料由管理人保存，供利害关系人查阅。债权表，应当提交第一次债权人会议核查。债务人、债权人对债权表记载的债权无异议的，由人民法院裁定确认；债务人、债权人对债权表记载的债权有异议的，可以向受理破产申请的人民法院提起诉讼。

第三节　债务人财产与管理人

债务人的财产在破产宣告后即成为破产财产，破产财产上附生着多种权利，在企业破产中一定要处理好这些权利。破产财产一般要由人民法院指定的管理人进行管理。

一、债务人财产及相关权利

(一)债务人财产

我国《破产法》第三十条规定："破产申请受理时属于债务人的全部财产，以及破产申请受理后至破产程序终结前债务人取得的财产，为债务人财产。"这些财产除债务人所有的货币、实物外，债务人依法享有的可以用货币估价并可以依法转让的债权、股权、知识产权、用益物权等财产和财产权益，均应认定为债务人财产。债务人财产在破产宣告后称为破产财产。已作为担保物的财产也属于破产财产。

但是，下列财产不应认定为债务人财产：①债务人基于仓储、保管、承揽、代销、借用、寄存、租赁等合同或者其他法律关系占有、使用的他人财产；②债务人在所有权保留买卖中尚未取得所有权的财产；③所有权专属于国家且不得转让的财产；④其他依照法律、行政法规不属于债务人的财产。

(二)与债务人财产相关的权利

与债务人财产相关存在着各种实体权利，如撤销权、取回权、抵销权、追回权和别除权等。

1. 撤销权

破产撤销权是指债务人在破产程序开始前的临界期间内，实施有害于债权人整体利益的行为，管理人请求法院撤销该行为，并使该行为产生的利益或转让的财产回归破产财产的权利。人民法院受理破产申请前一年内，涉及债务人财产的下列行为，管理人有权请求人民法院予以撤销：①无偿转让财产的；②以明显不合理的价格进行交易的；③对没有财产担保的债务提供财产担保的；④对未到期的债务提前清偿的；⑤放弃债权的。

人民法院受理破产申请前 6 个月内，债务人具备破产原因，仍对个别债权人进行清偿的，管理人有权请求人民法院予以撤销，但个别清偿使债务人财产受益的除外。

同时《破产法》还明确区分了可撤销行为和无效行为，规定涉及债务人财产的下列行为无效：①为逃避债务而隐匿、转移财产的；②虚构债务或者承认不真实的债务的。

2. 取回权

我国《破产法》第三十八条规定："人民法院受理破产申请后，债务人占有的不属于债务人的财产，该财产的权利人可以通过管理人取回，但是，本法另有规定的除外。"财产权利人对属于自己所有非破产企业所有的财产，依法通过管理人取回的权利，即为破产取回权。这种权利有以下特征：①取回权是对特定物的返还请求权；②它是以物权为基础的请求权；③它是在破产程序中行使的特别请求权；④被取回的财产在取回前，视为破产财产，由管理人管理和支配；⑤取回权的行使范围仅限于取回原物。

3. 抵销权

破产抵销权是指破产债权人在破产申请受理时，对破产人负有债务，可以不按破产程序，以自己的破产债权与自己所负债务的相应数额相互抵销的权利。债权人在破产申请受理前对债务人负有债务的，可向管理人主张抵销，但有下列情形之一的除外：①债务人的债务人在破产申请受理后取得他人对债务人的债权的。②债权人已知债务人有不能清偿到期债务或者破产申请的事实，对债务人负担债务的；但债权人因为法律规定或者有破产申请一年前所发生的原因而负担债务的除外。③债务人的债务人已知债务人有不能清偿到期债务或者破产申请的事实，对债务人取得债权的；但债务人的债务人因法律规定或者有破产申请一年前所发生的原因而取得债权的除外。

4. 追回权

追回权是指对债务人或其董事、监事、高级管理人员损害债权人或债务人的行为通过人民法院予以否认并追回财产的权利。《破产法》规定，因实施被人民法院撤销的行为或破产无效行为而取得的债务人的财产，管理人有权追回。人民法院受理破产申请后，债务人占有的不属于债务人的财产，该财产的权利人可以通过管理人取回。

5. 别除权

别除权是指债权人所享有的，可以不依破产程序而能从破产人的特定财产上得到优先受偿的权利。别除权主要包括因抵押、质押、留置等财产担保方式而产生的担保物权。

别除权人行使优先受偿权利未能完全受偿的，其未受偿的债权作为普通债权；别除权人放弃优先受偿权利的债权作为普通债权。但如果破产人仅作为担保人为他人债务提供物权担保，担保债权人的债权虽然在破产程序中可以构成别除权，但因破产人不是主债务人，在担保物价款不足以清偿担保债额时，余债不得作为破产债权向破产人要求清偿，只能向原主债务人求偿。

二、破产费用与共益债务

破产费用，是指在破产程序中为全体债权人共同利益而支付的各项费用的总称。人民法院受理破产申请后，发生的下列费用为破产费用：①破产案件的诉讼费用；②管理、变价和分配债务人财产的费用；③管理人执行职务的费用、报酬和聘用工作人员的费用。

共益债务，是指在破产程序中为全体债权人利益而由债务人财产负担的债务的总称。人民法院受理破产申请后，发生的下列债务为共益债务：①因管理人或者债务人请求对方当事人履行双方均未履行完毕的合同所产生的债务；②债务人财产受无因管理所产生的债务；③因债务人不当得利所产生的债务；④为债务人继续营业而应支付的劳动报酬和社会保险费用以及由此产生的其他债务；⑤管理人或者相关人员执行职务致人损害所产生的债务；⑥债务人财产致人损害所产生的债务。

破产费用和共益债务由债务人财产随时清偿。债务人财产不足以清偿所有破产费用和共益债务的，先行清偿破产费用；债务人财产不足以清偿所有破产费用或者共益债务的，按照比例清偿；债务人财产不足以清偿破产费用的，管理人应当提请人民法院终结破产程序。人民法院应当自收到请求之日起 15 日内裁定终结破产程序，并予以公告。

三、管理人

管理人是指破产程序中由人民法院指定的，全面接管破产企业并负责破产财产的保管、清理、估价、处理和分配等破产清算事务的专门机构。

我国《破产法》规定，管理人可以由有关部门、机构的人员组成的清算组或者依法设立的律师事务所、会计师事务所、破产清算事务所等社会中介机构担任。人民法院根据债务人的实际情况，可以在征询有关社会中介机构的意见后，指定该机构具备相关专业知识并取得执业资格的人员担任管理人。个人担任管理人的，应当参加执业责任保险。有下列情形之一的，不得担任管理人：①因故意犯罪受过刑事处罚；②曾被吊销相关专业执业证书；③与本案有利害关系；④人民法院认为不宜担任管理人的其他情形。

管理人主要履行下列职责：①接管债务人的财产、印章和账簿、文书等资料；②调查债务人财产状况，制作财产状况报告；③决定债务人的内部管理事务；④决定债务人的日常开支和其他必要开支；⑤在第一次债权人会议召开之前，决定继续或者停止债务人的营业；⑥管理和处分债务人的财产；⑦代表债务人参加诉讼、仲裁或者其他法律程序；⑧提议召开债权人会议；⑨人民法院认为管理人应当履行的其他职责。

管理人应当勤勉尽责，忠实执行职务。因管理人的原因造成债务人损失的，管理人须承担相应责任。管理人经人民法院许可，可以聘用必要的工作人员；管理人的报酬由人民法院确定；管理人辞去职务应当经人民法院许可。

第四节 债权人会议与和解、重整

破产程序中，要在法院指导监督下组成债权人会议，对破产过程中的相关利益进行处理和表决。进入破产程序的企业并不当然破产，债务人可以提出和解，债务人或债权人还可以提出对破产企业进行重整。

一、债权人会议

债权人会议由全体债权人组成，破产过程中的重大问题须由其作出决策，否则无效。

(一)债权人会议的性质、组成和召开

债权人会议，是在法院指导和监督下，表达全体债权人意志，代表债权人整体利益而参与破产程序的临时性机构。破产程序中债权人之间的利益由债权人会议来协调和维护。

债权人会议由所有进行了债权申报的债权人组成。债权人会议成员享有表决权，但有债务人特定财产担保的债权人未放弃优先受偿权的，对通过和解协议、破产财产的分配方案无表决权；债权尚未确定的债权人，除人民法院能够为其行使表决权而临时确定债权额的外，不得行使表决权。债权人会议设有主席，由人民法院在有表决权的债权人中指定。债权人可以委托代理人出席债权人会议，并可以授权代理人行使表决权，但应当向人民法院或者债权人会议主席提交授权委托书。债权人会议应当有债务人的职工和工会的代表参加，对有关事项发表意见。

第一次债权人会议由人民法院召集，自债权申报期限届满之日起 15 日内召开，以后的债权人会议，在人民法院认为必要时，或者管理人、债权人委员会、占债权总额 1/4 以上的债权人向债权人会议主席提议时召开。召开债权人会议，管理人应当提前 15 日通知

已知的债权人。

(二)债权人会议的职权与决议

《破产法》第六十一条规定，债权人会议行使下列职权：①核查债权；②申请人民法院更换管理人，审查管理人的费用和报酬；③监督管理人；④选任和更换债权人委员会成员；⑤决定继续或者停止债务人的营业；⑥通过重整计划；⑦通过和解协议；⑧通过债务人财产的管理方案；⑨通过破产财产的变价方案；⑩通过破产财产的分配方案；⑪人民法院认为应当由债权人会议行使的其他职权。

债权人会议的决议，由出席会议的有表决权的债权人过半数通过，并且其所代表的债权额占无财产担保债权总额的 1/2 以上，但《破产法》另有规定的除外。债权人认为债权人会议的决议违反法律规定、损害其利益的，可以自债权人会议作出决议之日起 15 日内，请求人民法院裁定撤销该决议，责令债权人会议依法重新作出决议。债权人会议的决议，对于全体债权人均有约束力。债权人会议应当对所议事项的决议作成会议记录。

《破产法》第六十一条第一款第八项、第九项所列事项，经债权人会议表决未通过的，由人民法院裁定；第一款第十项所列事项，经债权人会议二次表决仍未通过的，由人民法院裁定。债权人对人民法院以上裁定不服的，可以自裁定宣布之日或者收到通知之日起 15 日内向该人民法院申请复议，复议期间不停止裁定的执行。

(三)债权人委员会

债权人会议可以决定设立债权人委员会。债权人委员会由债权人会议选任的债权人代表和一名债务人的职工代表或者工会代表组成，其成员不得超过 9 人。债权人委员会成员应当经人民法院书面决定认可。债权人委员会在性质上属于破产监督人。

债权人委员会行使下列职权：①监督债务人财产的管理和处分；②监督破产财产分配；③提议召开债权人会议；④债权人会议委托的其他职权。债权人委员会执行职务时，有权要求管理人、债务人的有关人员对其职权范围内的事务作出说明或者提供有关文件。管理人、债务人的有关人员违反本法规定拒绝接受监督的，债权人委员会有权就监督事项请求人民法院作出决定；人民法院应当在 5 日内作出决定。

管理人实施下列行为，应当及时报告债权人委员会：①涉及土地、房屋等不动产权益的转让；②探矿权、采矿权、知识产权等财产权的转让；③全部库存或者营业的转让；④借款；⑤设定财产担保；⑥债权和有价证券的转让；⑦履行债务人和对方当事人均未履行完毕的合同；⑧放弃权利；⑨担保物的取回；⑩对债权人利益有重大影响的其他财产处分行为。未设立债权人委员会的，管理人实施前款规定的行为应当及时报告人民法院。

二、和解

和解是破产企业获得重生的主要方式，和解应由债务人提出。债务人提出和解必须提供和解草案，经过与债权人协商一致即达成和解协议。

(一)和解的概念

和解，也叫破产和解，是指具备破产原因的债务人，为避免破产清算，与债权人就延期偿还和减免债务问题达成协议，经法院认可后生效的法律程序。和解是一种特殊的法律行为，与一般的法律行为不同，这种法律行为不仅需要债权人会议与债务人意思表示一致，而且要经过人民法院的裁定认可，方能成立。

和解具有以下特征：①以避免破产清算为目的；②和解申请由债务人提出；③和解的成立首先要取决于债权人的态度；④和解协议最终必须经过法院许可方可成立；⑤和解协议无强制执行力。

(二)和解的程序

(1) 和解申请的提出与受理。债务人可以依照《破产法》的规定，直接向人民法院申请和解；也可以在人民法院受理破产申请后、宣告债务人破产前，向人民法院申请和解。债务人申请和解，应当提交和解协议草案。人民法院经审查认为和解申请符合规定的，应当裁定和解，予以公告，并召集债权人会议讨论和解协议草案。对债务人的特定财产享有担保权的权利人，自人民法院裁定和解之日起可以行使权利。

债权人会议通过和解协议的决议，由出席会议的有表决权的债权人过半数同意，并且其所代表的债权额占无财产担保债权总额的 2/3 以上。

(2) 破产和解的终止。债权人会议通过和解协议的，由人民法院裁定认可，终止和解程序，并予以公告。管理人应当向债务人移交财产和营业事务，并向人民法院提交执行职务的报告。和解协议草案经债权人会议表决未获得通过，或者已经债权人会议通过的和解协议未获得人民法院认可的，人民法院应当裁定终止和解程序，并宣告债务人破产。因债务人的欺诈或者其他违法行为而成立的和解协议，人民法院应当裁定无效，并宣告债务人破产。

(三)和解协议的约束力

(1) 经人民法院裁定认可的和解协议，对债务人和全体和解债权人均有约束力。和解债权人是指人民法院受理破产申请时，对债务人享有无财产担保债权的人；和解债权人未依法申报债权的，在和解协议执行期间不得行使权利，在和解协议执行完毕后，可以按照和解协议规定的清偿条件行使权利；和解债权人对债务人的保证人和其他连带债务人所享有的权利，不受和解协议的影响。按照和解协议减免的债务，自和解协议执行完毕时起，债务人不再承担清偿责任。

(2) 债务人不能执行或者不执行和解协议的，人民法院经和解债权人请求，应当裁定终止和解协议的执行，并宣告债务人破产。人民法院裁定终止和解协议执行的，和解债权人在和解协议中作出的债权调整的承诺失去效力。和解债权人因执行和解协议所受的清偿仍然有效，和解债权未受清偿的部分作为破产债权。前述规定的债权人，只有在其他债权人同自己所受的清偿达到同一比例时，才能继续接受分配。

(3) 人民法院受理破产申请后，债务人与全体债权人就债权债务的处理自行达成协议的，可以请求人民法院裁定认可，并终结破产程序。

(4) 按照和解协议减免的债务，自和解协议执行完毕时起，债务人不再承担清偿责任。

三、重整

重整是一种新兴的破产制度，又名“重组”“恢复”“司法康复”，我国《破产法》称为“重整”，是指经由利害关系人的申请，在审判机关的主持和利害关系人的参与下，对具有重整原因和重整能力的债务人进行生产经营上的重整和债权债务关系上的清理，以期摆脱财务困境，重获经营能力的特殊法律程序，本质上是破产预防程序体系中的组成部分。

(一)重整程序

债务人或者债权人可以依照《破产法》的规定，直接向人民法院申请对债务人进行重整。债权人申请对债务人进行破产清算的，在人民法院受理破产申请后、宣告债务人破产前，债务人或者出资额占债务人注册资本 1/10 以上的出资人，可以向人民法院申请重整。人民法院经审查，认为重整申请符合《破产法》规定的，应当裁定债务人重整，并予以公告。重整期间自人民法院裁定债务人重整之日起至重整程序终止时止。

在重整期间，有下列情形之一的，经管理人或者利害关系人请求，人民法院应当裁定终止重整程序，并宣告债务人破产：①债务人的经营状况和财产状况继续恶化，缺乏挽救的可能性；②债务人有欺诈、恶意减少债务人财产或者其他显著不利于债权人的行为；③由于债务人的行为致使管理人无法执行职务。

重整期间债务人的权利和义务。①债务人的权利。在重整期间，经债务人申请、人民法院批准，债务人可以在管理人的监督下自行管理财产和营业事务。有前述规定情形的，依照《破产法》规定已接管债务人财产和营业事务的管理人应当向债务人移交财产和营业事务，《破产法》规定的管理人的职权由债务人行使。在重整期间，债务人或者管理人为继续营业而借款的，可以为该借款设定担保。②债务人的义务。在重整期间，债务人的出资人不得请求投资收益分配，债务人的董事、监事、高级管理人员不得向第三人转让其持有的债务人的股权，但经人民法院同意的除外。

(二)重整计划的制订、表决与批准

1. 重整计划的制订

当事人的重整申请被受理之后，应当在法定期限内提交重整计划草案。债务人自行管理财产和营业事务的，由债务人制定重整计划草案；管理人负责管理财产和营业事务的，由管理人制定重整计划草案。债务人或者管理人应当自人民法院裁定债务人重整之日起 6 个月内，同时向人民法院和债权人会议提交重整计划草案；期限届满，经债务人或者管理人请求，有正当理由的，人民法院可以裁定延期 3 个月；债务人或者管理人未按期提出重整计划草案的，人民法院应当裁定终止重整程序，并宣告债务人破产。

重整计划草案应当包括下列内容：①债务人的经营方案；②债权分类；③债权调整方案；④债权受偿方案；⑤重整计划的执行期限；⑥重整计划执行的监督期限；⑦有利于债务人重整的其他方案。

2. 重整计划的表决与批准

重整计划应实行分组表决。《破产法》第八十二条规定，下列债权的债权人参加讨论重整计划草案的债权人会议，并依照债权分类，分组对重整计划草案进行表决：①对债务人的特定财产享有担保权的债权；②债务人所欠职工的工资和医疗、伤残补助、抚恤费用，所欠的应当划入职工个人账户的基本养老保险、基本医疗、保险费用，以及法律、行政法规规定应当支付给职工的补偿金；③债务人所欠税款；④普通债权。

人民法院应当自收到重整计划草案之日起 30 日内召开债权人会议，对重整计划草案进行表决。出席会议的同一表决组的债权人过半数同意重整计划草案，并且其所代表的债权额占该组债权总额的 2/3 以上的，即为该组通过重整计划草案。债务人或者管理人应当向债权人会议就重整计划草案作出说明，并回答询问。

各表决组均通过重整计划草案时，重整计划即为通过。自重整计划通过之日起 10 日内，债务人或者管理人应当向人民法院提出批准重整计划的申请。人民法院经审查认为符合法律规定的，无恶意损害少数债权人利益等情形的，应当自收到申请之日起 30 日内裁定批准，终止重整程序，并予以公告。

部分表决组未通过重整计划草案的，债务人或者管理人可以同未通过重整计划草案的表决组协商。该表决组可以在协商后再表决一次。双方协商的结果不得损害其他表决组的利益。未通过重整计划草案的表决组拒绝再次表决或者再次表决仍未通过重整计划草案，但重整计划草案符合下列六项条件的，债务人或者管理人可以申请人民法院批准重整计划草案：①按照重整计划草案，《破产法》第八十二条第一款第一项所列债权就该特定财产将获得全额清偿，其因延期清偿所受的损失将得到公平补偿，并且其担保权未受到实质性损害，或者该表决组已经通过重整计划草案；②按照重整计划草案，《破产法》第八十二条第一款第二项、第三项所列债权将获得全额清偿，或者相应表决组已经通过重整计划草案；③按照重整计划草案，普通债权所获得的清偿比例，不低于其在重整计划草案被提请批准时依照破产清算程序所能获得的清偿比例，或者该表决组已经通过重整计划草案；④重整计划草案对出资人权益的调整公平、公正，或者出资人组已经通过重整计划草案；⑤重整计划草案公平对待同一表决组的成员，并且所规定的债权清偿顺序不违反《破产法》第一百一十三条的规定；⑥债务人的经营方案具有可行性。

(三)重整计划的执行、监督与终止

根据《破产法》的规定，重整计划由债务人负责执行，因而，债权人在审查重整计划草案时，必须考虑重整计划草案中对债务人董事、监事、经理等高级管理人员中有违法行为者及不称职者的更换，以免重整计划在由债务人执行的过程中发生问题。人民法院裁定批准重整计划后，已接管财产和营业事务的管理人应当向债务人移交财产和营业事务。

在重整计划中应当规定执行监督的期限。自人民法院裁定批准重整计划之日起，在重整计划规定的监督期内，由管理人监督重整计划的执行。在监督期内，债务人应当向管理人报告重整计划执行情况和债务人财务状况。监督期届满时，管理人应当向人民法院提交监督报告。自监督报告提交之日起，管理人的监督职责终止。经管理人申请，人民法院可以裁定延长重整计划执行的监督期限。管理人向人民法院提交的监督报告，重整计划的利害关系人有权查阅。

【专栏 4-3】

长航凤凰股份公司破产重整案

债务人不能执行或者不执行重整计划的，人民法院经管理人或者利害关系人请求，应当裁定终止重整计划的执行，并宣告债务人破产，但为重整计划的执行提供的担保继续有效。人民法院裁定终止重整计划执行的，债权人在重整计划中作出的债权调整的承诺失去效力。债权人因执行重整计划所受的清偿仍然有效，债权未受清偿的部分作为破产债权。前款规定的债权人，只有在其他同顺位债权人同自己所受的清偿达到同一比例时，才能继续接受分配。

第五节　破产宣告和破产终结

破产企业如果和解无望，当事人也无意重整，经人民法院审理符合破产条件的，即可宣告破产。宣告破产后破产管理人即应制定相应方案并经债权人会议同意后，处理并分配破产财产。破产财产分配完毕即可宣告破产终结。

一、破产宣告

破产宣告，是指人民法院在对破产案件审理后认为债务人具备了法定的破产条件，从而作出裁定，宣告其破产的法律行为。

【专栏 4-4】

破产宣告适用的条件

人民法院依法宣告债务人破产的，应当自裁定作出之日起 5 日内送达债务人和管理人，自裁定作出之日起 10 日内通知已知债权人，并予以公告。破产宣告前，有下列情形之一的，人民法院应当裁定终结破产程序，并予以公告：①第三人为债务人提供足额担保或者为债务人清偿全部到期债务的；②债务人已清偿全部到期债务的。

二、破产财产的变价和分配

破产宣告后，管理人应及时拟订破产财产变价方案，提交债权人会议讨论。管理人应当按照债权人会议通过的或者人民法院依法裁定的破产财产变价方案，适时变价出售破产财产。变价出售破产财产应当通过拍卖方式进行，但债权人会议另有决议的除外。破产企业可以全部或者部分变价出售。企业变价出售时，可以将其中的无形资产和其他财产单独变价出售。按照国家规定不能拍卖或者限制转让的财产，应按照国家规定的方式处理。

除债权人会议另有决议外，破产财产分配应当以货币进行方式分配。破产财产在优先清偿破产费用和共益债务后，依照下列顺序清偿：①破产人所欠职工的工资和医疗、伤残补助、抚恤费用，所欠的应当划入职工个人账户的基本养老保险、基本医疗保险费用，以及法律、行政法规规定应当支付给职工的补偿金；②破产人欠缴的除前项规定以外的社会保险费用和破产人所欠税款；③普通破产债权。破产财产不足以清偿同一顺序的清偿要求的，按照比例分配。破产企业的董事、监事和高级管理人员的工资按照该企业职工的平均工资计算。

此外，其他立法对破产分配顺序有特别规定的，依其规定执行。例如，《商业银行法》第七十一条规定：“商业银行不能支付到期债务，经国务院银行业监督管理机构同意，由人民法院依法宣告其破产。商业银行被宣告破产的，由人民法院组织国务院银行业监督管理机构等有关部门和有关人员成立清算组，进行清算。商业银行破产清算时，在支付清算费用、所欠职工工资和劳动保险费用后，应当优先支付个人储蓄存款的本金和利息。”《破产法》第一百三十四条第二款还规定：“金融机构实施破产的，国务院可以依据本法和其他有关法律的规定制定实施办法。”

管理人应当及时拟订破产财产分配方案，提交债权人会议讨论。破产财产分配方案应当载明下列事项：①参加破产财产分配的债权人名称或者姓名、住所；②参加破产财产分配的债权额；③可供分配的破产财产数额；④破产财产分配的顺序、比例及数额；⑤实施破产财产分配的方法。

债权人会议表决通过破产财产分配方案后，由管理人将该方案提请人民法院裁定认可，经人民法院裁定认可后，由管理人执行。管理人按照破产财产分配方案实施多次分配的，应当公告本次分配的财产额和债权额。管理人实施最后分配的，应当在公告中指明，并载明法律规定的事项。

对于附生效条件或者解除条件的债权，管理人应当将其分配额提存。管理人依照上述规定提存的分配额，在最后分配公告日，生效条件未成就或者解除条件成就的，应当分配给其他债权人；在最后分配公告日，生效条件成就或者解除条件未成就的，应当交付给债权人。

债权人未受领的破产财产分配额，管理人应当提存。债权人自最后分配公告之日起满 2 个月仍不领取的，视为放弃受领分配的权利，管理人或者人民法院应当将提存的分配额分配给其他债权人。破产财产分配时，对于诉讼或者仲裁未决的债权，管理人应当将其分配额提存。自破产程序终结之日起满 2 年仍不能受领分配的，人民法院应当将提存的分配额分配给其他债权人。

三、破产程序的终结

破产程序终结主要有以下几种方式：①因和解、重整程序顺利完成而终结；②因债务人消除破产原因或以其他方式解决债务清偿问题(包括自行和解)而终结；③因债务人的破产财产不足以支付破产费用而终结；④因破产财产分配完毕而终结。在破产清算程序中仅涉及后两种情况。另外，破产人无财产可供分配的，管理人应当请求人民法院裁定终结破产程序。

在破产人有财产可供分配的情况下，管理人在最后分配完结后，应当及时向人民法院提交破产财产分配报告，并提请人民法院裁定终结破产程序。人民法院应当自收到管理人终结破产程序的请求之日起 15 日内作出是否终结破产程序的裁定。裁定终结的，应当予以公告。管理人应当自破产程序终结之日起 10 日内，持人民法院终结破产程序的裁定，向破产人的原登记机关办理注销登记。

在上述规定终结破产程序及债务人财产不足以清偿破产费用，管理人提请人民法院终结破产程序之日起 2 年内，有下列情形之一的，债权人可请求人民法院按照破产财产分配方案进行追加分配：①发现有依照《破产法》第三十一条、第三十二条、第三十三条、第三十六条规定应当追回的财产的；②发现破产人有应当供分配的其他财产的。有上述情形，但财产数量不足以支付分配费用的，不再进行追加分配，由人民法院将其上交国库。

在破产程序终结后，破产人的保证人和其他连带债务人，对债权人依照破产清算程序未受清偿的债权，依法应当继续承担清偿责任。

本章小结

破产具有悠久的历史。现代破产除了具有终结企业以偿还债务外，还具有利用破产程序保护企业，使企业获得重生的含义。我国于 2006 年正式颁布《破产法》，对于促进我国社会主义市场经济的发展具有重要意义。一个企业必须达到破产界限，具备了破产财产，才能破产。破产既可以由债权人申请，也可以由债务人申请，不过债务人申请时条件较严格；但和解只能由债务人提出申请。和解必须由债权人与债务人达成和解协议；重整必须有重整协议。如果企业和解协议未得到债权人会议通过或法院同意，或重整没有成功，都可以由人民法院宣告企业破产，从而进入清算及破产财产分配阶段；分配完毕，破产程序终结。

复习思考题

1. 简述破产的概念和法律特征。
2. 简述我国企业法人的破产原因。
3. 简述破产财产、破产债权的概念及其范围。
4. 试述债权人会议。
5. 简述破产和解与重整的含义。
6. 简述管理人的职责和破产财产分配顺序。

案例分析

某人民法院于 2015 年 11 月 5 日受理了债权人提出的针对 A 公司的破产申请。法院向 A 公司送达受理裁定，并要求其在 15 日内提交财产状况说明、债务清册、债权清册等有关资料，A 公司以企业管理不善、资料保存不全为由拒绝。管理人在调查债务人财产状况时发现下述情况。

(1) 2015 年 1 月，A 公司向 B 公司出售一台机床，B 公司验货后，将机床暂存于 A 公司库房。双方约定，在 B 公司付清全部价款前，A 公司保留机床所有权。2015 年 10 月，B 公司付清全部价款，但尚未提货。

(2) 2015 年 2 月，A 公司向 C 银行借款 20 万元，由 D 公司承担连带责任保证。借款到期后 A 公司未能清偿，C 银行已就 20 万元借款本金及利息向管理人申报了债权，同时要求 D 公司承担连带责任保证，D 公司遂向管理人预先申报这笔债权，遭到拒绝。

在债权人会议对破产财产的变价方案进行表决时，出席会议并参与表决的债权人共计

30 人(全体债权人人数为 45 人)，债权额占全部无财产担保债权总额的 60%，其中赞成的为 28 人，代表债权额占全部无财产担保债权总额的 45%。

在人民法院对本案作出破产宣告前，当地社会保险机构以债权人名义提出对 A 公司进行重整的申请。

(资料来源：2016 年注册会计师考试试题)

根据上述内容，回答下列问题并说明理由：

(1) A 公司拒不提交相关材料，人民法院可对其采取何种处罚措施？

(2) A 公司销售给 B 公司的机床是否属于债务人财产？

(3) 管理人拒绝 D 公司预先申报债权，是否符合企业破产法律制度的规定？

(4) 债权人会议关于破产财产变价方案的表决结果，是否达到通过表决方案的法定最低比例要求？

(5) 当地社会保险机构是否有权提出重整申请？

第五章　合　同　法

本章导读：

古希腊的改革家梭伦曾经说过："法律就像蛛网，弱者碰到它，只好束手就擒；而强者碰到它，则可以破网而过。"这里的强者不是违反法律的人，而是指学习法律、遵守法律、运用法律保护自己权利的人。在现代社会不仅法律像蜘蛛网，合同也像一张蜘蛛网，无处不在。人们在现实生活中，处处面对合同，只不过有时候没有意识到而已。如出门坐车要买车票，车票也是一种合同；到银行办银行卡，需要签订书面协议，协议即是合同，或者存钱，银行给你一张存款单或存折，这也是合同；买份保险，需要与保险公司订立合同；眼下最热门的是买房子，这也需要签订合同。如果读者是从事商务活动的，则更需要利用合同确立相关当事人的权利义务，因为商务活动涉及的金额往往较大。由此可见，在现代社会中，市场经济的各类主体往往都会利用合同来维护自己的权利。

合同又称契约，是随着商品生产和商品交换的发展而产生发展的，是商品交换关系在法律上的表现。根据《周礼》的记载，我国早在两千多年以前，商品交换就已运用书面合同。当时称之为"质""傅""券"。这种书面合同是在兽骨、竹、木上刻上符号(文字)，剖成两片，各执一半，发生纠纷，官府合券判案。以后在唐、宋、明、清的法律中都有确认合同制度的专门条文。所以合同是随着商品交换的产生发展而产生发展的，同时催生了合同法律制度。马克思说："先有交易，后来才由交易发展为法制。……这种通过交换和在交换中才发生的实际关系，后来获得了契约这样的法的形式。"①但直到自由资本主义时期，才有比较完善的合同立法，如法国 1804 年的《拿破仑法典》。中华人民共和国成立后的合同立法始于 20 世纪 80 年代初，并于 1999 年制定了统一的《合同法》。

到这里，读者可能要问：什么是合同？什么是合同法？合同该如何订立？又该如何履行？一方不履行另一方该怎么办？合同当事人的权利该如何保护？等等。通过对本章的学习，相信读者这一系列问题都是可以解决的。

学习目标：

本章的内容主要包括：合同、合同法的概念及特征，合同法的基本原则，合同的内容与形式，要约、承诺的概念及有效的条件，合同的成立与效力，合同的履行及合同履行中的抗辩权、合同债权的保全，合同的担保，合同的变更、转让与终止，违约责任等。通过对本章内容的学习，读者应了解合同及合同法产生的基础、合同的种类、合同法的基本原则、合同的形式、缔约过失责任；理解和掌握合同、合同法的概念、特征，合同的内容，合同订立的程序，合同的履行，合同的担保，合同的变更、转让和终止，违约责任等内容。

① 马克思恩格斯全集(第 19 卷). 北京：人民出版社，1963.

关键概念：

合同(Contract)
合同法(Contract Law)
条款(Clause)
要约(Offer)
承诺(Promise)
合同的履行(Implementation of Contract)
合同的效力(Effect of Contract)
合同的转让(Transfer of Contract)
合同的终止(Termination of Contract)
合同担保(Contract Guarantee)
违约责任(Liability for Breach Contract)

第一节 合同法概述

合同是当事人之间的协议或允诺，一旦签订即具有相应的约束力；当事人签订合同应遵守合同法的规定。

一、合同的概念与特征

(一)合同的概念

合同有广义与狭义之分，广义合同是两个以上的民事主体之间设立、变更、终止民事权利义务关系的协议；狭义合同专指债权合同，即两个以上的民事主体之间设立、变更、终止债权债务关系的协议。广义合同除债权合同之外，还包括物权合同、身份合同等。我国《合同法》第二条规定：合同是平等主体的自然人、法人、其他组织之间设立、变更、终止民事权利义务关系的协议。但婚姻、收养、监护等有关身份关系的协议，以及其他法律性质的协议，适用其他法律的规定。一般认为，我国《合同法》上的合同是指债权合同。

(二)合同的法律特征

合同具有以下几个方面的法律特征。

(1) 合同是当事人在平等互利基础上的法律行为。合同当事人的法律地位平等，一方不得凭借其行政权力、经济实力等将自己的意志强加给另一方。

(2) 合同是双方或多方当事人的法律行为。合同的主体必须有两个或两个以上，合同的成立是各方当事人意思表示一致的结果。

(3) 合同是明确当事人之间特定权利与义务关系的协议。通过订立合同，当事人之间可以设立、变更、终止某种特定的民事权利义务关系，以实现当事人的特定经济目的。

(4) 合同是具有相应法律效力的协议。合同依法成立、生效之后，当事人各方都应全面正确地履行合同中规定的义务，不得擅自变更或者解除。如果当事人不履行合同中约定的义务，要依法承担违约责任。

二、合同法的概念与特征

(一)合同法的概念

合同法是调整平等主体之间的交易关系的法律规范，主要规范合同的订立，合同的效力及合同的履行、变更、解除、保全，以及违反合同的责任等问题。1999 年 3 月 15 日，第九届全国人民代表大会第二次会议通过了《中华人民共和国合同法》(以下简称《合同法》)。《合同法》分为总则、分则、附则三篇，共 23 章 428 条，自 1999 年 10 月 1 日起施行。为保障《合同法》的顺利实施，最高人民法院于 1999 年 12 月 1 日通过了《关于适用〈中华人民共和国合同法〉若干问题的解释(一)》(以下简称《合同法解释(一)》)，自 1999 年 12 月 29 日起施行；2009 年 2 月 9 日通过了《关于适用〈中华人民共和国合同法〉若干问题的解释(二)》(以下简称《合同法解释(二)》)，2009 年 5 月 13 日起施行；2012 年 3 月最高法院通过《最高人民法院关于审理买卖合同纠纷案件适用法律问题的解释》(以下简称《合同法司法解释三》)，自 2012 年 7 月 1 日起开始实施。此外，最高法院还对商品房买卖合同、融资租赁合同等适用合同法问题进行了解释。

(二)合同法的特征

合同法具有以下特征：①合同法主要由任意性规范构成。市场经济由于强调交易效率，所以要求国家通过法律手段对交易活动的干预应当限制在合理的范围内，因此合同法主要是通过任意性规范而不是强制性规范来调整交易关系，合同法中的大多数规范都是允许当事人通过协商排除适用或加以改变的。②合同法是交易法。合同法是调整交易关系的法律规则，其本身服务于当事人之间的交易。③合同法是行为法。合同法的规则可以积极指导当事人缔约和履约，从而有助于规范当事人的交易行为。[①]④合同法具有国际性。世界各国的合同法不仅在内容上日益趋同，而且通过各种组织还制定出很多国际性的调整国际贸易的合同公约，如《联合国国际货物销售合同公约》(1980 年制定)等。我国《合同法》是为适应我国市场经济的发展和对外开放而制定的，因而具有国际性。

三、合同法的基本原则

合同法的基本原则是合同法的主旨和根本准则，是制定、解释、执行和研究合同法的出发点。《合同法》对其基本原则作了明确规定。

1. 平等原则

《合同法》第三条规定：“合同当事人的法律地位平等，一方不得将自己的意志强加给另一方。”《合同法》中的平等原则包括以下两层含义：一是指合同关系中当事人之间的平等，不包括在合同以外的关系；二是指合同当事人在法律地位上的平等，但不包括经济实力、规模大小等方面的平等。法律地位上的平等即在法律面前，当事人享有平等的主

① 王利明．合同法研究(第 1 卷，第三版)[M]．北京：中国人民大学出版社，2015.

体资格，享有独立人格，其行为不受他人的支配、干涉和控制。

2. 自由原则

自由原则，又称自愿原则。《合同法》第四条规定：“当事人依法享有自愿订立合同的权利，任何单位和个人不得非法干预。”合同自由原则体现在交易的全过程中，主要内容包括：①缔约的自由，即当事人有权自由决定是否与他人订立合同，任何单位和个人不得非法干预；②选择对方当事人的自由；③决定合同内容的自由；④选择合同形式的自由；⑤变更或解除合同的自由。

但合同自由也受到一定限制：①法律的限制，即必须在法律许可的范围之内，不可违反法律的强制性规定；②如果有重大的正当事由，在立法上要限制当事人一方的合同自由，如为了保护消费者、劳动者和社会公共利益。

3. 公平原则

《合同法》第五条规定：“当事人应当遵循公平原则确定各方的权利和义务。”公平是市场经济所追求的商品交易原则，作为调整交易关系的主要法律，坚持公平的原则具有重要意义。但《合同法》上的公平原则其适用范围仅包括合同关系上的当事人之间的问题，不包括当事人以外的关系；同时公平是指合同关系上当事人之间的利益关系大体平衡，而不是绝对公平，所以公平原则对当事人来说仅是一个指导原则。

4. 诚实信用原则

《合同法》第六条规定：“当事人行使权利、履行义务应当遵循诚实信用原则。”诚实信用原则是指当事人在从事民事活动时，应诚实守信，以善意的方式履行其义务，不得滥用权利及规避法律或合同规定的义务。在大陆法系国家，它常常被称为债法中的最高指导原则或“帝王规则”。诚实信用原则是市场经济活动中形成的重要道德准则，它要求人们在从事民事、经济活动时，讲究信用、信守诺言、诚实不欺，用善意的心理和方式取得权利，履行义务，在不损害他人利益及社会利益的前提下追求自身利益。

诚实信用原则在《合同法》中的主要表现为：①订立合同时，当事人要根据诚实信用原则，真实地向对方当事人陈述与合同有关的情况，当事人之间要相互合作，努力促成合同的成立和生效；②合同订立后，当事人要认真做好履行合同的准备工作；③合同履行中，要积极履行法律和合同规定的义务，包括履行依据诚实信用原则而产生的各种附随义务，如在履行合同时要相互协作和照顾，将合同标的物的使用方法、瑕疵和有关重要事项告诉对方；④合同履行完毕以后，有时当事人还要根据诚实信用原则履行某些必要的附随义务；⑤合同需要解释时，诚实信用原则是解释合同的依据，应当按照诚实信用原则的要求妥善平衡当事人双方的利益，公平合理地确定合同的内容。在合同发生争议时，应当按照诚实信用原则的要求妥善处理纠纷，避免给对方造成不应有的损失。

5. 守法原则

《合同法》第七条规定：“当事人订立、履行合同，应当遵守法律、行政法规，尊重社会公德，不得扰乱社会经济秩序，损害社会公共利益。”该原则体现在两方面：一方面，当事人在订约和履约中必须遵守全国性的法律和行政法规；另一方面，是当事人在使用合同进行交易时必须遵守社会公德，不得违背社会公共利益。社会公德是社会公共生活的道德规则，包括公共秩序规则和善良风俗规则，是人们在社会公共生活中应当遵循的基本准则。公共秩序通常是指保障社会稳定、发展社会事业所必需的一般性秩序。

四、合同的分类

依据《合同法》的规定，按照不同的标准可将合同分为不同的类型，下面是常用的几种分类。

1. 有名合同与无名合同

根据法律是否对合同规定有确定的名称作为分类标准，可将合同分为有名合同与无名合同。有名合同是立法上规定有确定名称及规则的合同，也称典型合同，在《合同法》分则中规定的买卖合同、赠与合同、借款合同、租赁合同等 15 类合同是有名合同；无名合同是立法上未规定有确定名称及规则的合同，也称非典型合同。当事人订立的有名合同可直接适用《合同法》中关于这种合同的具体规定。而对于无名合同则只能依照当事人的约定，如无约定则适用《合同法》总则中规定的一般规则，并参照该法分则或者其他法律中最相类似的规定执行。

2. 单务合同与双务合同

根据合同当事人是否互相享有权利、负有义务作为分类标准，可将合同分为单务合同与双务合同。单务合同是指仅有一方当事人承担义务，另一方当事人只享有权利的合同，典型的如赠与合同。双务合同是指双方当事人相互享受权利、承担义务的合同，典型的如买卖合同等。当事人在单务合同和双务合同中承担义务的不同，从而使它们的法律适用不同，如单务合同履行中不存在同时履行抗辩权等问题。

3. 要式合同与不要式合同

根据法律是否要求合同必须符合一定的形式才能成立作为分类标准，可将合同分为要式合同与不要式合同。要式合同是必须按照法律规定的特定形式订立才能成立的合同；不要式合同是法律对合同订立未规定特定形式的合同。《合同法》规定，合同除有法律特别规定者外，均为不要式合同。

4. 有偿合同与无偿合同

根据合同当事人是否为从合同中得到的利益支付代价作为分类标准，可将合同分为有偿合同与无偿合同。有偿合同是指当事人为从合同中得到利益要支付相应代价的合同，如买卖合同；无偿合同是指当事人不需为从合同中得到的利益支付相应代价的合同，如赠与合同。

5. 诺成合同与实践合同

根据合同是否须有实际交付标的物的行为才能成立作为分类标准，可将合同分为诺成合同与实践合同。诺成合同是在当事人意思表示一致时即告成立并生效的合同；实践合同是在当事人意思表示一致后，仍须有实际交付标的物的行为或者开始履行时才能成立的合同，如保管合同。通常情况下，确认某种合同属于实践合同除须根据商务惯例外，还应有相应的法律规定，如按照《合同法》规定，自然人之间的借款合同双方达成合意时成立，提供借款时生效。

6. 主合同与从合同

根据合同是否须以其他合同的存在为前提而存在作为分类标准，可将合同分为主合同与从合同。主合同是无须以其他合同的存在为前提即可独立存在的合同；从合同是必须以其他合同的存在为前提才可存在的合同，如保证合同。从合同不能独立存在，所以又称附属合同。主合同的成立与效力直接影响从合同的成立与效力，主合同无效，从合同亦不发生效力。

第二节　合同的订立

合同的订立有很强的技巧性。在订合同时既要选定合同的形式，又要确定合同的内容，而且订约当事人往往还不在同一地点，给合同的订立带来了很多不确定性。

一、合同的内容与形式

在签订合同时，要拟定合同的条款，有些甚至是一方当事人事先就拟定好的，这些经过当事人协商确定的条款即构成合同的内容。这些内容通过书面或口头的形式表现出来。

(一)合同的内容

合同的内容，即合同当事人订立合同的各项具体意思表示，是合同成立时各项条件的总和，一般通过合同的条款来表现。

1. 合同的一般条款

我国《合同法》第十二条规定：“合同内容由当事人约定，一般包括以下条款：①当事人的名称或者姓名和住所；②标的；③数量；④质量；⑤价款或报酬；⑥履行期限、地点和方式；⑦违约责任；⑧解决争议的方法。解决争议的方法主要有四种：协商、调解、仲裁和诉讼。当事人还可选择法律的适用，但中外合资经营合同、中外合作经营企业合同和中外合作勘探开发自然资源合同只能适用我国法律。

当事人为了更好地保护自己的权益，也可以参照各类合同的示范文本订立合同。示范合同文本，又称为示范合同，是指由行政主管部门或者行业协会事先拟定的，对当事人订立合同起示范作用的合同文本。

2. 合同的格式条款

格式条款，又称标准条款，是当事人为了重复使用而预先拟定，并在订立合同时未与对方协商的条款。格式条款的特征包括：①格式条款具有广泛性、重复性和不变性；②格式条款具有单方事先决定性；③格式条款具有持续性和稳定性；④格式条款当事人的地位具有不平衡性。

《合同法》对格式条款作了限制性规定，以保证另一方当事人的合法权益。

(1) 格式条款提供方的特别义务。提供格式条款的一方应当遵循公平原则确定当事人之间的权利和义务，并采取合理的方式提请对方注意免除或者限制其责任的条款，按照对方的要求，对该条款予以说明。

(2) 格式条款的无效。格式条款无效主要有两种情形：一是如果格式条款具有《合同法》规定的合同无效和免责条款无效的情形的，格式条款无效；二是提供格式条款一方免除其责任、加重对方责任、排除对方主要权利的，格式条款无效。

(3) 格式条款的解释。对格式条款的理解发生争议的，应当按照通常理解予以解释；对格式条款有两种以上解释的，应当作出不利于提供格式条款一方的解释。

【专栏 5-1】

合同条款风险的防范

(4) 格式条款的选用。即使是在格式合同中，当事人也可以约定非格式条款，而且如果合同中的格式条款和非格式条款不一致的，应当采用非格式条款。

(二)合同的形式

合同的形式，是指体现合同内容、明确当事人权利义务的方式，是合同当事人意思表示一致的外在表现形式。当事人订立合同，可以采取书面形式、口头形式和其他形式。

口头形式是指双方当事人以语言表达的方式表现合同内容的形式，如当面交谈、电话联系等。这种方式订立合同的优点是方便易行、简单快捷，其缺点是发生争议时难以举证确认责任，不够安全，重要的合同不宜采用口头形式。在现实生活中，购物凭证虽不是合同成立的要件，但可视为合同成立的证明。

书面形式是指以文字的方式表现当事人之间所订合同内容的形式。《合同法》第十一条规定：“书面形式是指合同书、信件和数据电文(包括电报、电传、传真、电子数据交换和电子邮件)等各种可以有形地表现所载内容的形式。”对法律、行政法规规定采用书面形式的合同，当事人应当采用书面形式。当事人自行约定合同采用书面形式的，也应当采用书面形式。采用书面形式订立合同的优点是：内容明确、便于履行、便于保存、便于举证。

其他形式是指采用除书面、口头形式以外的方式来表现合同内容的形式。其他形式一般包括推定形式和默示形式。推定形式是当事人未用语言、文字表达其意思，仅用行为向对方发出要约，对方接受该要约，作出一定或指定的行为作为承诺，以成立合同的形式。例如，当某甲登上公共汽车，并向投币箱投币，该行为可推定某甲与公交公司订立了一个旅客运送合同。默示形式是指当事人采用沉默不语的方式进行意思表示。

二、合同订立的程序

合同的订立又叫“缔约”，是指合同当事人进行协商，并使当事人意思表示逐步达成合意的过程和状态。当事人订立合同，应当具备相应的主体资格，即当事人应当具有相应的民事权利能力和民事行为能力。民事权利能力是指民事主体能够享有民事权利和承担民事义务的法律地位或法律资格；民事行为能力是指民事主体据以独立参加民事法律关系，以自己的法律行为取得民事权利或承担民事义务的法律资格。当事人也可依法委托代理人订立合同。

当事人订立合同，须采取要约、承诺的方式进行。当事人意思表示真实一致时，合同即可成立。国家根据需要下达指令性任务或者国家订货任务的，有关法人、其他组织之间应当依照有关法律、行政法规规定的权利和义务订立合同。

(一)要约

要约是合同订立的首要环节和必经程序。要约又称发盘、出盘、发价或报价等，是指要约人希望和他人订立合同的意思表示。发出要约的人称为要约人，接受要约的人称为受要约人。

1. 要约有效的条件

要约人发出的意思表示并非都能成为合法有效的要约。要约有效须具备以下条件。

(1) 要约是特定当事人以缔结合同为目的的意思表示。要约一般是向特定的相对人发出的，所以相对人一般也是特定的；要约还应以成立合同为直接目的，这是要约与要约邀请的一个重要区别。

(2) 要约应表明经受要约人承诺，要约人即受该意思表示约束。即受要约人接受即会产生对双方当事人都有约束力的权利和义务，合同就会成立。

(3) 要约的内容必须具体确定。“具体”是指要约的内容必须具有足以使合同成立的主要条款，如不包含合同的主要条款，承诺人就难以作出承诺，即使作了承诺，也会因欠缺合同的主要条款而使合同不能成立；“确定”是指要约的内容必须明确，且必须是最终的、无保留的。

(4) 要约必须送达受要约人才能生效。要约送达受要约人后，受要约人才能知晓并据此作出承诺。采用直接送达的方式发出的要约，记载要约的文件交给受要约人时即为到达；采用普通邮寄送达要约方式的，以受要约人收到要约文件或者要约送达到受要约人信箱时即为到达；采用数据电文形式订立合同的，收件人指定特定系统接收数据电文的，该数据电文进入该特定系统的时间，视为到达时间；未指定特定系统的，该数据电文进入收件人的任何系统的首次时间，视为到达时间。

2. 要约邀请

要约邀请是希望他人向自己发出要约的意思表示，不属于订立合同的行为。寄送的价目表、拍卖公告、招标公告、招股说明书、商业广告等，性质为要约邀请。但如果商业广告的内容符合要约的规定，则视为要约，悬赏广告亦为要约。

3. 要约的撤回、撤销和失效

要约的撤回是要约人阻止已经发出的要约发生法律效力的意思表示。撤回要约的通知应当在要约到达受要约人之前或者与要约同时到达受要约人。

要约的撤销是要约人使已经生效的要约失去法律效力的意思表示。撤销要约的通知应当在受要约人发出承诺通知之前到达受要约人。但有下列情形之一的，要约不得撤销：①要约人确定了承诺期限或者以其他形式明示要约不可撤销；②受要约人有理由认为要约是不可撤销的，并已经为履行合同做了准备工作。

有下列情形之一的，要约失效：①拒绝要约的通知到达要约人；②要约人依法撤销要约；③承诺期限届满，受要约人未作出承诺；④受要约人对要约的内容作出实质性变更。

(二)承诺

承诺就是受要约人接受要约，同意订立合同的意思表示。要约一经合法有效的承诺，合同就告成立。

1. 承诺生效的条件

(1) 承诺必须由受要约人或向要约人作出。受要约人为特定人时，承诺由该特定人作出；受要约人为不特定人时，承诺应由该不特定人中任何人作出。

(2) 承诺必须在要约的有效期内作出。如果要约明确规定了有效期，则应在该期间内作出。如果没有规定有效期，则应在合理时间或可望答复的时间内作出：①要约以对话方式作出的，应即时作出承诺，但当事人另有约定的除外；②要约以非对话方式作出的，承诺应当在合理的时间内到达受要约人。要约以信件或者电报作出的，承诺期限自信件载明的日期或者电报交发之日开始计算；信件未载明日期的，自投寄该信件的邮戳日期开始计算；要约以电话、传真等快速通信方式作出的，承诺期自要约到达受要约人时开始计算。

(3) 承诺必须与要约的内容一致。承诺与要约内容的一致是指不能对要约内容进行实质性的变更。承诺与要约的内容“不一致”，称为“反要约”或“还盘”，是受要约人向要约人发出的一项新要约。《合同法》规定，有关合同标的、数量、质量、价款或者报酬、履行期限、履行地点和方式、违约责任和解决争议方法等内容的变更，是对要约内容的实质性变更。承诺对要约的内容作出非实质性变更的，除要约人及时表示反对或者要约表明承诺不得对要约的内容作出任何变更的以外，该承诺有效，合同的内容以承诺的内容为准。

(4) 承诺的方式应符合要求。承诺应当以通知的方式作出，但根据交易习惯或者要约表明可以通过行为作出的除外。此外承诺还应当采用与要约一致的通信方式。

2. 承诺生效的时间

承诺生效的时间是交易中非常关键的问题，因为承诺生效时合同成立。我国《合同法》规定，承诺自承诺通知到达要约人时生效；若不需要通知的，根据交易习惯或者要约的要求作出行为时生效。

3. 承诺的撤回

承诺的撤回是指受要约人发出承诺通知后，为了阻止其发生法律效力的意思表示。我国《合同法》规定，承诺到达要约人时生效，所以在其生效前承诺人可以使其失去法律效力。但是撤回承诺的通知要先于承诺通知或与其同时到达要约人。

【专栏 5-2】
10 车西瓜的买卖该如何处理

对于承诺还要注意两种特殊的情况：①迟延的承诺，即受要约人超过承诺期限发出的承诺，除要约人及时通知受要约人，该承诺有效的以外，应视为新要约；②迟到的承诺，受要约人在承诺期限内发出，按照通常情形能够及时到达要约人，但因其他原因使其到达要约

人时超过承诺期限的承诺，除要约人及时通知受要约人因承诺超过期限不接受该承诺的以外，该承诺有效。

(三)合同成立的时间与地点

《合同法》针对不同形式的合同，规定了不同的成立时间。①一般情况下，承诺生效时合同成立。②当事人约定采用合同书形式订立合同的，自双方当事人签字或者盖章时合同成立。由于法律规定“承诺生效时合同成立”，所以，凡合同不以承诺生效时成立，而以双方当事人在合同书上签字或盖章时成立的，当事人应当事先在要约或承诺中作出明确约定。③当事人采用信件、数据电文等形式订立合同的，可以在合同成立之前要求签订确认书，签订确认书时合同成立。

承诺生效的地点为合同成立的地点。采用数据电文形式订立合同的，收件人的主营业地为合同成立的地点；没有主营业地的，其经常居住地为合同成立的地点。当事人另有约定的，按照其约定。当事人采用合同书形式订立合同的，双方当事人签字或者盖章的地点为合同成立的地点。如双方当事人未在同一地点签字或盖章，则以最后签字或盖章的地点为合同成立的地点。

《合同法》还规定了实际履行情况下合同成立的确认：①法律、行政法规规定或者当事人约定采用书面形式订立合同，当事人未采用书面形式，但一方已经履行主要义务，对方接受的，该合同成立；②法律、行政法规规定或者当事人约定采用合同书形式订立合同，在签字或者盖章之前，当事人一方已经履行主要义务，对方接受的，该合同成立。

三、缔约过失责任

缔约过失责任，是指在合同订立过程中，当事人一方因违背其依据诚实信用原则所产生的义务，而致另一方的信赖利益遭受损失，并应承担的损害赔偿责任。缔约过失责任主要有以下三个特点。

(1) 该责任发生在合同订立阶段，又称“前契约责任”。

(2) 一方当事人违反了依据诚实信用原则所产生的义务。这种义务发生在缔约阶段，又称为“先合同义务”，具体包括：①无正当理由不得撤销要约的义务；②使用方法告知义务；③合同订立前重要事情的告知义务；④协作和照顾义务；⑤忠实义务；⑥保密义务；⑦不得滥用谈判自由的义务。

(3) 造成了另一方信赖利益的损失。所谓信赖利益的损失，主要是指一方实施某种行为后，另一方对此产生了信赖，并因此而支付了一定的费用，因一方的过失致使该费用不能得到补偿。

缔约过失责任的主要类型包括：①假借订立合同，恶意进行磋商。②故意隐瞒与订立合同有关的重要事实或者提供虚假情况。③泄露或不正当地使用商业秘密。当事人在谈判过程中，一方可能会接触、了解另一方的商业秘密，对此应依据诚实信用原则负保密义务，不得向外泄露或作不正当使用，否则应当承担损害赔偿责任。④其他违背诚实信用原则的行为，主要包括：违反初步协议或许诺；违反有效的要约邀请；要约人违反有效的要约；合同无效或被撤销。

此外，违反《合同法》第二百八十九条的强制订约义务及第四十八条的无权代理规定的，也可导致缔约过失责任的产生。

另外要注意的是，一方必须给另一方造成损失，才应负缔约过失责任。这种损失是指另一方因信赖合同的成立和有效，但由于合同不成立和无效的结果所蒙受的损失，在法律上又称为“信赖利益的损失”。

第三节　合同的效力

合同的效力对合同当事人具有重要意义，一个没有效力的合同，对当事人是没有约束力的，因而当事人必须具备判断合同是否有效的能力。

一、合同的生效

合同的成立是指当事人经过要约和承诺，意思表示一致而达成协议；合同的生效，是指已依法成立的合同，发生相应的法律效力。合同成立是合同生效的前提。

(一)合同的生效要件

合同生效要件是判断合同是否具有法律效力的标准。合同的生效一般要具备以下要件：①行为人具有相应的民事行为能力。②意思表示真实。所谓意思表示真实，是指表意人的表示行为应当真实地反映其内心的效果意思。③不违反法律、行政法规的强制性规定，不违背公序良俗。④合同必须具备法律所要求的形式。

(二)合同生效的时间

(1) 依法成立的合同，自成立时生效。即如果无其他约定或法律规定，承诺生效时合同成立并生效。

(2) 法律、行政法规规定应当办理批准、登记等手续生效的，依照其规定办理批准、登记等手续后生效。例如，我国《担保法》规定，房屋抵押合同自办理登记手续之日起生效。根据最高人民法院《合同法解释(一)》的规定，法律、行政法规规定合同应当办理批准手续，或者办理批准、登记等手续才生效的，在法院审理案件过程中，一审法庭辩论终结前当事人仍未办理批准手续的，或者仍未办理批准、登记等手续的，人民法院应当认定该合同未生效；法律、行政法规规定合同应当办理登记手续，但未规定登记后生效的，当事人未办理登记手续不影响合同的效力，但合同标的所有权及其他物权不能转移。这类合同的变更、转让、解除等情形，也依据上述规定处理。

(3) 当事人对合同的效力可以约定附条件。附生效条件的合同，自条件成就时生效；附解除条件的合同，自条件成就时失效。当事人为自己的利益不正当地阻止条件成就的，视为条件已成就；不正当地促成条件成就的，视为条件不成就。

(4) 当事人对合同的效力可以约定附期限。附生效期限的合同，自期限届至时生效；附终止期限的合同，自期限届满时失效。

二、效力待定的合同

效力待定的合同是指合同虽然已经成立，但因其不完全符合有关生效要件的规定，因此其效力能否发生尚未确定，一般须经有权人表示承认才能生效。按照《合同法》的相关理论，凡在合同中涉及代理问题的，该合同是否生效还要根据代理理论来判断。

效力待定合同与无效合同不同，无效合同不发生效力是自始确定的，通常当事人无力改变其无效的状态，而效力待定合同是有可能生效的；效力待定合同与可撤销、可变更合同也不同，可撤销、可变更合同在撤销、变更前是有效的。

(一)限制民事行为能力人订立的合同

在我国年满 8 周岁的未成年人和不能完全辨认自己行为的精神病人，为限制民事行为能力人。限制民事行为能力人订立的合同，经法定代理人追认后，合同有效。同时《合同法》规定了合同相对人享有催告权。合同被追认之前，善意相对人有撤销的权利，撤销应当以通知的方式作出。这里的“追认”，是指权利人事后同意或者承认，在效力待定的合同中，追认是有权人对无权人订立的合同予以承认的一种单方意思表示。

限制民事行为人订立的下列合同有效，无须追认：一是纯获利益的合同。“纯获利益”是指能够获得利益但不负有法律上的负担。一般来说，纯获利益的行为可分为：①无负担的赠与；②义务免除；③作为合同受益的第三人；④信托的受益人等。二是与其年龄、智力、精神健康状况相适应的合同。

(二)无权代理人订立的合同

这里所说的无权代理，是指表见代理以外的欠缺代理权的代理。无权代理主要有三种：一是代理人根本没有代理权，即代理人在未得到任何授权的情况下，便以本人的名义从事代理活动；二是超越代理权的无权代理，即代理人虽享有一定的代理权，但其实施的代理行为超越了代理权的范围或对代理权的限制；三是代理权消灭以后的无权代理，代理权可能因本人撤销委托、代理期限届满等原因而终止。

无权代理人订立的合同，未经被代理人追认，对被代理人不发生效力，由行为人承担责任。相对人可以催告被代理人在 1 个月内予以追认。被代理人未作表示的，视为拒绝追认。合同被追认之前，善意相对人有撤销的权利，撤销应当以通知的方式作出。

此外，如无权代理人具有以下文书或物件时，一般可认为相对人相信其拥有代理权，构成表见代理的有：①代理证书；②单位印章；③单位介绍信；④空白合同等。

(三)表见代表

《合同法》第五十条规定，法人或者其他组织的法定代表人、负责人超越权限订立的合同(含担保合同)，除相对人知道或者应当知道其超越权限的以外，该代表行为有效，合同成立有效。如果相对人知情，则代表人与相对人均属恶意，所以无效；反之，相对人不知情，则为善意当事人，其利益需得到保护，所以有效。

【专栏 5-3】

不可忽视空白合同的风险

三、无效合同、可撤销或可变更的合同及其法律后果

有些已经成立的合同因不符合法定条件，不能生效或不具备法律效力，对当事人没有约束力；有些合同虽已生效，但如出现法律规定的条件，当事人可以选择撤销或变更。

(一)无效合同

无效合同是指已经订立，但因违反法律、行政法规规定的生效条件而不发生法律效力，不具有法律约束力的合同。合同部分无效，其余部分仍然有效。《合同法》第五十二条规定有下列情形之一的合同无效：①一方以欺诈、胁迫的手段订立合同，损害国家利益；②恶意串通，损害国家、集体或者第三人利益；③以合法形式掩盖非法目的；④损害社会公共利益；⑤违反法律、行政法规的强制性规定。

无效合同具有如下特征：①无效合同是已经成立了的合同；②无效合同具有违法性。无效合同违反了法律和行政法规的强制性规定以及社会公共利益；③无效合同的国家可干预性。这种干预主要体现在，由法院或仲裁机构不待当事人请求合同无效，便可主动审查合同是否具有无效的因素；④无效合同自始无效。由于无效合同从本质上违反了法律规定，因此其法律效力始终不被承认。

当事人还可依据《合同法》的自由原则在合同中约定免责条款。所谓免责条款，是指合同当事人在合同中规定的免除或限制一方或双方当事人违约法律责任的条款。但当事人约定的下列免责条款无效：①造成对方人身伤害的；②因故意或者重大过失造成对方财产损失的。免责条款无效不影响其他条款的效力。

(二)可撤销或可变更的合同

1. 可撤销合同的含义和特征

可撤销合同又称可撤销或可变更的合同，是指因存在法定事由，合同一方当事人可请求人民法院或者仲裁机构变更或者撤销的合同。这种合同具有以下特征：①在被撤销前它是有效的，只有在被撤销以后才是自始无效的；②可撤销的合同主要是当事人的意思表示不真实的合同；③必须由有撤销权的当事人行使撤销权，请求撤销合同。

2. 撤销权的行使

撤销权通常由因意思表示不真实而受损害的一方当事人享有，撤销权人应向法院或者仲裁机构请求变更或撤销合同；同时《合同法》第五十四条规定："当事人请求变更的，人民法院或仲裁机构不得撤销。"

《合同法》第五十五条还规定，有下列情形之一的，撤销权消灭：①具有撤销权的当事人自知道或者应当知道撤销事由之日(胁迫是从胁迫行为终止之日)起 1 年内没有行使撤销权；重大误解是当事人自知道或者应当知道撤销事由之日起 3 个月没有行使撤销权。此"1 年""3 个月"时效为不变期间，不适用诉讼时效中止、中断或者延长的规定。②具有撤销权的当事人知道撤销事由后明确表示或者以自己的行为放弃撤销权。

3. 可撤销合同的种类

(1) 因重大误解订立的合同。重大误解是指当事人对合同的性质、对方当事人、标的物的种类、质量、数量等涉及合同后果的重要事项存在错误认识，违背其真实意思表示而订立合同，并因此受到较大损失的行为。但对订立合同后能否得到经济利益，商业风险大小而产生的错误认识，不属于重大误解。

(2) 在订立合同时显失公平的。显失公平是指一方当事人利用对方处于危困状态、缺乏判断能力等情形，在订立合同时致使双方的权利与义务明显违反公平、等价有偿原则的行为。这类合同的受损害方有权请求人民法院或者仲裁机构予以撤销。

(3) 一方以欺诈、一方或者第三方以胁迫的手段，使对方在违背真实意思的情况下订立的合同。这类合同受害方有权请求人民法院或者仲裁机构撤销。另外，《民法通则》第一百四十九条第二款规定：第三人实施欺诈行为，使一方在违背真实意思的情况下实施的民事法律行为，对方知道或者应当知道该欺诈行为的，受欺诈方有权请求人民法院或者仲裁机构予以撤销。但如果因一方或第三方欺诈、胁迫而订立的合同，如损害到国家利益，则不再属于可撤销的合同，而是无效合同。

(三)无效合同、可撤销或可变更的合同的法律后果

可撤销的合同与无效合同不同，无效合同因违法而自始没有法律约束力：可撤销的合同主要是订立合同时意思表示不真实的合同，在合同订立后，当事人的意思表示还可能改变，不一定非得撤销，所以，在被撤销之前仍是有效合同。对可撤销的合同是否撤销，或是采取撤销还是变更措施，完全由当事人决定。

合同无效、被撤销或者终止的，不影响合同中独立存在的有关解决争议方法的条款的效力。合同无效或者被撤销后，因该合同取得的财产，应当予以返还；不能返还或者没有必要返还的，应当折价补偿。有过错的一方应当赔偿对方因此所受到的损失，双方都有过错的，应当各自承担相应的责任。当事人恶意串通，损害国家、集体或者第三人利益的，因此取得的财产收归国家所有或者返还集体、第三人。

第四节　合同的履行

合同履行是合同债权得到实现，达到订立合同时的预期的过程。合同的履行，是指合同的双方当事人正确、适当、全面地完成合同中规定的各项义务的行为。

一、合同履行的原则

合同履行的原则是法律规定的，合同的当事人在履行合同过程中所必须遵循的基本准则。在合同履行的程中，如果当事人没有遵守，即可能导致履行瑕疵而承担法律责任。合同履行应坚持以下原则。

(1) 全面履行原则。全面履行原则就是合同当事人按照合同关于履行主体、履行标的、数量以及质量、履行时间及地点、履行方式、履行费用等内容的约定，全面准确地履行合同义务。

(2) 诚实信用原则。诚实信用原则为指导合同履行的基本原则，对于一切合同及合同履行的一切方面均适用，并根据合同的性质、目的和交易习惯履行附随义务，如及时通知、协助、提供必要的条件、防止损失的扩大及保密等。例如，《合同法》规定：债权人分立、合并或者变更住所没有通知债务人，致使履行债务发生困难的，债务人可以中止履行或者将标的物提存。

(3) 经济合理原则。该原则要求履行合同时，讲求经济效益，付出最小的成本，取得最佳的合同利益。这是市场经济的内在要求。

二、合同履行的规则

合同履行的规则是指合同履行过程中当事人需要遵守的具体措施。

(一)合同的履行主体

合同的履行主体既包括义务主体，也包括权利主体。合同生效后，当事人不得因姓名、名称的变更或者法定代表人、负责人、承办人的变动而不履行合同义务。一般情况下，合同的义务应该由义务人亲自履行，但对于非人身性质的债、非法定或约定必须由义务人亲自履行的合同债务，可由第三人代为履行，但第三人即使代为履行了合同义务，他仍然不是合同当事人。为保障涉及第三人合同履行中各方当事人的正当权益，《合同法》规定，当事人约定由债务人向第三人履行债务的，债务人未向第三人履行债务或者履行债务不符合约定的，应当向债权人承担违约责任；当事人约定由第三人向债权人履行债务的，第三人不履行债务或者履行债务不符合约定的，债务人应当向债权人承担违约责任。这些规定充分体现了合同的相对性原理。

【专栏 5-4】

合同的相对性

(二)合同约定不明时的履行规则

合同生效后，当事人就质量、价款或者报酬、履行地点等内容没有约定或者约定不明确的，可以协议补充；不能达成补充协议的，按照合同有关条款或者交易习惯确定。

当事人在依上述履行规则仍不能确定的，适用《合同法》的规定。《合同法》第六十二条、第六十三条的规定如下：①质量要求不明确的，按照国家标准、行业标准履行；没有国家标准、行业标准的，按照通常标准或者符合合同目的的特定标准履行。②价款或者报酬不明确的，按照订立合同时履行地的市场价格履行；依法应当执行政府定价或者政府指导价的，按照规定履行。合同约定执行政府定价或者政府指导价的，在合同约定的交付期限内政府价格调整时，按照交付时的价格计价。逾期交付标的物的，遇价格上涨时，按照原价格执行；价格下降时，按照新价格执行。逾期提取标的物或者逾期付款的，遇价格上涨时，按照新价格执行；价格下降时，按照原价格执行。③履行地点不明确，给付货币的，在接受货币一方所在地履行；交付不动产的，在不动产所在地履行；其他标的，在履行义务一方所在地履行。④履行期限不明确的，债务人可以随时履行，债权人也可以随时要求履行，但应当给对方必要的准备时间。⑤履行方式不明确的，按照有利于实现合同目的的方式履行。⑥履行费用的负担不明确的，由履行义务一方负担。

(三)提前履行和部分履行

债权人可以拒绝债务人提前履行债务，但提前履行不损害债权人利益的除外。债务人提前履行债务给债权人增加的费用，由债务人负担。债权人可以拒绝债务人部分履行债务，但部分履行不损害债权人利益的除外。债务人部分履行债务给债权人增加的费用，由债务人负担。

三、合同履行中的抗辩权

合同履行中的抗辩权，是指在符合法定条件时，当事人一方对抗另一方当事人的履行请求权，暂时拒绝履行自己债务的权利。其存在必须以双务合同为前提。

(一)同时履行抗辩权

同时履行抗辩权是指双务合同的一方当事人在另一方当事人未对待给付以前，有权拒绝对方要求自己履行的权利。《合同法》第六十六条规定："当事人互负债务，没有先后履行顺序的，应当同时履行。一方在对方履行之前有权拒绝其履行要求。一方在对方履行债务不符合约定时，有权拒绝其相应的履行要求。"

同时履行抗辩权的成立应满足以下条件：①双方当事人基于同一双务合同而互负债务；②双方当事人互负的债务没有先后履行顺序，且均已到清偿期限；③对方当事人未履行债务或未按照约定履行债务；④对方当事人的对待给付是可能履行的。

(二)后履行抗辩权

后履行抗辩权(也称先履行抗辩权)，是指双务合同中应先履行义务的一方当事人未履行时，对方当事人有拒绝其请求履行的权利。对此，我国《合同法》的规定，当事人互负债务，有先后履行顺序，先履行一方未履行的，后履行一方有权拒绝其履行要求；先履行一方履行债务不符合约定的，后履行一方有权拒绝其相应的履行要求。由此可见，后履行抗辩权的行使应符合下列条件：①双方当事人的互负债务是基于同一双务合同而存在；②双方当事人的互负债务必须有先后履行的顺序；③先履行一方到期未履行债务或履行债务不适当；④对方当事人的对待给付是可能履行的。

(三)不安抗辩权

不安抗辩权，是指双务合同中应先履行义务的一方当事人，有证据证明对方当事人不能或可能不能履行合同义务时，在对方当事人未履行合同或提供担保之前，有暂时中止履行合同的权利。《合同法》第六十八条规定，应当先履行债务的当事人，有确切证据证明对方有下列情形之一的，可以中止履行：①经营状况严重恶化；②转移财产、抽逃资金，以逃避债务；③丧失商业信誉；④有丧失或者可能丧失履行债务能力的其他情形。

不安抗辩权适用的条件包括：①双方当事人基于同一双务合同而存在互负债务；②抗辩方负有先履行合同的义务，且已到履行期限；③合同签订后，后给付义务人的履行能力明显降低，有不能履行对待给付的现实危险；④后履行义务人未提供适当担保。

如果当事人没有确切证据中止履行的，应当承担违约责任。当事人行使不安抗辩权中止履行的，应当及时通知对方。对方提供适当担保时，应当恢复履行。中止履行后，对方在合理期限内未恢复履行能力并且未提供适当担保的，中止履行的一方可以解除合同。

四、代位权与撤销权

代位权与撤销权是合同保全的形式，合同保全就是为保护合同债权人的债权不受债务人不当行为的损害而对合同债权人采取一定保护措施的法律制度。

(一)代位权

《合同法》第七十三条规定，代位权是指当债务人怠于行使其权利而危及债权人利益时，债权人为保全债权，可以向人民法院请求以自己的名义代位行使债务人的债权的权利，但该债权专属于债务人自身的除外。代位权的适用对象是债务人的消极行为，即债务人危及债权人利益的怠于行使其权利的行为，主要是指债务人不履行其对债权人的到期债务，又不以诉讼方式或者仲裁方式向其债务人主张其享有的具有金钱给付内容的到期债权，致使债权人的到期债权未能实现。如次债务人(即债务人的债务人)提出抗辩，不认为债务人有怠于行使其到期债权情况的，应当承担举证责任。在代位权诉讼中，次债务人对债务人的抗辩，可以向债权人主张。代位权的行使范围以债权人的债权为限。债权人行使代位权的必要费用，由债务人负担。债权人对通过代位权行使所获财产有优先受偿权。

债权人提起代位权诉讼，应当符合下列条件：①债权人对债务人的债权合法；②债务人怠于行使其到期债权，并对债权人造成损害；③债务人的债权已到期；④债务人的债权不是专属于债务人自身的债权。

(二)撤销权

撤销权，是指债权人在债务人实施的减少财产的行为危及债权人债权的实现时，有请求法院撤销其行为的权利。撤销权的适用对象是债务人的积极行为，撤销权行使的结果是恢复债务人的财产与权利，债权人就撤销权行使的结果并无优先受偿的权利。但债权人行使撤销权所支付的律师代理费、差旅费等必要费用，由债务人负担；第三人有过错的，应当适当分担。撤销权成立的要件：①客观要件：指债务人有危害债权的行为。具体表现为：债务人实施了一定的处分财产的行为；债务人处分财产的行为已经发生法律效力；债务人处分财产的行为已经或者将要对债权人造成损害。②主观要件：指债权人行使撤销权时必须有债务人实施处分行为或者债务人与第三人实施民事行为时具有主观恶意。

同时，《合同法》第七十五条对撤销权行使的期限作了规定：“撤销权自债权人知道或者应当知道撤销事由之日起 1 年内行使。自债务人的行为发生之日起 5 年内没有行使撤销权的，该撤销权消灭。”

第五节　合同的担保

合同的担保即合同债的担保，是指促使债务人履行其债务，保障债权人的债权得以实现的法律制度。我国《担保法》及其司法解释对合同的担保问题有详细的规定。《物权法》对担保物权(抵押权、质押权、留置权)也作了详细规定，且明确规定《担保法》的规定与《物权法》的规定不一致的，以《物权法》为准。

担保的特征包括：①从属性。担保合同是从属于主合同的从合同。除另有约定外，主合同无效，担保合同无效。②补充性。即债权人一般只有在所担保的债务得不到履行时，才行使担保权利。③预防性。担保合同可以是主合同的条款之一，也可以另立担保合同，但其目的都是为了防止违约行为的发生，保障权利人权利的实现。④相对独立性。相对独立性是指合同的担保相对独立于被担保的合同债权而发生或者存在。担保法律关系虽然是从属于主合同的，但也是独立的法律关系。依照法律规定或当事人约定，合同担保可独立生效。

依担保人和担保内容的不同，可将担保划分为人的担保(保证)、物的担保(抵押、质押、留置)和金钱担保(定金)三种；依据担保发生的根据，合同的担保可分为约定担保(保证、抵押、质押等)与法定担保(留置)。

《担保法》规定，如果是第三人为债务人向债权人提供担保的，担保人可以要求债务人提供反担保，且反担保适用担保的规定。

《担保法》规定的担保方式为保证、抵押、质押、留置和定金五种。

一、保证

保证是我国《担保法》规定的常见的合同担保方式之一，属于人的担保。

(一)保证的概念和特征

保证，是指保证人和债权人约定，当债务人不履行债务时，保证人按照约定履行债务或者承担责任的行为。

具有代为清偿债务能力的法人、其他组织或者公民，可以做保证人。国家机关一般不得为保证人，但经国务院批准为使用外国政府或者国际经济组织贷款进行转贷的除外；学校、幼儿园、医院等以公益为目的的事业单位、社会团体不得为保证人，但从事经营活动的事业单位、社会团体可以为保证人；企业法人的分支机构、职能部门不得为保证人，企业法人的分支机构有法人书面授权的，可以在授权范围内提供保证，该分支机构经营管理的财产不足以承担担保责任的，由企业法人承担民事责任。

同一债务有两个以上保证人的，保证人应当按照保证合同约定的保证份额，承担保证责任；没有约定保证份额的，保证人承担连带责任。已经承担保证责任的保证人，有权向债务人追偿，或者要求承担连带责任的其他保证人清偿其应当承担的份额。

保证具有如下特征：①保证是一种人的担保方式。所以，当需要保证人承担保证责任的时候，债权人不能直接处分保证人的财产。②保证合同既是单务无偿合同，也是诺成合同。保证在本质上是由保证人代替主债务人履行债务，是一种单方面的义务，债权人并不对保证人承担义务；保证合同一经保证人与债权人达成一致协议，保证合同即成立，不需有实际履行行为。③保证人必须是主合同债权人、债务人以外的第三人。④保证人应当具有清偿债务的能力。保证人承担保证责任最终要落实到财产责任上，所以保证人必须具有清偿债务的能力。

(二)保证的方式

保证的方式分为一般保证和连带保证。一般保证也称补充责任保证，当事人在保证合同中约定，债务人不能履行债务时，才由保证人承担保证责任的，为一般保证。

一般保证的保证人对债权人享有先诉抗辩权，即在主合同纠纷未经审判或仲裁，并就债务人财产依法强制执行仍不能清偿债务前，对债权人可拒绝承担保证责任。所谓“不能清偿”，是指对债务人的存款、现金、有价证券、成品、半成品、原材料、交通工具等可以执行的动产和其他方便执行的财产执行完毕后，债务仍未能得到清偿。但有下列情形之一的，保证人不得行使先诉抗辩权：①债务人住所变更，致使债权人要求其履行债务发生重大困难的；②人民法院受理债务人破产案件，中止执行程序的；③保证人以书面形式放弃先诉抗辩权的。

一般保证的保证人在主债权履行期间届满后，向债权人提供了债务人可供执行财产的真实情况的，债权人放弃或怠于行使权利致使该财产不能被执行，保证人可请求法院在其提供可供执行财产的实际价值范围内免除保证责任。

连带责任保证，是指当事人在保证合同中约定保证人与债务人对债务承担连带责任。只要债务人在主合同规定的债务履行期届满时没有履行债务，债权人可直接要求保证人在其保证范围内承担保证责任。当事人对保证方式没有约定或者约定不明确的，按照连带责任保证承担责任。由于保证人承担了对债务人的保证责任，所以保证人享有债务人的抗辩权，如债务人放弃对债务的抗辩权，保证人仍有权抗辩。

(三)保证合同及保证期间

保证合同应当以书面形式订立。保证合同应包括如下内容：①被保证的主债权种类、数额；②债务人履行债务的期限；③保证的方式；④保证担保的范围；⑤保证的期间；⑥双方认为需要约定的其他事项。

保证人与债权人可以就单个主合同订立保证合同，也可以协议在最高债权额限度内就一定期间连续发生的借款合同或者某项商品交易合同订立一个保证合同。主合同中虽无保证条款，但保证人在主合同上以保证人的身份签字或者盖章的，保证合同成立。

《担保法》规定的保证责任期间主要有三种：①约定。保证人与债权人约定保证期间的，按照约定执行。②未约定。保证人与债权人未约定保证期间的，保证期间为主债务履行期届满之日起 6 个月。③约定不明。保证合同约定保证人承担保证责任直至主债务本息还清时为止等类似内容的，视为约定不明，保证期间为主债务履行期届满之日起 2 年。

保证期间的性质是除斥期间，即债权人能够要求保证人承担保证责任的权利存在的预定期间；保证期间不适用民事诉讼法有关诉讼时效中止、中断、延长的规定。保证期间一旦届满，将使债权人要求保证人承担保证责任这项实体权利归于消灭，或者说在这种情形下，保证人将免除保证责任。

(四)保证担保的责任

保证担保的责任包括主债权及利息、违约金、损害赔偿金和实现债权的费用。保证合同对责任范围另有约定的，按照约定执行。当事人对保证担保的范围没有约定或者约定不明确的，保证人应当对全部债务承担责任。

在保证期间，债权人依法将主债权转让给第三人，除保证合同另有约定，保证人在原保证担保的范围内继续承担保证责任；债权人许可债务人转让债务的，应当取得保证人的书面同意，保证人对未经其同意转让的债务部分，不再承担保证责任。

《担保法》规定，除保证合同另有约定，债权人与债务人协议变更主合同的，应当取得保证人的书面同意，未经保证人书面同意的，保证人不再承担保证责任。但在实践中，根据《担保法解释》的规定，保证期间，债权人与债务人对主合同数量、价款、币种、利率等内容作了变动，未经保证人同意的，如果减轻债务人的债务的，保证人仍应当对变更后的合同承担保证责任；如果加重债务人的债务的，保证人对加重的部分不承担保证责任。债权人与债务人对主合同履行期限作了变动，未经保证人书面同意的，保证期间为原合同约定的或者法律规定的期间。债权人与债务人协议变动主合同内容，但并未实际履行的，保证人仍应当承担保证责任。

同一债权既有保证又有物的担保时，应优先执行物的担保，保证人仅对物的担保以外的债权承担保证责任。

(五)保证人的免责

有下列情形之一的，保证人不承担民事责任：①主合同当事人双方串通，骗取保证人提供保证的；②合同债权人采取欺诈、胁迫等手段，使保证人在违背真实意思的情况下提供保证的。

【专栏 5-5】

合同保证问题的处理

根据《担保法解释》的规定，主合同债务人采取欺诈、胁迫等手段，使保证人在违背真实意思的情况下提供保证的，债权人知道或者应当知道欺诈、胁迫事实的，保证人不承担民事责任。主合同当事人双方协议以新贷偿还旧贷，除保证人知道或者应当知道的以外，保证人不承担民事责任。

二、抵押

抵押是合同担保的常见方式之一，我国《担保法》有详细的规定，《物权法》中也有规定，是担保物权中最重要的一种。在银行的借款合同中经常采用抵押方式进行担保。

(一)抵押的概念及特征

抵押是指债务人或者第三人不转移财产的占有，将该财产作为债权的担保，债务人不履行债务时，债权人有权以该财产折价或者以拍卖、变卖该财产的价款优先受偿。这里所指的债务人或者第三人为抵押人，债权人为抵押权人，抵押权人拥有从抵押物的交换价值中优先获得清偿的权利，这就是抵押权。

抵押具有以下法律特征：①提供抵押财产的人既可以是主合同的债务人，也可以是主合同以外的第三人；②抵押权是设定在债务人或第三人特定财产上的担保物权；③抵押不转移抵押财产的占有；④抵押担保以债权人行使优先受偿权而实现。

(二)抵押物

抵押物是抵押人向抵押权人提供担保的财产。《物权法》第一百八十条规定：“债务

人或者第三人有权处分的下列财产可以抵押：①建筑物和其他土地附着物；②建设用地使用权；③以招标、拍卖、公开协商等方式取得的荒地等土地承包经营权；④生产设备、原材料、半成品、产品；⑤正在建造的建筑物、船舶、航空器；⑥交通运输工具；⑦法律、行政法规未禁止抵押的其他财产。”且抵押人还可以将上述所列财产一并抵押。

同时，《物权法》第一百八十四条规定：“下列财产不得抵押：①土地所有权；②耕地、宅基地、自留地、自留山等集体所有的土地使用权，但法律规定可以抵押的除外；③学校、幼儿园、医院等以公益为目的的事业单位、社会团体的教育设施、医疗卫生设施和其他社会公益设施；④所有权、使用权不明或者有争议的财产；⑤依法被查封、扣押、监管的财产；⑥法律、行政法规规定不得抵押的其他财产。”

抵押人所担保的债权不得超出其抵押物的价值，对于抵押财产的价值大于所担保债权的余额部分，可以再次抵押，但不得超出其余额部分。

《担保法》第三十六条对房地产的抵押有专门规定，实行房与地同时抵押的原则。

(三)抵押合同及抵押登记

1. 抵押合同

抵押合同是抵押权人与抵押人之间为明确相互权利义务关系而订立的协议。《物权法》第一百八十五条规定：“设立抵押权，当事人应当采取书面形式订立抵押合同。抵押合同一般包括下列条款：①被担保债权的种类和数额：②债务人履行债务的期限；③抵押财产的名称、数量、质量、状况、所在地、所有权归属或者使用权归属：④担保的范围。”

抵押合同不以登记为生效要件。当事人之间订立有关设立、变更、转让和消灭不动产物权的合同，除法律另有规定或者合同另有约定外，自合同成立时生效；未办理物权登记的，不影响合同效力。

2. 抵押权的设定

1) 登记生效

对某些特定财产需要办理抵押登记，不经抵押登记，抵押权不发生法律效力。《物权法》第一百八十七条规定，需要进行抵押登记抵押权才设立的财产有：①建筑物和其他土地附着物；②建设用地使用权；③以招标、拍卖、公开协商等方式取得的荒地等土地承包经营权；④正在建造的建筑物。

另外，我国已经实行不动产统一登记制度，《不动产登记暂行条例》于 2015 年 3 月 1 日起施行。

2) 登记对抗

《物权法》第一百八十八条规定，以生产设备、原材料、半成品、产品、交通工具，正在建造的船舶、航空器抵押的，抵押权自抵押合同生效时设立；未经登记，不得对抗善意第三人。

(四)抵押担保的范围及实现

抵押担保的范围包括主债权及利息、违约金、损害赔偿金和实现抵押权的费用。抵押合同另有约定的，按照约定。

抵押权的实现应注意两点：一是从途径看，抵押权的实现可分为协议实现和诉讼实现；二是从方法看，抵押权的实现可采取折价、拍卖和变卖三种方式(诉讼实现仅限于拍卖和变卖)对抵押物加以处置，使债权人优先受偿。

抵押物折价或者拍卖、变卖所得的价款的，当事人没有约定的按下列顺序清偿：①实现抵押权的费用；②主债权的利息；③主债权。

债务履行期届满，债务人不履行债务致使抵押物被人民法院依法扣押的，自扣押之日起抵押权人有权收取由抵押物分离的天然孳息以及抵押人就抵押物可以收取的法定孳息，按照下列顺序清偿：①收取孳息的费用；②主债权的利息；③主债权。

同一债权有两个以上抵押人的，债权人放弃债务人提供的抵押担保的，其他抵押人可以请求人民法院减轻或者免除其应当承担的担保责任。同一债权有两个以上抵押人的，当事人对其提供的抵押财产所担保的债权份额或者顺序没有约定或者约定不明的，抵押权人可以就其中任一或者各个财产行使抵押权。抵押人承担担保责任后，可以向债务人追偿，也可以要求其他抵押人清偿其应当承担的份额。

(五)其他规定

(1) 抵押权因抵押物灭失而消灭。在抵押物灭失、毁损或者被征用的情况下，抵押权人可以就该抵押物的保险金、赔偿金或者补偿金优先受偿，但是，若抵押权所担保的债权未届清偿期的，抵押权人可以请求人民法院对保险金、赔偿金或补偿金等采取保全措施。

(2) 当事人可设置最高额抵押。最高额抵押是指抵押人与抵押权人协议，在最高债权额限度内，以抵押物对一定期间内连续发生的债权作担保。最高额抵押的主合同债权不得转让。根据《担保法解释》的规定，最高额抵押权所担保的债权范围，不包括抵押物因财产保全或者执行程序被查封后或债务人、抵押人破产后发生的债权。当事人对最高额抵押合同的最高限额、最高额抵押期间进行变更，不得以其变更对抗顺序在后的抵押权人。

【专栏 5-6】

购买二手房时，慎选抵押房

(3) 浮动抵押。浮动抵押是指企业、个体工商户、农业生产经营者可以将现有的以及将有的生产设备、原材料、半成品、产品抵押，债务人不履行到期债务或者发生当事人约定的实现抵押权的情形，债权人有权就实现抵押权时的动产优先受偿的权利。

三、质押

质押担保的突出特点是要转移质押物的占有，以及质押人要将质押物交给质押权人。

(一)质押的含义及与抵押的区别

质押是指债务人或第三人将出质的财产或权利交债权人占有，作为债权的担保，在债务人不履行债务时，债权人可将该财产或权利折价或拍卖、变卖所得的价款受偿。

质押与抵押的区别表现在：①标的物不同。质押标的为动产及权利，不动产不能作标的；抵押则可以用动产或不动产作标的。②抵押权的设立不移转标的物的占有，而质押权设立应当转移标的物的占有。③同一物上面只能设立一个质押权，没有受偿顺序问题；而同一抵押物上可以设立数个抵押权，存在受偿顺序问题。

(二)质押的分类

我国《担保法》规定，质押分为动产质押与权利质押两种，《物权法》也设有动产质权和权利质权。

1. 动产质押

动产质押是指债务人或者第三人将其动产移交债权人占有，将该动产作为债权的担保。债务人不履行债务时，债权人有权依法以该动产折价或者以拍卖、变卖该动产的价款优先受偿。债务人或者第三人为出质人，债权人为质权人，移交的动产为质物。法律、行政法规禁止转让的动产不得出质，如毒品、淫秽出版物等均不能出质。

根据《担保法解释》的规定，债务人或者第三人将其金钱以特户、封金、保证金等形式特定化后，移交债权人占有作为债权的担保，债务人不履行债务时，债权人可以该金钱优先受偿。

质押合同应以书面形式签订，一般包括以下内容：①被担保债权的种类和数额；②债务人履行债务的期限；③质押财产的名称、数量、质量、状况；④担保的范围；⑤质押财产交付的时间。

质押合同为实践合同，自质物移交于质权人占有时生效。出质人代质权人占有质物的，质押合同不生效；质权人将质物返还于出质人后，其质权不能对抗第三人。

质押合同中对质押的财产约定不明，或者约定的出质财产与实际移交的财产不一致的，以实际交付占有的财产为准。动产质权的效力及于质物的从物；但从物未随同质物移交质权人占有的，质权的效力不及于从物。出质人和质权人在合同中不得约定在债务履行期届满质权人未受清偿时，质物的所有权转移为质权人所有。

除质押合同另有约定的外，质权人有权收取质物所生的孳息。孳息应当先充抵收取孳息的费用。除质押合同另有约定的外，质押担保的范围包括主债权及利息、违约金、损害赔偿金、质物保管费用和实现质权的费用。

质权人的权利主要包括：①占有权。质权人在债权未受清偿前，有权占有质押财产。②孳息收取权。《物权法》规定除合同另有约定的外，质权人有权收取质押财产的孳息。③质权保全权。《物权法》第二百一十六条规定："因不能归责于质权人的事由可能使质押财产毁损或者价值明显减少，足以危害质权人权利的，质权人有权要求出质人提供相应的担保；出质人不提供的，质权人可以拍卖、变卖质押财产，并与出质人通过协议将拍卖、变卖所得的价款提前清偿债务或者提存。"④质权的处分权。质权人可以放弃质权；质权具有可让与性，质权人享有质权转让权。⑤优先受偿权。质权人在一定条件下可依法将质押财产变价，从该变价中优先得到清偿。

质权人的义务主要包括：①妥善保管质押财产；②返还质押财产；③不得擅自使用、处分质押财产；④不得擅自转质。

质权因质物灭失而消灭。因灭失所得的赔偿金，应当作为出质财产。

2. 权利质押

权利质押是指债务人或者第三人以其财产权利出质作为债权的担保。除《担保法》

《物权法》另有规定外，动产质押的法律规定适用于权利质押。

《物权法》第二百二十三条规定：“债务人或者第三人有权处分的下列权利可以出质：①汇票、支票、本票；②债券、存款单；③仓单、提单；④可以转让的基金份额、股权；⑤可以转让的注册商标专用权、专利权、著作权等知识产权中的财产权；⑥应收账款；⑦法律、行政法规规定可以出质的其他财产权利。”根据《担保法解释》的规定，依法可以质押的其他权利，还包括公路桥梁、公路隧道或者公路渡口等不动产的收益权。

以汇票、支票、本票、债券、存款单、仓单、提单出质的，当事人应当订立书面合同。质权自权利凭证交付质权人时设立；没有权利凭证的，质权自有关部门办理出质登记时设立。

以基金份额、股权出质的，当事人应当订立书面合同。以基金份额、股权出质的，质权自证券登记结算机构办理出质登记时设立；以其他股权出质的，质权自工商行政管理部门办理出质登记时设立。

以注册商标专用权、专利权、著作权等知识产权中的财产权出质的，当事人应当订立书面合同。质权自有关主管部门办理出质登记时设立。

以应收账款出质的，当事人应当订立书面合同。质权自信贷征信机构办理出质登记时设立。

四、留置

留置是《物权法》中规定的担保物权之一，它与其他担保方式的不同之处是，留置是法定的。合同担保中留置的适用范围受到一定的限制。

(一)留置及其构成

留置，是指债务人不履行到期债务时，债权人可以依法将已经合法占有的债务人的动产留置，并以该财产折价或者以拍卖、变卖该财产的价款优先受偿。

留置权的构成要件：①债权清偿期限已到；②债权人合法占有债务人的动产，随意强占债务人的财产不能构成留置权；③债权人留置的动产，应当与债权属于同一法律关系，但企业之间留置的除外。

留置与抵押、质押的区别表现在：①留置是法定的担保物权，当事人无须约定；抵押、质押都是依据当事人的约定而产生的；②留置中债权人要占有债务人的财产，而抵押不占有抵押人的财产；③留置权人占有债务人的财产是因为履行主合同而占有，在主合同期满后继续占有，其占有与主合同有牵连性；而质权人占有出质人财产是依据质押合同，与主合同没有牵连性；④行使优先受偿权的条件不同。留置权人将留置财产变价，从中优先受偿，受宽限期的限制；而抵押、质押权人处置抵押质押物，优先受偿没有宽限期的限制。

(二)留置权人的权利和义务

留置权人的权利包括：①留置财产占有权；②留置财产孳息收取权；③留置财产必要的使用权；④必要费用偿还请求权；⑤留置财产变价权；⑥优先受偿权。

留置权人的义务包括：①留置财产的保管义务；②不得擅自使用、利用留置财产的义务；③返还留置财产的义务。

(三)留置担保的范围及其实现

留置担保的范围包括主债权及利息、违约金、损害赔偿金、留置物保管费用和实现留置权的费用。留置物折价或者拍卖、变卖后，其价款超过债权数额的部分归债务人所有，不足部分由债务人清偿。

留置权人与债务人应当约定留置财产后的债务履行期间；没有约定或者约定不明确的，留置权人应当给债务人 2 个月以上履行债务的期间，但鲜活易腐等不易保管的动产除外。债务人逾期未履行的，留置权人可以与债务人协议以留置财产折价，也可以就拍卖、变卖留置财产所得的价款优先受偿。留置财产折价或者变卖的，应当参照市场价格。

同一动产上已设立抵押权或者质权，该动产又被留置的，留置权人优先受偿。

五、定金

定金是由合同一方当事人预先向对方当事人交付一定数额的货币，以保证债权实现的担保方式。

(一)定金的特点

定金的特点包括：①定金是由债务人自己提供担保，这有别于保证和第三人提供担保的抵押、质押；②定金的担保作用体现在，如果违约则丧失定金或双倍返还定金，产生一种请求权或导致请求权的丧失，这与抵押、质押、留置产生担保物权不同；③定金对当事人双方都有担保作用，这与其他担保方式只为债权人提供担保不同。

(二)定金罚则

定金罚则，即给付定金的一方不履行约定的债务的，无权要求返还定金；收受定金的一方不履行约定的债务的，应当双倍返还定金。

当事人约定以交付定金作为主合同成立或者生效要件的，给付定金的一方未支付定金，但主合同已经履行或者已经履行主要部分的，不影响主合同的成立或者生效。

因当事人一方迟延履行或者有其他违约行为，致使合同目的不能实现，可以适用定金罚则，但法律另有规定或者当事人另有约定的除外。当事人一方不完全履行合同的，应当按照未履行部分所占合同约定内容的比例，适用定金罚则。因不可抗力、意外事件致使主合同不能履行的，不适用定金罚则。

此外，定金合同应以书面形式约定。定金的数额由当事人约定，但不得超过主合同标的额的 20%。当事人在定金合同中应当约定交付定金的期限。定金合同从实际交付定金之日起生效。

第六节　合同的变更、转让和终止

合同依法成立后，当事人可以依法定程序变更或者转让合同。如果当事人履行了合同或者出现了法定或约定的条件，则合同终止。

一、合同的变更

合同的变更有狭义和广义之分。狭义的变更是指合同部分内容的变化，即对合同某些条款进行修改和补充。广义的变更是指除包括合同内容的变化外，还包括合同主体的变化，即由新的主体取代原合同的主体，这实质上是合同的转让。《合同法》规定所指的合同的变更是指狭义的合同变更，即合同内容的部分变化。

(一)合同变更的条件

《合同法》规定，当事人双方协商一致，可以变更合同。法律、行政法规规定变更合同应当办理批准、登记手续的，依照其规定。变更合同应当符合下列条件：①合同变更以合同有效成立及未完全履行为前提；②合同应根据法律规定或者当事人约定而变更；③合同变更须有合同内容的变化；④合同变更须遵循法定的形式。对于一些特定的合同，依照法律规定应当履行批准或者登记手续的，当事人在达成合同变更协议后应到相应的部门办理批准、登记手续。

(二)合同变更的法律效力

合同变更的法律效力主要体现在：①当事人应当按照变更后的合同内容履行；②合同变更只对合同未履行的部分有效，对已履行的合同内容不发生法律效力，即合同的变更没有溯及力；③合同变更不影响当事人请求赔偿损失的权利；④当事人对合同变更的内容约定不明确的，推定为未变更。

二、合同的转让

合同转让会导致一方当事人权利或义务的变化，但是合同本身的权利、义务是不变的。

(一)合同转让的含义及条件

合同转让是指在不变更合同内容的前提下，将合同规定的权利、义务或者权利、义务概括转让给第三方，由受让方承担合同的权利和义务。习惯上将合同转让称为合同主体的变更。根据转让的程度，合同转让可分为全部转让和部分转让；根据转让对象的不同，合同转让可分为合同权利的转让、合同义务的转让和合同权利义务的转让。

合同转让须符合以下条件：①必须有合法有效的合同关系存在；②转让人与受让人之间要达成协议；③要符合法律规定的程序。

(二)合同权利的转让

1. 合同权利的可转让性及其限制

合同权利的转让，是指债权人将合同权利转让给第三人。原则上，合同权利可以由债权人进行全部或部分转让，但下列合同权利不可转让：①根据合同的性质不得转让；②按照当事人约定不得转让；③依照法律规定不得转让。

2. 合同权利转让的要件

构成合同有效转让的要件主要有：①必须有有效的合同债权存在，且权利转让不改变债权的内容；②债权的转让人与受让人须就债权的转让协商一致；③被转让的合同债权本身具有可转让性；④债权的转让必须通知债务人才能生效，未经通知，该转让对债务人不发生效力。

3. 合同权利转让的效力

合同权利转让后，在转让人(原债权人)、受让人(第三人)和债务人之间产生相应的法律后果。

(1) 合同权利转让的内部效力，即合同权利转让在转让人和受让人之间的效力。①合同权利由转让人转让给受让人后，如果是全部转让，则受让人取代转让人在原合同中债权人的地位而成为新的债权人；如果是部分转让，则受让人加入原合同关系，与转让人一道共同成为合同的债权人。②从权利随主权利同时转让给受让人，但专属于债权人自身的从权利不随主权利的转让而转让。③转让人对转让的债权负瑕疵担保责任。

(2) 合同权利转让的外部效力，即合同权利转让对债务人发生的效力。①债务人不得再向转让人即原债权人履行债务。②合同权利转让后，债务人对转让人的抗辩可以向受让人主张。③合同权利转让后，债务人可以向受让人行使抵销权。

(三)合同义务的转移

合同义务的转移，是指债务人经债权人同意，将合同的义务全部或者部分地转让给第三人。经债权人同意是合同义务转移的必要条件，未经债权人同意，转让对债权人无效。

合同义务转移后，在转让人(原债务人)、受让人(第三人)和债权人之间产生相应的法律后果。

(1) 合同义务转移的内部效力，即合同义务转移在转让人和受让人之间的效力。①合同义务转移后，如果是合同义务的全部转移，受让人即新的债务人将完全取代转让人即旧的债务人负担起全面履行合同的义务；如果是合同义务的部分转移，则受让人即新的债务人加入到原债务中，和转让人即原债务人一起向债权人履行义务。②合同义务转移后，从债务随主债务同时转移给新的债务人，但该从债务是专属于债务人本身的，这些从债务不随着主债务的转移而转移。

(2) 合同义务转移的外部效力，即合同义务转移对债权人发生的效力。合同义务转移后，新债务人可以主张原债务人对债权人的抗辩权。

(四)债权债务的概括转让

债权债务的概括转让也称合同承受，是指合同当事人一方将合同权利义务一并转移给第三人，由第三人概括地继受这些权利义务。债权债务的概括转让仅适用于双务合同。债权债务的概括转让主要有当事人约定转让和法律规定转让两种情形。

1. 债权债务概括转让的约定情形

除法律规定不得转让外，当事人一方经对方同意，可以将自己在合同中的权利义务一并转让给第三人。约定债权债务的概括转让应当符合债权转让的条件，同时，也应当符合债务转让的条件。

债权债务经合法概括转让后，就由受让方承担合同的权利和义务，同时，也产生一系列的法律后果，具体包括：①从权利的转移。概括转让也要受《合同法》关于债权转让和债务转让“从随主”原则的约束。②抗辩权的转移。合同法关于债权人对债务受让人的抗辩权的规定和债务受让人抗辩权的规定，同样适用于合同权利义务的概括转让。③抵销权的转移。《合同法》有关债务人对债权的转让人抵销权的规定，同样对合同权利义务的概括转让有效。债权转让的通知到达债务人时，债务人可以以其所有的到期债权主张对原债权人进行抵销。

2. 债权债务概括转让的法定情形

债权债务的概括转让的法定情形是指有关法律法规规定的当出现某种特定条件时，合同的权利义务应当一并转移的情形。《合同法》规定：“当事人订立合同后合并的，由合并后的法人或者其他组织行使合同权利，履行合同义务。当事人订立合同后分立的，除债权人和债务人另有约定的外，由分立的法人或者其他组织对合同的权利和义务享有连带债权，承担连带债务。”

三、合同的终止

合同的终止，是指因发生法律规定或当事人约定的情况，使当事人之间的权利义务关系消灭，合同的法律效力终止。

(一)合同终止的原因

《合同法》第九十一条规定：“有下列情形之一的，合同的权利义务终止：①债务已经按照约定履行；②合同解除；③债务相互抵销；④债务人依法将标的物提存；⑤债权人免除债务；⑥债权债务同归于一人；⑦法律规定或者当事人约定终止的其他情形。”

合同权利义务的终止，除消灭原债权债务关系外，还发生以下效力：①从债权和从债务一并消灭；②相互返还债权证书；③合同消灭后，根据合同性质、交易习惯或者依诚实信用原则负有通知、协作、保密等义务的，当事人应当继续履行；④合同的权利义务终止，不影响合同中结算和清理条款的效力。

(二)合同的解除

合同的解除，是指已成立生效的合同因发生法律规定或当事人约定的情况，或经当事人协商一致，而使合同关系终止。合同的解除，分为合意解除与法定解除两种情况。

合意解除即协议解除，是指依当事人事先约定或经当事人协商一致而解除合同。在订立合同时，当事人可以约定一方解除合同的条件，解除合同的条件成就时，解除权人可以解除合同。合同订立后，经当事人协商一致，也可以解除合同。

法定解除，是指依法律规定而解除合同。《合同法》第九十四条规定：“有下列情形之一的，当事人可以解除合同：①因不可抗力致使不能实现合同目的；②在履行期限届满之前，当事人一方明确表示或者以自己的行为表明不履行主要债务；③当事人一方迟延履行主要债务，经催告后在合理期限内仍未履行；④当事人一方迟延履行债务或者有其他违约行为致使不能实现合同目的；⑤法律规定的其他情形。”另外，如果合同的出卖人没有履行或者不当履行从给付义务，致使买受人不能实现合同目的，买受人也可以根据《合同法》第九十四条第四项的规定主张解除合同。关于解除权的行使期限，《合同法》第九十五条规定：“①法律规定或当事人约定解除权行使期限的，期限届满当事人不行使的，该权利消灭；②法律没有规定或当事人未约定解除权行使期限，经对方催告后在合理期限内不行使的，该权利消灭。”

当事人一方行使解除权，或依照《合同法》第九十四条的规定主张解除合同的，应当通知对方。合同自通知到达对方时解除。对方有异议的，可以请求人民法院或者仲裁机构确认解除合同的效力。但在约定的异议期限届满后才提出异议并向人民法院起诉的，人民法院不予支持；当事人没有约定异议期间，在解除合同通知到达之日起 3 个月以后才向人民法院起诉的，人民法院不予支持。当事人解除合同，法律、行政法规规定应当办理批准、登记等手续的，应依照其规定办理。《合同法》第九十七条规定：“合同解除后，尚未履行的，终止履行；已经履行的，根据履行情况和合同性质，当事人可以要求恢复原状、采取其他补救措施，并有权要求赔偿损失。”也就是说，解除效力是否溯及既往，要根据履行情况和合同性质确定。对已经履行的部分，当事人原则上可以要求采取恢复原状等措施，但如履行情况不影响当事人的利益，或合同性质决定其无法恢复原状，如供电合同，则不适用溯及既往的原则。

(三)债务抵销

当事人互为债权人和债务人时，对债务可行使抵销的权利。抵销产生使合同终止的效力。抵销分为法定抵销与约定抵销。

法定抵销，是指依法律规定的抵销条件抵销。《合同法》第九十九条规定：“当事人互负到期债务，该债务的标的物种类、品质相同的，任何一方可以将自己的债务与对方的债务抵销，但依照法律规定或者按照合同性质不得抵销的除外。当事人主张抵销的，应当通知对方。通知自到达对方时生效。抵销不得附条件或者附期限。”

约定抵销，是指由当事人自行达成协议抵销。《合同法》第一百条规定：“当事人互负债务，标的物种类、品质不相同的，经双方协商一致，也可以抵销。”

(四)提存

提存是指由于债权人的原因而无法交付债的标的物时，债务人将标的物提交提存机关而消灭合同关系的法律制度。债务人提存之后，合同即终止。

有下列情形之一，债务人难以履行债务的，可将标的物提存：①债权人无正当理由拒绝受领；②债权人下落不明；③债权人死亡未确定继承人或者丧失民事行为能力未确定监护人；④法律规定的其他情形。这里的其他情形是指债权人分立、合并或者变更住所没有通知债务人等。

标的物不适于提存或者提存费用过高的，债务人依法可以拍卖或者变卖标的物，提存所得的价款。提存期间，标的物的孳息归债权人所有，提存费用由债权人负担。

标的物提存后，除债权人下落不明的以外，债务人应当及时通知债权人或者债权人的继承人、监护人；标的物提存后，毁损、灭失的风险由债权人承担。

债权人可以随时领取提存物，但债权人对债务人负有到期债务的，在债权人未履行债务或者提供担保之前，提存部门根据债务人的要求应当拒绝其领取提存物。债权人领取提存物的权利，自提存之日起5年内不行使则消灭，提存物扣除提存费用后归国家所有。

(五)债的免除与混同

债的免除是债权人以消灭债务人的债务为目的而放弃债权的意思表示。债权人免除债务人部分或者全部债务的，合同的权利义务部分或者全部终止。

债权和债务同归于一人，即债权债务混同时，合同的权利义务终止，但涉及第三人利益的除外。混同是一种事实，即由于某种客观事实的发生，使得一项合同中，原本由一方当事人享有的债权，由另一方当事人负担的债务，同归于一人，从而导致合同的权利义务终止。合同关系的存在必须有债权人和债务人，当事人双方混同，合同失去存在的基础，自然应当终止。混同发生的原因主要有合并、继承等。

第七节　违 约 责 任

如果合同已经生效，则必须依照法律规定或当事人约定履行，否则就要承担违约责任。违约责任可以分为多种，承担违约责任的方式也会因违约性质的不同而不同。

一、违约责任概述

合同法上的违约责任主要是一种民事责任，通常表现为一种财产责任。当事人承担违约责任，主要是看当事人是否违约，而不是看当事人是否有过错。

(一)违约责任的含义及特征

违约责任，是指合同当事人不履行合同义务或履行合同义务不符合约定所承担的民事责任，主要表现为财产责任。违约责任可由当事人在法律规定的范围内事先约定，如约定一定数额的违约金，约定对违约产生的损失赔偿额的计算方法，约定免除责任的条款等。

违约责任的法律特征主要有：①违约责任是当事人一方不履行合同债务或履行不符合合同约定或法律规定时所产生的民事责任；②合同的违约责任是当事人之间的责任；③合同的违约责任主要是财产责任；④违约责任可由当事人事先依法约定。

(二)违约责任的归责原则

违约责任的归责原则，是指基于一定的归责事由而确定违约方是否承担违约责任的准则。违约责任的归责原则包括过错责任原则和严格责任原则。①过错责任原则，以过错的存在作为追究违约责任的要件。对过错的存在采取两种方式确认，其一是适用“谁主张，谁举证”的原则，由债权人举证证明债务人存在过错；其二是在特定情况下适用“举证责任倒置”的原则，债务人须举证证明自己不存在过错。②严格责任原则，即追究违约责任不以过错的存在作为要件，其适用于法律明文规定的情况。我国《合同法》规定的违约责任归责原则基本为严格责任的归责原则，这就意味着在违约行为发生以后，确定违约当事人的责任，主要考虑违约的结果是否因违约方的行为造成的，而不考虑他是否存在故意或过失。但是，严格责任的归责原则，并不是绝对不考虑当事人的主观方面是否有过错，如果当事人约定了免责条款，约定了限制责任条款或过错责任的条款，这些条款只要不违背其他有关强制性的法律规定，原则上仍是有效的。

【专栏 5-7】

合同法中适用过错责任的主要规定

(三)违约责任的种类

违约责任依据不同的标准，可以划分为不同的种类。

1. 届期违约和预期违约

按照违约发生在合同履行期限届满前还是届满后，可以将违约分为届期违约和预期违约。所谓届期违约，是指当事人在合同履行期限届满后不履行合同义务；预期违约也称提前违约，是指当事人在合同履行期限届满前，以明示或者默示的行为表明将不履行合同义务。

2. 根本违约和非根本违约

按照违约行为是否影响到合同目的的实现，可以将违约分为根本违约和非根本违约。如果合同的当事人不履行合同义务致使合同目的不能实现属根本违约；如果合同当事人不履行合同义务的行为没有达到合同目的无法实现的程度则为非根本违约。根本性违约，另一方当事人可以解除合同；非根本违约，则另一方不能解除合同。

3. 完全不履行和不适当履行

完全不履行，是指合同债务人因可归责于自己的事由而致履行不能，或者在履行期限到来之后届满之前，债务人无正当理由拒绝履行债务的行为，前者称为履行不能，后者称为拒绝履行。对于履行不能，债权人可以解除合同，并请求赔偿、支付违约金，但不能要求继续履行合同；对于拒绝履行，当事人既可以要求继续履行合同，也可以解除合同。不适当履行，是指债务人未按照合同约定的标的、数量、质量、履行方式和地点而履行债务的行为。对于不适当履行，债权人可要求债务人采取适当的补救措施，并赔偿损失。

4. 迟延履行

迟延履行，包括给付迟延和受领迟延。给付迟延，是指债务人在履行期限到来时，能够履行而没有按期履行；受领迟延，是指债权人对于债务人的履行没有正当理由而未及时接受。对于迟延履行，对方当事人可以要求迟延方继续履行，经催告在合理期限内仍不履行的，对方当事人可以解除合同并追究其不履行合同的责任。

二、承担违约责任的方式

《合同法》规定的承担违约责任的方式有继续履行、补救措施、赔偿损失、支付违约金和支付定金。

1. 继续履行

继续履行又称实际履行、强制实际履行，是指债权人在债务人不履行合同义务时，可请求人民法院或者仲裁机构强制债务人实际履行合同义务。《合同法》规定，当事人一方未支付价款或者报酬的，对方可以要求其支付价款或者报酬。当事人一方不履行非金钱债务或者履行非金钱债务不符合约定的，对方可以要求履行，但有下列情形之一的除外：①法律上或者事实上不能履行；②债务的标的不适于强制履行或者履行费用过高；③债权人在合理期限内未要求履行。

2. 补救措施

补救措施，是债务人履行合同义务不符合约定，债权人在请求人民法院或者仲裁机构强制债务人实际履行合同义务的同时，可根据合同履行情况要求债务人采取的补救履行措施。对违约责任没有约定或者约定不明确，受损害方根据标的的性质以及损失的大小，可以合理选择要求对方承担修理、更换、重作、退货、减少价款或者报酬等违约责任。

3. 赔偿损失

赔偿损失，是指当事人一方不履行合同义务或者履行合同义务不符合约定的，在履行义务或者采取补救措施后，对方还有其他损失的，应当赔偿损失。

损失赔偿额应相当于因违约所造成的损失，包括合同履行后可以获得的利益，但不得超过违反合同一方订立合同时预见到或者应当预见到的因违反合同可能造成的损失。当事人可以在合同中约定因违约产生的损失赔偿额的计算方法。当事人一方违约后，对方应当采取适当措施防止损失的扩大；没有采取适当措施致使损失扩大的，不得就扩大的损失要求赔偿。当事人因防止损失扩大而支出的合理费用，由违约方承担。

4. 支付违约金

违约金，是按照当事人约定或者法律规定，一方当事人违约时应当根据违约情况向对方支付的一定数额的货币。约定的违约金低于造成的损失的，当事人可以请求人民法院或者仲裁机构予以增加；约定的违约金过分高于造成的损失的，当事人可以请求人民法院或者仲裁机构予以适当减少。当事人就迟延履行约定违约金的，违约方支付违约金后，还应当履行债务。《合同法司法解释(三)》第二十九条第二款规定，当事人约定的违约金超过造成损失的 30%的，一般可以认定为《合同法》规定的“过分高于造成的损失”。当事人就迟延履行约定了违约金的，违约方支付违约金后，还应当履行债务。

5. 支付定金

定金具有双重功能，既有保证作用，又有处罚作用。作为处罚手段表明定金是一种违约责任形式。当事人在合同中既约定违约金，又约定定金的，一方违约时，对方可以选择适用违约金或者定金条款，但两者不可同时并用。同时，《合同法司法解释(三)》规定买卖合同约定的定金不足以弥补一方违约造成的损失，对方请求赔偿超过定金部分的损失的，人民法院可以并处，但定金和损失赔偿的数额总和不应高于因违约造成的损失。

三、违约责任的免除

违约责任的免除，是指在合同履行过程中，由于出现了法定或约定免责事由而导致不能履行的，债务人可以免除承担违约责任。免除违约当事人责任的原因和理由被称为免责事由，包括法定的免责事由和约定的免责事由。

1. 法定的免责事由

《合同法》规定的一般免责事由为不可抗力，其他法律对特定合同免责事由有规定的，适用于特定合同。不可抗力，是指不能预见、不能避免并不能克服的客观情况，分为自然的事件和社会的事件，前者如地震、洪水等，后者如罢工、政变等。除法律另有规定外，因不可抗力不能履行合同的，根据不可抗力的影响，部分或者全部免除责任。当事人迟延履行后发生不可抗力的，不能免除责任。当事人一方因不可抗力不能履行合同的，应当及时通知对方，以减轻可能给对方造成的损失，并应当在合理的期限内提供证明。

除不可抗力外，如果由于债权人的过错导致债务人不能履行合同的，债务人不承担违约责任。

2. 约定的免责事由

约定的免责事由，是指合同双方当事人在合同中约定旨在排除或限制其未履行责任的免责条款。根据合同自愿原则，当事人可以在合同中为自己设定权利和义务，当然也可以对违约责任承担的范围、方式以及免除条件作出约定，但是这种约定并非一定有效，而且不得违背法律法规规定、不得损害社会公共利益和公序良俗。

本章小结

合同法是规范商品流转关系的主要法律，对于我国市场交易秩序的维护和市场经济的发展极为重要。当事人在订立合同时享有平等、自由等权利，从而使当事人在订立合同时对合同的当事人、内容以及合同的形式等都有选择的权利。但要注意的是，合同也不是万能的，因为我们在约定合同时只可能尽量完善，不可能解决合同的每一个细节，否则交易的时间成本会极高，这就要求当事人在订立、履行合同时，必须遵循诚实信用的原则。

为了更好地使合同得到履行，当事人在订立合同时可以根据《担保法》及《物权法》的规定选用担保方式，对合同权利人权利的实现进行担保。对于保管合同、加工承揽合同和运输合同等，即使当事人没有选用担保方式也可以构成法定担保方式——留置，此外订立合同时当事人还可选用的担保方式有保证、抵押、质押和定金四种。

复习思考题

1. 简述合同及其特征。
2. 《合同法》的基本原则有哪些？
3. 简述要约及其有效的条件。
4. 简述承诺及其有效的条件。
5. 试述无效合同。
6. 试述合同中的抗辩权、代位权及撤销权。
7. 试述合同担保的方式及其特征。

8. 试述合同的变更、转让及终止。

9. 试述违约责任。

案例分析

招投标的法律性质

宏大公司与某外贸公司签订买卖合同，有宏大公司已总价款 600 万元的价格向外贸公司提供大蒜 800 吨，并约定于 2016 年 8 月 1 日交货，迟交一天罚总价款的 3%作为违约金，同时宏大公司向外贸公司交付 20 万元作为定金。后因宏大公司未能按期交货，双方发生争议。

根据上述事实，回答下列问题：

(1) 如果宏大公司未能交货是由于当地山洪爆发，导致道路不通，能否以此为由向外贸公司主张免责？为什么？

(2) 如果宏大公司未能交货是因为大蒜被其他公司以高价买走，宏大公司能否以此为理由主张免除违约责任？为什么？

(3) 如果宏大公司推迟交货 5 天，宏大公司能否以违约金畸高为由主张适当减少违约金？为什么？

(4) 如果当地大蒜由于暴雨减产，如果完成供货任务，宏大公司必须付出上千上万元的价款购买大蒜，能否以此为理由请求不再履行？为什么？

(5) 如果外贸公司明知大蒜减产，宏大公司无法正常履行，但仍与一外商签订供货合同，并造成 100 万元的损失，该损失由谁承担？为什么？

(资料来源：刘勇. 经济法基础与实务[M]. 北京：高等教育出版社，2016.)

第六章　竞　争　法

本章导读：

资源的稀缺性决定经济的发展与进步必须以资源的有效配置为基础。有效、公正的竞争是实现资源有效配置的前提。通过竞争实现企业的优胜劣汰，使生产效率低下、产品质量低劣、管理水平低、技术设备和工艺落后的企业退出市场。正是由于竞争的成败关乎企业能否在市场中立足与发展，市场中的某些经营者会采取非正当的手段来实现自己的不良目的，损害其他经营者以及消费者的合法利益。竞争法不仅要规范企业的竞争行为也要对政府的反竞争行为予以规范。可以说竞争法是维护市场公平竞争环境的利器。竞争法保护那些尊重商业道德，依靠自身努力，不断提高自身实力来赢取竞争胜利的经营者的合法利益；禁止并惩罚违背商业道德，损害其他经营者利益的不正当竞争行为。

我国制定了《反不正当竞争法》和《反垄断法》来规制不正当竞争行为。本章就是以这两部法律为基础讨论我国的竞争法律制度。

学习目标：

本章共分三节，第一节讲述了竞争法的概念、基本内容和基本原则；并概述了我国竞争法的立法概况；第二节为反垄断法，重点讲述了我国反垄断法规定的各类垄断行为；第三节为反不正当竞争法，主要阐述了我国不正当竞争行为的类型及其法律责任。通过对本章的学习要了解竞争法的概念、基本内容和竞争法的基本原则以及我国竞争法的立法概况；掌握垄断行为的类型和法律规制以及不正当竞争行为的类型和法律规制，能够运用所学知识解决实际问题。

关键概念：

垄断协议(Monopoly Agreement)
滥用市场支配地位(Abuse of a Dominant Market Position)
经营集中(Concentration of Undertakings)
滥用行政权力限制竞争(Abuse of Administrative Power to Eliminate or Restrict Competition)
垄断行为(Monopolistic Conducts)
不公平竞争(Unfair Competition)
商业道德(Business Ethics)
仿冒(Passing off)
知名商品(Well-known Goods)
商业秘密(Business Secrets)
虚假宣传(False Propaganda)

第一节　竞争法概述

自由、规范的竞争是市场发挥基础性资源配置作用的前提。竞争法正是以保护自由、规范的市场竞争秩序为自身的立法要旨。本节从竞争法的概念出发，分别阐述了竞争法的概念、竞争法的基本内容、基本原则以及我国竞争法的立法概况。

一、竞争法的概念

市场经济条件下，市场对社会资源的配置起着基础性的调节作用。公平的市场竞争环境是经营者开展有效竞争，实现市场对社会资源优化配置的前提和条件。借着竞争这只“看不见的手”，追求着私人利益的各家公司实际上也在推动公共利益。但竞争在发挥积极作用的同时也会带来负面影响，那就是会出现垄断和不正当竞争。这是因为，在激烈的市场竞争中，一些经营者由于实力雄厚、技术先进、产品适销对路等原因，不断发展壮大，形成在某一生产、流通或服务领域处于垄断地位，控制或支配着市场；还有些经营者为了在竞争中维持生存或牟取暴利，不惜采取假冒他人注册商标、诋毁他人商誉等不正当手段，损害其他经营者的合法权益，扰乱社会经济秩序。垄断和不正当竞争行为的出现，必然有损公平竞争。因此，竞争法的基本目的就在于通过规制反竞争行为，创造公平的竞争环境，确保有效的竞争，从而改善和繁荣经济，使消费者享受较低的价格、更多的选择和更好的产品质量。

因而，我们认为竞争法所要调整的是那些旨在消灭竞争、限制竞争及违背商业道德的不正当竞争行为。所以，竞争法是调整以保护和促进竞争为目的，规制反竞争行为中形成的法律关系的法律规范的总称。

二、竞争法的基本内容

市场中的反竞争行为主要表现为垄断行为和不正当竞争行为。因此，在各国的竞争法中，较为共同的基本内容是反垄断法和不正当竞争法。两者共同实现确保公正、自由竞争的目的。一方面，市场经济条件下，市场主体为了生产的实现和追逐利润，在生产要素的获得、占有和优化组合上以及产品、服务的生产、销售方面都进行着激烈的竞争。正是在这种利益推动下的竞争，推动了提高生产率方面的生产技术革新和提高服务质量方面的营销技术革新，二者又共同促进了经济的发展和经济福利的提高。另一方面，利润的追逐和竞争的胜利，还可以依赖市场势力对市场份额的垄断来获取，也可以利用种种不正当竞争手段获取。不正当竞争和垄断，阻碍了竞争，导致了竞争的萎缩和扭曲，从而也损害了竞争推动下的技术革新和经济发展。从竞争走向垄断，是市场机制自身的一种自然趋势。为了保证市场机制良性运行，以国家力量维护公平竞争，遏止自由竞争走向垄断的趋势，已成为现代市场经济正常发展的一个重要条件。反垄断法和反不正当竞争法正是维护这种条件在立法上的体现。

【专栏 6-1】

反垄断法与反不正当竞争法的关系

三、竞争法的基本原则

竞争法的基本原则是以实现竞争法目标为主旨，并体现竞争法的本质和特征，贯穿于竞争法的制定和实施的根本准则。竞争法应当包括以下几个方面的原则。

1. 自由竞争原则

竞争机制是市场经济最为重要的运行机制，只有自由竞争才能把人的力量解放出来，竞争是提高经济效率的基石。竞争法的目的在于维护有效竞争，增进效率，使市场竞争与价格机制发挥有效的调控功能。竞争法的设计和运作理应遵循促进和保护竞争的原则。

2. 公平竞争原则

公平的竞争环境对于维护有效的竞争机制至关重要。公平通常有形式意义上的公平和实质上意义的公平。前者是指各市场主体应具有平等的法律地位，拥有法律赋予的相同性质的权利和承担相同性质的法定义务，使他们能够在平等的基础上自由地开展竞争。但是，这种形式意义上的公平有时会造成实质意义上的不公平。例如，经济实力强的企业可以凭借其经济优势，通过低价销售等手段损害竞争对手的利益，造成其破产，从而取得市场的独占地位；拥有某些行政权力的机构以及处于基本无竞争状态的公用企业，可以利用自己的特殊地位，限制购买者与其指定的经营者进行交易等，从而产生反竞争的后果。要维护有效的市场竞争环境，竞争法应当在维护形式公平的同时也应当对实质公平问题作出规定。这样才能对市场运行的过程和结果进行控制，实现竞争法的目的。

3. 社会效益原则

该原则体现了竞争法的社会本位性和权宜性。竞争法调控竞争的最终目的是提高社会效益，增进社会福利。一方面竞争法通过禁止和惩治损害社会利益的垄断和不正当竞争行为以维护和提升全社会的经济福利。另一方面，我们也应该看到，并不是所有表面看来是反竞争的行为都被认为是有损社会效益并应受到处罚的。例如，经济与合作组织在其制定的《竞争法基本框架》中就规定，如果一项按本款第二节的规定应予禁止的协议，实际上带来了或者可能带来一种实际的、不同于纯货币性效能的其他效益，而且这种效益在抵消该协议将造成或可能造成的限制竞争后果上绰绰有余，则该协议仍然是合法的。我国《反垄断法》第十五条规定了为实现节约能源、保护环境、救灾救助等社会公共利益达成的协议可以适用垄断协议豁免原则。这说明虽然反垄断法原则上要反对任何垄断行为来保障市场机制有效运作，维护有效竞争，但对于一定时期、一定条件下的能促进社会公共利益的必要垄断和限制竞争行为，法律则予以保护和鼓励，如危机卡特尔、不景气卡特尔、出口卡特尔等。

4. 政府适当干预原则

竞争法的社会本位性决定了维护有效竞争需要政府的干预。自由市场的存在并不排除对政府的需要。相反，政府的必要性在于：它是竞争规则的制定者，又是解释和强制执行这些已被决定的规则的裁判者。市场失灵和市场缺陷是决定政府对市场竞争行为进行干预的内在要求。为了维护和监督市场竞争，有必要设立专门的国家机构，负责维护市场良好的竞争秩序。《反垄断法》第四条规定："国家制定和实施与社会主义市场经济相适应的竞争规则，完善宏观调控，健全统一、开放、竞争、有序的市场体系。"

四、我国竞争法的立法概况

竞争法并没有统一的立法模式，总结起来，主要有三种立法模式，分别为合并立法模式、两法并立立法模式和分散化立法模式。合并立法模式是把调整垄断行为、限制竞争行为和不正当竞争行为的法律规范归并在一个立法当中；两法并立立法模式是把反不正当竞争与反垄断作出区分，分别制定了《反垄断法》和《反不正当竞争法》，两法并行。分散化立法模式是不用任何专门的法典来调整不正当竞争行为，而将反不正当竞争的有关法律规范分散规定在《民法典》中。我国《反不正当竞争法》和《反垄断法》采取两法并立的立法模式。

(一)反不正当竞争法的立法

1993 年 9 月颁布的《反不正当竞争法》是我国第一部关于规范市场竞争秩序的法律，共 5 章 33 个条款。针对该法，国家工商总局与许多地方政府分别作出解释补充性的规定或适用于当地的反不正当竞争条例。例如，1993 年 12 月发布的《关于禁止有效销售活动中不正当竞争行为的若干规定》《关于禁止公用企业限制竞争行为的若干规定》，1995 年 7 月发布的《关于禁止仿冒知名商标特有的名称、包装、装潢的不正当竞争行为的若干规定》等。此外我国的《广告法》《商标法》《专利法》《著作权法》《产品质量法》等法律也有涉及不正当竞争行为的规定，是反不正当竞争法的重要补充。2017 年 11 月 4 日，《反不正当竞争法》已由第十二届全国人大常委会第三十次会议通过修订，自 2018 年 1 月 1 日起施行。

(二)反垄断法的立法

我国最早提出反垄断的规范性文件是 1980 年国务院发布的《关于推动经济联合的暂行规定》，该规定提出要"打破地区封锁，部门分割"。同年 10 月国务院又发布《关于开展和保护社会主义竞争的暂行规定》，该规定提出："在经济活动中，除国家指定由有关部门或单位专门经营的产品外，其余都不能进行垄断，搞垄断经营。"还指出"开展竞争必须打破地区封锁和部门分割。"此后，国务院在发布的诸如《价格管理条例》《广告管理条例》《关于企业兼并的暂行办法》中分别规定反对价格垄断、广告经营活动中的垄断行为及为了垄断而进行的企业兼并。在 1993 年通过并公布的《反不正当竞争法》中规定了几种垄断的具体形式并明确规定其法律责任，同年 12 月，国家工商行政管理局为配合《反不正当竞争法》的实施，专门发布了《关于禁止公用企业限制竞争行为的若干规定》，将反不正当竞争中有关垄断的条文具体化。2007 年 8 月 30 日，第十届全国人大常委会第二十九次会议审议通过了《反垄断法》，该法已于 2008 年 8 月 1 日起实施。2009 年 5 月国务院反垄断委员会颁布了《关于相关市场界定的指南》，对"相关市场"的含义、界定相关市场的依据以及界定方法作了详细规定。

第二节　反不正当竞争法

反不正当竞争法从微观层面规制不正当竞争行为。要了解和掌握特别是适用反不正当竞争法，首先要明确反不正当竞争法的概念和特征，从整体上把握反不正当竞争法的本质；其次就是要对不正当竞争行为的概念和构成予以正确界定；最后是要掌握各种不正当竞争行为的构成要件和法律责任。

一、反不正当竞争法的概念和特征

反不正当竞争法是指调整国家在制止不正当竞争行为过程中所发生的社会关系的法律规范的总称。反不正当竞争法通过对不正当竞争行为的调整和规范，确立竞争规则，从而保护和促进正当竞争，维护市场经济秩序。

我国的反不正当竞争法具有如下特征：①调整范围的广泛性。我国的反不正当竞争法，除了调整传统领域的不正当竞争行为外，还调整互联网经营中的不正当竞争行为。②调整手段以行政手段为主，其他手段为辅。从而体现了反不正当竞争法作为竞争法所具有的社会本位性以及所遵循的政府适度干预原则。③实体与程序相结合。反不正当竞争法不仅从实体上界定了不正当竞争行为，也规定了竞争执法部门的职权以及制止不正当竞争行为的行政执法程序。

二、不正当竞争行为的概念及其构成

《反不正当竞争法》第二条规定："本法所称的不正当竞争，是指经营者在经营活动中，违反本法规定，扰乱市场竞争秩序，损害其他经营者或者消费者的合法权益的行为。"这一定义性规范是从行为主体、行为的违法属性以及危害后果的角度界定不正当竞争的，即构成不正当竞争行为应当具备以下条件：①行为的主体是经营者；②该项行为是经营者在生产经营过程中发生的行为；③该项行为违反了自愿、平等、公平、诚实信用的原则和公认的商业道德；④该行为损害其他经营者以及消费者的合法权益，扰乱了社会经济秩序。

三、不正当竞争行为的具体类型及其法律责任

《反不正当竞争法》对常见的不正当竞争行为作了列举，对各种不正当行为的构成和法律责任作了比较详细的规定。

（一）市场混淆行为

《反不正当竞争法》上的混淆行为，是指经营者违反法律规定，擅自使用与他人相同或近似的商业标识，引人误认为是他人商品或者与他人存在特定联系，损害其他经营者的合法权益，扰乱社会经济秩序的行为。混淆行为具体表现如下：①擅自使用与他人有一定影响的商品名称、包装、装潢等相同或近似标识的行为；②擅自使用他人有一定影响的企

业名称(包括简称、字号等)、社会组织名称(包括简称等)、姓名(包括笔名、艺名、译名等)的行为；③擅自使用他人有一定影响的域名、网站名称、网页等行为；④其他足以引人误认为是他人商品或者与他人存在特定联系的混淆行为。

其中，“引人误认为”是判断混淆行为的核心标准。对于擅自使用他人标识的限定是，要求该标识在相关领域“有一定的影响”。有一定影响是指为相关公众所知悉，有一定市场知名度和美誉度，这需要结合各种商业标识最早使用时间和持续使用情况、产品的广告宣传和实际销售、行业排名、获奖情况等因素进行个案判断。商业标识具有一定知名度是受到《反不正当竞争法》保护的前提。

(二)商业贿赂

1. 商业贿赂的概念与构成

商业贿赂是指经营者为了谋取交易机会或竞争优势，通过采用给付财物或者其他手段贿赂交易对方工作人员及其委托办理相关事务的单位或者个人、以及利用职权或者影响力影响交易的单位或个人。《反不正当竞争法》第七条规定：“经营者不得采用财物或者其他手段贿赂下列单位或者个人，以谋取交易机会或者竞争优势：①交易相对方的工作人员；②受交易相对方委托办理相关事务的单位或者个人；③利用职权或者影响力影响交易的单位或者个人。”

商业贿赂的构成要件包括：①行为人采用财物或者其他手段实施了贿赂；②以谋取交易机会或者竞争优势为目的；③行贿人是经营者；④受贿者是《反不正当竞争法》第七条规定的三类人。

2. 商业贿赂的法律责任

(1) 行政责任。《反不正当竞争法》第十九条规定，经营者以行贿手段谋取交易机会或者竞争优势的，由监督检查部门没收违法所得，处 10 万元以上 300 万元以下的罚款。情节严重的，吊销营业执照。

(2) 民事责任。行贿人的竞争者因该商业贿赂行为遭受损失的可要求民事损害赔偿。

(3) 刑事责任。我国《刑法》第一百六十四条规定，“为谋取不正当利益，给予公司、企业的工作人员以财物，数额较大的，处 3 年以下有期徒刑或者拘役；数额巨大的，处 3 年以上 10 年以下有期徒刑，并处罚金。”单位犯前款罪的，对单位判处罚金，并对其直接负责的主管人员和其他直接责任人员，依照前款的规定处罚。《刑法》第一百六十三条规定：“公司、企业的工作人员利用职务上的便利，索取他人财物或者非法收受他人财物，为他人谋取利益，数额较大的，处 5 年以下有期徒刑或者拘役；数额巨大的，处 5 年以上有期徒刑，可以并处没收财产。公司、企业的工作人员在经济往来中，利用职务上的便利，违反国家规定，收受各种名义的回扣、手续费，归个人所有的，依照前款的规定处罚。”

(三)虚假宣传行为

虚假宣传是指经营者对商品的性能、功能、质量、销售状况、用户评价、曾获荣誉等作虚假或者引人误解的商业宣传，欺骗、误导消费者。经营者也不得通过组织虚假交易等方式，帮助其他经营者进行虚假或者引人误解的商业宣传。

经营者具有下列行为之一，足以造成相关公众误解的，可认定为引人误解的虚假宣传：①对商品作片面的宣传或者对比的；②将科学上未定论的观点、现象等当作定论的事实用于商品宣传的；③以歧义性语言或者其他引人误解的方式进行商品宣传的。

以明显的夸张方式宣传商品，不足以造成相关公众误解的，不属于引人误解的虚假宣传行为。应当根据日常生活经验、相关公众一般注意力、发生误解的事实和被宣传对象的实际情况等因素，对引人误解的虚假宣传行为进行认定。

(四)侵犯商业秘密行为

1. 侵犯商业秘密行为的概念和构成

侵犯商业秘密行为是指经营者采取不正当手段或者违反约定或保密要求，获取、使用、披露权利人的商业秘密的行为。该类不正当竞争行为除应当具备不正当竞争行为的一般构成要件外，还有两个关键要素：侵犯的手段和侵犯的客体。

(1) 商业秘密是该类行为所侵犯的客体。商业秘密，是指不为公众所知悉、具有商业价值并经权利人采取相应保密措施的技术信息和经营信息。所以，商业秘密包括经营信息和技术信息。经营信息通常包括经营者的客户名单、经营计划、财务资料、货源渠道、标底、标书等信息；技术信息则包括产品配方、工艺流程、设计图纸、产品模型、计算机源程序、计算机程序文档、关键数据等信息。衡量一信息是否属于商业秘密，应考虑以下三个因素。①不为公众所知悉。不为公众所知悉，是指有关信息不为其所属领域的相关人员普遍知悉和容易获得。有下列情形之一的，该信息即为公众所知悉：该信息为其所属技术或者经济领域的人的一般常识或者行业惯例；该信息仅涉及产品的尺寸、结构、材料、部件的简单组合等内容，进入市场后相关公众通过观察产品即可直接获得；该信息已经在公开出版物或其他媒体上公开披露；该信息已通过公开的报告会、展览等方式公开；该信息从其他公开渠道可以获得；该信息无须付出一定的代价而容易获得。②具有商业价值。即有关信息具有现实的或者潜在的商业价值，能为权利人带来经济利益或竞争优势。③经权利人采取保密措施。即权利人为防止信息泄露所采取的与其商业价值等具体情况相适应的合理保护措施。认定权利人是否采取了保密措施时，应当根据所涉信息载体的特性、权利人保密的意愿、保密措施的可识别程度、他人通过正当方式获得的难易程度等因素。有下列情形之一，在正常情况下足以防止涉密信息泄露的，应认定权利人采取了保密措施：限定涉密信息的知悉范围，只对必须知悉的相关人员告知其内容；对涉密信息载体采取加锁等防范措施；在涉密信息的载体上标有保密标志；对于涉密信息采用密码或者代码等；签订保密协议；对于涉密的机器、厂房、车间等场所限制来访者或者提出保密要求；确保信息秘密的其他合理措施。

(2) 认定是否构成侵犯商业秘密，还必须考虑行为人侵犯商业秘密的手段。即是否采用了《反不正当竞争法》第九条所列举的手段：①以盗窃、贿赂、欺诈、胁迫或者其他不正当手段获取权利人的商业秘密；②披露、使用或者允许他人使用以前项手段获取的权利人的商业秘密；③违反约定或者违反权利人有关保守商业秘密的要求，披露、使用或者允许他人使用其所掌握的商业秘密。第三人明知或者应知商业秘密权利人的员工、前员工或者其他单位、个人实施前款所列违法行为，仍获取、披露、使用或者允许他人使用该商业秘密的，视为侵犯商业秘密。

通过自行开发研制或者反向工程等方式获得的商业秘密，不认定为侵犯商业秘密行为。所谓“反向工程”，是指通过技术手段对从公开渠道取得的产品进行拆卸、测绘、分析等而获得该产品的有关技术信息。

2. 侵犯商业秘密行为的法律责任

(1) 行政责任。《反不正当竞争法》第二十一条规定：“经营者违反本法第九条规定，侵犯商业秘密的，监督检查部门应当责令停止违法行为，处 10 万元以上 50 万元以下的罚款；情节严重的，处 50 万元以上 300 万元以下的罚款。”

(2) 民事责任。因侵犯商业秘密给权利人造成损失的，受害人可以向人民法院起诉，要求损害赔偿。

(3) 刑事责任。我国《刑法》第二百一十九条规定，因侵犯商业秘密而给商业秘密的权利人造成重大损失的，处 3 年以下有期徒刑或者拘役，并处或者单处罚金；造成特别严重后果的，处 3 年以上 7 年以下有期徒刑，并处罚金。

(五) 不正当有奖销售行为

有奖销售是以给付奖品的方式促销商品的行为。它通常有两种形式：一是附赠式有奖销售，即对于所销售的商品均附带性赠与赠品的销售行为；二是抽奖式有奖销售，即以具有偶然性的方式随机决定赠品的销售。《反不正当竞争法》第十条规定：“经营者不得从事下列有奖销售：①所设奖的种类、兑奖条件、奖金金额或者奖品等有奖销售信息不明确，影响兑奖；②采用谎称有奖或者故意让内定人员中奖的欺骗方式进行有奖销售；③抽奖式的有奖销售，最高奖的金额超过 5 万元。”所以，法律并不禁止所有的有奖销售，只是禁止上述三类不正当有奖销售。

《反不正当竞争法》第二十二条规定，经营者进行不正当有奖销售的，由监督检查部门责令停止违法行为，可以根据情节处以 5 万元以上 50 万元以下的罚款。有关当事人因有奖销售活动中的不正当竞争行为而受到侵害的，可以向行为人要求赔偿。

(六)商业诋毁行为

《反不正当竞争法》第十一条规定，所谓商业诋毁行为是指经营者编造、传播虚假信息或者误导性信息，损害竞争对手的商业信誉、商品声誉的行为。该行为的手段为“编造、传播虚假信息或者误导性信息”。

根据上述规定，诋毁竞争对手行为应具备以下三个要件：①编造和传播虚假或误导性信息。构成这一要件必须是编造和传播虚假或误导性信息同时具备。传播的方式可以是口头的也可以是书面的，还可以是其他形式；②以市场竞争为目的。行为人编造和传播虚假或误导性信息的目的是为了诋毁自己的竞争对手，行为人希望通过诋毁来影响消费者的消费选择，提高自己产品或者服务在消费者心目中的地位；③损害了竞争者的商业信誉和商品声誉。商业信誉是指社会上对经营者的商业道德、服务质量或者厂商资信等情况的综合评价；商品声誉是指社会上对经营者生产或者销售的具体商品或者服务的质量、价格等情况的综合评价。

经营者违反上述规定损害竞争对手商业信誉、商品声誉的，由监督检查部门责令停止违法行为、消除影响，处 10 万元以上 50 万元以下的罚款；情节严重的，处 50 万元以上 300 万元以下的罚款。行为人给被侵害的经营者造成损害的，应当承担损害赔偿责任，被侵害的经营者的损失难以计算的，赔偿额为侵权期间因侵权所获得的利润，并应当承担被侵害的经营者因调查该经营者侵害其合法权益的不正当竞争行为所支付的合理费用。另外，《刑法》第二百二十一条规定：捏造并散布虚伪事实，损害他人的商业信誉、商品声誉，给他人造成重大损失或者有其他严重情节的，处 2 年以下有期徒刑或者拘役，并处或者单处罚金。

(七)网络不正当竞争行为

网络不正当竞争行为是指经营者利用技术手段，通过影响用户选择或者其他方式，实施了《反不正当竞争法》规定的妨碍、破坏其他经营者合法提供的网络产品或者服务正常运行的行为。我国《反不正当竞争法》规定以下四类网络不正当竞争行为：①未经其他经营者同意，在其合法提供的网络产品或者服务中，插入链接、强制进行目标跳转；②误导、欺骗、强迫用户修改、关闭、卸载其他经营者合法提供的网络产品或者服务；③恶意对其他经营者合法提供的网络产品或者服务实施不兼容；④其他妨碍、破坏其他经营者合法提供的网络产品或者服务正常运行的行为。

经营者具有网络不正当竞争行为，由监督检查部门责令停止违法行为，处 10 万元以上 50 万元以下的罚款；情节严重的，处 50 万元以上 300 万元以下的罚款。

第三节　反垄断法

反垄断法以预防和规制垄断行为为立法主旨。本节以我国《反垄断法》为基础，结合职权部门的相关规定，在明确反垄断法的概念和立法目的的前提下，分析了各类垄断行为的构成和法律责任。

一、反垄断法的概念及其立法目的

垄断是指市场主体在市场运行过程中通过排他性控制，或对市场竞争进行实质性限制，而妨碍公平竞争秩序的行为或状态。法律意义上的垄断通常具有两个显著的特征：危害性和违法性。即法律上的垄断是对市场竞争构成实质性危害的行为或状态，相应地，也是违反各国法律明文规定的行为或状态。

我国《反垄断法》规定的垄断行为包括：经营者达成垄断协议；经营者滥用市场支配地位和具有或者可能具有排除、限制竞争效果的经营者集中。

反垄断法是规制垄断行为的法律规范的总称。我国《反垄断法》的立法目的是预防和制止垄断行为，保护市场公平竞争，提高经济运行的效率；维护消费者利益和社会公共利益，促进社会主义市场经济健康发展。

二、垄断协议及其法律规制

垄断协议是指企业间订立的，旨在限制或者排除竞争的协议。垄断协议造成市场缺乏竞争活力，并损害消费者利益，因此，禁止垄断协议是各国反垄断法的核心内容之一。

(一)垄断协议的概念和类型

垄断协议是指两个或者两个以上的经营者(包括行业协会等经营者团体)，通过协议或者其他协同一致的行为，实施固定价格、划分市场、限制产量、排挤其他竞争对手等排除限制竞争的行为。垄断协议可以划分为横向垄断协议和纵向垄断协议。

1. 横向垄断协议

横向垄断协议是指具有竞争关系的两个或两个以上的经营者以协议、决定或者其他协同行为方式实施的排除、限制竞争的行为。

我国《反垄断法》第十三条列举了五种横向垄断协议。

(1) 固定或者变更商品价格协议。固定价格协议直接限制了价格竞争，价格作为激励生产者改进生产技术和提高管理水平的作用被明显削弱了。固定价格协议可以使价格在一定时期内维持一个较低水平，造成其他竞争者被迫退出市场，并给潜在竞争者进入相关市场设置难以逾越的障碍，固定价格协议作为一种典型的垄断行为为《反垄断法》所禁止。

(2) 限制商品的生产数量或者销售数量。经营者之间对某种商品的生产或销售数量进行限制，通过减少商品的供应量使所限制生产或销售数量的商品价格上升，以谋取高额利润，损害消费者利益。

(3) 分割销售市场或者原材料采购市场。经营者之间通过协议对销售市场或者原材料采购市场进行分割，划定各自的市场范围，在各自的市场范围内享有独占的销售或者采购权，以避免相互竞争。通过这样的分割，协议方实现了在各自的市场范围内的垄断地位，是明显的限制竞争的行为。因此，分割市场受到《反垄断法》所禁止。

(4) 限制购买新技术、新设备或者限制开发新技术、新产品。经营者之间达成限制购买新技术、新设备或者限制开发新技术、新产品的协议阻碍了新技术的推广和应用，限制了新产品的开发与创新，造成了资源的浪费和生产效率的停滞，不仅损害了消费者的利益，甚至阻碍社会的进步。

(5) 联合抵制交易。联合抵制交易是指经营者之间约定拒绝同某一或某些经营者交易的行为。按照契约自由原则，经营者有选择交易方的自由，但是联合抵制造成被拒绝者从根本上丧失了必要的公平交易机会，经营陷入困境，最终可能被迫退出市场。

此外，我国《反垄断法》规定了一个弹性条款，规定国务院反垄断执法机构认定的其他垄断协议也在法律禁止范围内。

2. 纵向垄断协议

纵向垄断协议是指市场上处于不同生产经营环节企业间的协议。纵向垄断协议的特点是协议双方的给付具有互补性，即一方提供商品，另一方支付价格。

我国《反垄断法》规定了两种纵向垄断协议：一是固定向第三人转售商品的价格；二是限定向第三人转售商品的最低价格。

(二)垄断协议豁免及其类型

企业间订立限制竞争的协议有时对经济是有好处的，因为这些限制竞争有利于降低企业的生产成本，改善产品质量，提高企业的生产率，它们一般被视为合理的限制，可以得到反垄断法的豁免。我国《反垄断法》第十五条列举了七种垄断协议豁免：“①为改进技术、研究开发新产品的；②为提高产品质量、降低成本、增进效率，统一产品规格、标准或者实行专业化分工的；③为提高中小经营者经营效率，增强中小经营者竞争力的；④为实现节约能源、保护环境、救灾救助等社会公共利益的；⑤因经济不景气，为缓解销售量严重下降或者生产明显过剩的；⑥为保障对外贸易和对外经济合作中的正当利益的；⑦法律和国务院规定的其他情形。”经营者要承担垄断豁免的举证责任，即要能够证明符合上述七种情况。对于第①～⑤项经营者还应当证明所达成的协议不会严重限制相关市场的竞争，并且能够使消费者分享由此产生的利益。

(三)经营者订立和实施垄断协议的法律责任

经营者违反《反垄断法》的规定，达成并实施垄断协议的，由反垄断执法机构责令停止违法行为，没收违法所得，并处上一年度销售额 1%以上 10%以下的罚款；尚未实施所达成的垄断协议的，可以处 50 万元以下的罚款。

经营者主动向反垄断执法机构报告达成垄断协议的有关情况并提供重要证据的，反垄断执法机构可以酌情减轻或者免除对该经营者的处罚。

【专栏 6-2】

克莱斯勒价格垄断案

行业协会违反法律规定，组织本行业的经营者达成垄断协议的，反垄断执法机构可以处 50 万元以下的罚款；情节严重的，社会团体登记管理机关可以依法撤销其登记。

经营者实施垄断行为，给他人造成损失的，依法承担民事赔偿责任。

三、滥用市场支配地位

市场支配地位是一种经济现象，反映了企业在市场的地位。拥有市场支配地位本身并不违法，《反垄断法》只是规制滥用市场支配地位的行为。

(一)市场支配地位的概念

市场支配地位，是指经营者在相关市场内具有能够控制商品价格、数量或者其他交易条件，或者能够阻碍、影响其他经营者进入相关市场能力的市场地位。

市场支配地位是指在相关市场的地位，因此理解市场支配地位的前提要了解什么是相关市场。《反垄断法》规定，相关市场是指经营者在一定时期内就特定商品或者服务进行竞争的商品范围和地域范围。国务院反垄断委员会《关于相关市场界定的指南》(2009 年 5 月 24 日)明确规定了相关市场的含义、界定相关市场的依据以及界定相关市场的方法等。

(二)滥用市场支配地位的类型

《反垄断法》列举了六种滥用市场支配地位的行为。

1. 垄断价格

垄断价格是指具有市场支配地位的经营者以垄断低价采购商品或者以垄断高价销售商

品，是一种典型的剥削性滥用行为。对于这种垄断行为的判断标准是售价或者卖价是否公平。不公平的高价或低价是指明显超过竞争水平之上或者明显低于市场平均水平，甚至低于成本。认定不公平的高价和不公平的低价，应当综合考虑下列因素：①销售价格是否明显高于该产品的成本，或者购买价格是否明显过低，甚至低于该产品的成本；②在成本基本稳定的情况下，是否超过正常幅度提高销售价格或者降低购买价格；③销售商品的提价幅度是否明显高于成本增长幅度，或者购买商品的降价幅度是否明显高于交易相对人成本降低幅度；④是否明显高于或者低于其他经营者销售或者购买的同种商品的价格。如果交易相对人能够以合理的价格从其他经营者获得同种商品或者替代商品的，不应当视为滥用市场支配地位。

2. 掠夺性定价

掠夺性定价是指没有正当理由，以低于成本的价格销售商品。以低于成本的价格销售是指经营者持续以承担损失的方式销售商品，旨在排除竞争者或者潜在竞争者的行为。正当理由通常包括：①依法降价处理鲜活商品、季节性商品、有效期即将到期的商品和积压商品；②因清偿债务、转产、歇业降价销售商品；③为招徕顾客采取的短期或者小批量的促销行为；④应对其他经营者低于成本销售的策略而被迫采取的降价行为；⑤可以形成规模效应从而降低成本，并能够使消费者分享由此产生的利益。

3. 拒绝交易

拒绝交易是指没有正当理由，拒绝与交易相对人进行交易。所谓正当理由是指基于商业上的正当利益所作的考虑，如产品质量、产品的价格、供货时间和运输成本等。

4. 限定交易

限定交易是指没有正当理由，限定交易相对人只能与其进行交易或者只能与其指定的经营者进行交易。

5. 搭售

搭售是指没有正当理由搭售商品，或者在交易时附加其他不合理的交易条件。一个企业如果在销售某种商品或者服务时，强迫交易对手购买从性质或从交易习惯上均与第一种商品或者服务无关的其他产品或者服务，这种行为就是搭售。搭售行为对市场竞争有着明显的不利影响。如果一个企业强迫买方购买某种与合同标的没有关系的产品，生产搭售产品的其他企业就处于非常不利的境地。需要注意的是，搭售并不总是违法的，《反垄断法》规制的只是不合理的搭售行为。

6. 差别待遇

差别待遇是指没有正当理由，对条件相同的交易相对人在交易价格等交易条件上实行差别待遇。对于条件相同的交易对象给予差别对待实际上是限制了交易对象之间的竞争。“条件相同”通常理解为经营者与有关相对人交易等级和质量相同的同种商品时，在交易方式、交易环节、交易数量、货款结算和售后服务等方面相近或相同。对于有合理理由的差别待遇不视为垄断行为，如价格差异对交易相对人的市场竞争不产生实质性不利影响或者交易相对人能够以合理的价格从其他经营者处获得同种商品或者替代商品。

(三)市场支配地位的认定与推定

1. 市场支配地位的认定

认定和推定市场支配地位，应当在依照有关规定界定相关市场的基础上进行。按照《反垄断法》第十八条的规定，认定经营者的市场支配地位时，应当依据以下因素。

(1) 该经营者在相关市场的市场份额，以及相关市场的竞争状况。市场份额是指经营者的特定商品销售额或者销售量在相关市场的比重；相关市场竞争状况包括相关市场的发展状况、现有竞争者的数量、是否存在潜在的竞争者和进入障碍、相关市场其他经营者的市场份额、商品差异程度和市场透明度等。

(2) 该经营者控制销售市场或者原材料采购市场的能力。此种能力包括控制采购或销售市场渠道的能力，影响或者决定价格、数量、合同期限或者其他交易条件的能力或者优先获得原材料的能力等。原材料包括企业生产经营所必需的原料、半成品、零部件及相关设备等。

(3) 该经营者的财力和技术条件。财力和技术条件，包括经营者的资产规模、财务能力、盈利能力、融资能力、研发能力、技术装备、技术创新和应用能力、拥有的知识产权等因素。对于经营者的财力和技术条件的分析，应当同时考虑其关联企业的财力和技术条件及其对相关市场进入、扩大产能等的影响。

(4) 其他经营者对该经营者在交易上的依赖程度。影响依赖程度的因素包括与该经营者之间的交易量、交易关系的持续时间、交易相对人转向其他经营者的难易程度等。

(5) 其他经营者进入相关市场的难易程度。影响经营者进入相关市场的因素包括市场准入制度、拥有管网等必需设施、销售渠道、资金和技术等规模经济要求、成本优势等。

(6) 与认定该经营者市场支配地位有关的其他因素。

2. 市场支配地位的推定

有下列情形之一的，可以推定经营者具有市场支配地位：①一个经营者在相关市场的市场份额达到 1/2 的；②两个经营者在相关市场的市场份额合计达到 2/3 的；③三个经营者在相关市场的市场份额合计达到 3/4 的。

对于第②、③项规定的情形，其中有的经营者市场份额不足 1/10 的，不应当推定该经营者具有市场支配地位。

被推定具有市场支配地位的经营者，如果能够提供证据证明其不具有市场支配地位，可以推翻对市场支配地位的推定。例如，能证明其他经营者进入该相关市场比较容易的；相关市场的竞争比较充分的或者经营者不具有在相关市场内控制商品价格、数量或者其他交易条件，或者能够阻碍、影响其他经营者进入相关市场的能力。

【专栏 6-3】

国务院反垄断委员会关于相关市场及界定依据的规定

(四)滥用市场支配地位的法律责任

经营者违反《反垄断法》的规定，滥用市场支配地位的，由反垄断执法机构责令停止违法行为，没收违法所

得，并处上一年度销售额 1%以上 10%以下的罚款；给他人造成损失的，依法承担民事责任。

四、经营者集中

对市场而言，经营者集中是利弊并存。经营者通过集中可以扩大企业规模，实现规模经济。另外，经营者集中也会产生限制竞争的效果。因此，各国对经营者集中的规制主要是进行事前预防，通过对经营者集中的评估和审查，允许能起到优化市场资源配置作用的经营者集中，禁止那些限制和排除竞争的经营者集中。

(一)经营者集中的概念和类型

经营者集中是指经营者合并或通过收购其他经营者的股份或者资产的方式取得对其他经营者的控制权或通过委托经营、联营等方式形成控制与被控制的关系或直接或间接控制其他经营者的业务或人事。

我国《反垄断法》规定了三种情形的经营者集中：一是经营者合并；二是经营者通过取得股权或者资产的方式取得对其他经营者的控制权；三是经营者通过合同等方式取得对其他经营者的控制权或者能够对其他经营者施加决定性影响。

(二)经营者集中申报与审查制度

有效的竞争需要市场中的竞争者保持一定的数量。经营者集中会减少市场中竞争者的数量，一定程度上妨碍了竞争。因此，经营者集中应受到《反垄断法》的规制。但是经济民主和经济自由要求竞争法对有关企业合并的基本态度应该是允许的，没有必要对所有的企业合并都实施系统的检查和审批。对各种合并，只要竞争主管当局不能证明其将显著地限制竞争，就应予以允许，而且，要求所有的合并都须递交报告，可能是不符合效率要求的。这将给竞争主管当局增添过多的负担，并同时给合并当事人造成不合理的成本和延误。因此，按照社会效益和国家适度干预原则，只有那些大型合并，即那些最可能给竞争带来威胁的合并，才应当列入《反垄断法》的调整范围。例如，《反垄断法》第二十一条就规定："经营者集中达到国务院规定的申报标准的，经营者应当事先向国务院反垄断执法机构申报，未申报的不得实施集中。"关于经营者集中申报与审查的内容主要包括以下几个方面。

(1) 申报义务人。经营者集中肯定涉及两者以上的当事人，究竟谁承担申报义务，我国《反垄断法》规定的是经营者。从字面意思看，经营者包括了参与集中的各方，原则上所有参与集中的经营者均有申报义务，但主要应由并购方承担。

(2) 申报标准。《反垄断法》并没有规定具体的申报标准。实际上申报标准应该是一个动态的标准，要随着经济的发展而有所变化。对于具体的标准可以由国务院以及相关的执法机构在行政法规、部门规章或者指南中作出规定。一般采用的申报标准通常包括参与集中的经营者资产、销售额、交易额和市场占有率等方面。

(3) 申报时间。我国《反垄断法》确定了事前申报制度。该制度要求申报义务人必须在经营者集中实施之前向执法机构进行申报。如果没有事前申报并获得批准，经营者不得实施集中。

(4) 申报资料。经营者向国务院反垄断执法机构申报集中，应当提交下列文件、资料：申报书，集中对相关市场竞争状况影响的说明，集中协议，参与集中的经营者经会计师事务所审计的上一会计年度财务会计报告，国务院反垄断执法机构规定的其他文件、资料。申报书应当载明参与集中的经营者的名称、住所、经营范围、预定实施集中的日期和国务院反垄断执法机构规定的其他事项。

经营者提交的文件、资料不完备的，应当在国务院反垄断执法机构规定的期限内补交文件、资料；经营者逾期未补交文件、资料的，视为未申报。

(5) 初步审查。反垄断执法机构应自收到经营者提交的符合法律规定的文件、资料之日起 30 日内，对申报的经营者集中进行初步审查，作出是否实施进一步审查的决定，并书面通知经营者。反垄断执法机构作出决定前，经营者不得实施集中。反垄断执法机构作出不实施进一步审查的决定或者逾期未作出决定的，经营者可以实施集中。

(6) 第二阶段审查。国务院反垄断执法机构决定实施进一步审查的，应当自决定之日起 90 日内审查完毕，做出是否禁止经营者集中的决定，并书面通知经营者。作出禁止经营者集中的决定，应当说明理由。审查期间，经营者不得实施集中。在法律规定的特殊情形下，国务院反垄断执法机构经书面通知经营者，可以延长前款规定的审查期限，但最长不得超过 60 日。审查经营者集中，应当考虑下列因素：①参与集中的经营者在相关市场的市场份额及其对市场的控制力；②相关市场的市场集中度；③经营者集中对市场进入、技术进步的影响；④经营者集中对消费者和其他有关经营者的影响；⑤经营者集中对国民经济发展的影响；⑥国务院反垄断执法机构认为应当考虑的影响市场竞争的其他因素。

经营者集中具有或者可能具有排除、限制竞争效果的，国务院反垄断执法机构应当作出禁止经营者集中的决定。但是，经营者能够证明该集中对竞争产生的有利影响明显大于不利影响，或者符合社会公共利益的，国务院反垄断执法机构可以作出对经营者集中不予禁止的决定。对不予禁止的经营者集中，国务院反垄断执法机构可以决定附加减少集中对竞争产生不利影响的限制性条件。国务院反垄断执法机构应当将禁止经营者集中的决定或者对经营者集中附加限制性条件的决定，及时向社会公布。

(三)经营者集中申报豁免制度

申报豁免制度是指一项达到申报标准应当进行反垄断申报的经营者集中，由于满足法律规定的豁免条件而不必向执法机构申报。《反垄断法》规定了豁免的两种情况：一是参与集中的一个经营者拥有其他每个经营者 50%以上有表决权的股份或者资产的；二是参与集中的每个经营者 50%以上有表决权的股份或者资产被同一个未参与集中的经营者拥有的。

(四)违法实施集中的法律责任

经营者违反《反垄断法》的规定实施集中的，由国务院反垄断执法机构责令停止实施集中、限期处分股份或者资产、限期转让营业以及采取其他必要措施恢复到集中前的状态，可以处 50 万元以下的罚款。

五、行政垄断

维护和保护公正的市场竞争环境，要求政府必须以中立、公正的裁判员姿态对待市场中的各种竞争行为。但现实中，限制竞争的力量往往会来自于政府。因此，监督政府的行为，防止政府滥用行政权力限定、损害市场竞争也是《反垄断法》的任务之一。

(一)行政垄断的概念和类型

行政垄断是指行政机构及公共组织滥用行政权力排除、限制市场竞争的行为。我国《反垄断法》规定的行政垄断行为主要包括以下类型。

(1) 行政强制交易行为。该行为是指行政机关和法律、法规授权的具有管理公共事务职能的组织滥用行政权力，限定或者变相限定单位或者个人经营、购买、使用其指定的经营者提供的商品。

(2) 妨碍商品在地区之间的自由流通。该行为是指行政机关和法律、法规授权的具有管理公共事务职能的组织，滥用行政权力实施的妨碍商品在地区之间的自由流通的行为。具体包括以下行为：①对外地商品设定歧视性收费项目、实行歧视性收费标准，或者规定歧视性价格；②对外地商品规定与本地同类商品不同的技术要求、检验标准，或者对外地商品采取重复检验、重复认证等歧视性技术措施，限制外地商品进入本地市场；③采取专门针对外地商品的行政许可，限制外地商品进入本地市场；④设置关卡或者采取其他手段，阻碍外地商品进入或者本地商品运出；⑤妨碍商品在地区之间自由流通的其他行为。

(3) 限制招标投标行为。行政机关和法律、法规授权的具有管理公共事务职能的组织滥用行政权力，以设定歧视性资质要求、评审标准或者不依法发布信息等方式，排斥或者限制外地经营者参加本地的招标投标活动。

(4) 限制经营者跨地区投资经营。该行为是指行政机关和法律、法规授权的具有管理公共事务职能的组织滥用行政权力，采取与本地经营者不平等待遇等方式，排斥或者限制外地经营者在本地投资或者设立分支机构。

(5) 行政强制限制竞争。该行为是指行政机关和法律、法规授权的具有管理公共事务职能的组织滥用行政权力，强制经营者从事《反垄断法》规定的垄断行为。

(6) 抽象行政垄断行为。该行为是指行政机关滥用行政权力，制定含有排除、限制竞争内容的规定。

(二)行政垄断的法律责任

行政机关和法律、法规授权的具有管理公共事务职能的组织滥用行政权力，实施排除、限制竞争行为的，由上级机关责令改正；对直接负责的主管人员和其他直接责任人员依法给予处分。反垄断执法机构可以向有关上级机关提出依法处理的建议。

法律、行政法规对行政机关和法律、法规授权的具有管理公共事务职能的组织滥用行政权力实施排除、限制竞争行为的处理另有规定的，依照其规定。

【专栏 6-4】

北京混凝土行业管理限制竞争

六、反垄断执法机构

我国的反垄断行政执法分为中央和地方两级机构。在我国《反垄断法》颁布后的初级阶段，将由商务部、国家工商行政管理总局和国家发改委三家机构分头执行《反垄断法》。国务院反垄断执法机构根据工作需要，可以授权省、自治区、直辖市人民政府相应的机构负责有关反垄断执法工作。这即是说，省、自治区、直辖市人民政府的相关机构虽然没有执行《反垄断法》的职责，但它们可在国务院反垄断执法机构授权的范围执行《反垄断法》。根据 2018 年 3 月国务院改革方案，国务院新组建国家市场监督管理总局，反垄断执法权主要由该局享有。

本章小结

本章主要讲述了我国《反垄断法》和《反不正当竞争法》的基本内容，详细讲解了垄断行为的类型及其法律责任。垄断协议是指两个或者两个以上的经营者(包括行业协会等经营者团体)，通过协议或者其他协同一致的行为，实施固定价格、划分市场、限制产量、排挤其他竞争对手等排除限制竞争的行为。对于能够增加消费者利益，提高经营效率、改进技术和研发新产品的协议可以适用垄断豁免制度。拥有市场支配地位的经营者不能滥用其支配地位。经营者集中达到申报标准的，应当事先向反垄断执法机构申报。禁止政府滥用行政权力排除和限制竞争。同时，阐述了不正当竞争行为的概念和构成，重点讲解了假冒、仿冒行为、虚假宣传、商业诋毁、侵犯商业秘密、商业贿赂、不正当有奖销售和串通招投标行为以及各自所应承担的法律责任。

复习思考题

1. 什么是竞争法？竞争法的原则有哪些？
2. 试分析垄断协议的概念和类型。
3. 如何判断经营者是否具有市场支配地位以及是否构成对市场支配地位的滥用？
4. 试述经营者集中申报制度。
5. 什么是行政垄断？如何规制行政垄断？
6. 我国反垄断执法机构有哪些？权限分工如何？
7. 什么是商业贿赂？如何界定商业贿赂行为？
8. 如何判断虚假宣传行为？
9. 商业贿赂行为要承担哪些法律责任？
10. 商业秘密的构成条件有哪些？如何理解？

案例分析

原告吴某某(网络名：小漠)是电子竞技类游戏《英雄联盟》解说员，且为 LOL 国服第一系列视频的创作兼制作人。2013 年 2 月 28 日，原告为卖家在淘宝公司创建的淘宝网上开设了店名为“小漠阳阳零食铺”(域名：lolxiaochi.taobao.com)的淘宝店铺，并通过在优酷等知名网站发布的《英雄联盟》竞技解说视频对上述淘宝店铺进行宣传推广。被告何某某以“小漠阳阳零食店”为卖家开设了“小漠阳阳零食店铺牛铺认证明星店铺”(域名：l0lxiaochi.taobao.com)的淘宝店铺，同时，该店铺以原告吴某某的肖像为卖家头像，在店铺首页设置“LOL 国服第一系列专业解说零食铺”的标语，及开展“满 98 元送小漠签名照”等销售活动。吴某某认为上述行为均存在主观恶意，系为了让买家误认为是其开设的店铺，构成不正当竞争，被告淘宝公司作为网络服务提供者亦应对此承担连带责任。遂诉至法院，请求判令两被告立即停止对原告的不正当竞争行为并赔偿原告损失及合理费用，并在淘宝网首页赔礼道歉，澄清事实，消除影响。

(案例来源：中国知识产权裁判文书网，http://ipr.chinacourt.org/public/detail_sfws.php?id=13401.)

根据上述情况，回答以下问题并说明理由：

本案中，被告是否应当承担赔偿责任？

第七章　产品质量法

本章导读：

常言道“质量是企业的生命”。在激烈的市场竞争中，产品质量成为了企业竞争能力的核心，产品质量的严重事故，也往往直接导致一个企业，甚至是名牌企业的彻底衰败。而一个品牌的确立，必须质量先行，消费者对品牌的认可，首先是对其产品质量的认同。然而，产品质量的重要性远远不止于此，它不仅是决定企业未来生存和发展的法宝，更重要的是，产品质量还关系到老百姓的生命与健康，关系到社会政治经济生活秩序的稳定。现实生活中常常发生因产品质量问题引发的各种纠纷，学习产品质量法是全社会每个公民的现实需要。对于企业家而言，学习产品质量法是其掌握开拓市场及生产名优产品的“钥匙”，有助于提高产品质量，增加企业经济效益；对于销售厂商而言，其销售的产品质量好坏也关系到自身的切身利益和法律责任；对于消费者而言，学习产品质量法的重要性就不言而喻了，有助于保障自己的消费安全，掌握维护自身利益的重要法律武器。

读者无论从事什么工作，或是作为普通消费者在市场上参与正常的买卖交易，学习产品质量法，都有助于自己熟悉和掌握产品质量法律制度，认识产品质量的重要性，明确法律的主客体适用范围以及产品质量责任的规定等重要内容，为正确认识产品质量纠纷案件和分析解决产品质量纠纷奠定良好的理论基础。

学习目标：

通过本章的学习，读者要了解产品质量的概念和产品质量法的立法目的、适用范围；理解产品、产品质量、产品瑕疵、产品缺陷的含义；掌握产品质量监督管理制度；掌握产品质量义务和产品质量法律责任。

关键概念：

产品(Product)
产品责任(Product Liability)
产品质量责任(Responsibilities for Product Quality)
产品质量法(Product Quality Law)
生产者(Producer)
销售者(Seller)

第一节　产品质量法概述

消费者权益被侵害，很大部分是由于产品质量问题造成的。因而产品质量法的制定和实施对于保证生产经营者向社会提供合格产品，保护消费者各种权益具有重要意义。

一、产品及产品质量

明确产品与产品质量的含义是学习《产品质量法》的关键，因为只有被《产品质量法》确定为产品范围内的产品的，才受其约束。

(一)产品

《中华人民共和国产品质量法》(以下简称《产品质量法》)第二条规定："产品是指经过加工、制作，用于销售的产品。建设工程不适用本法规定。但是，建设工程使用的建筑材料、建筑构配件和设备，属于前款规定的产品范围的，适用本法规定。"可见，我国《产品质量法》所确定的产品必须满足两个条件：一是必须经过加工制作，这就排除了未经过加工的天然品(如原煤、原矿、原油)以及初级农产品(如农、林、牧、渔产品和猎物)；二是必须用于销售，非为销售而加工制作的物品就不是《产品质量法》意义上的产品。

(二)产品质量

产品质量是产品应当具备的，符合人们生产或消费所需要的各种特性、功能的总和。这些特性或功能是多方面的，主要包括以下几个方面。

(1) 安全性。安全性强调产品在流通和使用过程中必须安全，能够保证人身及财产不受其损害，环境不受其危害。这是对产品最基本的要求，包括产品的设计、制造、安装、指示、维修等多方面的安全性。

(2) 功能性。产品是为满足人们生产或消费的需要而出现的。因此，产品就必须具备满足人们特定的生产或消费需要的功能。功能性强调产品在特定条件下，应当具备实现预定目标或规定用途的实际功能。

(3) 可靠性。可靠性强调产品性能的稳定，在规定的时间和条件下，产品满足人们特定需求的能力是没有变化的。

(4) 经济性。一方面，经济性是指产品的定价既要反映其价值，更要符合市场的供求关系；另一方面，经济性是指产品在使用构成上不会额外增加使用人的负担，如保养和维修成本在合理的预期范围内。

(5) 期限性。产品必须具有正常的使用期限。

产品还应当具备可维修性、美观性、卫生性以及环保性等其他多种属性，一些特殊的产品还应当具有一些特殊的属性。我国《产品质量法》明确规定了产品质量应当具备的要求：①不存在危及人身、财产安全的不合理的危险，有保障人体健康和人身、财产安全的国家标准、行业标准的，应当符合该标准；②具备产品应当具备的使用性能，但是，对产品存在使用性能的瑕疵作出说明的除外；③符合在产品或者其包装上注明采用的产品标准，符合以产品说明、实物样品等方式表明的质量状况。

【专栏 7-1】

食品安全的法律保障

二、产品质量法及其适用范围

(一)产品质量法的概念

产品质量法是调整因产品质量而产生的社会关系的法律规范的总和。我国《产品质量法》主要调整两种社会关系：①产品质量监督管理关系。它主要包括两个方面的内容：一是作为监管者的国家行政管理机关与作为被监管者的生产者、销售者以及相关中介机构之间的产品质量行政监管关系；二是社会公众对产品质量，包括生产者、销售者进行监督所形成的社会监督关系。②产品质量责任关系。它主要是生产者、销售者、消费者或其他民事主体因产品质量纠纷而产生的民事法律关系，它是与产品质量有关的人身关系或者财产关系。与产品责任相关的民事主体不仅仅是生产者和销售者，在产品流通过程中的其他民事主体，例如社会团体、相关中介组织都可以成为产品质量责任关系的主体。

(二)产品质量法的适用范围

《产品质量法》的适用范围可从空间、主体、客体等方面来认识。①就适用空间而言，在中华人民共和国境内从事产品生产、销售活动(含销售进口商品)都必须受到我国《产品质量法》的规范；②就适用主体而言，从事产品生产或销售活动的企业法人、其他经济组织、个人、消费者、用户、相关社会中介组织、国家质量监督管理机关都应遵守我国的《产品质量法》；③就适用客体而言，我国《产品质量法》只适用于限定的产品范围，即经过加工、制作，并通过流通环节、用于销售的产品，而初级农产品和不动产则不在其调整范围之列。初级农产品属于天然产品，如未经加工的玉米、小麦、稻谷等粮产品，这些天然产品的质量是不以人的意志和要求所决定的，不能按照标准的质量要求生长，主要由《中华人民共和国农产品质量安全法》(以下简称《农产品质量安全法》)等进行调整。而不动产主要是指房屋、桥梁、建筑工程等不可移动的产品，不动产有其特殊的质量要求，难以与经过加工、制作的工业产品共用同一种法律要求，比如建筑工程由《中华人民共和国建筑法》予以调整。另外，军工产品由国务院和中央军委另行制定的《军工产品质量管理条例》等法律法规进行调整。

【专栏 7-2】

农产品的质量安全由什么法律保护？

三、产品质量责任和产品责任

产品质量责任是一个综合性概念，它是指行为人违反《产品质量法》所应承担的各种消极法律后果。这里的“行为人”不仅包括产品的生产者、销售者，而且包括对产品质量负有直接责任的人员以及从事产品质量监督的国家工作人员。这里的“消极法律后果”，包括民事责任、行政责任和刑事责任三大类，各类责任又可以作更进一步的划分。[①]

产品责任则是指产品侵权责任，即是指产品生产者和销售者承担的因生产、销售有缺陷的产品而导致他人遭受人身或财产损害的法律责任。产品责任是一种侵权责任已经成为

① 李昌麒. 经济法[M]. 北京：清华大学出版社，2008.

人们的共识，这有利于保护消费者权益。在我国，产品责任并无单独立法，其法律规定主要体现在《民法通则》和《产品质量法》中。

产品质量责任与产品责任是两个不同的法律概念，二者的区别主要在于以下三方面：①判定承担责任的依据不同。产品质量责任的判定依据包括：默示担保、明示担保、产品缺陷，只要不符合三项依据之一，生产者、销售者就应承担相应的责任。产品责任的判定依据仅指产品是否存在缺陷，即产品是否存在不合理危险。②承担责任的条件不同。承担产品质量责任的条件是只要产品质量不符合默示担保或明示担保之一，无论是否造成实际损害，都应承担相应的责任。承担产品责任的条件是产品存在缺陷，并且实际造成了他人人身伤害或财产损失。③责任的性质不同。产品质量责任包括产品质量违约和侵权的民事责任，也包括产品质量的行政责任和刑事责任，而产品责任仅指侵权民事责任。

第二节　产品质量的监督

产品质量的监督是《产品质量法》的重要内容，是该部门法得以真正发挥效力的重要保障。产品质量的监督体制和监督管理制度的构建是有效监督的客观要求。

一、产品质量监督体制

根据《产品质量法》第八条的规定："国务院产品质量监督部门主管全国产品质量监督工作，国务院有关部门在各自的职责范围内负责产品质量监督工作。县级以上地方产品质量监督部门主管本行政区域内的产品质量监督工作。县级以上地方人民政府有关部门在各自的职责范围内负责产品质量监督工作。"1999 年 3 月改革后，全国省级以下质量技术监督系统实行垂直管理。

【专栏 7-3】

毒胶囊事件

除国家机关对产品质量进行监督以外，产品质量检验机构、认证机构，消费者以及保护消费者权益的社会组织也可以对产品质量进行监督。据此，我国逐步确立了统一监督与分工监督，国家监督与社会监督相结合的产品质量监督体制。

二、产品质量监督管理制度

产品质量监督管理制度是督促生产者和经营者提供合格产品的重要管理制度。

(一)产品质量标准制度

根据《产品质量法》的规定，我国实行产品质量标准制度包括以下内容：①产品质量应符合一定的标准；②产品应检验合格，不得以不合格产品冒充合格产品。为保证产品质量，产品出厂时应当经过检验，质量应符合相应的要求，同时，不得以处理品或劣质品等不合格产品作为或充当合格品；③可能危及人体健康和人身、财产安全的工业产品，必须符合保障人体健康和人身、财产安全的国家标准、行业标准。未制定国家标准或行业标准的，必须符合保障人体健康和人身、财产安全的要求。

(二)企业质量体系认证制度

《产品质量法》第十四条规定："国家根据国际通用的质量管理标准，推行企业质量体系认证制度。企业根据自愿原则可以向国务院产品质量监督部门认可的或者国务院产品质量监督部门授权的部门认可的认证机构申请企业质量体系认证。经认证合格的，由认证机构颁发企业质量体系认证证书。"可见，企业是否申请企业质量体系认证，可根据自身的情况来决定，完全自愿。

企业质量体系认证的目的，是提高供方的质量信誉，向需方提供质量担保，增强企业在市场上的竞争能力，同时也有利于加强企业内部的质量管理，实现质量方针和质量目标。

(三)产品质量认证制度

国家参照国际先进的产品标准和技术要求，推行产品质量认证制度。企业根据自愿原则可以向国务院产品质量监督部门认可的或者国务院产品质量监督部门授权的部门认可的认证机构申请产品质量认证。经认证合格的，由认证机构颁发产品质量认证证书，准许企业在产品或者其包装上使用产品质量认证标志。

产品质量认证的目的是为了提高产品信誉，增加产品的竞争能力。认证标志是指由产品质量认证机构设计，按照法定程序批准发布的一种专用标志。例如，英国的风筝标志、德国的 VDE 标志、美国的 UL 标志，在世界上享有盛名，只要带有这些标志的产品，消费者对其质量就可以充分信任。我国的产品质量认证标志有长城认证标志、PRC 认证标志和方圆认证标志等。

(四)产品质量监督检查制度

国家对产品质量实行以抽查为主要方式的监督检查制度，对于依法进行的产品质量监督检查，生产者、销售者不得拒绝。监督抽查工作的重点是可能危及人体健康和人身、财产安全的产品，影响国计民生的重要工业产品以及消费者、有关组织反映有质量问题的产品。

根据监督抽查的需要，可以对产品进行检验。检验抽取样品的数量不得超过检验的合理需要，并不得向被检查人收取检验费用。监督检查所需检验费用按照国务院规定列支。生产者和销售者对抽查检验的结果有异议的，可以自收到检验结果之日起 15 日内向实施监督抽查的产品质量监督部门或者其上级产品质量监督部门申请复检，由受理复检的产品质量监督部门作出复检结论。

对于监督抽查不合格的产品，由实施监督抽查的产品质量监督部门责令其生产者、销售者限期改正。逾期不改正的，由省级以上人民政府产品质量监督部门予以公告；公告后经复查仍不合格的，责令停产，限期整顿；整顿期满后经复查产品质量仍不合格的，吊销营业执照。

第三节　生产者、销售者的产品质量责任和义务

各国产品质量立法在确定产品质量责任和义务主体时，通常把重点放在生产者上，因产品的设计、制造是保证产品质量最重要的环节之一，我国《产品质量法》也加重了生产

者的产品质量责任和义务。但产品的销售者也应当承担一定的产品质量责任和义务。

一、生产者的产品质量责任和义务

我国《产品质量法》规定的生产者的产品质量责任和义务主要包括以下几个方面。

(1) 生产者应当对其生产的产品质量负责。产品质量应当符合以下要求：①不存在危及人身、财产安全的不合理的危险，有保障人体健康和人身、财产安全的国家标准、行业标准的，应当符合该标准；②具备产品应有的使用性能，但对产品存在使用性能的瑕疵作出说明的除外；③符合在产品或者其包装上注明采用的产品标准，符合以产品说明、实物样品等方式表明的质量状况。

(2) 生产者的产品包装标识必须真实。产品包装标识要真实，并符合下列要求：①有产品质量检验合格证明；②有中文标明的产品名称、生产厂名和厂址；③根据产品的特点和使用要求，需要标明产品规格、等级、所含主要成分的名称和含量的，应用中文相应予以标明；需要事先让消费者知晓的，应当在外包装上标明，或者预先向消费者提供有关资料；④限期使用的产品，应当在显著位置清晰地标明生产日期和安全使用期或者失效期；⑤使用不当，容易造成产品本身损坏或者可能危及人身、财产安全的产品，应当有警示标志或者中文警示说明；⑥裸装的食品和其他根据产品的特点难以附加标识的裸装产品，可以不附加产品标识。

(3) 生产者对某些特殊产品的包装应当履行额外的义务。《产品质量法》第二十八条规定："易碎、易燃、易爆、有毒、有腐蚀性、有放射性等危险物品以及储运中不能倒置和其他有特殊要求的产品，其包装质量必须符合相应要求，依照国家有关规定作出警示标志或中文警示说明，标明储运注意事项。"

(4) 生产者的其他产品质量义务。生产者除了要履行以上产品质量方面的作为义务外，还负有以下不作为义务：①不得生产国家明令淘汰的产品；②不得伪造产地，不得伪造或者冒用他人的厂名、厂址；③不得伪造或者冒用认证标志等质量标志；④不得掺杂、掺假，不得以假充真、以次充好，不得以不合格产品冒充合格产品。

二、销售者的产品质量责任和义务

《产品质量法》规定的销售者的产品质量责任和义务主要包括：①执行进货检查验收制度，验明产品合格证明和其他标识。如果在验收中发现产品的质量、品种、规格、产品标识不符合规定，销售者应当提出书面异议，要求供货方予以解决，如果销售者不提出异议的，责任自负。②保持销售产品的质量。销售者应当根据产品特点，采取必要的防雨、防晒、防霉变，对某些特殊产品采取控制温度、湿度等措施，确保销售的产品不失效、不变质。③所销售产品的标识应当符合《产品质量法》对生产的产品或其包装上的标识的规定。④销售产品不得掺杂、掺假，不得以假充真、以次充好，不得销售不合格和冒充合格的产品。⑤不得伪造产地，不得伪造或者冒用他人的厂名、厂址；不得伪造或冒用认证标志等质量标志。

第四节　产品损害赔偿责任

产品损害的归责问题是本章学习的重点和难点，深入了解赔偿责任问题有助于我们分析现实生活中的案例，理清各方当事人在产品损害案件中的具体责任。

一、产品损害赔偿责任的概念

产品损害赔偿责任，即产品侵权责任，是指生产者、销售者因生产或销售的产品有缺陷，造成用户、消费者或第三人人身和财产损害而应依法承担的法律后果。这与前述产品责任的概念一致。产品责任是国际通用术语，而产品损害赔偿责任是我国的特别创造。

生产者、销售者承担损害赔偿责任须满足以下三个要件：①产品存在缺陷，包括设计上的缺陷、原材料的缺陷、制造上的缺陷、指示上的缺陷等；②存在人身伤害、财产损害的事实；③产品缺陷与损害事实之间有因果关系。实践中，产品造成人身、财产损害，除了由于产品本身的缺陷外，还可能有其他原因，如外力的破坏、受害人的故意等，而由这些原因造成的损害，不应归结于生产者、销售者。

二、产品损害赔偿责任的归责原则

归责原则是指确定行为人承担民事法律责任的理由和依据。

我国《产品质量法》对生产者实行严格责任原则，即只要其生产的产品存在缺陷并对他人人身或财产造成了损害，生产者即使没有过错也要负赔偿责任。但生产者能证明有下列情况之一的，可免除责任：①未将产品投入流通的；②产品投入流通时，引起损害的缺陷尚不存在的；③将产品投入流通时的科学技术水平尚不能发现缺陷存在的。

对销售者实行过错责任原则，即销售者由于过错使产品存在缺陷，造成他人人身、财产发生损害的，才承担赔偿责任；销售者不能指明缺陷产品的生产者或供货者的，销售者应当承担赔偿责任。

三、损害赔偿范围及责任形式

确定损害赔偿范围及责任形式有利于权利人行使赔偿请求权及义务人承担赔偿责任。

(一)受害人的求偿权与先行赔偿人的追偿权

《产品质量法》第四十三条规定：“因产品存在缺陷造成人身、他人财产损害的，受害人可以向产品的生产者要求赔偿，也可以向产品的销售者要求赔偿。”这就是有关受害人求偿权的规定。

关于先行赔偿人的追偿权问题，该条也作了明确规定：“属于产品的生产者的责任，产品的销售者赔偿的，产品的销售者有权向产品的生产者追偿。属于产品的销售者的责任，产品的生产者赔偿的，产品的生产者有权向产品的销售者追偿。”这里的追偿，是指缺陷产品的生产者或销售者先行承担赔偿之后，有权向负有责任的人追还所支付的赔偿。

(二)损害赔偿范围

《产品质量法》规定了产品损害赔偿的范围：因产品存在缺陷造成受害人人身伤害的，侵害人应当赔偿医疗费、治疗期间的护理费、因误工减少的收入等费用；造成残疾的，还应当支付残疾者生活自助具费、生活补助费、残疾赔偿金以及由其扶养的人所必需的生活费等费用；造成受害人死亡的，并应当支付丧葬费、死亡赔偿金以及由死者生前扶养的人所必需的生活费等费用。因产品存在缺陷造成受害人财产损失的，侵害人应当恢复原状或者折价赔偿。受害人因此遭受其他重大损失的，侵害人应当赔偿损失。

(三)诉讼时效和争议的解决

《产品质量法》规定：因产品存在缺陷造成损害要求赔偿的诉讼时效期间为 2 年，自当事人知道或者应当知道其权益受到损害时起计算。因产品存在缺陷造成损害要求赔偿的请求权，在造成损害的缺陷产品交付最初消费者满 10 年丧失；但是，尚未超过明示的安全使用期的除外。这是对产品质量诉讼时效的规定。

《产品质量法》第四十七条规定，产品质量民事纠纷可以采取协商、调解、仲裁和诉讼四种方式解决。需要说明的是，当事人可以自由选择这四种方式，但对于仲裁和诉讼则只能选择一种，即申请仲裁后就不能向法院起诉，向法院起诉后就不能申请仲裁。

第五节　产品质量行政责任和刑事责任

了解产品质量的行政责任和刑事责任有助于生产经营者全面了解《产品质量法》，树立产品质量意识，生产和销售合格产品。

一、生产者、销售者违反产品质量法的行政责任和刑事责任

(一)生产、销售不合格产品的行政责任和刑事责任

(1) 生产、销售不符合保障人体健康和人身、财产安全的国家标准、行业标准的产品，责令停止生产、销售，没收违法生产、销售的产品，并处违法生产、销售产品(包括已售出和未售出的产品)货值金额等值以上 3 倍以下的罚款；有违法所得的，并处没收违法所得；情节严重的，吊销营业执照；构成犯罪的，依法追究刑事责任。

(2) 生产者、销售者在产品中掺杂、掺假，以假充真，以次充好，或者以不合格产品冒充合格产品的，责令停止生产、销售，没收违法生产、销售的产品，并处违法生产、销售产品货值金额 50%以上 3 倍以下的罚款；有违法所得的，并处没收违法所得；情节严重的，吊销营业执照；构成犯罪的，依法追究刑事责任。

(3) 生产国家明令淘汰的产品的，销售国家明令淘汰并停止销售的产品的，责令停止生产、销售，没收违法生产、销售的产品，并处违法生产、销售产品货值金额等值以下的罚款；有违法所得的，并处没收违法所得；情节严重的，吊销营业执照。

(4) 销售失效、变质的产品的，责令停止销售，没收违法销售的产品，并处违法销售产品货值金额 2 倍以下的罚款；有违法所得的，并处没收违法所得；情节严重的，吊销营业执照；构成犯罪的，依法追究刑事责任。

(二)以欺诈手段生产、销售产品的行政责任和刑事法律责任

《产品质量法》第五十三条规定：“伪造产品产地的，伪造或者冒用他人厂名、厂址的，伪造或者冒用认证标志等质量标志的，责令改正，没收违法生产、销售的产品，并处违法生产、销售产品货值金额等值以下的罚款；有违法所得的，并处没收违法所得；情节严重的，吊销营业执照。”

(三)产品标识不当的法律责任

产品标识不符合产品或其包装上的标识要求的，依据法律规定，应责令改正；有包装的产品标识，不符合“限期使用的产品，应当在显著位置清晰地标明生产日期和安全使用期或失效日期；使用不当，容易造成产品本身损坏或者可能危及人身、财产安全的产品，应有警示标志或者中文警示说明”等规定，情节严重的，责令停止生产、销售，并处违法生产、销售产品货值金额30%以下的罚款；有违法所得的，并处没收违法所得。

二、国家机关及其工作人员的行政责任和刑事责任

我国《产品质量法》对国家机关及其工作人员的行政责任和刑事责任的规定主要包括以下内容。

各级人民政府工作人员和其他国家机关工作人员有下列情形之一的，依法给予行政处分；构成犯罪的，依法追究刑事责任：①包庇、放纵产品生产、销售中违反《产品质量法》行为的；②向从事违反《产品质量法》规定的生产、销售活动的当事人通风报信，帮助其逃避查处的；③阻挠、干预产品质量监督部门或者工商行政管理部门依法对产品生产、销售中违反《产品质量法》规定的行为进行查处，造成严重后果的。

产品质量监督部门或者其他国家机关违反《产品质量法》第二十五条的规定，向社会推荐生产者的产品或者以监制、监销等方式参与产品经营活动的，由其上级机关或者监察机关责令改正，消除影响，有违法收入的予以没收；情节严重的，对直接负责的主管人员和其他直接责任人员依法给予行政处分。产品质量检验机构有上述所列违法行为的，由产品质量监督部门责令改正，消除影响，有违法收入的予以没收，可以并处违法收入 1 倍以下的罚款；情节严重的，撤销其质量检验资格。

产品质量监督部门或者工商行政管理部门的工作人员滥用职权、玩忽职守、徇私舞弊，构成犯罪的，依法追究刑事责任；尚不构成犯罪的，依法给予行政处分。

当事人对行政处罚决定不服的，可以在接到处罚通知之日起 15 日内向作出处罚决定的机关的上一级机关申请复议；当事人也可在接到处罚通知之日起 15 日之内，直接向人民法院起诉。复议机关应当在接到复议申请之日起 60 日内作出复议决定。当事人对复议决定不服的，可以在接到复议决定之日起 15 日内向人民法院起诉。复议机关逾期不作出复议决定的，当事人可以在复议期满之日起15日内向人民法院起诉。

当事人逾期不申请复议也不向人民法院起诉，又不履行处罚决定的，作出处罚决定的机关可以申请人民法院强制执行。

本 章 小 结

本章主要阐述了产品法律制度的基本原理和主要内容。产品质量法调整的对象主要是国家质量管理机构及其质量检验机构对企业生产和销售的产品的行为进行监督和管理而产生的纵向关系，以及生产者、销售者在产品销售过程中依法对消费者、客户应承担产品质量责任而产生的横向关系。产品质量法通过明确规定生产者、销售者的产品质量责任和义务及其赔偿责任，以及建立产品质量标准制度、企业质量体系认证制度、产品质量认证制度、产品质量监督检查制度，建立起一套完整的产品质量法律体系。

复习思考题

1. 《产品质量法》的适用范围有哪些？
2. 产品质量责任与产品责任的不同之处在哪里？
3. 生产者有哪些产品质量责任和义务？
4. 销售者有哪些产品质量责任和义务？

案 例 分 析

产品质量责任的认定

2015 年 2 月，某百货公司从厦门某公司购买了一套升降机，并在该公司办公楼内进行了安装使用。2016 年 1 月，李某作为某劳务派遣公司的派遣员工到该百货公司工作。2016 年 4 月 7 日 8 时许，当李某在该百货公司办公楼三楼刚进入升降机，尚未触动升降机内的任何按键，升降机却突然发生故障，猛烈坠落到一楼地面。李某当即被送往医院住院治疗，被诊断为：左腿踝关节粉碎性骨折，右脚足弓断裂。李某共计住院 36 天，花去医疗费 93 665.50 元。出院后，李某又在门诊治疗中花去医疗费 16 785.40 元。同年 8 月 20 日，李某被鉴定为七级伤残。后李某要求厦门某公司赔偿，被该公司拒绝，理由是升降机出现事故是质量问题还是操作不当造成已无法认定，无证据证明系升降机质量问题；且该公司仅仅是升降机的销售者，李某应当追究的是升降机生产厂家的责任。李某索赔无果后，遂起诉至法院。

根据上述情况，回答以下问题：

(1) 什么是产品责任？

(2) 李某能否得到法院的支持？为什么？

第八章　消费者权益保护法

本章导读：

我国《消费者权益保护法》确立了对消费者给予特殊保护的原则，这是由《消费者权益保护法》固有的价值取向和消费者所处的特殊地位决定的。消费者通常是以自然人个体的形式出现的，但其所面对的一般都是具有健全的组织机构、雄厚的经济实力、丰富的产品知识并掌握更多交易主动权的经营者，消费者赖以消费的各种信息，如商品、服务的基本知识、价值、使用方式、防止危险的方式等基本都需要经营者提供，从而决定了双方不可能处于平等的地位。这种特殊保护的实现有赖于国家干预及社会的参与，这是《消费者权益保护法》的又一原则。国家应当从消费者的立场出发，以国家强制力对消费领域进行适度干预，在预防消费者损害和消费者遭受侵害的补救方面提供各种支持。我国《消费者权益保护法》在第四章中从立法、行政和司法三个方面规定了国家对消费者合法权益的保护。同时，保护消费者的合法权益是全社会的共同责任，国家鼓励、支持一切组织和个人对损害消费者合法权益的行为进行社会监督。大众传播媒介也应当做好维护消费者合法权益的宣传，对损害消费者合法权益的行为进行舆论监督。

通过本章的学习，作为消费者的读者应该充分认识到自己所处的弱势地位及相关权利，勇于和善于利用相关法律的规定，采取合适的措施保护自己的合法权益。作为经营者的读者也应熟悉相关规定，了解自己的义务，善待消费者，以免惹来无谓的纠纷。

学习目标：

本章的内容主要包括：消费者的概念与特征，消费者权益保护法的概念、适用与立法状况，消费者的权利，经营者的概念，经营者的义务，消费者权益的法律保护，消费者争议的解决途径等。通过本章内容的学习，读者要了解消费者的含义、消费者权益保护的立法状况；理解和掌握消费者的具体权利、经营者的具体义务、消费者权益的法律保护方法，消费者争议解决的途径。

关键概念：

消费(Consume)
消费者(The Consumer)
生活消费(Consume of Living)
消费者权益(Rights and Interests of the Consumer)
经营者(The Proprietor)
经营者义务(Liability of the Proprietor)
消费者权益保护法(The Law on Protecting Rights and Interests of the Consumer)
消费争议(Dissensions Between the Consumer and the Proprietor)

第一节 消费者权益保护法概述

要保护消费者的权益，首先要明确消费者的含义，确定其范围。《中华人民共和国消费者权益保护法》(以下简称《消费者权益保护法》)对消费者的含义、立法宗旨及适用范围都作了明确规定。

一、消费者的概念

从经济学看，消费者是与政府、企业相并列的参与市场经济运行的三大主体之一，但各国法律对于消费者并无统一认识，一般认为“消费者”是指生活消费的主体。我国《消费者权益保护法》第二条所指消费者，是为满足个人生活消费的需要而购买、使用商品或接受服务的居民。这里的居民是指自然人或称个体社会成员。消费者具有如下特征：①消费者的主体仅指公民个人，不包括国家机关、企业事业单位和其他社会组织；②消费者购买、使用商品或者接受服务是为了生活消费，而不是为了生产消费；③消费者购买的生活资料必须是为了满足自己或家庭的生活需要，而不是出于其他目的，如再投资、再销售、出租、赠与等；④消费者购买、使用商品包括以下情形：一是购买商品，二是使用商品，三是既购买又使用商品。实施上述三种行为之一的即可成为消费者，三种行为都可以使消费者与经营者销售或提供的商品、服务直接相关。

二、消费者权益保护法

法律的明确规定是消费者权益保护的前提，各国对消费者权益保护法的适用范围的规定有所差异。我国关于消费者权益保护的立法仍比较薄弱。

(一)消费者权益保护法的概念

消费者权益保护法是调整在保护消费者权益过程中发生的经济关系的法律规范的总称。由此可知，消费者权益保护法的调整对象是在保护消费者权益过程中产生的各种社会关系，具体包括：①国家机关与经营者之间的关系，主要是指国家有关管理部门在对经营者的生产、销售、服务活动进行监督管理，以及对侵害消费者合法权益的行为给予制裁的过程中所发生的社会关系；②国家机关与消费者之间的关系，主要是指国家管理部门在为消费者提供指导、服务与保护的过程中所发生的社会关系；③经营者与消费者之间的关系，主要是指经营者因违法行为给消费者造成损害，消费者请求赔偿，以及消费者对经营者进行监督的过程中所发生的社会关系。

(二)消费者权益保护法的适用范围

消费者权益保护法的适用范围是指该法的效力所及的空间、时间和主体的范围。我国的《消费者权益保护法》在中华人民共和国主权所及的全部领域都是适用的。从主体的方面看，我国《消费者权益保护法》适用于消费者为生活消费需要购买、使用商品或接受服务，其权益受到该法保护；经营者为消费者提供生产、销售的商品或提供服务，应当遵守该法；对于上述具体情况该法没有作出规定的，应当适用其他有关法律、法规的规定。此外，我国《消费者权益保护法》第六十二条规定："农民购买、使用直接用于农业生产的生产资料，参照本法执行。"

三、消费者权益保护法的立法宗旨与基本原则

消费者权益保护法是国家基于消费者的弱势地位而给予其特别保护的以维护真正的公平交易及市场秩序的法律。该法的宗旨在于协调个体营利性和社会公益性之间的矛盾，兼顾效率与公平，以推动经济的稳定增长，保障社会公共利益和基本人权，从而推动经济和社会的良性运行和协调发展。正如《消费者权益保护法》第一条规定的："为保护消费者的合法权益，维护社会经济秩序，促进社会主义市场经济健康发展。"

我国《消费者权益保护法》规定了以下原则：一是经营者应当依法提供商品或者服务的原则；二是经营者与消费者进行交易应当遵循自愿、平等、公平、诚实信用的原则；三是国家保护消费者的合法权益不受侵犯的原则；四是一切组织和个人对损害消费者合法权益的行为进行社会监督的原则。

第二节　消费者的权利

明确消费者权利是保护消费者的前提。我国《消费者权益保护法》规定了消费者多方面的权利。

一、消费者权利的含义

消费者的权利和经营者的义务是我国《消费者权益保护法》的核心内容。消费者的权利是指消费者在消费活动中，即在购买、使用商品和接受服务过程中，依照法律规定所享有的各种权利。

二、消费者的主要权利

我国《消费者权益保护法》对消费者应享有的权利作了详细规定，具体包括以下几方面。

(1) 保障安全权。保障安全权是消费者最基本的权利，是消费者在购买、使用商品和接受服务时享有的保障其人身、财产安全不受侵害的权利。安全是人最基本的、首要的需求，只有在安全有保障的前提下，才谈得上对其他权利的需求。安全权包括以下内容：①人身安全权。它包括：消费者的生命安全权，即消费者生命不受危害的权利，如因食品有毒而致消费者死亡，即侵犯了消费者的生命权；消费者的健康安全权，即消费者的身体健康状况不受损害的权利，例如食物不卫生而使消费者中毒或因电器爆炸致消费者残疾等均属侵犯消费者的健康安全权。②财产安全权。即消费者的财产不受损失的权利，财产损失有时表现为财产在外观上发生损毁，有时则表现为价值的减少。

(2) 知悉真情权。知悉真情权，又称获取信息权、知情权、了解权，即消费者在消费

时享有知悉其购买、使用的商品或接受的服务的真实情况的权利。这是消费者作出消费决定的前提，知悉真情权的内容包括：①有权知悉有关商品或者服务的基本情况，主要包括知悉商品的名称、注册商标、商品产地、生产者名称、生产日期、有效期限、服务的内容、服务的规格和服务的费用等。②有权知悉有关商品的技术指标情况，主要包括知悉商品用途、性能、规格、等级、主要成分、有效期限、检验合格证明、使用方法说明等。③有权知悉有关商品或服务的价格以及商品的售后服务情况，主要包括知悉商品的价格和服务的价格，以及知悉有无质量担保期、服务的方式、服务是否收费等情况。

(3) 自主选择权。自主选择权是指消费者享有自主选择商品或者服务的权利。《消费者权益保护法》第九条规定了消费者的自主选择权包括以下几个方面：①自主选择提供商品或者服务的经营者的权利；②自主选择商品品种或者服务方式的权利；③自主决定购买或者不购买任何一种商品、接受或者不接受任何一项服务的权利；④自主选择商品或者服务时享有的进行比较、鉴别和挑选的权利。

(4) 公平交易权。消费者的公平交易权是指消费者在购买、使用商品或者接受服务时所享有的获得公平交易条件的权利。为了保障消费者的公平交易权，我国《消费者权益保护法》规定："消费者在购买商品或者接受服务时，有权获得质量保障、价格合理、计量正确等公平交易条件，有权拒绝经营者的强制交易行为。"

(5) 依法求偿权。它是指消费者在因购买、使用商品或接受服务受到人身、财产损害时享有的要求获得赔偿的权利。依法求偿权是弥补消费者损害的必不可少的救济性权利。

(6) 依法结社权。它是消费者享有的依法成立维护自身合法权益的社会团体的权利。消费者作为弱者，有时靠自己单个的力量难以维护自身合法权益，依法行使结社权，可以使消费者由弱小、分散变得集中、强大，并通过集体的力量来改变自己的弱势地位，以与实力雄厚的经营者相抗衡。因此，法律赋予消费者有权成立保护自身权益的自治团体，目前主要是各级消费者协会。

(7) 获得消费教育权。它是消费者享有的获得有关消费者和消费者权益保护方面知识的权利。只有保障消费者获得消费教育权，才能使消费者更好地掌握商品或者服务的知识和使用技能，以使其正确使用商品，提高自我保护意识。消费教育权主要包括以下几个方面：①消费者享有获得与商品和服务密切相关的知识和信息的权利；②消费者享有获得有关消费者利益保护方面的法律知识的权利；③消费者享有获得有关消费咨询的权利。

(8) 维护尊严权。消费者的维护尊严权是指消费者在购买、使用商品和接受服务时所享有的使其人格尊严、民族风俗习惯得到尊重的权利。消费者享有维护人格尊严的权利，首先意味着消费者的人格权不受侵犯；其次还意味着消费者的民族风俗习惯受到尊重。

(9) 监督批评权。消费者享有对商品和服务以及保护消费者权益工作进行监督的权利。其中包括：消费者有权检举、控告侵害消费者权益的行为和国家机关工作人员在保护消费者权益工作中的违法失职行为，有权对保护消费者权益工作提出批评、建议。

(10) 网购退货权。《消费者权益保护法》规定，经营者采用网络、电视、电话、邮购等方式销售商品，消费者有权自收到商品之日起 7 日内退货，且无须说明理由，但下列商品除外：①消费者定做的；②鲜活易腐的；③在线下载或者消费者拆封的音像制品、计算机软件等数字化商品；④交付的报纸、期刊。除上述所列商品外，其他根据商品性质并经消费者在购买时确认不宜退货的商品，不适用无理由退货。

消费者退货的商品应当完好。经营者应当自收到退回商品之日起 7 日内返还消费者支付的商品价款。退回商品的运费由消费者承担；经营者和消费者另有约定的，按照约定。

第三节　经营者的义务

经营者是为消费者提供商品和服务的市场主体，是与消费者直接进行交易的另一方。经营者的义务是与消费者的权利相对应的，消费者的权利能否实现取决于经营者是否依法履行了其应尽的义务。

一、经营者的含义

一般意义上的经营者是指以营利为目的，从事商品生产和销售或提供服务的商人。我国《消费者权益保护法》上的经营者是消费者的对称，即为消费者提供其生产、销售的商品或者提供服务的自然人或法人。《消费者权益保护法》上的经营者并不一定以营利为目的。

二、经营者的主要义务

我国《消费者权益保护法》第三章对经营者的义务作了全面的规定，主要包括以下几个方面。

(1) 遵守法律的义务。经营者向消费者提供商品或者服务，应当依照《消费者权益保护法》和其他有关法律、法规的规定履行义务。经营者和消费者有约定的，应当按照约定履行义务，但双方的约定不得违背法律、法规的规定。

(2) 听取意见和接受监督的义务。经营者应当听取消费者对其提供的商品或者服务的意见，接受消费者的监督，不得以任何方式拒绝消费的监督。法律规定经营者的这一义务，有利于提高和改善消费者的地位。

(3) 保障消费者人身和财产安全的义务。为了有效实现消费者的保障安全权，经营者应当保证其提供的商品或服务符合保障人身、财产安全的要求：①对于可能危及人身、财产安全的商品或服务，应当向消费者作出真实的说明和明确的警示，并说明和表明正确使用商品或服务的方法以及防止危害发生的方法。②宾馆、商场、餐馆、银行、机场、车站、港口、影剧院等经营场所的经营者，应当对消费者尽到安全保障义务。③经营者发现其提供的商品或者服务存在缺陷，有危及人身、财产安全危险的，应当立即向有关行政部门报告和告知消费者，并采取停止销售、警示、召回、无害化处理、销毁、停止生产或者服务等措施。采取召回措施的，经营者应当承担消费者因商品被召回支出的必要费用。

(4) 不作虚假宣传的义务。为了保证消费者的知悉真情权，经营者应向消费者提供有关的商品或服务的质量、性能、用途、有效期限等信息，应当真实、全面，不得作虚假或者引人误解的宣传。经营者对消费者就其提供的商品或服务的质量和使用方法等问题提出的询问，应当作出真实、明确的答复。在价格标示方面，商店在提供商品或服务时，应当明码标价。

(5) 出具相应的凭证和单据的义务。经营者在提供商品或服务，应当按照国家有关规定或商业惯例向消费者出具发票等购货凭证或服务单据；消费者索要发票等购买凭证或服务单据的，经营者必须出具。

(6) 品质担保的义务。经营者有义务为消费者提供符合品质要求的商品和服务：①经营者应当保证在正常使用商品或者接受服务的情况下，其提供的商品或者服务应当具有的质量、性能、用途和有效期限，但消费者在购买该商品或者接受服务前已经知道其存在瑕疵，且存在该瑕疵不违反法律强制性规定的除外；②经营者以广告、产品说明、实物样品或者其他方式表明商品或者服务的质量状况的，应当保证其提供的商品或者服务的实际质量与表明的质量状况相符。

(7) 售后服务的义务。经营者提供的商品或者服务不符合质量要求的，消费者可以依照国家规定、当事人约定退货，或者要求经营者履行更换、修理等义务。没有国家规定和当事人约定的，消费者可以自收到商品之日起 7 日内退货；7 日后符合法定解除合同条件的，消费者可以及时退货，不符合法定解除合同条件的，可以要求经营者履行更换、修理等义务。

(8) 不得从事不公平、不合理的交易的义务。经营者在经营活动中使用格式条款的，应当以显著方式提请消费者注意商品或者服务的数量和质量、价款或者费用、履行期限和方式、安全注意事项和风险警示、售后服务、民事责任等与消费者有重大利害关系的内容，并按照消费者的要求予以说明。经营者不得以格式条款、通知、声明、店堂告示等方式作出不公平、不合理的规定，或减轻、免除其损害消费者合法权益应当承担的民事责任。经营者在格式合同、通知、声明、店堂告示等含有对消费者作出不公平、不合理的规定或减轻、免除经营者损害赔偿责任等内容的，其内容无效。

【专栏 8-1】

《食品安全法》的 10 倍责任

(9) 尊重消费者人格的义务。经营者应当尊重消费者的人格，不得对消费者进行侮辱、诽谤，不得搜查消费者的身体及其携带的物品，不得侵犯消费者的人身自由，不得侵害消费者的身体健康和生命安全。

(10) 不侵犯消费者信息权的义务。《消费者权益保护法》第二十九条规定：“经营者收集、使用消费者个人信息，应当遵循合法、正当、必要的原则，明示收集、使用信息的目的、方式和范围，并经消费者同意。经营者收集、使用消费者个人信息，应当公开其收集、使用规则，不得违反法律、法规的规定和双方的约定收集、使用信息。经营者及其工作人员对收集的消费者个人信息必须严格保密，不得泄露、出售或者非法向他人提供。经营者应当采取技术措施和其他必要措施，确保信息安全，防止消费者个人信息泄露、丢失。在发生或者可能发生信息泄露、丢失的情况时，应当立即采取补救措施。经营者未经消费者同意或者请求，或者消费者明确表示拒绝的，不得向其发送商业性信息。”

第四节　消费者权益的保护

保护消费者的合法权益是社会的共同责任，只有国家和社会各方面力量形成一个保护体系，互相配合，才能使消费者的合法权益真正得到保护。

一、国家对消费者权益的保护

依据我国《消费者权益保护法》的规定，国家对消费者合法权益的保护主要体现在以下几个方面。

1. 立法方面的保护

有效保护消费者权益的前提应当是有法可依，国家立法机关通过制定《消费者权益保护法》等相关法律，保护消费者的权益。国家在立法方面对消费者权益的保护体现在：①立法机关通过制定反映消费者意见和要求的《消费者权益保护法》，明确规定消费者享有哪些权利，经营者应履行哪些义务，使消费者权益的保护有法律依据；②立法机关通过对现行法律的修改、废止等不断完善《消费者权益保护法》，以便适应新的经济发展水平及消费者权益保护的执法需要；③加强消费者权益保护的相关立法，形成保护消费者权益的法律体系。

2. 行政管理方面的保护

国家各级行政机关通过组织、管理、协调、监督等手段贯彻执行消费者权益保护法，保护消费者合法权益。根据规定，各级人民政府以及各级工商行政管理部门、物价、技术监督、卫生、食品检验、商检等行政管理机关，均应在各自的职责范围内，依法加强对经营者的监督管理，保护消费者的合法权益。各行政管理部门都应开辟渠道，听取消费者及社会团体对经营者的交易行为、商品和服务质量的意见，并及时查处解决。

3. 惩处违法犯罪行为方面的保护

对违法犯罪行为有惩处权的有关国家机关，如公安机关、检察机关、人民法院等，应当依照法律、法规的规定，惩处经营者在提供商品和服务中侵害消费者合法权益的违法犯罪行为，保护消费者的合法权益。

二、社会对消费者权益的保护

国家鼓励、支持一切组织和个人对损害消费者合法权益的行为进行社会监督。

(一)新闻舆论机构的保护

大众传播媒介有责任做好维护消费者合法权益的宣传工作，对损害消费者合法权益的行为进行舆论监督。特别要发挥电视、报刊、网络等大众传媒媒介的作用，积极宣传《消费者权益保护法》和消费知识。同时，对侵害消费者合法权益的行为予以批评、曝光，任何单位和个人不得干涉新闻机构对保护消费者权益的舆论监督活动。

(二)消费者组织的保护

我国《消费者权益保护法》第五章对消费者组织作了专门的规定。目前，我国消费者组织的主要形式是各地的消费者协会。中国消费者协会于 1984 年在北京成立，目前，各省、市、县都有消费者协会，不少地区的乡、村、街道也设有消费者协会，形成了遍布全国的消费者权益保护网，为保护消费者权益发挥了重要的作用。消费者协会必须依法履行其职能，各级人民政府对消费者协会履行职能应予以支持。从《消费者权益保护法》的规定来看，消费者组织有以下特征：①它是依法成立的社会团体；②其任务是对商品和服务进行社会监督；③其宗旨和目的是保护消费者的合法权益；④不得从事营利性活动或服务，不得以牟利为目的向社会推荐商品和服务。

消费者协会的职能包括以下几个方面：①向消费者提供消费信息和咨询服务，提高消费者维护自身合法权益的能力，引导文明、健康、节约资源和保护环境的消费方式；②参与制定有关消费者权益的法律、法规、规章和强制性标准；③参与有关行政部门对商品和服务的监督、检查；④就有关消费者合法权益的问题，向有关部门反映、查询，提出建议；⑤受理消费者的投诉，并对投诉事项进行调查、调解；⑥投诉事项涉及商品和服务质量问题的，可以委托具备资格的鉴定人鉴定，鉴定人应当告知鉴定意见；⑦就损害消费者合法权益的行为，支持受损害的消费者提起诉讼或者依照《消费者权益保护法》提起诉讼；⑧对损害消费者合法权益的行为，通过大众传播媒介予以揭露、批评。

(三)公益诉讼

公益诉讼是一项重要的权利救济手段，是指任何人和任何组织，可以根据法律的授权，对违反法律，侵犯国家利益、社会公共利益以及不特定个人利益的行为，向人民法院提起诉讼，人民法院依法追究违法者法律责任的诉讼活动。2016 年 2 月 1 日通过的《最高人民法院关于审理消费民事公益诉讼案件适用法律若干问题的解释》明确了消费民事公益诉讼原告资格、适用范围、消费领域社会公共利益类型化、管辖法院、原告处分权的限制、公益诉讼与私益诉讼的关系、请求权类型及责任承担方式、裁判既判力等问题，为构建和谐、公平、诚信的消费市场秩序提供有力的司法保障。

三、消费者权益争议的解决

消费者权益争议是指消费者在消费过程中权益受到侵害而与经营者、生产者发生的争议。其解决由于消费者的选择不同而具有不同的途径，但不管途径如何，最终都必须要有人对消费者承担侵权责任。

(一)争议的解决途径

我国《消费者权益保护法》规定，消费者与经营者发生争议时，可以通过下列途径解决。

(1) 与经营者协商和解。消费争议发生后，消费者可以直接向经营者或生产者交涉、索赔，达成和解协议，解决消费纠纷。但协商和解必须是自愿的。

(2) 请求消费者协会调解。这种方式是在消费者协会的主持下，使争议双方自愿达成和解协议。消费者协会应在查明事实、分清是非、明确责任的基础上进行调解。消费者协会的调解属民间调解，其调解协议不具有法律强制力，要靠双方自愿履行。

(3) 向有关行政部门申诉。消费争议发生后，消费者可以根据商品或服务的性质以及侵害事由向工商、物价、商检、卫生等有关行政监督部门申诉。有关行政部门应当根据各自的职责范围及时查处。

(4) 向仲裁机构申请仲裁。这种方式是指由争议双方根据达成的仲裁协议，将有关争议提交仲裁机构进行裁决来解决争议的方式。仲裁机构的裁决是终极裁决，当事人应自觉履行，不得再行起诉。

(5) 向法院提起诉讼。消费争议双方没有签订仲裁条款或协议的，不论是否经过协商、调解、申诉等，消费者都可以直接向法院起诉。

(二)最终承担损害赔偿责任主体的确定

(1) 由生产者、销售者、服务者承担的情形：①消费者在购买、使用商品时，其合法权益受到损害的，可以向销售者要求赔偿。销售者赔偿后，属于生产者的责任或者属于向销售者提供商品的其他销售者的责任的，销售者有权向生产者或其他销售者追偿。②消费者或者其他受害人因商品缺陷造成人身、财产损害的，可以向销售者要求赔偿，也可以向生产者要求赔偿。属于生产者责任的，销售者赔偿后，有权向生产者追偿；属于销售者责任的，生产者赔偿后，有权向销售者追偿。③消费者在接受服务时，其合法权益受到损害时，可以向服务者要求赔偿。④消费者在展销会、租赁柜台购买商品或者接受服务，其合法权益受到损害的，可以向销售者或服务者要求赔偿。展销会结束或者柜台租赁期满后，也可以向展销会的举办者、柜台的出租者要求赔偿。展销会的举办者、柜台的出租者赔偿后，有权向销售者或者服务者追偿。⑤消费者通过网络交易平台购买商品或者接受服务，其合法权益受到损害的，可以向销售者或者服务者要求赔偿。网络交易平台提供者不能提供销售者或者服务者的真实名称、地址和有效联系方式的，消费者也可以向网络交易平台提供者要求赔偿。网络交易平台提供者赔偿后，有权向销售者或者服务者追偿。

(2) 由变更后的企业承担的情形：消费者在购买、使用商品或者接受服务时，其合法权益受到损害，因原企业分立、合并的，可以向变更后承继其权利义务的企业要求赔偿。

(3) 由营业执照的使用人或持有人承担的情形：使用他人营业执照的违法经营者提供商品或者服务，损害消费者合法权益的，消费者可向其要求赔偿，也可以向营业执照的持有人要求赔偿。

(4) 由从事虚假广告行为的经营者和广告的经营者承担的情形：当消费者因虚假广告而购买、使用商品或者接受服务时，若合法权益受到损害，可以向利用虚假广告提供商品或服务的经营者要求赔偿。广告的经营者发布虚假广告的，消费者可以请求行政主管部门予以惩处。广告的经营者不能提供经营者的真实名称、地址的，应当承担赔偿责任。广告经营者和发布者设计、制作、发布关系消费者生命健康商品或者服务的虚假广告，造成消费者损害的，应当与提供该商品或者服务的经营者承担连带责任。社会团体或者其他组织、个人在关系消费者生命健康商品或者服务的虚假广告或者其他虚假宣传中向消费者推荐商品或者服务，造成消费者损害的，应当与提供该商品或者服务的经营者承担连带责任。

四、法律责任的确定

根据相关法律的规定，侵犯消费者的侵权当事人承担的责任可分为民事责任、行政责任和刑事责任，具体承担何种责任要根据不同案情来确定。

(一)民事责任

侵犯人身权和财产权都应承担相应的民事责任。侵犯人身权的民事责任：经营者提供商品或服务，造成消费者或其他受害人人身伤害的，应当赔偿医疗费、护理费、交通费等为治疗和康复支出的合理费用，以及因误工减少的收入。造成残疾的，还应当赔偿残疾生活辅助器具费和残疾赔偿金。造成死亡的，应当赔偿丧葬费和死亡赔偿金。经营者侵害消费者的人格尊严、侵犯消费者人身自由或者侵害消费者个人信息依法得到保护的权利的，应当停止侵害、恢复名誉、消除影响、赔礼道歉，并赔偿损失。

侵犯消费者财产权的民事责任主要表现在：①经营者提供商品或服务，造成消费者财产损害的，应当依照法律规定或者当事人约定承担修理、重做、更换、退货、补足商品数量、退还货款和服务费用或赔偿损失等方式承担民事责任。消费者与经营者另有约定的，按照约定履行。②经营者以预收款方式提供商品或服务的，应当按照约定提供。未按照约定提供的，应当按照消费者的要求履行约定或退回预付款；并应当承担预付款的利息和消费必须支付的合理费用。③依法经有关行政部门认定为不合格的商品，消费者要求退货的，经营者应当负责退货。④经营者提供商品或服务有欺诈行为的，应当按照消费者的要求增加赔偿其受到的损失，增加赔偿的金额为消费者购买商品的价款或接受服务的费用的3倍；增加赔偿的金额不足500元的，为500元。法律另有规定的，依照其规定。⑤经营者明知商品或者服务存在缺陷，仍然向消费者提供，造成消费者或者其他受害人死亡或者健康严重损害的，受害人有权要求经营者依照《消费者权益保护法》第四十九条、第五十一条等法律规定赔偿损失，并有权要求所受损失两倍以下的惩罚性赔偿。

(二)行政责任和刑事责任

经营者和销售者侵害消费者合法权益的行为，依照法律法规应承担行政责任的，有工商行政管理部门和其他有关行政部门根据情节处以警告、没收违法所得、罚款、责令停业整顿、吊销营业执照等行政处罚。构成犯罪的，依法追究刑事责任。

本章小结

现代社会作为个体的消费者面对经营者所处的地位不断下降，因而消费者保护问题越来越重要。在我国，消费者就是为满足个人生活消费的需要而购买、使用商品或接受服务的居民。这里的居民是指自然人或称个体社会成员。为了更好地保护消费者的权益，我国已经形成了以《消费者权益保护法》为首的消费者权益保护法律体系，根据这些法律形成了国家和社会保护消费者的制度体系。虽然如此，但由于我国广大消费者法律意识淡薄，维权意识不强，维权成本偏高，使得侵害消费者权益的事件层出不穷。随着国家和消费者的越发重视，消费者的权利将会得到更好的维护。

复习思考题

1. 如何理解消费者的含义？
2. 消费者有哪些基本权利？
3. 经营者有哪些义务？

4. 消费者权益保护的社会途径有哪些?

5. 如何确定侵害消费者权益的损害赔偿责任主体?

案例分析

南京某自选商场是一家大型超市，2015 年 2 月 5 日王某去该超市购物，上午 10 点，当王某欲从珠宝店出来时，服务员陈某挡住了她的去路，说：“我怀疑你拿了本店的首饰，能不能打开包让我看下。”当即遭到王某的断然拒绝。陈某说：“看你贼眉鼠眼的样子，就知道不是好人，你是做贼心虚吧！”陈某遂叫来保安，将王某强行拉到保卫室，由超市的女工作人员对王某的衣服口袋及挎包进行检查，查后没有发现超市的首饰，便放走了王某。王某很气愤，于 2015 年 4 月 5 日向法院提起了诉讼，声称超市侵犯其名誉权与人身自由，要求超市公开赔礼道歉，并赔偿其受到的损失。

根据上述事实，回答下列问题:

(1) 消费者享有的维护尊严权的含义是什么?

(2) 本案中的超市是否侵权？如果构成侵权，自选超市应承担什么责任?

第九章　税收法律制度

本章导读：

税法是我国经济法律体系非常重要的部分，对税法的学习有助于培养和增强学生的税收意识，确立征税和纳税的观念，同时还能提高广大学子应用所学的税法知识来解决税收法律问题的能力，特别是经济全球化带来的法律全球化问题。其实税法就像人的影子一样，与你紧紧相随，与我们的生活息息相关，而且无处不在。当你在购物付款的时候，你是否意识到你所付款项已经包含了增值税款？当你每月领取薪水的时候，你是否知道所得薪水已经扣掉了所得税？当你购买了一辆崭新的汽车时，你是否知道应该到相关部门缴纳车辆购置税?

学习目标：

本章主要阐述了税收的概念、特征，税法的构成要素和基本原则，以及流转税、所得税、财产税、行为税、资源税法律制度和税收征收管理制度。通过本章的学习，要了解税收的概念、特征，把握税法的构成要素和基本原则，掌握我国增值税、消费税、所得税、印花税、房产税等主要税种的具体规定，认识我国的税收征收管理制度。

关键概念：

税收(Revenue)
税法(Law of Tax)
增值税(Added-value Tax)
消费税(Consumption Tax)
所得税(Income Tax)
房产税(House Duty)
印花税(Stamp Duty)
资源税(Resources Tax)
税务管理(Tax Management)
税款征收(Tax Collection)

第一节　税收法律制度概述

税收法律制度是国家通过法律法规建立起来的以税种体系、税收管理体制和征收管理制度等为内容的税收制度的总称。

一、税收的一般理论

(一)税收的概念及特征

1. 税收的概念

税收是指国家为了实现其职能和满足社会的公共需要，按照税收法律的规定强制性向纳税人无偿征收货币或实物所形成的特定国民收入分配关系的活动。

2. 税收的特征

税收是国家取得收入的主要形式，具有以下特征。

(1) 强制性。税收的强制性是指税收参与社会产品的分配是依据国家的政治权力，具体表现在税收是以国家法律的形式规定的，税法作为国家法律的组成部分，任何单位和个人都必须遵守。

(2) 无偿性。税收的无偿性是指在具体征税过程中，国家征税后税款即为国家所有，不再直接归还给纳税人。税收的无偿性是相对的，从财政活动的整体来看，税收最终通过政府提供公共产品等方式用于纳税人，体现了税收取之于民、用之于民的本质。

(3) 固定性。税收的固定性是指税收是国家按照法律规定的范围、标准和环节向纳税人征收的，这些规定在一定时间内具有相对的稳定性。它包括两层含义：第一，税收征收总量的有限性。由于预先规定了征税的标准，政府在一定时期内的征税数量要以此为限。第二，税收征收具体操作的确定性。即税法确定的课税对象及征收比例或数额，具有相对稳定、连续的特点。纳税人和税务机关都不能任意降低或提高相关标准。

(二)税收的职能

税收具有以下几个方面的职能。

(1) 财政职能。税收是财政收入的主要来源，组织财政收入是税收的重要职能。以税收手段筹集财政收入稳定可靠。所以税收成为世界各国政府组织财政的主要形式。

(2) 经济职能。税收是调控经济运行的重要手段。税收作为国家控制的一个重要工具，按照国民经济发展和国家政策的要求，通过征税与免税，多征与少征，调节生产、分配和消费，直接影响经济的运行。

(3) 监督职能。通过税收征收管理工作中税源变化、收入的多寡等能及时反映出企业的生产经营状况，并促进企业加强经济核算，改善经营管理。税收可以为国家宏观调控提供信息，从而为政府的计划决策提供依据。同时通过税务监督，查处各类税务违章案件，配合打击各类经济犯罪。督促广大纳税人认真遵守税法和各项财经纪律，维护正常的经济秩序，保证国民经济计划的实现和各项方针政策的贯彻执行。

二、税法概述

(一)税法的概念及特征

1. 税法的概念

税法是指国家立法及行政机关制定的有关调整税收分配过程中形成的权利义务关系的

法律规范总和。即税法是调整税收关系的法律规范的总称。

2. 税法的特征

税法除具有一般法律规范的共同特征外，还有区别于其他法律规范的特征，主要表现在：①税法以确认征税权利和纳税义务为主要内容。②税法是实体法与程序法的结合。③税法具有高度的集中性和原则性。凡属税种的开征或停征、税目增减、税率调整，均应由国家最高权力机关制定法律予以规定。④税法的主体即税收征纳双方的权利和义务具有不对等性。

(二)税法的构成要素

税法的构成要素一般包括纳税人、征税对象、税目、税率、纳税环节、纳税期限、纳税地点、减税免税和罚则等。

(1) 纳税人。纳税人是指税法规定的直接负有纳税义务的单位和个人。纳税人不同于税收主体，税收主体指的是国家，在我国，代表国家行使征税权力的机关有三个，分别是税务机关、财政机关和海关。税法中往往还规定有扣缴义务人，即负有代扣纳税人应纳税款、代缴给征税机关的义务的单位和个人。

【专栏 9-1】

税法对人的效力

(2) 征税对象。征税对象是指税收法律关系中征纳双方权利义务所指向的物或行为。这是区分不同税种的主要标志，我国的税收法律、法规都有自己特定的征税对象。根据征税对象的不同可把我国税收分成五类：流转税、所得税、财产税、行为税和资源税。

(3) 税目。税目是指税法中规定的征税对象的具体项目，是征税对象的具体化。例如，消费税具体规定了烟、酒、化妆品等十几个税目。当然，并非所有的税种都规定税目，有些税种的征税对象简单、明确，没有另行规定税目的必要，如房产税、屠宰税等。

(4) 税率。税率是对征税对象的征收比例或征收额度。税率是计算税额的尺度，也是衡量税负轻重与否的重要标志。我国现行的税率主要有：①定额税率。即按征税对象确定的计算单位，直接规定一个固定的税额。目前采用定额税率的有资源税、城镇土地使用税、车船税等。②比例税率。即对同一征税对象，不分数额大小，规定相同的征收比例。比例税率可以分为单一比例税率、差别比例税率和幅度比例税率。我国的增值税、城市维护建设税、企业所得税等采用的是比例税率。③累进税率。累进税率是指随着征税对象的数额由低到高逐级增加，所适用的税率也随之逐级提高的税率。累进税率又有超额累进税率和超率累进税率两种形式。超额累进税率即把征税对象按数额的大小分成若干等级，每等级规定一个税率，税率依次提高，但每一纳税人的征税对象则依所属等级同时适用几个税率分别计算，将计算结果相加后得出应纳税款，如个人所得税。超率累进税率即以征税对象数额的相对率划分若干级距，分别规定相应的差别税率，相对率每超过一个级距的，对超过的部分就按高一级的税率计算征税，如土地增值税。

(5) 纳税环节。即税法中规定的纳税人履行纳税义务的环节。它规定征纳税行为在什么阶段发生，以及是单环节征税还是多环节征税。如流转税在生产和流通环节纳税、所得税在分配环节纳税等。

(6) 纳税期限。纳税期限是指纳税人缴纳税款的法定期限，分为按次缴纳和按期缴纳两种形式。

(7) 纳税地点。纳税地点是指纳税人应向何地征税机关申报纳税并缴纳税款。纳税地点一般为纳税人的住所地，也有规定在营业地、财产所在地或特定行为发生地的。

(8) 减税免税。这主要是对某些纳税人和征税对象采取减少征税或者免予征税的特殊规定。我国税法中减税免税的规定主要有：①免征额。免征额是税法规定的征税对象全部数额中免于征税的数额。征税对象小于免征额时，不征税；超过免征额时，只就其超过的部分征税。②起征点。起征点是指税法规定的对征税对象开始征税的最低界限。征税对象数额未达到起征点的，不征税；达到起征点的，按全部数额征税。③减免规定。减税是对应纳税额减少一部分税款，免税是全部免征。

(9) 罚则。罚则是税务机关对纳税人违反税法的行为采取的惩罚性措施，是税收强制性的具体表现。税务违法违规处罚主要有三种：①对偷税、抗税行为的处罚；②对迟缴、拖欠应纳税款的处罚；③对不按期、不按规定向税务机关登记或报送纳税申报表和有关资料的处罚。

(三)税法的基本原则

税法具有以下基本原则。

(1) 税收法定原则。该原则是指税法主体的权利义务必须由法律加以规定，税法的各类构成要素皆必须且只能由法律予以明确规定，征纳主体的权力(利)义务只以法律规定为依据，没有法律依据，任何主体不得征税或减免税收。它包括课税要素法定、课税要素明确和征税程序合法三个方面的内容。

(2) 税收公平原则。该原则是指税收负担必须根据纳税人的负担能力在纳税人之间予以公平分配的原则。负担能力相等，税负相同；负担能力不等，税负不同。当纳税人的负担能力相等时，以其获得收入的能力为确定负担能力的基本标准，但收入指标不完备时财产或消费水平可作为补充指标；当人们的负担能力不等时，应当根据其从政府活动中期望得到的利益大小缴税或使社会牺牲最小。

(3) 税收效率原则。税收效率原则，就是以最小的费用获取最大的税收收入，并利用税收的经济调控作用最大限度地促进经济的发展，或者最大限度地减轻税收对经济发展的妨碍。它包括税收行政效率和税收经济效率两个方面。

(4) 实质课税原则。实质课税原则，是指应根据纳税人的真实负担能力决定纳税人的税负，不能仅考核其表面上是否符合课税要件。也就是说，在判断某个具体的人或事件是否满足课税要件，是否应承担纳税义务时，不能受其外在形式的蒙蔽，而要深入探求其实质，如果实质条件满足了课税要件，就应按实质条件的指向确认纳税义务。反之，则不能确定其负有纳税义务。实质课税原则的意义在于防止纳税人的避税与偷税，增强税法适用的公正性。

第二节　流转税法律制度

流转税是以商品流转额和非商品流转额为征税对象的一种税。商品流转额是指商品交换的金额。对销售方来说，是销售收入额；对购买方来说，是商品的采购金额。非商品流转额，即各种劳务收入或服务性业务收入的金额。我国现行税制中的增值税、消费税、关税都属于流转税。

一、增值税法律制度

增值税是对单位和个人生产经营过程中取得的增值额为征税对象的一种税。我国规范增值税的基本法律规范是《中华人民共和国增值税暂行条例》(以下简称《增值税暂行条例》)，该条例最新于2017年10月30日经国务院第191次常务会议修订通过，2017年11月19日起实行。

(一)增值税的纳税人

增值税的纳税人是在我国境内销售货物或者加工、修理修配劳务，销售服务、无形资产、不动产以及进口货物的单位和个人。增值税的纳税人分为一般纳税人和小规模纳税人。一般纳税人是指年应征增值税销售额超过小规模纳税人标准的企业和企业性单位。小规模纳税人是指从事生产经营活动的年应征增值税销售额低于标准限额的各类纳税人。2018年5月1日起，财政部、国际税务总局将这一标准提高并统一为人民币500万元。

(二)增值税的税率和征收率

1. 税率17%

纳税人销售或者进口货物，提供加工、修理修配劳务以及有形动产租赁服务，税率为17%。

2. 税率11%

纳税人销售、进口下列货物，税率为11%：①农产品，指种植业、养殖业、林牧业、水产业生产的各种植物、动物的初级产品；②食用植物油、自来水、暖气、冷气、热气、煤气、石油液化气、天然气、沼气、居民用煤炭制品、图书、报纸、杂志、化肥、农药、农膜；③音像制品；④饲料；⑤电子出版物；⑥二甲醚；⑦食用盐；⑧交通运输、邮政、基础电信、建筑、不动产租赁服务；⑨销售不动产、转让土地使用权。

3. 税率6%

纳税人提供金融服务、现代服务(有形动产租赁服务除外)、生活服务、增值电信服务以及销售无形资产，税率为6%。

4. 零税率

纳税人出口货物，税率为零。但国务院另有规定的除外。境内单位、个人发生的跨境应税行为，税率为零。

另外，财政部、国家税务总局发布的《关于调整增值税税率的通知》，决定自2018年5月1日起将纳税人发生增值税应税销售行为或者进口货物，原适用17%和11%税率的，分别调整为16%、10%；扣除率也作相应调整。

纳税人兼营不同税率的货物或者应税劳务，应当分别核算不同税率货物或者应税劳务的销售额；未分别核算销售额的，从高适用税率。

增值税征收率指对特定货物或特定纳税人发生应税销售行为在某一生产流通环节应纳税额的比例。根据不同的商品、不同类型的纳税人，分别为 5%或者 3%的税率，适用 3%的小规模纳税人和部分一般纳税人可减按 2%征收率征收增值税。

(三)增值税的计税依据和计征办法

增值税的计税依据是销售额。销售额为纳税人销售货物或者应税劳务向购买方收取的全部价款和价外费用，但是不包括收取的销项税额。

一般纳税人销售货物、不动产、无形资产或者提供应税劳务，应纳税额为当期销项税额抵扣当期进项税额后的余额，即应纳税额=当期销项税额-当期进项税额，销项税额=销售额×税率，纳税人购进货物或者接受应税劳务支付或者负担的并允许抵扣的增值税额，为进项税额；小规模纳税人销售货物或者应税劳务等，实行按照销售额和征收率计算应纳税额的简易办法，并不得抵扣进项税额，应纳税额计算公式：应纳税额=销售额×征收率。纳税人进口货物，应纳税额=组成计税价格×税率，组成计税价格=关税完税价格+关税+消费税。

(四)增值税的免税

增值税的免税项目包括：农业生产者销售的自产农产品；避孕药品和用具；古旧图书；直接用于科学研究、科学试验和教学的进口仪器、设备；外国政府、国际组织无偿援助的进口物资和设备；由残疾人组织直接进口供残疾人专用的物品；销售的自己使用过的物品。此外，纳税人销售额未达到国务院财政、税务主管部门规定的增值税起征点的，也免征增值税。另外，“营改增”试点过渡政策规定了多种免税收入项目。

二、消费税法律制度

消费税是对特定的消费品和消费行为征收对象的一种税。我国规范消费税的基本法律规范是《中华人民共和国消费税暂行条例》(以下简称《消费税暂行条例》)，于 2008 年 11 月 5 日国务院第 34 次常务会议修订通过，自 2009 年 1 月 1 日起施行。

(一)消费税的纳税人

消费税的纳税人是在中国境内生产、委托加工和进口《消费税暂行条例》规定的消费品的单位和个人，以及国务院确定的销售《消费税暂行条例》规定的消费品的其他单位和个人。

(二)消费税的税率

消费税的税率有两种形式：一种是比例税率；另一种是定额税率，即单位税额。消费税税率形式的选择，主要是根据课税对象的具体情况来确定的。其中，对烟、白酒、其他酒、酒精、化妆品、鞭炮、焰火、汽车轮胎、贵重首饰及珠宝玉石、摩托车、小汽车、高尔夫球及球具、高档手表、游艇、木制一次性筷子、实木地板等采用从价比例税率，税率为 1%～56%不等；对黄酒、啤酒、成品油采用从量定额税率。

一般情况下，对一种消费品只选择一种税率形式，但为了更有效地保全消费税税基，对一些应税消费品如烟、白酒，则采用了定额税率和比例税率双重征收形式。

(三)消费税的计征办法

消费税实行从价定率、从量定额，或者从价定率和从量定额复合计税的办法计算应纳税额。

(1) 实行从价定率征收办法征税的消费品，其应纳税额计算公式为

应纳税额=应税消费品的销售额×适用税率

(2) 实行从量定额征收办法征税的消费品，其应纳税额计算公式为

应纳税额=应税消费品数量×消费税单位税额

(3) 实行从价定率和从量定额复合计税的消费品，其应纳税额计算公式为

应纳税额=销售数量×定额税率+销售额×比例税率

(4) 白酒消费税最低计税价格的核定。

白酒生产企业销售给销售单位的白酒(自 2015 年 6 月 1 日起包括委托加工收回的白酒)，生产企业消费税计税价格低于销售单位对外销售价格(不含增值税)70%以下的，应由税务机关核定最低计税价格。

白酒生产企业销售给销售单位的白酒，生产企业消费税计税价格高于销售单位对外销售价格 70%(含 70%)以上的，税务机关暂不核定消费税最低计税价格。

白酒生产企业销售给销售单位的白酒，生产企业消费税计税价格(不含增值税)70%以下的，消费税最低计税价格由税务机关根据生产规模、白酒品牌、利润水平等情况在销售单位对外销售价格 50%～70%范围内自行核定。对其中生产规模较大，利润水平较高的企业生产的需要核定消费税最低计税价格的白酒，税务机关核价幅度原则上应选择在销售单位对外销售价格 60%～70%范围内。已核定最低计税价格的白酒，销售单位对外销售价格持续上涨或下降时间达到 3 个月以上、累计上涨或下降幅度在 20%(含)以上的白酒，税务机关重新核定最低计税价格。

(四)消费税的免税

纳税人出口应税消费品，免征消费税；国务院另有规定的除外。

三、关税法律制度

关税是由海关根据国家制定的有关法律，以进出关境的货物和物品为征税对象而征收的一种商品税。关税由进口关税和出口关税构成。

关税的纳税人包括进口货物的收货人、出口货物的发货人和进出中国关境物品的所有人。

(一)关税的税率

关税税率分为进口税率和出口税率。进口关税设置最惠国税率、协定税率、特惠税率、普通税率和关税配额税率等。最惠国税率适用于原产于与我国共同适用最惠国待遇条款的 WTO 成员国或地区的进口货物，或原产于与我国签订有相互给予最惠国待遇条款的

双边贸易协定的国家或地区货物的进口货物，以及原产于我国境内的进口货物。协定税率适用于原产于我国参加的含有关税优惠条款的区域性贸易协定的有关缔约方的进口货物。特惠税率适用于原产于与我国签订有特殊优惠关税协定的国家或地区的进口货物。普通税率适用于原产于前述国家或地区以外的其他国家或地区的进口货物，以及原产地不明的进口货物。按照国家规定实行关税配额管理的进口货物，关税配额内的，适用关税配额税率；关税配额外的，按其适用税率的规定执行。

我国出口税则为一栏税率即出口税率。国家仅对少数资源性产品及易于竞相杀价、盲目出口、需要规范出口秩序的半制成品征收出口关税。适用出口税率的出口货物有暂定税率的，应当适用暂定税率。

(二)关税的计征办法

进出口货物关税，以从价计征、从量计征或者国家规定的其他方式征收。

从价计征的计算公式为

应纳税额=完税价格×关税税率

从量计征的计算公式为

应纳税额=货物数量×单位税额

第三节　所得税法律制度

所得税又称所得课税、收益税，是指国家对法人、自然人和其他经济组织在一定时期内的各种所得征收的一类税收。目前我国的所得税主要有企业所得税和个人所得税。

一、企业所得税法律制度

企业所得税是以企业取得的生产经营所得和其他所得为征税对象的一种税。我国规范企业所得税的基本法律规范是《中华人民共和国企业所得税法》(以下简称《企业所得税法》)，于 2007 年 3 月 16 日第十届全国人民代表大会第五次全体会议通过，由中华人民共和国主席令第 63 号公布，自 2008 年 1 月 1 日起施行。其基本内容有以下几方面。

(一)企业所得税的纳税人

企业所得税的纳税人是指在中华人民共和国境内的企业和其他取得收入的组织，但个人独资企业和合伙企业除外。企业分为居民企业和非居民企业。①居民企业是指依法在中国境内成立，或者依外国(地区)法律成立但实际管理机构在中国境内的企业。这里的企业包括国有企业、集体企业、私营企业、联营企业、股份制企业，外商投资企业、外国企业以及有生产、经营所得和其他所得的其他组织。其中有生产、经营所得和其他所得的其他组织，是指经国家有关部门批准，依法注册、登记的事业单位、社会团体等组织。②非居民企业是指依照外国(地区)法律成立且实际管理机构不在中国境内，但在中国境内设立机构、场所的或者在中国境内未设立机构、场所但有来源于中国境内所得的企业。

(二)企业所得税的征税对象

企业所得税的征税对象是指企业的生产经营所得、其他所得和清算所得。①居民企业的征税对象是指居民企业应就来源于中国境内、境外的所得作为征税对象。所得包括销售货物所得、提供劳务所得、转让财产所得、股息红利等权益性投资所得、利息所得、租金所得、特许权使用费所得、接受捐赠所得和其他所得。②非居民企业的征税对象为非居民企业在中国境内设立机构、场所的，应当就其所设机构、场所取得的来源于中国境内的所得，以及发生在中国境外但与其所设机构、场所有实际联系的所得，缴纳企业所得税。非居民企业在中国境内未设立机构、场所的，或者虽设立机构、场所，但取得的所得与其所设机构、场所没有实际联系的应当就其来源于中国境内的所得缴纳企业所得税。

上述所称实际联系是指非居民企业在中国境内设立的机构、场所拥有的据以取得所得的股权、债权，以及拥有、管理、控制据以取得所得的财产。

(三)企业所得税的税率

企业所得税实行比例税率。居民企业和在中国境内设有机构、场所且所得与机构、场所有关联的非居民企业，税率为 25%；在中国境内未设立机构、场所的，或者虽设立机构、场所但取得的所得与其所设机构、场所没有实际联系的非居民企业，税率为 20%。符合条件的小型微利居民企业减按 20%税率征收，国家重点扶持的高新技术企业减按 15%的税率征收。

(四)应纳税额的计算

企业的应纳税所得额乘以适用税率，减除法律规定关于税收优惠减免和抵免的税额后的余额，为应纳税额。

二、个人所得税法律制度

个人所得税是对个人(自然人)取得的各项应税所得征收的一种税。全国人大常务委员会于 2018 年 8 月 31 日通过了《中华人民共和国个人所得税》(以下简称《个人所得税》)修改决定，对该法进行第七次修订。

(一)个人所得税的纳税人

个人所得税的纳税人有两类：一是居民纳税人，它是指在中国境内有住所，或者无住所而一个纳税年度内在中国境内居住累计满一百八十三天的个人其境内外所得皆须依法缴纳个人所得税；二是非居民纳税人，它是指在中国境内无住所或者无住所而一个纳税年度内在中国境内居住累计不满一百八十三天的个人，其境内所得须依法缴纳个人所得税。

(二)个人所得税的征税对象

个人所得税的征税对象是个人取得的应税所得，具体包括：①工资、薪金所得；②劳务报酬所得；③稿酬所得；④特许权使用费所得；⑤经营所得；⑥利息、股息、红利所得；⑦财产租赁所得；⑧财产转让所得；⑨偶然所得。居民取得的第①～④所得称为综合所得，按照纳税年度合并计算个人所得税；非居民取得的第①～④所得，按月或者按次分项计算个人所得税。纳税人取得的⑤～⑨项所得，依法分别计算个人所得税。

(三)税率

个人所得税的税率有超额累进税率和比例税率。综合所得适用 3%～45%的七级超额累进税率；经营所得适用 5%～35%的五级超额累进税率；利息、股息、红利所得，财产租赁所得，财产转让所得和偶然所得，适用比例税率，税率为 20%。

(四)应纳税额的计算

(1) 居民个人综合所得，以每一纳税年度的收入额减除费用六万元以及专项扣除、专项附加扣除和依法确定的其他扣除后的余额，为应纳税所得额。其计算公式为

应纳税额=应纳税所得额×适用税率

这里的专项扣除，包括居民个人按照国家规定的范围和标准缴纳的基本养老保险、基本医疗保险、失业保险等社会保险费和住房公积金等；专项附加扣除，包括子女教育、继续教育、大病医疗、住房贷款利息或者住房租金、赡养老人等支出，具体范围、标准和实施步骤由国务院确定，并报全国人民代表大会常务委员会备案。

劳务报酬所得、稿酬所得、特许权使用费所得以收入减除 20%的费用后的余额为收入额。稿酬所得的收入额减按 70%计算。

另外，居民个人从中国境外取得的所得，可以从其应纳税额中抵免已在境外缴纳的个人所得税税额，但抵免额不得超过该纳税人境外所得依照《个人所得税》规定计算的应纳税额。

【专栏 9-2】 个人所得税税率表(综合所得适用)

级　数	全年应纳税所得额	税率/%
1	不超过 36 000 元的部分	3
2	超过 36 000 元至 144 000 元的部分	10
3	超过 144 000 元至 300 000 元的部分	20
4	超过 300 000 元至 420 000 元的部分	25
5	超过 420 000 元至 660 000 元的部分	30
6	超过 660 000 元至 960 000 元的部分	35
7	超过 960 000 元的部分	45

(2) 非居民个人的工资、薪金所得，以每月收入额减除费用五千元后的余额为应纳税所得额；劳务报酬所得、稿酬所得、特许权使用费所得，以每次收入额为应纳税所得额。

(3) 经营所得，以每一纳税年度的收入总额减除成本、费用以及损失后的余额为应税所得额。其计算公式为

应纳税所得额=收入总额-(成本+费用+损失)

应纳税额=应纳税所得额×适用税率

【专栏 9-3】 个人所得税税率表(经营所得适用)

级数	全年应纳税所得额	税率/%
1	不超过 30 000 元的部分	5
2	超过 30 000 元至 90 000 元的部分	10
3	超过 90 000 元至 300 000 元的部分	20
4	超过 300 000 元至 500 000 元的部分	30
5	超过 500 000 元的部分	35

(4) 财产租赁所得，每次收入不超过四千元的，减除费用八百元；四千元以上的，减除 20%的费用，其余额为应纳税所得额。

(5) 财产转让所得，以转让财产的收入额减除财产原值和合理费用后的余额，为应纳税所得额。

应纳税额=应纳税所得额×适用税率

(6) 利息、股息、红利所得和偶然所得，以每次收入额为应纳税所得额。

应纳税额=应纳税所得额×适用税率

(五)个人所得税的减免税

(1) 减税。有下列情形之一的，经批准可以减征个人所得税，残疾、孤老人员和烈属的所得；因严重自然灾害造成重大损失的；其他经国务院财政部门批准减税的。

(2) 免税。下列各项个人所得，免纳个人所得税。①省级人民政府、国务院部委和中国人民解放军军以上单位，以及外国组织、国际组织颁发的科学、教育、技术、文化、卫生、体育、环境保护等方面的奖金；②国债和国家发行的金融债券利息；③按照国家统一规定发给的补贴、津贴；④福利费、抚恤金、救济金；⑤保险赔款；⑥军人的转业费、复员费、退役金；⑦按照国家统一规定发给干部、职工的安家费、退职费、基本养老金或退休费、离休费、离休生活补助费；⑧依照有关法律规定应予免税的各国驻华使馆、领事馆的外交代表、领事官员和其他人员的所得；⑨中国政府参加的国际公约、签订的协议中规定免税的所得；⑩国务院规定的其他免税所得。

第四节 财产、行为、资源税法律制度

根据我国《税法》的规定，我国现行的税种除了流转税、所得税以外，还有财产税、行为税和资源税。

一、财产税法律制度

财产税是对纳税人拥有或支配的财产额所征收的一种税。我国开征的财产税主要有房产税和契税。

(一)房产税

房产税是以房产为征税对象，依据房产价值或房产租金收入向房产所有人或使用人征收的一种税。

(1) 纳税人。房产税以在征税范围内的房屋产权所有人或使用人为纳税人。其中：①产权属国家所有的，由经营管理单位纳税；产权属集体和个人所有的，由集体单位和个人纳税。②产权出典的，由承典人纳税。③产权所有人、承典人不在房屋所在地的由房产代管人或者使用人纳税。④产权未确定及租典纠纷未解决的亦由房产代管人或者使用人纳税。⑤无租使用其他房产的问题。纳税单位和个人无租使用房产管理部门、免税单位及纳税单位的房产，应由使用人代为缴纳房产税。外商投资企业、外国企业和外国人经营的房产不适用房产税。

(2) 征税范围。《房产税暂行条例》规定，房产税在城市、县城、建制镇和工矿区征收。城市是指经国务院批准设立的市，城市的征税范围为市区、郊区和市辖县县城，不包括农村。县城是指县人民政府所在地。建制镇是指经省、自治区、直辖市人民政府批准设立的建制镇。建制镇的征税范围为镇人民政府所在地，不包括所辖的行政村。工矿区是指工商业比较发达、人口比较集中，符合国务院规定的建制镇标准，但尚未设立镇建制的大中型工矿企业所在地。开征房产税的工矿区须经省、自治区、直辖市人民政府批准。

(3) 税率。我国现行房产税采用的是比例税率。由于房产税的计税依据分为从价计征和从租计征两种形式，所以房产税的税率也有两种：一种是依据房产计税余值计税的，税率为1.2%；另一种是依据房产租金收入计税的，税率为12%。自2008年3月1日起，对个人出租住房，不区分用途，按4%的税率征收房产税；对企事业单位、社会团体以及其他组织按市场价格向个人出租用于居住的住房，减按4%的税率征收房产税。

(4) 应纳税额。①从价计征是按房产的原值减除一定的比例后的余值计征(减除一定比例是省、自治区、直辖市人民政府规定的10%～30%的减除比例)，其计算公式为：应纳税额=应税房产原值×(1−扣除比例)×1.2%；②从租计征是按房产的租金收入计征，其计算公式为：应纳税额=租金收入×12%(或4%)。

(二)契税

契税是以所有权发生转移的不动产为征税对象，向产权承受人征收的一种财产税。

(1) 纳税人。契税的纳税人是在我国境内转移土地、房屋权属的单位和个人。

(2) 征税范围。转移土地、房屋权属是指下列行为：①国有土地使用权出让；②土地使用权转让，包括出售、赠与、交换；③房屋买卖；④房屋赠与；⑤房屋交换。

(3) 税率。契税实行幅度比例税率，税率幅度为3%～5%。实行幅度税率是考虑到我国经济发展的不平衡，各地经济差别较大的实际情况。因此，具体执行税率，由各省、自治区、直辖市人民政府在规定的幅度内，根据本地区的实际情况确定。对个人购买家庭唯一住房(家庭成员指购房人、配偶及未成年子女)，面积90平方米及以下的，减按1%税率征收契税；面积90平方米以上的，减按1.5%税率征收契税。对于购买第二套改善性住房，面积90平方米以下的，减按1%税率征收；面积90平方米以上的，减按2%税率征收。

(4) 计税依据。①国有土地使用权出让、土地使用权出售、房屋买卖，为成交价格。成交价格，是指承受人为取得该土地使用权而支付的全部经济利益，包括土地出让金、土地补偿费、安置补偿费、地上附着物和青苗补偿费、拆迁补偿费、市政建设配套费等承受者应支付的货币、实物、无形资产及其他经济利益；②土地使用权赠与、房屋赠与，由征收机关参照土地使用权出售、房屋买卖的市场价格核定；③土地使用权交换、房屋交换，为所交换的土地使用权、房屋的价格的差额。成交价格明显低于市场价格并且无正当理由的，或者所交换的土地使用权、房屋的价格的差额明显不合理并且无正当理由的，由征收机关参照市场价格核定。④以划拨方式取得土地使用权的，经批准转让房地产时，应由房地产转让者补缴契税，其计税依据为应补交的土地出让金和其他出让费用。

(5) 应纳税额。其计算公式为

应纳税额=计税依据×适用税率

二、行为税法律制度

行为税是以纳税人的某些特定行为为征税对象的税种。

(一)印花税

印花税是以经济活动和经济交往中书立、使用、领受具有法律效力的凭证的单位和个人征收的一种税。印花税由纳税人按规定应税的比例和定额自行购买并粘贴印花税票，即完成纳税义务，现在往往采取简化的征收手段。

1. 印花税的纳税人

印花税的纳税义务人是在我国境内书立、领受、使用属于征税范围内所列凭证的单位和个人，包括各类企业、事业、机关、团体、部队，以及中外合资经营企业、合作经营企业、外资企业、外国公司企业和其他经济组织及其在华机构等单位和个人。

2. 征税范围

征税范围包括：购销合同；加工承揽合同；建设工程勘察设计合同；建筑安装工程承包合同；财产租赁合同；货物运输合同；仓储保管合同；借款合同；财产保险合同；技术合同；产权转移书据；营业账簿；权利、许可证照；经财政部门确定征税的其他凭证。

3. 税率

现行印花税采用比例税率和定额税率两种税率。比例税率有四档，即千分之一、万分之五、万分之三和万分之零点五。适用定额税率的是权利、许可证照和营业账簿税目中的其他账簿，单位税额均为每件五元。

4. 计税依据

印花税根据不同征税项目，分别实行从价计征和从量计征两种征收方式。

(1) 从价计税情况下计税依据的确定。各类经济合同，以合同上记载的金额、收入或费用为计税依据；产权转移书据中所载的金额为计税依据；记载资金的营业账簿，以实收资本和资本公积两项合计的金额为计税依据。

在确定合同计税依据时应当注意的一个问题是，有些合同在签订时无法确定计税金额，如技术转让合同中的转让收入，是按销售收入的一定比例收取或是按实现利润分成；财产租赁合同只是规定了月(天)租金标准而无期限。对于这类合同，可在签订时先按定额

5 元贴花，以后结算时再按实际金额计税，补贴印花。

(2) 从量计税情况下计税依据的确定。实行从量计税的其他营业账簿和权利、许可证照，以计税数量为计税依据。

5. 应纳税额

应纳税额的计算方法为：

(1) 按比例税率计算应纳税额的方法：应纳税额=计税金额×适用税率。

(2) 按定额税率计算应纳税额的方法：应纳税额=凭证数量×单位税额。

(二)车船税

车船税，是指在中国境内的车辆、船舶的所有人或者管理人按照《中华人民共和国车船税暂行条例》(以下简称《车船税暂行条例》)应缴纳的一种税。现行车船税的基本规范，是 2006 年 12 月 29 日国务院颁布并于 2007 年 1 月 1 日实施的《车船税暂行条例》。

(1) 车船税的纳税人。车船税的纳税人是在中国境内，车辆、船舶的所有人或者管理人。管理人是指对车船具有管理使用权，不具有所有权的单位和个人。

(2) 车船税的征税范围。车船税的征税范围是依法应当在车船管理部门登记的车船。车船管理部门是指公安、交通、农业、渔业、军事等依法具有车船管理职能的部门。在机场、港口以及其他企业内部场所行驶或者作业，并在车船管理部门登记的车船，应当缴纳车船税。拖船，是指专门用于拖(推)动运输船舶的专业作业船舶。

(3) 税率。车船税采用定额税率，即对征税的车船规定单位固定税额。车船税确定税额总的原则是：排气量小的车辆税负轻于排气量大的车辆；载人少的车辆税负轻于载人多的车辆；自重小的车辆税负轻于自重大的车辆；小吨位船舶的税负轻于大吨位船舶。由于车辆与船舶的行驶情况不同，车船税的税额也有所不同。

(4) 应纳税额。载货车以外的机动车和非机动车税额=应税车辆数额×适用税额；载货车和机动船应纳税额=净吨位数×适用税额；非机动车船应纳税额=载重吨位数×适用税额。购置的新车船，购置当年的应纳税额自纳税义务发生的当月起按月计算。其计算公式为：应纳税额=年应纳税额÷12×应纳税月份数。

(三)车辆购置税

车辆购置税是以在我国境内购置规定的车辆为征税对象、在特定的环节向车辆购置者征收的一种税。

(1) 纳税人。车辆购置税的纳税人是指在我国境内购置规定的应当征税的车辆的单位和个人。所称购置，包括购买、进口、自产、受赠、获奖或者以其他方式取得并自用应税车辆的行为。这里所说的单位，包括国有企业、集体企业、私营企业、股份制企业、外商投资企业、外国企业以及其他企业和事业单位、社会团体、国家机关部队以及其他单位；所称个人，包括个体工商户以及其他个人。

(2) 征收范围。车辆购置税的征税范围包括：汽车、摩托车、电车、挂车、农用运输车。具体范围为：汽车，包括各类汽车；摩托车，包括轻便摩托车、两轮摩托车、三轮摩托车；电车，包括无轨电车、有轨电车；挂车，包括全挂车、半挂车；农用运输车，包括三轮农用运输车、四轮农用运输车。车辆购置税征收范围的调整，由国务院决定并公布，其他任何部门、单位和个人只能认真执行，无权擅自扩大或缩小征收范围。

(3) 税率。车辆购置税的税率为 10%。

(4) 应纳税额。其计算公式为

应纳税额=计税依据(价格)×税率

申报计税价格=发票价格÷(1+17%)

若申报计税价格≥最低计税价格，则

车辆购置税应纳税额=申报计税价格×10%

若申报计税价格<最低计税价格，则

车辆购置税应纳税额=最低计税价格×10%

车辆购置税申报实行最高计税原则，公式中的最低计税价格是国家税务局统一的该型号车辆的最低计税价格，车辆型号不同最低计税价格不同。

(四)环境保护税

环境保护税是对在我国领域及管辖的其他海域直接向环境排放应税污染物的企事业单位及其他生产经营者征收的一种税。该税有利于提高纳税人的环保意识。

1. 环保税的纳税人

环保税纳税人，是指在我国领域和我国管辖的其他海域直接向环境排放应税污染物的企事业单位及其他生产经营者。应税污染物包括大气污染物、水污染物、固体废物和噪声四大类。环境保护税只针对直接排污和超标排污征税。

有下列情形之一的，可以不缴纳环保税：①企事业单位及其他生产经营者向依法设立的污水集中处理、生活垃圾集中处理场所排放的应税污染物的；②企事业单位及其他生产经营者在符合国家和地方环境保护标准的设施、场所贮存或处置固体废物的；③依法对畜禽养殖废弃物进行综合利用和无害化处理的，不属于直接向环境排放污染物，不缴纳环境保护税。

2. 计税依据

应税污染物的计税依据应按照以下方法确定：①应税大气污染物按照污染物排放量折合的污染当量数确定；②应税水污染物按污染物排放量折合的污染当量数确定；③应税固体废物按固体废物的排放量确定；④应税噪声按超过国家规定标准的分贝数确定。

3. 应纳税额

环境保护税应纳税额计算方法如下：①应税大气污染物的应纳税额=污染当量数×适用税额；②应税水污染物的应纳税额=污染当量数×适用税额；③应税固体废物的应纳税额=(当期固体废物的产生量-当期固体废物的综合利用量-当期固体废物的贮存量-当期固体废物的处置量)×适用税额；④应税噪声的应纳税额=超过国家规定标准的分贝数对应的具体适用税额。

三、资源税法律制度

资源税是以自然资源为征税对象的一种税。

(一)纳税人

资源税的纳税义务人是指在中华人民共和国境内开采应税资源的矿产品或者生产盐的单位和个人。单位是指国有企业、集体企业、私营企业、股份制企业、其他企业和行政单位、事业单位、军事单位、社会团体及其他单位；个人是指个体经营者和其他个人；其他单位和其他个人包括外商投资企业、外国企业及外籍人员。

中外合作开采石油、天然气，按照现行规定只征收矿区使用费，暂不征收资源税。因此，中外合作开采石油、天然气的企业不是资源税的纳税义务人。

(二)征税范围

资源税的征税范围包括原油、天然气、煤炭、其他非金属矿原矿、黑色金属矿原矿、有色金属矿原矿、盐等 7 类。2016 年资源税改革扩大了资源税征税范围，开展水资源税征收试点，允许有条件的地区经国务院批准征收森林、草场、滩涂等资源税。

(三)税率

2016 年 7 月 1 日起，资源税全面采用从价定率征收。具体如下：原油、天然气 6%～10%；煤炭 2%～10%；铁矿、硅藻土、高岭土、萤石、石灰石、硫铁矿、井矿盐、湖盐 1%～6%；金矿 1%～4%；铜矿 2%～8%；铝土矿 3%～9%；铅锌矿、镍矿锡矿 2%～6%；石墨 3%～10%；磷矿、氯化钾 3%～8%；硫酸钾 6%～12%；海盐 1%～5%；煤层(成)气 1%～2%；未列举名称的其他金属矿产品税率不超过 20%；黏土、砂石每吨或立方米 0.1～5 元；未列举名称的其他非金属矿产品从量税率每吨或立方米不超过 30 元、从价税率不超过 20%。

(四)应纳税额

资源税应纳税额按照从价定率或者从量定额办法，分别以应税产品的销售额乘以具体比例税率或销售量乘以具体定额税率计算。具体计算公式为：

(1) 从价定率：其计算公式为：

应纳税额=销售额×适用税率

(2) 从量定额：其计算公式为：

应纳税额=课税数量×单位税额

代扣代缴应纳税额=收购未税矿产品的数量×适用的单位税额

(3) 煤炭资源税的计算。

原煤应纳税额=原煤销售额×适用税率

洗选煤应纳税额=洗选煤销售额×折算率×适用税率

第五节　税收征收管理法

税收征收管理法，简称税收征管法，是调整征税机关在税款的征收和税务管理过程中所发生的社会关系的法律规范的总称。我国现行的税收征管法包括 1992 年 9 月 4 日通过、1995 年 2 月 28 日和 2001 年 4 月 28 日两次修改的《中华人民共和国税收征收管理法》(以下简称《征管法》)以及 2002 年 9 月 7 日公布、10 月 15 日开始实施的《税收征收管理法实施细则》。2012 年、2015 年《征管法》进行了两次修订。

一、税收征管法的法律适用

凡依法由税务机关征收的各种税收的征收管理，均适用税收征管法。部分政府收费虽由税务机关征收，如教育费附加，但不适用《征管法》。关税及海关代征的增值税、消费税的征收管理，适用其他法律、法规的规定。

国务院税务主管部门主管全国税收征收管理工作，各地国家税务局和地方税务局应当按照国务院规定的税收征收管理范围分别进行征收管理。纳税人、扣缴义务人和其他有关单位是税务行政管理的相对人，必须按照《征管法》的有关规定接受税务管理，享有合法权益。地方各级人民政府应当依法加强对本行政区域内税收管理工作的领导或者协调，支持税务机关依法执行职务，依照法定税率计算税额，依法征收税款。各有关部门和单位应当支持、协助税务机关依法执行职务。

二、税务管理

税务管理是国家及其税务机关，依据客观经济规律和税收分配特点，对税收分配的全过程进行决策、计划、组织、监督和协调，以保证税收职能得以实现的一种管理活动。

税务管理主要包括税务登记管理，账簿、凭证管理和纳税申报等内容。

(一)税务登记管理

税务登记又称纳税登记，是税务机关对纳税人实施税收管理的首要环节，是征纳双方法律关系成立的依据和证明，是纳税人必须依法履行的义务。税务登记管理具体指税务机关根据《税法》规定，对纳税人的生产经营活动进行登记管理的一项法定制度。

(1) 从事生产、经营的纳税人应当自领取营业执照(未办理营业执照但经有关部门批准设立的，应当自有关部门批准设立)之日起 30 日内申报办理税务登记，税务机关发放税务登记证及副本。

(2) 从事生产、经营的纳税人未办理营业执照也未经有关部门批准设立的，应当自纳税义务发生之日起 30 日内申报办理税务登记，税务机关发放临时税务登记证及副本。

(3) 有独立生产经营权、在财务上独立核算并定期向发包人或出租人上交承包费或租金的承包人，应自承包承租合同签订之日起 30 日内，向其承包承租业务发生地税务机关申报办理税务登记，税务机关发放临时税务登记证及副本。

(4) 境外企业在中国境内承包建筑、安装、装配、勘探工程和提供劳务的，应自项目合同或协议签订之日起 30 日内，向项目所在地税务机关申报办理税务登记，税务机关发放临时税务登记证及副本。应当在项目完工、离开中国前 15 日内，持有关证件、资料，向原登记机关申报办理注销税务登记。

(5) 上述(1)～(4)之外的其他纳税人，除国家机关、个人和无固定生产、经营场所的流动性农村小贩外，应自纳税义务发生之日起 30 日内，向纳税义务人发生地税务机关申报办理税务登记，税务机关发放税务登记证及副本。

(6) 扣缴义务人应当自扣缴义务发生之日起 30 日内，向所在地的主管税务机关申报办理扣缴税款登记，领取扣缴税款登记证件；税务机关对已办理税务登记的扣缴义务人，可以只在其税务登记证件上登记扣缴税款事项，不再发给扣缴税款登记证件。根据规定可以不办税务登记的扣缴义务人，应自扣缴义务发生之日起 30 日内，向机构所在地税务机关申报办理扣缴税款登记。税务机关发放扣缴税款登记证件。

(7) 纳税人办理税务登记后，发生以下情形之一，应当办理变更税务登记：发生改变名称、法定代表人、经济性质或经济类型、住所或经营地点(不涉及主管税务机关变动的)、生产经营或经营方式、增减注册资本(资金)、改变隶属关系、生产经营期限、改变或增减银行账号、改变生产经营权属以及改变其他税务登记内容的。纳税人应当自工商行政管理机关或其他机关办理变更之日起 30 日内，持有关证件向原税务登记机关办理变更税务登记。纳税人税务登记内容发生变化，不需要到工商行政管理机关或者其他机关办理变更登记的，应当自发生变化之日起 30 日内，持有关证件向原税务登记机关申报办理变更税务登记。

(8) 纳税人发生解散、破产、撤销以及其他情形，依法终止纳税义务的，应当在向工商行政管理机关或者其他机关办理注销登记前，持有关证件向原税务登记机关申报办理注销税务登记；按照规定不需要在工商行政管理机关或者其他机关办理注册登记的，应当自有关机关批准或者宣告终止之日起 15 日内，持有关证件向原税务登记机关申报办理注销税务登记。

(9) 纳税人因住所、经营地点变动，涉及改变税务登记机关的，应当在向工商行政管理机关或者其他机关申请办理变更或者注销登记前或者住所、经营地点变动前，向原税务登记机关申报办理注销税务登记，并在30日内向迁达地税务机关申报办理税务登记。

(10) 纳税人被工商行政管理机关吊销营业执照或者被其他机关予以撤销登记的，应当自营业执照被吊销或者被撤销登记之日起 15 日内，向原税务登记机关申报办理注销税务登记。

(11) 纳税人到外县(市)临时从事生产经营活动的，应当在外出生产经营前，持税务机关登记证向主管税务机关申请开具《外出经营活动税收管理证明》。该证由税务机关按照一地一证原则发放，有效期一般为 30 天，最长不超过 180 天，但建筑安装行业纳税人合同期超过 180 天，按合同期限确定有效期限。纳税人应当在证明注明地进行生产经营前向当地税务机关报验登记，并提供相应文件资料。

(二)账簿、凭证管理

纳税人、扣缴义务人按照有关法律、行政法规和国务院财政、税务主管部门的规定设置账簿，根据合法、有效凭证记账，进行核算。账簿、凭证管理是继税务登记管理之后税收征管的又一重要环节，在税收征管中占有十分重要的地位。

从事生产、经营的纳税人应当自领取营业执照或者发生纳税义务之日起 15 日内设置账簿。扣缴义务人应当自税收法律、行政法规规定的扣缴义务发生之日起 10 日内，按照所代扣、代收的税种，分别设置代扣代缴、代收代缴税款账簿。

纳税人建立的会计电算化系统应当符合国家有关规定，并能正确、完整核算其收入或者所得。纳税人使用计算机记账的，应当在使用前将会计电算化系统的会计核算软件、使用说明书及有关资料报送主管税务机关备案。

纳税人、扣缴义务人会计制度健全，能够通过计算机正确、完整计算其收入和所得或者代扣代缴、代收代缴税款情况的，其计算机输出的完整的书面会计记录，可视同会计账簿。

纳税人、扣缴义务人会计制度不健全，不能通过计算机正确、完整计算其收入和所得或者代扣代缴、代收代缴税款情况的，应当建立总账及与纳税或者代扣代缴、代收代缴税款有关的其他账簿。

纳税人的账簿、记账凭证、报表、完税凭证、发票、出口凭证以及其他有关涉税资料应当合法、真实、完整。

(三)纳税申报

纳税申报是指纳税人、扣缴义务人为了履行纳税义务，就纳税事项向税务机关出书面申报的一种法定手续。

(1) 纳税人必须依照法律、行政法规规定或税务机关依照法律、行政法规的规定确定的申报期限、申报内容如实办理纳税申报，报送纳税申报表、财务会计报表以及税务机关根据实际需要要求纳税人报送的其他纳税资料。扣缴义务人必须依照法律、行政法规规定或者税务机关在依照法律、行政法规的规定确定的申报期限、申报内容如实报送代扣代缴、代收代缴税款报告表以及税务机关根据实际需要要求扣缴义务人报送的其他有关资料。

(2) 纳税人、扣缴义务人可以直接到税务机关办理纳税申报或者报送代扣代缴、代收代缴税款报告表，也可以按照规定采取邮寄、数据电文或者其他方式办理上述申报、报送事项。

(3) 纳税人、扣缴义务人不能按期办理纳税申报或者报送代扣代缴、代收代缴税款报告表的，经税务机关核准，可以延期申报。经核准延期办理前款规定的申报、报送事项的，应当在纳税期内按照上期实际缴纳的税额或者税务机关核定的税额预缴税款，并在核准的延期内办理税款结算。

三、税款征收

税款征收是指税务机关依照法律、行政法规的规定将纳税应纳的税款组织入库的一系列活动的总称。

(一)代扣代缴、代收代缴税款制度

《税收征收管理法》第三十条规定："扣缴义务人依照法律、行政法规的规定履行代扣、代收税款的义务。对法律、行政法规没有规定负有代扣、代收税款义务的单位和个人，税务机关不得要求其履行代扣、代收税款义务。扣缴义务人依法履行代扣、代收税款义务时，纳税人不得拒绝。纳税人拒绝的，扣缴义务人应当及时报告税务机关处理。税务机关按照规定付给扣缴义务人代扣、代收手续费。"

(二)税收滞纳金征收制度

《税收征收管理法》第三十二条规定："纳税人未按照规定期限缴纳税款的，扣缴义

务人未按照规定期限缴纳税款的，税务机关除责令限期缴纳外，从滞纳税款之日起，按日加收滞纳税款万分之五的滞纳金。”

(三)税收保全制度

税收保全制度是指税务机关对可能由于纳税人的行为或者某种客观原因，致使以后税款的征收不能保证或难以保证的案件，采取限制纳税人处理或转移商品、货物或其他财产的措施。

《税收征收管理法》第三十八条规定：“税务机关有根据认为从事生产、经营的纳税人有逃避纳税义务行为的，可以在规定的纳税期之前，责令限期缴纳应纳税款；在限期内发现纳税人有明显的转移、隐匿其应纳税的商品、货物以及其他财产或者应纳税的收入的迹象的，税务机关可以责成纳税人提供纳税担保。如果纳税人不能提供纳税担保，经县级以上税务局(分局)局长批准，税务机关可以采取下列税收保全措施：①书面通知纳税人开户银行或者其他金融机构冻结纳税人相当于应纳税款的存款；②扣押、查封纳税人的价值相当于应纳税款的商品、货物或者其他财产。”

(四)税收强制执行制度

税收强制执行措施是指税务机关在采取一般税收管理措施无效的情况下，为了维护国家依法征税的权力所采取的一种强行征收税款的手段。

《税收征收管理法》第四十条规定：“从事生产、经营的纳税人、扣缴义务人未按照规定的期限缴纳或者解缴税款，纳税担保人未按照规定的期限缴纳所担保的税款，由税务机关责令限期缴纳，逾期仍未缴纳的，经县级以上税务局(分局)局长批准，税务机关可以采取下列强制执行措施：①书面通知其开户银行或者其他金融机构从其存款中扣缴税款；②扣押、查封、依法拍卖或者变卖其价值相当于应纳税款的商品、货物或者其他财产，以拍卖或者变卖所得抵缴税款。税务机关采取强制执行措施时，对前款所列纳税人、扣缴义务人、纳税担保人未缴纳的滞纳金同时强制执行。个人及其所扶养家属维持生活必需的住房和用品，不在强制执行措施的范围之内。”税务机关采取税收强制执行措施时，必须坚持告诫在先的原则。

本章小结

税收是指国家为实现其职能，凭借政治权力，按照法律规定，无偿地征收货币或实物的一种经济活动。它体现了国家主权和国家权力。税收具有强制性、无偿性和固定性。税收具有财政职能、经济职能和监督职能。税法就是调整税收关系的法律规范的总称。税法的要素包括纳税主体、征税客体、税目、税率、纳税环节、纳税期限、纳税地点、减税免税和违章处理。税法的基本原则包括税收法定原则、税收公平原则、税收效率原则和实质课税原则。流转税是以商品流转额和非商品流转额为征税对象的一种税。它主要包括增值税、消费税和关税。所得税又称所得课税、收益税，是指国家对法人、自然人和其他经济组织在一定时期内的各种所得征收的一类税收。目前我国的所得税法主要有企业所得税法和个人所得税法。财产税是对纳税人拥有或支配的财产额所征收的一种税。我国开征的财产税主要有房产税和契税。行为税是以纳税人的某些特定行为为征税对象的税种。行为税有印花税、车船税和车辆购置税等。资源税是以自然资源为征税对象征收的一种税。

复习思考题

1. 简述税收的概念和特征。
2. 简述税法的基本原则。
3. 简述税法的要素。
4. 目前我国流转税包括哪些主要税种？
5. 个人所得税的应税所得包括哪些？

案例分析

某化工厂税案强制执行纠纷案

某化工厂自 2005 年 10 月开张以来，经营状况良好，并按时向税务机关进行了纳税申报。2006 年 1 月，因产品积压，部分客户欠款没有收回，资金周转出现困难，没有及时进行纳税申报。市国税局催缴两次，该化工厂都没有理会。市国税局经局长批准后，派税务人员扣押、查封、拍卖了该厂的一批化工产品，并以拍卖所得抵缴 1 月份所欠税款。该化工厂对国税局的做法无法接受，认为自己并非不主动缴纳，而是确系存在实际困难，因此与国税局发生了争议。

根据上述事实，回答下列问题并说明理由：

(1) 该化工厂与国税局所发生的争议属于什么性质的争议？

(2) 对这类争议纳税人可以采取什么样的法律程序解决？

(资料来源：刘文华，孟雁北. 经济法练习题集[M]. 北京：中国人民大学出版社，2013.)

第十章 商 标 法

本章导读：

人们经常谈论某某品牌，但较少提及某某商标，其实商标是品牌的重要组成部分。2017 年 6 月，世界品牌实验室(World Brand Lab)在北京主办的第十四届“世界品牌大会”上发布了 2017 年《中国 500 最具价值品牌》分析报告，居前三位的是国家电网(3298.87 亿元)、腾讯(3251.12 亿元)、海尔(2918.96 亿元)。品牌往往是质量及行业地位的象征，所以企业越是发展，就越发重视品牌，因而也越重视企业商标的建设和管理，因为商标是把商标持有人的商品或者服务与他人的商品或服务区别开来的标记。商标知名度越高，就越能提高该商标所代表的商品或服务的品牌的辨识度，就越是容易让人记住该商品或者服务，越能引起人们对该商品或服务的消费意愿，所以很多商家都希望自己的商标能够成为驰名商标。

随着我国经济的发展和对外开放程度的日益提高，企业对商标的重视程度越来越高，商标的作用也越来越大。正因为如此，我国的商标申请注册量增长非常快，据统计，2016 年我国商标注册申请量达 369.1 万件，同比增长 28.35%，连续 15 年位居世界第一位。其中国内申请 352.68 万件，占年度注册申请量的 95.54%。2002 年我国申请量才 37.2 万件。同时，伴随商标注册量的增长，我国也经常发生商标侵权行为以及商标侵权纠纷。

认真学习和体会《商标法》的内容和精神，有利于实践中提高商标意识，更好地保护自身的商标权益。

学习目标：

本章将系统讲述商标及其起源，分析商标特征及注册商标授予条件，阐释商标权人的权利义务，列举商标侵权行为及其处理，并结合案例介绍国际商标保护最新发展趋势。通过对本章内容的学习，使读者理解商标概念及其特征，清楚商标的几种分类，正确掌握注册商标授予条件，认识到加强商标权保护的重要意义，清楚商标注册申请与审批程序，识别商标侵权行为并了解商标国际保护的相关条约内容。

关键概念：

注册商标(Registered Trademark)
商标法(Trademark Law)
商标注册(Trademark Registration)
专用权(Exclusive Right)
注册商标转让(Assignment of Registered Trademark)
注册商标使用许可(Licensing of Registered Trademark)
商标异议(Trademark Opposition)
商标续展(Trademark Renewal)

驰名商标(Well-known Trademark)

商标侵权(Trademark Infringement)

第一节　商标及商标法概述

商标法与专利法、著作权法共同构成了知识产权法。知识产权是人们对于自己的智力创造成果和经营标记、信誉所依法享有的专有权利。知识产权法是指调整在知识产权的归属、行使、管理和保护等活动中产生的社会关系的法律规范的总称。

一、商标与注册商标

商标在商品服务的认知、抢夺市场、吸引顾客等方面意义重大，是企业生存发展的关键。通过法定程序进行商标注册是企业商标获得全面有效保护的主要途径。

(一)商标的起源

在物品上做上特定的标记，古已有之。历年来的考古发现，我国古代、古埃及、古印度、古希腊、古罗马的各种陶器、金属器皿以及手工制品上都存在工匠姓名等标记。这些标记为官方征税、作坊主与工匠之间记账提供了方便，是商标的萌芽。

13 世纪时，欧洲大陆盛行各种行会，并要求在商品上打上行会认可的标记，从而起到区分生产者的作用，这已经具备了现代商标的内涵。当人类在运用符号上逐渐从精神象征走向功利性标记，当这种符号与商品结合起来时，“商标”就出现了。中国使用商标的历史可以追溯到先秦，但真正较大规模地使用是在商品经济较为发达的宋朝。

【专栏 10-1】

中国现代商标制度的建立

(二)商标的概念

商标并无统一定义。最早对商标作出明确定义的是《与贸易有关的知识产权协定》，认为：“任何能够将一企业的商品或服务与其他企业的商品或服务区别开的标志或者标志的组合，均应能构成商标。……这些标记应为视觉上可感知的。”《欧洲共同体商标法》规定：“所有可用书面形式表示的标记，尤其是字词、图形、字母、数字、商品及其包装的外形，只要能将一个企业的商品或服务同其他企业的商品或服务区别开来，均可构成商标。”这些关于商标的定义都揭示了商标的本质特征，说明了人们对商标在认识上的共同性。我们认为，商标是商品生产经营者和服务提供者将自己生产、销售的商品和提供的服务与他人生产、销售的商品和提供的服务区别开来的一种标记。

《中华人民共和国商标法》(以下简称《商标法》)第八条规定：“任何能够将自然人、法人或者其他组织的商品与他人的商品区别开的标志，包括文字、图形、字母、数字、三维标志、颜色组合和声音等，以及上述要素的组合，均可以作为商标申请注册。”商标使用人为使商标获得法律保护可向商标主管机关申请注册，取得商标权，此时的商标成为注册商标，包括商品商标、服务商标和集体商标、证明商标。商标注册人享有商标专用权，受法律保护。侵犯他人的商标专用权，将受到法律的制裁。

商标具有重要的作用，如区别商品、服务的标示作用；对商品和服务质量的监督作用；商品和服务的广告作用；国际贸易中的竞争和保护作用。

二、商标的种类

商标种类繁多，人们最熟悉的就是划分为商品商标与服务商标，这只是分类之一。按照不同的方法及分类角度，商标可以分为多种类型。

(一)按商标使用者分类

1. 商品商标

商品商标就是商品的标记，它是商标的最基本表现形式，通常所称的商标主要是指商品商标。其中，商品商标又可分为商品生产者的产业商标和商品销售者的商业商标。①产业商标，又称为制造商标、工业商标、生产商标，指明确表示商品生产者的商标，是企业主要的使用形式。②商业商标，又称销售商标、推销商标，是指销售者(经营者)为了销售商品而使用的商标。

2. 服务商标

服务商标是指用来区别与其他同类服务项目的标志，如航空、导游、保险和金融、邮电、饭店、电视台等单位使用的标志。

3. 集体商标

集体商标是指以团体、协会或者其他组织名义注册，供该组织成员在商事活动中使用，以表明使用者在该组织中的成员资格的标志。集体商标的主要特点包括：①其所有权属于一个集体，以团体、协会或者其他组织的名义注册；②集体商标由这个集体的成员共同使用，不是该集体的成员不能使用；③该集体的成员只能在商事活动中使用该集体商标；④集体商标的作用在于表明使用该商标的商品或者服务来源于该集体的成员，以便与非这个集体的成员的商品或者服务相区别。

(二)按商标用途分类

商标按商标用途可分为以下几种。

1. 营业商标

营业商标是指生产者或经营者把特定的标志或企业名称用在自己制造或经营的商品上的商标，这种标志也有人称之为“厂标”“店标”或“司标”。

2. 证明商标

证明商标是指由对某种商品或者服务具有监督能力的组织所控制，而由该组织以外的单位或者个人使用于其商品或者服务，用以证明该商品或者服务的原产地、原料、制造方法、质量或者其他特定品质的标志，如绿色食品标志、真皮标志、纯羊毛标志、电工标志等。

3. 亲族商标

亲族商标是以一定的商标为基础，再把它与各种文字或图形结合起来，使用于同一企业的各类商品上的商标，也称“派生商标”。如美国柯达公司以 KODAK 商标为基础，创造派生出 KODACHROME、KODAGRAPH、KODASCOPE 等商标。

4. 备用商标

备用商标也称贮藏商标，是指同时或分别在相同商品或类似商品上注册几个商标，注册后不一定马上使用，而是先贮存起来，需要时再使用。

5. 防御商标

商标所有者为了防止他人在不同类别的商品上使用其商标，而在非类似商品上将其商标分别注册，该种商标称之为防御商标。

6. 联合商标

联合商标是指同一商标所有人在相同或类似商品上注册的几个相同或者近似的商标，有的是文字近似，有的是图形近似，这些商标称为联合商标。

(三)按商标注册与否分类

1. 注册商标

注册商标，是指经使用商标人按照法定手续向国家商标局申请注册，经过审核后准予核准注册的商标。

2. 未注册商标

未经过商标注册而在商品或服务上使用的商标为未注册商标。

三、商标法概述

商标法是调整在商标注册、使用、转让、管理、保护过程中所发生的各种社会关系的法律规范的总称。商标的立法经历了一个历史演变的过程。19 世纪下半叶是资本主义迅速发展的 50 年，也是商标立法初步建立和完善的 50 年。法国于 1857 年制定了世界上第一部单行的成文商标法。之后世界各国纷纷制定商标法，如英国制定了《商标标记法》(1862 年)、《商标注册法》(1885 年)，德国制定了《商标保护法》(1874 年)、美国制定了《商标法》(1881 年)等。

我国真正意义上的商标立法发生在清末。中华人民共和国成立后一直有专门的商标立法。现行的《商标法》是 1982 年 8 月 23 日第五届全国人大常委会第二十四次会议通过，1993 年 2 月 22 日进行了第一次修正，2001 年 10 月 27 日进行了第二次修正，2013 年 8 月 30 日进行了第三次修正。现行《商标法》的立法宗旨就是规范商标管理，保护商标专用权，促使生产经营者、服务者保证商品和服务的质量，维护信誉，保障消费者和生产经营者的利益，促进社会主义市场经济的健康有序发展。

四、商标管理

商标管理是《商标法》的重要内容。国务院市场监督管理总局商标局主管全国商标注册和管理的工作。地方各级市场监督管理部门是地方各级商标管理机关。商标管理主要指行政管理，此外，一些特殊行业的商标管理以及企业自身的商标管理也日益受到重视。《商标法》明确规定商标使用人应当对其使用商标的商品质量负责。各级市场监督管理部门应当通过商标管理，制止欺骗消费者的行为。

(一)注册商标使用的管理

商标的使用，是指将商标用于商品、商品包装或者容器以及商品交易文书上，或者将商标用于广告宣传、展览以及其他商业活动中，用于识别商品来源的行为。使用注册商标的商品，必须达到核定的质量标准。

使用注册商标，如有下列行为之一的，由商标局责令限期改正或者撤销其注册商标：①自行改变注册商标的；②自行改变注册商标的注册人名义、地址或者其他注册事项的；③自行转让注册商标的；④连续3年停止使用的。

使用注册商标，其商品粗制滥造，以次充好，欺骗消费者的，由各级市场监督管理部门分别不同情况，责令限期改正，并可以予以通报或者处以罚款，或者由商标局撤销其注册商标。注册商标被撤销的或者期满不再续展的，自撤销或者注销之日起一年内，商标局对与该商标相同或者近似的商标注册申请，不予核准。

(二)未注册商标使用的管理

未注册商标也可在市场上使用，但不受法律有效保护，使用未注册商标也要符合相关法律规定。使用未注册商标必须在商品上标明企业名称和地址，否则不得在市场上销售。《商标法》第五十二条规定：“将未注册商标冒充注册商标使用的，或者使用未注册商标违反本法第十条规定的，由地方工商行政管理部门予以制止，限期改正，并可以予以通报，且并处相应罚款。”

(三)外贸商标的管理

商务部和国家市场监督管理总局负责全国对外贸易商标工作的管理、监督、指导。各地方外贸主管部门、各地方市场监督管理部门负责对本行政区域内的对外贸易商标工作进行管理、监督、指导，对外贸易经营者享有相应权利并承担相应义务，如使用和自主处置其注册商标的权利；商标管理和使用合法的义务；经注册商标所有人同意并签订商标许可使用合同，方可使用他人注册商标的义务等。

(四)商标的企业管理

随着我国市场经济的逐步建立和快速发展，企业的商标法制观念和商标意识有了明显增强。企业要建立和完善商标机制，需从以下几个方面入手：企业的领导和有关人员要提高商标意识；能够恰当地运用商标策略；发展生产，开拓市场；建立和完善企业的商标工作制度；拥有训练有素的商标工作人员。

第二节　商标注册的申请和审批

企业商标要获得有效保护，必须按照法定条件和程序提出商标注册申请，经过有关机关审批核准注册。对于企业的长远发展而言，积极申请商标注册都是必要且有益的。

一、商标注册的申请

商标注册的申请遵循相应的原则、条件和程序，并注意不能与他人的权利相冲突。

(一)商标注册申请的原则

1. 自愿注册与强制注册相结合的原则

是否申请商标注册由商标使用人自主决定，即基本采取自愿注册原则；而国家规定必须使用注册商标的商品，必须申请商标注册，未经核准注册的，不得在市场上销售，即部分商品采取强制注册原则。这类商品一般与人们的人身安全和健康相关，如烟草制品。

2. 一标多类原则

我国《商标法》第二十二条规定："商标注册申请人可以通过一份申请就多个类别的商品申请注册同一商标。"这一原则符合国际商标申请发展趋势。这与《商标法新加坡条约》要求一致，优点是为当事人申请注册提供方便，减轻商标主管部门工作负担。

3. 申请在先原则

《商标法》第三十一条规定："两个或者两个以上的商标注册申请人，在同一种商品或者类似商品上，以相同或者近似的商标申请注册的，初步审定并公告申请在先的商标；同一天申请的，初步审定并公告使用在先的商标，驳回其他人的申请，不予公告。"各申请人应当自收到商标局通知之日起 30 日内提交其申请注册前在先使用该商标的证据。同日使用或者均未使用的，各申请人可以自收到商标局通知之日起 30 日内自行协商，并将书面协议报送商标局；不愿协商或者协商不成的，商标局通知各申请人以抽签的方式确定一个申请人，驳回其他人的注册申请。

(二)商标注册的条件

1. 申请人的条件

我国注册商标的申请人包括自然人、法人和其他组织。两个以上的自然人、法人或者其他组织可以共同向商标局申请注册同一商标，共同享有和行使该商标专用权。

外国人或者外国企业在中国申请商标注册的，应当按其所属国和中华人民共和国签订的协议或者共同参加的国际条约办理，或者按对等原则办理；申请商标注册和办理其他商标事宜的，应委托依法设立的商标代理机构办理。

2. 商标规格的法律规定

1) 合法性

合法性是指商标不得违反《商标法》及其他法律规范的要求。在我国，不具有合法性的商标不仅不能核准注册，而且禁止作为未注册商标使用。《商标法》第十条规定："下列标志不得作为商标使用：①同中华人民共和国的国家名称、国旗、国徽、国歌、军旗、军徽、军歌、勋章等相同或者近似的，以及同中央国家机关的名称、标志、所在地特定地点的名称或者标志性建筑物的名称、图形相同的；②同外国的国家名称、国旗、国徽、军旗等相同或者近似的，但经该国政府同意的除外；③同政府间国际组织的名称、旗帜、徽记等相同或者近似的，但经该组织同意或者不易误导公众的除外；④与表明实施控制、予以保证的官方标志、检验印记相同或者近似的，但经授权的除外；⑤同"红十字""红新月"的名称、标志相同或者近似的；⑥带有民族歧视性的；⑦带有欺骗性，容易使公众对商品的质量等特点或者产地产生误认的；⑧有害于社会主义道德风尚或者有其他不良影响的。"另外，县级以上行政区划的地名或者公众知晓的外国地名，不得作为商标。但地名具有其他含义或者作为集体商标、证明商标组成部分的除外；已经注册的使用地名的商标继续有效。

2) 显著性

显著性又称识别性，即商标使用在商品和服务上时，能与其他商品和服务相区别，让消费者感受到它与商品或服务的特定出处有关。《商标法》第十一条规定："下列标志不得作为商标注册：①仅有本商品的通用名称、图形、型号的；②仅仅直接表示商品的质量、主要原料、功能、用途、重量、数量及其他特点的；③缺乏显著特征的。"但上述标志经过使用取得显著特征，并便于识别的，可以作为商标注册。例如，两面针是两面针牙膏的主要构成原料，但"两面针"这一商标通过使用而具有了显著性，使得一般公众可以直接将"两面针"牌牙膏与其生产者对应起来，所以"两面针"可以成为注册商标。以三维标志申请注册商标的，仅由商品自身的性质产生的形状、为获得技术效果而需有的商品形状或者使商品具有实质性价值的形状，不得注册。

3) 非冲突性

《商标法》第九条明确规定："申请注册的商标，应当有显著特征，便于识别，并不得与他人在先取得的合法权利相冲突。"在先权利既包括在先商标，也包括其他在先权利。在先商标是最容易与在后商标发生直接冲突的一种在先权利。而其他的在先权利一般包括姓名权、肖像权、著作权、外观设计专利权、企业名称及字号权、知名商品特有的名称、包装及装潢权等。

【专栏 10-2】

"乔丹"系列商标行政案

(三)商标注册申请的程序

申请商标注册，应当依照公布的商品分类表按类申请。每一件商标注册申请应当向商标局交送《商标注册申请书》一份、商标图样一份；以颜色组合或者着色图样申请商标注册的，应当提交着色图样，并提交黑白稿一份；不指定颜色的，应当提交黑白图样。

商标注册的申请日期，以商标局收到申请书件的日期为准。商标注册申请人自其商标在外国第一次提出商标注册申请之日起 6 个月内，又在中国就相同商品以同一商标提出商标注册申请的，依照该外国同中国签订的协议或者共同参加的国际条约，或者按照相互承认优先权的原则，可以享有优先权。要求优先权的，应当在提出商标注册申请的时候提出书面声明，并且在 3 个月内提交第一次提出的商标注册申请文件的副本；未提出书面声明或者逾期未提交商标注册申请文件副本的，视为未要求优先权。商标在中国政府主办的或者承认的国际展览会展出的商品上首次使用的，自该商品展出之日起 6 个月内，该商标的注册申请人可以享有优先权。同时需要在 3 个月内提供相关证明文件。

注册商标需要改变其标志的，应当重新提出注册申请。注册商标需要在核定使用范围之外的商品上取得商标专用权的，应当另行提出注册申请。注册商标需要变更注册人的名义、地址或者其他注册事项的，应当提出变更申请。

二、商标注册的审批程序

商标局收到申请人的申请后，会按照法定程序进行审批。对申请不予核准的，申请人可以采取法律赋予的手段予以救济。

(一)初步审定并公告

申请注册的商标，凡符合《商标法》有关规定的，由商标局初步审定，予以公告。初步审定包括进行形式审查和实质审查。形式审查主要审查商标注册申请是否具备法定条件和手续。实质审查是对申请注册的实质内容进行的审查。公告的目的是向社会公众征集意见，防止侵犯他人商标权，有利于正确核准申请注册的商标。

(二)驳回与复审

申请注册的商标，凡不符合《商标法》有关规定或者同他人在同一种商品或者类似商品上已经注册的或者初步审定的商标相同或者近似的，由商标局驳回申请，不予公告。不符合规定或者在部分指定商品上使用商标的注册申请不符合规定的，予以驳回或者驳回在部分指定商品上使用商标的注册申请，书面通知申请人并说明理由。

商标中有商品的地理标志，而该商品并非来源于该标志所标示的地区，误导公众的，不予注册并禁止使用；但是，已经善意取得注册的继续有效。地理标志，是指标示某商品来源于某地区，该商品的特定质量、信誉或者其他特征，主要由该地区的自然因素或者人文因素所决定的标志。

对驳回申请、不予公告的商标，商标局应当书面通知商标注册申请人。商标注册申请人不服的，可以自收到通知之日起 15 日内向商标评审委员会申请复审。商标评审委员会应当自收到申请之日起 9 个月内作出决定，并书面通知申请人。有特殊情况需要延长的，经国务院工商行政管理部门批准，可以延长 3 个月。当事人对商标评审委员会的决定不服的，可以自收到通知之日起 30 日内向人民法院起诉。

(三)异议与复审

对初步审定公告的商标，自公告之日起 3 个月内，在先权利人、利害关系人认为违反

《商标法》第十三条第二款和第三款、第十五条、第十六条第一款、第三十条、第三十一条、第三十二条规定的，或者任何人认为违反商标法第十条、第十一条、第十二条规定的，可以向商标局提出异议。对初步审定公告的商标提出异议的，商标局应当听取异议人和被异议人陈述事实和理由，经调查核实后，自公告期满之日起 12 个月内作出是否准予注册的决定，并书面通知异议人和被异议人；有特殊情况经批准可以延长 6 个月。商标局作出不予注册决定，被异议人不服的，可以自收到通知之日起 15 日内向商标评审委员会申请复审。商标评审委员会应当自收到申请之日起 12 个月内作出复审决定，并书面通知异议人和被异议人。有特殊情况需要延长的，经国务院工商行政管理部门批准，可以延长 6 个月。被异议人对商标评审委员会的决定不服的，可以自收到通知之日起 30 日内向人民法院起诉。人民法院应当通知异议人作为第三人参加诉讼。法定期限届满，当事人对商标局作出的驳回申请决定、不予注册决定不申请复审或者对商标评审委员会作出的复审决定不向人民法院起诉的，驳回申请决定、不予注册决定或者复审决定生效。

(四)核准发证

经初审并公告，公告期满无异议的，予以核准注册，发给商标注册证，并予公告。当事人有异议，但经裁定异议不能成立的，予以核准注册，发给商标注册证，并予公告。商标经核准后，注册人便取得了商标专用权。

三、注册商标的无效宣告

已经注册的商标，违反《商标法》第十条、第十一条、第十二条规定的，或者是以欺骗手段或者其他不正当手段取得注册的，由商标局宣告该注册商标无效；其他单位或者个人可以请求商标评审委员会宣告该注册商标无效。商标局作出宣告注册商标无效的决定，应当书面通知当事人。当事人对商标局的决定不服的，可以自收到通知之日起 15 日内向商标评审委员会申请复审。商标评审委员会应当自收到申请之日起 9 个月内作出决定，并书面通知当事人。有特殊情况需要延长的，经国务院工商行政管理部门批准，可以延长 3 个月。当事人对商标评审委员会的决定不服的，可以自收到通知之日起 30 日内向人民法院起诉。

已经注册的商标，违反《商标法》第十三条第二款和第三款、第十五条、第十六条第一款、第三十条、第三十一条、第三十二条规定的，自商标注册之日起 5 年内，在先权利人或者利害关系人可以请求商标评审委员会宣告该注册商标无效。对恶意注册的，驰名商标所有人不受 5 年的时间限制。

依照《商标法》第四十四条、第四十五条的规定宣告无效的注册商标，由商标局予以公告，该注册商标专用权视为自始即不存在。

第三节 商标权及其法律保护

注册商标权利人依法可以行使相应权利，同时也承担相应义务。商标权如被他人侵犯，可以寻求法律途径予以解决。

一、注册商标专用权人的权利和义务

注册商标专用权人取得商标专用权以及随之产生的转让权及许可使用权，在这些权利受到非法侵犯时，有权得到保护。

(一)注册商标专用权人的权利

1. 商标专用权

商标专用权是指注册商标的所有人对其注册商标享有的独占使用权。其具体内容体现在两方面：①商标使用权，即商标权人有权在其注册核准范围内使用注册商标并获取合法的经济利益；②禁止使用权，即权利人有权排除任何其他人在相同或类似的商品或服务项目上，使用与其注册商标相同或近似的商标。

2. 商标转让权和使用许可权

注册商标的转让是指商标所有人在法律允许的范围内，将其注册商标转让给他人，自己不再享有该注册商标的专用权。转让注册商标的，转让人和受让人应当签订转让协议，并共同向商标局提出申请。受让人应当保证使用该注册商标的商品质量。转让注册商标经核准后，予以公告。受让人自公告之日起即享有商标专用权。

注册商标的使用许可，是注册商标所有人通过签订使用许可合同，许可他人使用其注册商标。被许可人得到的只是注册商标的使用权，所有权仍归属于许可人。使用许可的形式可以是独占、排他或普通许可。许可人应当监督被许可人使用其注册商标的商品质量。被许可人应当保证使用该注册商标的商品质量。经许可使用他人注册商标的，必须在使用该注册商标的商品上标明被许可人的名称和商品产地。许可人应当将其商标使用许可报商标局备案，由商标局公告。备案材料应当说明注册商标使用许可人、被许可人、许可期限、许可使用的商品或者服务范围等事项。商标使用许可未经备案不得对抗善意第三人。

3. 请求保护权

当自己的注册商标专用权受到侵害时，商标权人有权要求国家机关予以保护。

(二)注册商标专用权人的义务

商标专用权人应当按照规定正确使用其注册商标。使用注册商标应当标明“注册商标”字样或者标明注册标记“注”或“®”。使用注册标记，应当标注在商标的右上角或者右下角。在商品上不便标明的，应当在商品包装或者说明书以及其他附着物上标明。商标权人应该在核准的范围内使用其注册商标：①不得将注册商标使用在未经核准使用的商品或服务项目上；②不得自行改变注册商标的标志。

【专栏 10-3】

创业大学生败诉阿某巴巴

二、注册商标专用权的保护

对注册商标专用权的保护涉及保护期限及保护范围的确定，特别是对侵犯商标权的行为应如何认定及处理。

(一)注册商标专用权的期限、续展和保护范围

注册商标的有效期为 10 年，自核准注册之日起计算。注册商标有效期满，需要继续使用的，应当在期满前 12 个月内申请续展注册；在此期间未能办理的，可以给予 6 个月的宽展期。续展注册经核准后，予以公告。每次续展注册的有效期为 10 年，续展次数不限。续展注册商标有效期自该商标上一届有效期满次日起计算。期满未办理续展手续的，注销其注册商标，商标专用权便丧失。

《商标法》第五十六条规定："注册商标的专用权，以核准注册的商标和核定使用的商品为限。"这表明了商标权人行使商标权的范围。

(二)商标侵权行为及其处理

1. 商标侵权行为的认定

有下列行为之一的，均属侵犯注册商标专用权：①未经商标注册人的许可，在同一种商品上使用与其注册商标相同的商标的；②未经商标注册人的许可，在同一种商品上使用与其注册商标近似的商标，或者在类似商品上使用与其注册商标相同或者近似的商标，容易导致混淆的；③销售侵犯注册商标专用权的商品的；④伪造、擅自制造他人注册商标标识或者销售伪造、擅自制造的注册商标标识的；⑤未经商标注册人同意，更换其注册商标并将该更换商标的商品又投入市场的；⑥故意为侵犯他人商标专用权行为提供便利条件(便利条件指为侵犯他人商标专用权提供仓储、运输、邮寄、印制、隐匿、经营场所、网络商品交易平台等)，帮助他人实施侵犯商标专用权行为的；⑦给他人的注册商标专用权造成其他损害的。

商标侵权行为的认定与民法中对侵权行为的认定是有区别的。除法律另有规定外，不以主观过错作为侵权构成要件。

2. 商标侵权行为的处理

有《商标法》第五十七条所列侵犯注册商标专用权行为之一，引起纠纷的，由当事人协商解决；不愿协商或者协商不成的，商标注册人或者利害关系人可以向人民法院起诉，也可以请求工商行政管理部门处理。对侵犯注册商标专用权的行为，工商行政管理部门有权依法查处；涉嫌犯罪的，应当及时移送司法机关依法处理。工商行政管理部门处理时，认定侵权行为成立的，责令立即停止侵权行为，没收、销毁侵权商品和主要用于制造侵权商品、伪造注册商标标识的工具，违法经营额 5 万元以上的，可以处违法经营额 5 倍以下的罚款，没有违法经营额或者违法经营额不足 5 万元的，可以处 25 万元以下的罚款。对 5 年内实施 2 次以上商标侵权行为或者有其他严重情节的，应当从重处罚。销售不知道是侵犯注册商标专用权的商品，能证明该商品是自己合法取得并说明提供者的，由工商行政管理部门责令停止销售，不承担赔偿责任。

对侵犯商标专用权的赔偿数额的争议，当事人可以请求进行处理的工商行政管理部门调解，也可以依照我国《民事诉讼法》向人民法院起诉。经工商行政管理部门调解，当事人未达成协议或者调解书生效后不履行的，当事人可以向人民法院起诉。侵犯商标专用权

的赔偿数额，按照权利人因被侵权所受到的实际损失确定；实际损失难以确定的，可以按照侵权人因侵权所获得的利益确定；权利人的损失或者侵权人获得的利益难以确定的，参照该商标许可使用费的倍数合理确定。对恶意侵犯商标专用权，情节严重的，可以在按照上述方法确定数额的 1 倍以上 3 倍以下确定赔偿数额。赔偿数额应当包括权利人为制止侵权行为所支付的合理开支。权利人因被侵权所受到的实际损失、侵权人因侵权所获得的利益、注册商标许可使用费难以确定的，由人民法院根据侵权行为的情节判决给予 300 万元以下的赔偿。

商标注册人或者利害关系人有证据证明他人正在实施或者即将实施侵犯其注册商标专用权的行为，如不及时制止将会使其合法权益受到难以弥补的损害的，可以依法在起诉前向人民法院申请采取责令停止有关行为和财产保全的措施。为制止侵权行为，在证据可能灭失或者以后难以取得的情况下，商标注册人或者利害关系人可以依法在起诉前向人民法院申请保全证据。

侵犯商标专用权构成犯罪的，除赔偿被侵权人的损失外，依法追究刑事责任。

三、驰名商标及其保护

驰名商标是一种特殊的商标，是生产经营者长期培育的成果，与普通商标相比具有更大的价值，因此对驰名商标的保护力度也更大。

(一)驰名商标的认定

我国 2003 年出台了《驰名商标认定和保护规定》，并于 2014 年进行了修订。驰名商标是在中国为相关公众所熟知的商标。相关公众包括与使用商标所标示的某类商品或者服务有关的消费者，生产前述商品或者提供服务的其他经营者以及经销渠道中所涉及的销售者和相关人员等。

驰名商标认定遵循个案认定、被动保护的原则。驰名商标应当根据当事人的请求，作为处理涉及商标案件需要认定的事实进行认定。驰名商标的认定由商标局、商标评审委员会和处理商标诉讼案件的人民法院进行。认定驰名商标应当考虑下列因素：①相关公众对该商标的知晓程度；②该商标使用的持续时间；③该商标的任何宣传工作的持续时间、程度和地理范围；④该商标作为驰名商标受保护的记录；⑤该商标驰名的其他因素。

(二)驰名商标的保护

各级工商行政管理部门在商标注册和管理工作中应当加强对驰名商标的保护，维护权利人和消费者合法权益。当事人请求驰名商标保护的范围与已被作为驰名商标予以保护的范围基本相同，且对方当事人对该商标驰名无异议，或者虽有异议，但异议理由和提供的证据明显不足以支持该异议的，商标局、商标评审委员会、商标违法案件立案部门可以根据该保护记录，结合相关证据，给予该商标驰名商标保护。

根据我国《商标法》第十三条的规定，驰名商标保护主要体现在两点，一是就相同或者类似商品申请注册的商标是复制、摹仿或者翻译他人未在中国注册的驰名商标，容易导致混淆的，不予注册并禁止使用；二是就不相同或者不相类似商品申请注册的商标是复制、摹仿或者翻译他人已经在中国注册的驰名商标，误导公众，致使该驰名商标注册人的利益可能受到损害的，不予注册并禁止使用。

【专栏 10-4】
“路虎”商标侵权纠纷案

四、商标权的国际保护

当今世界，商标权的国际保护更显重要。几个商标国际条约在商标获得国际注册保护、国民待遇原则等诸多方面进行了具体的规定，提供了商标权国际保护的法律依据。

(一)保护工业产权巴黎公约

除了国民待遇原则和优先权原则之外，《保护工业产权巴黎公约》就商标保护有一些专门的规定，包括以下条款：各国保护的独立性；驰名商标的保护；国徽、官方检验印章和政府间组织徽记的禁用；商标的转让；服务商标的保护；原样保护原则；服务商标的保护；禁止未经所有人授权以代理人或代表人名义的注册；使用商标的商品的性质；集体商标；厂商名称的保护；不正当竞争；商标、厂商名称、虚假标记、不正当竞争的救济手段及在某些国际展览会中的临时保护。

(二)与贸易有关的知识产权协议(TRIPS)

《与贸易有关的知识产权协议》有三个基本原则：国民待遇原则、最惠国待遇原则和透明度原则。TRIPS 有关商标和地理标志的专门规定共有两节十条，分别涉及可保护客体、授予的权利、例外、保护期限、关于使用的要求、其他要求、许可和转让、地理标志的保护、对葡萄酒和烈酒地理标志的额外保护、国际谈判。

(三)商标国际注册马德里协定

商标权具有地域性，在一国使用或者注册的商标一般只能在该国具有法律效力，如希望在其他国家也受到保护，就必须在其他国家使用或注册。为了克服商标逐一在各个国家注册所带来的不便，《商标国际注册马德里协定》于 1891 年 4 月 14 日在西班牙首都马德里签订。该协定经过多次修订，最近一次修订是 1979 年在瑞典斯德哥尔摩。这个协定是一个多边国际条约，其宗旨是在协定成员国间建立商标国际注册体系。中国于 1989 年 10 月 4 日正式成为其成员国。

该协定规定，任何一个缔约国的自然人或法人在所属国办理了某一商标注册后，如果又要求该商标在其他缔约国获得保护，则可以向设在日内瓦的国际局申请国际注册。国际局收到申请即予以公告，并通知申请人要求给予保护的各缔约国，被要求保护的缔约国接到通知后，有权在 1 年内对是否给予保护作出决定。如果在 1 年期限内未向国际局提出驳回在该国注册的声明，则该商标即被视为已在该国核准注册，并得到法律保护。

(四)商标注册用商品和服务国际分类尼斯协定

《商标注册用商品和服务国际分类尼斯协定》于 1957 年 6 月 15 日在法国南部城市尼斯签订，1961 年 4 月生效。中国于 1988 年正式使用尼斯国际商品分类，1994 年 5 月 5 日加入该协定并于同年 8 月 9 日生效。协定的宗旨是建立一个共同的商标注册用商品和服务国际分类体系，并保证其实施。分类由两类组成：一是分类表，视需要附加注释；二是按字母顺序排列的商品和服务表，并标明每个商品和服务项目所属类别。目前。第 8 版国际分类共包括 45 类，其中商品 34 类，服务 11 类，共包含 10 000 多个商品和服务项目。申请人所需填报的商品及服务一般都包含在其中。不仅所有成员国都使用此分类表，而且非成员国也可以使用该分类表。只是成员国可以参与分类表的修订，非成员国无权参与。目前世界上已有 130 多个国家和地区采用此分类表。采用国际分类有利于统一各国在办理商标注册时的商品和服务的分类口径，有利于国际间的商标合作和相互受理商标注册，对于发展商标国际注册是非常必要的。

(五)商标法条约(TLT)

1994 年 10 月，世界知识产权组织(WIPO)在日内瓦主持召开外交会议并签署《商标法条约》(TLT)，目的是制定统一的国际标准，简化、协调各国有关商标的行政程序，使商标注册体系更加便利当事人，促进缔约国间商标权的相互保护。2006 年 3 月，WIPO 在新加坡主持召开外交会议，认真总结过去 10 多年间 TLT 的执行情况及实践经验。各缔约国在充分考虑通信技术迅猛发展的基础上，对 TLT 的部分条款进行了修订并签署《商标法新加坡条约》(Singapore Treaty on the Law of Trademarks，STLT)。

《商标法新加坡条约》是在 1994 年《商标法条约》的基础上制定的，2006 年 3 月 28 日在由 WIPO 主办、新加坡政府承办的“通过经修订的《商标法条约》外交大会”上通过。STLT 对 TLT 的修订主要涉及四个方面：一是扩展了条约的适用范围，使条约不仅适用于含视觉标志的商标，还可适用于由嗅觉及听觉标志构成的商标；二是进一步规范了通过电子方式向商标局提交或传送文件的规则；三是增加了商标申请人、注册持有人或其他利害关系人未遵守期限时的救济措施；四是增加了商标使用许可的备案规则。此外，STLT 还确定建立“缔约方大会”机制，邀请缔约国及政府间组织参加会议，并根据实际情况及时、合理地修改条约内容。

依照 STLT 的相关条款，经 10 个缔约方(包括国家和政府间组织)批准后该条约即可生效。我国政府于 2007 年签署该条约，随着 2008 年 12 月澳大利亚的加入，该条约已于 2009 年 3 月生效。

本章小结

本章主要介绍了商标及商标制度的产生和发展。《商标法》作为工业产权法的一个重要组成部分，是规范商标的注册、使用、管理和保护的法律制度，在实践中发挥着规范商标使用注册、保障广大消费者利益、促进经济发展的作用。学习时应掌握商标概念、特征及其种类，清楚我国商标注册的申请和审批条件及程序，了解商标权人的权利义务，识别商标侵权行为并熟悉其处理程序，意识到加强商标权保护的重要性，紧跟国际商标保护趋势。

复习思考题

1. 商标注册申请的条件包括哪些？
2. 简述我国的商标注册审批程序。
3. 商标权人的权利与义务体现在哪些方面？
4. 试述商标侵权行为及商标权的保护。

案 例 分 析

2009 年 10 月，某洗涤剂有限责任公司经过多年的研究、生产了一种新型洗衣粉。该洗衣粉具有高效、去污力强、用量小、省水、省时、省力等特点，被推广生产。为占领市场，该公司为更能体现这种新型洗衣粉的特点，设计了名为“白洁”的商标，并于当年向国家商标局申请商标注册。国家商标局经过审查后，认为该商标不符合《商标法》规定的条件，予以驳回，不予注册。某洗涤剂有限责任公司认为，“白洁”的商标符合《商标法》规定的“商标使用的文字、图形或其组合，应当具有显著特征，便于识别”的条件，应当获准注册。于是，公司向商标评审委员会申请复审，商标评审委员会认为商标局驳回申请的理由成立。

根据上述情况，回答下列问题并请说明理由：

国家商标局驳回该公司的商标注册申请是否合法？

（资料来源：王炯，赵德淳. 商贸法律与案例[M]. 北京：中国财政经济出版社，2014.）

第十一章 专 利 法

本章导读：

当前我国社会经济的发展进入了一个新时代，即“大众创业、万众创新”的时代。国家鼓励民众创业，也鼓励大家创新。创业与创新都离不开科学技术的发展，离不开发明创造，更离不开对发明创造的保护。要保护万众创新的积极性必须依靠完善的制度，即知识产权保护制度。专利制度是知识产权保护制度的重要组成部分。当前社会的飞速发展正是得利于专利制度对社会创新的保护和激励。移动通信、互联网技术、生物技术、人工智能、无人驾驶这些当今人们耳熟能详的词语正是这个飞速发展时代的体现，也是技术创新的结果，是制度对创新全方位保护与激励的结果，当然也离不开个人的聪明才智。

近年来我国非常重视对知识产权的保护，经过多年的宣传教育，人们对专利的保护意识也有了很大的提高。2017 年我国的研发投入居世界第二位，全时研发人员数量世界第一，发明专利申请量连续 7 年全球第一。截至 2017 年年底，我国国内(不含港澳台)发明专利拥有量为 135.6 万件。这些发明为我国社会经济快速发展提供了强有力的技术支撑。我们也应该看到，虽然我国加强了知识产权的全方位保护力度，但专利侵权仍较为突出，这些侵权正是看中了专利技术的巨大财富效应。所以需要加快完善专利立法、加强保护力度、加强专利保护制度的学习和宣传。

学习目标：

本章将系统讲述专利制度的产生发展，剖析专利权及其特征与授予条件，介绍专利申请与审批，研究专利权的具体保护内容。通过本章的学习，使读者理解专利权的特征，正确掌握专利权主体、客体及授予条件，认识到加强专利保护的重要意义，清楚专利申请与审批的一系列程序，并了解专利权国际保护的相关知识。

关键概念：

专利(Patent)
专利权(Patent Right)
专利申请(Patent Application)
发明(Invention)
实用新型(Utility Model)
外观设计(Industrial Design)
新颖性(Novelty)
创造性(Inventiveness)
实用性(Practical App1icability)
优先权(Priority)

强制许可(Compulsory License)
专利侵权(Patent Infringement)

第一节 专利法概述

当前，世界各国普遍都非常重视创新，专利申请数量增长迅速，特别是发达国家占据了优势地位。加快完善我国专利制度，对促进我国科学技术的发展意义重大。

一、专利和专利法的概念

“专利”源自英文的 Letters Patent，原意为公开的文件。但各国专利法对“专利”一词一般没有进行明确定义，且理解角度不同，所以“专利”是一个具有多种含义的词汇。从法律意义上来讲，专利即指专利权，它是国家专利主管机构根据法律规定的条件和程序，授予申请人在一定期限内对其发明创造所享有的独占实施权。从发明创造的角度讲，专利是符合专利权授予条件并取得了专利权的发明创造成果。有时“专利”一词还指记载有发明创造内容并公开了的专利证书。

专利法是调整确认发明创造所有权和利用发明创造过程中所产生的各种社会关系的法律规范的总称，专门解决发明创造的归属和利用问题。对发明人申请保护的发明创造授予专利权，是当今国际通行的一种利用法律与经济手段推动科技进步的有效管理制度。

二、专利制度的起源和发展

世界专利制度的雏形源于中世纪的西欧国家。当时的英国，为了鼓励从外国引进新的技术，国王经常通过一种称为 Letters Patent 的文件，向新技术的引进者授予垄断权利。Letters Patent 即公开的证书，它以官方通知的方式将授予的权利告知公众。1474 年，威尼斯公布了世界上第一部专利法，该法规定，任何人在威尼斯城制造了前所未有的机械装置， 同时又达到了可以具体使用和操作的程度，就可以向市政机关登记，并获得 10 年的专有权。期间任何人未经发明人许可制造相同或相似产品皆需承担赔偿责任。这些规定奠定了现代专利制度的基础。

1623 年英国议会制定了垄断法，这标志着专利制度发展史上的第二个里程碑，该法制定的目的在于废除英王已经授予的所有垄断权，而且禁止国王今后再授予这种权利，但作为例外，准许国王对任何种类的新产品的真正第一个发明人授予垄断权。此后，美国(1790 年)、法国(1791 年)、荷兰(1809 年)、瑞典(1819 年)、西班牙(1826 年)、日本(1885 年)等先后颁布专利法，专利制度迅速蔓延到世界范围。“二战”以后，随着科学技术的飞速发展和国际经济技术交流的日益扩大，专利法日趋完善，专利保护进入国际化阶段，其标志就是国际专利条约的签订及国际专利组织的建立。

我国专利制度发展比较晚。近代太平天国运动期间，洪仁轩在《资政新篇》中明确提出“对首创至巧者，赏自以专其利，限满准他人仿做”，这是我国历史上首次提出的有关于建立专利制度的主张。1898 年，清朝光绪皇帝颁布了《振兴工艺给奖章程》，该章程规定了“对新方法授权专利”的具体内容，但该规定并未实施。1912 年，民国政府颁布了《奖励工艺品暂行章程》，随后进行了多次修订。1944 年，国民政府颁布《专利法》。新中国的第一部专利法是 1984 年 3 月 12 日第六届全国人大常委会第四次会议通过的《中华人民共和国专利法》(以下简称《专利法》)，1985 年 4 月 1 日起正式施行。此后，1992 年我国对《专利法》及其实施细则进行了第一次修改。2000 年 8 月 25 日、2008 年 12 月 27 日对《专利法》进行了第二、第三次修订。同时，我国还多次修订了《专利法实施细则》。我国已形成一套比较系统有效、与国际发展趋势日益协调的专利保护体制。

第二节 专 利 权

专利权与商标权、著作权统称为知识产权，而专利权与商标权又统称为工业产权，都是人们对其创造的智力成果享有的权利。

一、专利权及其特征

专利权是指发明创造人或其权利受让人对特定的发明创造在一定期限内依法享有的独占实施权。专利权与商标权、著作权具有共同的特征。

(1) 独占性。独占性又称排他性、专有性，是指一项专利权经国家专利行政部门授予特定权利人后，该权利人即享有专有权，他人未经权利人许可，不得分享，否则构成侵权。

(2) 地域性。专利权一般只能在授权或注册的国家或地区范围内有效，受到法律保护，在该国家或地区范围之外则无效。如果权利人希望自己的发明创造在其他国家或地区也受到有效保护，则须按照该国或该地区法律提出相应申请。

(3) 时间性。专利权只在法定期限内有效，超过期限，专利发明便成为社会公共财产，任何人都可自由无偿地利用。而有形财产只要客体存在，所有权也就存在，不会产生随着时间流逝权利丧失的问题。

(4) 法定性。专利权的产生不是基于发明创造活动或者发明创造事实，而是基于发明创造人的专利申请和国家专利部门的依法批准授权。批准授权后，该项发明创造才能取得专利权。

二、专利权的主体与客体

专利权的主体和客体构成了专利权的重要内容。专利权的主体就是受到专利权保护的个人及单位，而客体则指专利权保护的具体指向，也是其所依附的载体。

(一)专利权的主体

1. 发明人或设计人

发明人或设计人是独立的不从属于任何单位的对发明创造的实质性特点作出创造性贡献的人。在完成发明创造过程中，只负责组织工作的人、为物质技术条件的利用提供方便的人或者从事其他辅助工作的人，不是发明人或者设计人。两个以上单位或者个人合作完成的发明创造、一个单位或者个人接受其他单位或者个人委托所完成的发明创造，除另有协议的以外，申请专利的权利属于完成或者共同完成的单位或者个人。申请被批准后，申请的单位或者个人为专利权人。即如果发明创造是由两人或两人以上共同研究完成的，则他们可作为共同发明人或共同设计人，都有权提出申请并取得专利权。

专利申请权和专利权可以转让，这种转让须经当事人订立书面合同，专利行政部门登记公告后生效，受让人依法取得对该项发明创造的申请权和专利权。我国单位或者个人向外国人、外国企业或者外国其他组织转让专利申请权或者专利权的，应当依照有关法律、行政法规的规定办理手续。

综上，发明人或设计人、共同发明人或设计人及合法受让人，均有权提出申请并取得专利权。

2. 单位

职务发明创造是指执行本单位(包括临时工作单位)的任务或者主要是利用本单位的物质技术条件所完成的发明创造。具体包括：在本职工作中作出的发明创造；履行本单位交付的本职工作之外的任务所作出的发明创造；退职、退休或者调动工作后1年内作出的、与其在原单位承担的本职工作或者原单位分配的任务有关的发明创造。利用本单位的物质技术条件，是指完成的发明创造虽然不是执行本单位的任务，但是主要利用本单位的资金、设备、零部件、原材料或者不对外公开的技术资料等。

职务发明创造申请专利的权利属于该单位；申请被批准后，专利权归单位。对于利用本单位的物质技术条件所完成的发明创造，单位与发明人或者设计人订有合同，对申请专利的权利和专利权的归属作出约定的，从其约定。

《专利法》第十六、十七条明确规定，被授予专利权的单位应当对职务发明创造的发明人或者设计人给予奖励；发明创造专利实施后，根据其推广应用的范围和取得的经济效益，对发明人或者设计人给予合理的报酬。发明人或者设计人有在专利文件中写明自己是发明人或者设计人的权利。

3. 外国自然人或法人

我国允许外国人、外国企业或其他外国组织在中国提出专利申请。对于在中国有经常居所或者营业所的，享有与我国单位及个人同样的待遇，申请专利可以自己办理，也可以委托代理人代理。在中国没有经常居所或者营业所的外国人、外国企业或者外国其他组织在中国申请专利和办理其他专利事务的，不得自己办理，应当委托依法设立的专利代理机构办理。适用条件是依照其所属国同中国签订的协议，相互允许对方自然人和组织在本国申请专利；共同参加某项国际条约，条约中有可到其他国家申请专利的规定；依照互惠原则，其所属国允许我国自然人及组织在该国申请专利。

(二)专利权的客体

专利权的客体，即专利法的保护对象，是依法申请并取得专利权的发明创造。我国《专利法》所称的发明创造，包括发明、实用新型和外观设计三种。

1. 可授予专利权的发明创造

(1) 发明。发明，是指对产品、方法或者其改进所提出的新的技术方案。它是人们利

用自然规律通过脑力劳动创造出的前所未有的东西，而发现是人们对客观存在的自然现象及规律的一种认识与揭示。

发明一般分为产品发明和方法发明。产品发明是指以有形形式出现的一切发明，既可以是一个独立的产品，也可以是一个产品的一个部件或附件。方法发明是指与某种活动有关的发明，如制造某种物品的工艺方法、通信方法等。

(2) 实用新型。实用新型是指对产品的形状、构造或者其结合所提出的适于实用的新的技术方案。按照《专利法》的规定，实用新型只适用于产品，不适用于方法。而且产品必须具有一定的形状和构造，形状是指可以从外部观察到的产品的确定的空间立体外形，构造则是指组件或部件的连接或结合。因此，方法和没有固定形态的产品，不能用实用新型予以保护。实用新型是创造性较低的小发明，弥补了因创造性条件不足不能获得发明专利保护的缺陷，审批程序较简单，申请实用新型保护也是对产品进行保护的一种有效方式。

(3) 外观设计。外观设计，是指对产品的形状、图案或者其结合以及色彩与形状、图案的结合所作出的富有美感并适于工业应用的新设计。其特点如下：①以产品作为载体，必须与物品有关；②应是产品外形、图案和色彩的设计；③适于在工业上应用；④能产生美感，具有可见性，该种美的视觉感受，须是人们肉眼可直接看到的。

2. 专利法不授予专利权的情形

在《专利法》保护的技术领域的发明创造中，通常有两类主题被排除在保护之外：一类是违反国家法律、社会公德、妨害公共利益的发明创造；另一类是科学领域内非发明创造性的智力成果。

我国《专利法》第二十五条规定了对下列各项不授予专利：①科学发现；②智力活动的规则和方法；③疾病的诊断和治疗方法；④动物和植物品种；⑤用原子核变换方法获得的物质；⑥对平面印刷品的图案、色彩或者二者的结合作出的主要起标识作用的设计。其中第④项所列产品的生产方法，可以依照本法规定授予专利权。

【专栏 11-1】

疾病的诊断和治疗方法不能授予专利权的原因

3. 专利保护范围客体的扩张

自 20 世纪中叶开始的第三次技术革命(一是计算机及其网络所构成的信息技术革命；二是以人类基因图谱破译为代表的现代生物技术革命)对各国现有专利制度提出了新的挑战，促使各国及国际社会专利保护制度的发展和完善。按照我国现在的《专利审查指南》，从自然界分离或者提取的基因或者片段、功能性的计算机程序都可以申请专利保护。现代社会随着互联网技术和电子商务的飞速发展，传统的商业经营方法与互联网相结合运用在电子商务中形成商业方法软件。美国、日本、欧洲的一些国家已将商业方法软件作为专利保护客体，对世界各国的专利制度产生了深远影响。

【专栏 11-2】

我国产业技术创新成果的专利化、组合化、杠杆化保护探析

三、授予专利权的条件

一项新产品或方法是否能被授予专利权，发明设计人是否能取得相关利益，关键就在于符不符合法定授予条件，在技术实用方面是否有所贡献创新。

(一)授予发明、实用新型专利权的条件

我国《专利法》第二十二条规定："授予专利权的发明和实用新型，应当具备新颖性、创造性和实用性。"这三个条件被称为授予专利权的实质条件。

1. 新颖性

我国《专利法》规定，新颖性是指该发明或者实用新型不属于现有技术(现有技术，是指申请日以前在国内外为公众所知的技术)；也没有任何单位或者个人就同样的发明或者实用新型在申请日以前向国务院专利行政部门提出过申请，并记载在申请日以后公布的专利申请文件或者公告的专利文件中。

1) 判断标准

(1) 时间范围。一项发明或实用新型，只有在申请日或优先权日(申请人要求享有优先权的)前没有公开过，即没有他人就相同主题向专利局提出过专利申请，并记载在以后公布的专利申请文件中才具有新颖性。

(2) 地域范围。《专利法》采用国际通用的绝对新颖性标准，即一项发明或实用新型从未在国内外为公众所知，包括从未在出版物上公开发表过、公开使用过或者公开销售过等。该标准简单清晰，避免了以前采用混合新颖性标准带来的不公和矛盾。

(3) 公开形式。一项发明或实用新型必须是从未以任何形式(口头、书面、使用或其他形式，如展览、演示等)为社会公众所知，才不会丧失新颖性。

2) 不丧失新颖性的例外

我国法律规定了不丧失新颖性的公开情形。《专利法》第二十四条规定："申请专利的发明创造在申请日以前 6 个月内，有下列情形之一的，不丧失新颖性：①在中国政府主办或者承认的国际展览会上首次展出的；②在规定的学术会议或者技术会议上首次发表的(学术会议或者技术会议，是指国务院有关主管部门或者全国性学术团体组织召开的学术会议或者技术会议)；③他人未经申请人同意而泄露其内容的。"申请专利的发明创造如有第一种或第二种情形的，申请人应当在提出专利申请时声明，并自申请日起 2 个月内，提交有关国际展览会或者学术会议、技术会议的组织单位出具的有关发明创造已经展出或者发表，以及展出或者发表日期的证明文件。申请专利的发明创造如有第三种情形的，国务院专利行政部门认为必要时，可以要求申请人在指定期限内提交证明文件。

2. 创造性

创造性，也称非显而易见性，是指同申请日以前已有的技术相比，该发明有突出的实质性特点和显著的进步，该实用新型有实质性特点和进步。

突出的实质性特点，是指申请专利的发明同申请日(或优先权日)以前已有的技术相比具有本质的区别，或者说具有区别技术特征。显著的进步，是指申请专利的发明同申请日(或优先权日)以前已有的技术相比具有良好的效果，该效果表现在发明克服了现有技术

的缺点与不足，或使技术具有新的功能与用途，或表现在发明所代表的新技术发展趋势等方面。

实用新型的创造性和发明的创造性相比，只有程度上的不同，并无实质区别，即对实用新型创造性的要求低于对发明创造性的要求，只需具有实质性特点和进步。由于我国《专利法》规定对实用新型专利申请不进行实质审查，对实用新型创造性的判断，只有在专利权无效宣告程序中才会具体涉及。

3. 实用性

实用性，是指该发明或者实用新型能够制造或者使用，并且能够产生积极效果。“实用”一词主要意义在于能够在产业上利用并具有实际利益。

“产业”不仅包括传统工业，还包括社会生活的其他领域，如农业、林业、交通运输业、美容业等。如果申请专利的发明或实用新型是一种产品，该产品必须能在产业中制造，解决相应技术问题。如果申请专利的发明是一种方法，该方法必须能在产业中使用，并且解决技术问题。

“能够产生积极效果”是指发明或实用新型制造或使用后，与现有技术相比具有的有益效果，主要包括三方面含义：能够产生积极的社会效果；能够产生积极的技术效果；能够产生积极的经济效果。

(二)授予外观设计专利权的条件

外观设计是工业品的外表式样，属于美术领域，与技术方案无关，因此授予外观设计专利权的条件明显不同于授予发明、实用新型专利权的条件。《专利法》第二十三条规定：“授予专利权的外观设计，应当不属于现有设计；也没有任何单位或者个人就同样的外观设计在申请日以前向国务院专利行政部门提出过申请，并记载在申请日以后公告的专利文件中。授予专利权的外观设计与现有设计或者现有设计特征的组合相比，应当具有明显区别。授予专利权的外观设计不得与他人在申请日以前已经取得的合法权利相冲突。现有技术，是指申请日以前在国内外为公众所知的技术。”

外观设计要求具有新颖性和原创性，富于美感。新颖性强调申请前未采用出版物公开和使用公开、销售公开等方式为公众所知。原创性强调与现有设计或设计特征的组合相比，具有明显区别，即明确提出了与发明、实用新型相似的创造性要求。外观设计必须是应用在工业品的外表上的，因此不能脱离产品独立存在。并且不得与他人在先取得的合法权利相冲突，在先权利主要包括著作权、商标权、姓名权和肖像权等。

第三节　专利的申请和审批

发明创造要获得法律保护，须通过专利的申请和审批。专利的申请和审批遵循一定的原则与程序，对申请文件有较为严格规范的要求，按对象的不同审批程序也有繁有简。

一、专利的申请

专利申请人必须按照法定的要求提交有关的专利申请文件，在申请中如符合优先权的行使条件，可以享受优先权。

(一)专利申请的原则

1. 单一性原则

单一性原则是指一件专利申请只能限于一项发明创造，又称为一发明一专利原则。《专利法》第三十一条规定：“一件发明或者实用新型专利申请应当限于一项发明或者实用新型。属于一个总的发明构思的两项以上的发明或者实用新型，可以作为一件申请提出。”这包含了两层含义：①原则上一件专利申请只能限于一项发明创造、一项实用新型、一项外观设计，即必须进行单案申请。②属于一个总的发明构思的两项以上的发明或实用新型，可以作为一件申请提出；用于同一类别并且成套出售或使用的产品的两项以上的外观设计，也可以作为一件申请提出，即进行合案申请，如锁与钥匙、插头与插座等。专利申请的单一性，便于专利的审查、登记及文献检索，有利于对专利内容的理解掌握及专利申请费的正常保证。

2. 先申请原则

两个以上的申请人分别就同样的发明创造申请专利的，专利权授予最先申请的人。明确以申请日作为授予专利权判断标准，国务院专利行政部门收到专利申请文件之日即为申请日。如果申请文件是邮寄的，以寄出的邮戳日为申请日。申请日的确定对专利申请具有重大意义，它是发明创造新颖性、创造性判断的时间标准，也是专利权期限的起算之日。

3. 优先权原则

我国《专利法》规定，申请人自发明或者实用新型在外国第一次提出专利申请之日起 12 个月内，或者自外观设计在外国第一次提出专利申请之日起 6 个月内，又在中国就相同主题提出专利申请的，依照该外国同中国签订的协议或者共同参加的国际条约，或者依照相互承认优先权的原则，可以享有优先权，此为外国优先权。申请人自发明或者实用新型在中国第一次提出专利申请之日起 12 个月内，又向专利主管部门就相同主题提出专利申请的，可以享有优先权，此为本国优先权。申请人主张优先权的，优先权日即视为申请日。

申请人要求优先权的，应当在申请的时候提出书面声明，并且在 3 个月内提交第一次提出的专利申请文件的副本；未提出书面声明或者逾期未提交专利申请文件副本的，视为未要求优先权。申请人在一件专利申请中，可以要求一项或者多项优先权；要求多项优先权的，该申请的优先权期限从最早的优先权日起计算。

【专栏 11-3】

外国优先权对专利维持时间影响实证研究

(二)专利申请的文件

专利申请文件是指发明创造的权利人在申请专利时需要向专利行政部门提交的书面文件的总称。专利申请必须按照法律规定并使用专利行政部门规定的格式提交各种申请文件，由申请人签名或盖章。以书面形式申请专利的，应当向专利行政部门提交申请文件一式两份。以专利行政部门规定的其他形式申请专利的，应当符合规定的要求。申请人委托专利代理机构申请专利和办理其他专利事务的，应当同时提交委托书，写明委托权限。申请人有 2 人以上且未委托专利代理机构的，除请求书中另有声明的外，以请求书中指明的第一申请人为代表人。

1. 申请发明、实用新型专利提交的文件

申请发明或者实用新型专利，应提交请求书、说明书及其摘要和权利要求书等文件。

请求书，是申请人向专利行政部门表示请求授予专利权愿望的书面文件。请求书应当写明发明或者实用新型的名称，发明人的姓名，申请人姓名或者名称、地址，以及其他事项。一般只要填写了国家知识产权局印制的《发明专利请求书》或《实用新型专利请求书》表格，即可认定已完成了专利申请的意愿表达。

说明书及其摘要。说明书应当对发明或者实用新型作出清楚、完整的说明，以所属技术领域的技术人员能够实现为准，必要的时候，应当有附图，是对技术内容进行具体说明的陈述性书面文件。摘要应当简要说明发明或者实用新型的技术要点，以便于检索。摘要应当写明发明或者实用新型专利申请所公开内容的概要，即写明发明或者实用新型的名称和所属技术领域，并清楚地反映所要解决的技术问题、解决该问题的技术方案的要点以及主要用途。

权利要求书应当以说明书为依据，清楚、简要地限定要求专利保护的范围，是专利申请文件的核心部分。在专利权授予后，权利要求书就是确定发明、实用新型专利权保护范围的依据，也是判断他人是否侵权的依据，具有法律效力。

依赖遗传资源完成的发明创造，申请人应当在专利申请文件中说明该遗传资源的直接来源和原始来源；申请人无法说明原始来源的，应当陈述理由。

2. 申请外观设计专利提交的文件

申请外观设计专利的，应当提交请求书、该外观设计的图片或者照片以及对该外观设计的简要说明等文件。

外观设计专利请求书，应按照专利行政部门公布的外观设计产品分类表，写明使用外观设计的产品及其所属类别。

外观设计的图片或者照片显示的形状、图案和色彩即为外观设计要求保护的范围。外观设计的图片或者照片，应当清楚直观地表达外观设计申请人的要求和申请外观设计的特征。所以，申请人最好提供不同角度、不同状态的图片和照片。请求保护色彩的外观设计专利申请，应当提交彩色和黑白图片或者照片各一份，并在黑白图片或照片上注明请求保护的色彩。

外观设计的简要说明应当写明外观设计产品的名称、用途、设计要点，并指定一幅最能表明设计要点的图片或照片。省略视图或请求保护色彩的，应当在简要说明中写明，以利于对外观设计进行解释。简要说明不得使用商业性宣传用语，也不能用来说明产品的性能。专利行政部门认为必要时，可要求外观设计专利申请人提交使用外观设计的产品样品或者模型。易腐、易损或者危险品不得作为样品或者模型提交。

申请人可以在被授予专利权之前随时撤回其专利申请。

二、我国专利申请的审查

各国的专利申请都必须经过政府主管部门的审核才能授予专利权，因审核内容不尽相同，大体形成了三种主要制度。登记制，这种制度只对专利申请文件进行形式审查。审查制，这种制度既审查申请文件，也审查申请专利的技术。延迟审查制，专利申请提出后，首先进行形式审查，审查合格后，自申请日起满18个月予以公布。

(一)发明专利的审批程序

(1) 初步审查。专利行政部门收到发明或者实用新型专利申请的请求书、说明书和权利要求书，或者外观设计专利申请的请求书和外观设计的图片或者照片及简要说明后，应当明确申请日、给予申请号，并通知申请人。初步审查主要查明该项申请是否符合《专利法》有关形式文件要求的规定，大体包括以下内容：申请手续是否完备；必备的各种证件是否完备；申请人是否具有资格；申请专利的发明创造是否属于不授予专利权的范围。对于形式上的缺陷，申请人陈述意见或者补正后，国务院专利行政部门仍然认为不符合规定的，应当予以驳回。

(2) 公开申请。我国对发明专利申请实行的是“早期公开，延迟审查”制度。《专利法》第三十四条规定：“国务院专利行政部门收到发明专利申请后，经初步审查认为符合本法要求的，自申请日起满 18 个月，即行公布。国务院专利行政部门可以根据申请人的请求早日公布其申请。”我国采用在《发明专利公报》上登载申请公布的内容的方式对申请予以公开。发明专利申请的早期公开的法律后果：①申请公布后，该发明便成为公开的技术，任何第三人不能就该发明在我国取得专利权；②申请公布后，申请人享有临时保护权。任何人不得使用其发明创造，如申请人同意他人使用，可以要求实施其发明的单位或者个人支付适当的费用。

(3) 实质审查。实质审查，是指对申请专利的发明是否具有专利性所进行的审查。自申请日起 3 年内，国务院专利行政部门可以根据申请人随时提出的请求，对其申请进行实质审查；申请人无正当理由逾期不请求实质审查的，该申请即被视为撤回。专利行政部门认为必要时，也可自行对发明专利申请进行实质审查，这主要针对可能存在的涉及国家和社会重大利益的发明创造。实质审查的内容主要包括：申请专利的发明是否符合发明专利权的授予条件，即是否具有新颖性、创造性和实用性；申请是否符合专利申请的单一性原则；申请优先权的，优先权要求能否成立；说明书、权利请求书是否符合规定。

(4) 批准授权。发明专利申请经实质审查没有发现驳回理由的，由国务院专利行政部门作出授予发明专利权的决定，专利行政部门发出授予专利权通知后，申请人应自收到通知之日起 2 个月内办理登记手续。申请人按期办理登记手续的，国务院专利行政部门应当授予专利权，颁发专利证书(申请人获得专利保护权的法律文书)，并予以登记公告。发明专利权自公告之日起生效。期满未办理登记手续的，视为放弃取得专利权的权利。

(5) 驳回与复审。国务院专利行政部门对发明专利申请进行实质审查后，认为不符合《专利法》规定的，应当通知申请人，要求其在指定的期限内陈述意见或者修改其申请内容；无正当理由逾期不答复的，该申请即被视为撤回。申请人陈述意见或者进行修改后，国务院专利行政部门仍然认为不符合规定的，应当予以驳回。

专利的复审，是指由专利复审委员会对当事人不服国家专利行政部门有关处理决定的请求进行的审查。依照《专利法》第四十一条的规定，向专利复审委员会请求复审的，应当提交复审请求书，说明理由，必要时还应当附具有关证据。发明专利申请人对国务院专利行政部门驳回申请的决定不服的，可以自收到通知之日起 3 个月内，向专利复审委员会请求复审。申请人请求复审的，应当向专利复审委员会提交复审请求书，说明理由并附具有关证明文件。复审请求书不符合规定的，复审请求人应在专利复审委员会指定的期限内补正。逾期不补正的，复审请求视为未提出。专利复审委员会对复审请求应及时进行审查，复审后作出处理决定，并以书面形式通知复审请求人。专利复审委员会认为仍不符合《专利法》和相关细则规定的，应当作出维持原驳回决定的复审决定。专利申请人对专利复审委员会的复审决定不服的，可自收到通知之日起 3 个月内向人民法院起诉。

(二)实用新型、外观设计专利的审批程序

实用新型和外观设计专利申请经初步审查没有发现驳回理由的，由国务院专利行政部门作出授予实用新型专利权或者外观设计专利权的决定，发给相应的专利证书，同时予以登记和公告。实用新型专利权和外观设计专利权自公告之日起生效。即实行登记制，不需进入实质审查程序。

如申请被驳回，申请人对驳回申请的决定不服的，可以自收到通知之日起 3 个月内，向专利复审委员会请求复审。专利申请人对专利复审委员会的复审决定不服的，同样可以自收到通知之日起 3 个月内向人民法院起诉。

第四节 专利权的保护

一般来讲，专利权被授予后，权利人有权独占使用实施其专利，他人未经许可不得非法使用。但在某些特殊情况下，也可能不经过其同意使用其专利且不违法，专利实施强制许可便是对权利人相关权利的合法限制。

一、专利权的期限、终止与无效宣告

专利权保护期限届满即丧失，这也是出于新颖性、创造性的要求作出的规定，科技发展日新月异，新产品、新方法层出不穷，保护有期限性是应有之义。

(一)专利权的期限

一般来讲，发明专利保护期限较实用新型、外观设计专利保护期限更长。我国《专利法》第四十二条规定：“发明专利权的期限为 20 年，实用新型专利权和外观设计专利权的期限为 10 年，均自申请日起计算。”此处的“申请日”不包括优先权日，即对于享有优先权的专利申请，其保护期仍自申请人在中国提出专利申请之日起计算。

(二)专利权的终止

专利权的终止，是指专利权因某种法定事由而导致其效力的消灭。其中又分为正常终止(专利权保护期限届满)和非正常终止(专利权保护期限届满前终止)。有下列情形之一

的，专利权在期限届满前终止：①没有按照规定缴纳年费的；②专利权人以书面声明放弃其专利权的。专利权在期限届满前终止的，由国务院专利行政部门登记和公告。

(三)专利权的无效宣告

自专利行政部门公告授予专利权之日起，任何单位或者个人认为该专利权的授予不符合《专利法》有关规定的，可以请求专利复审委员会宣告该专利权无效。专利复审委员会对宣告专利权无效的请求应当及时审查和作出决定，并通知请求人和专利权人。宣告专利权无效的决定，由专利行政部门登记和公告。对专利复审委员会宣告专利权无效或者维持专利权的决定不服的，可以自收到通知之日起 3 个月内向人民法院起诉。人民法院应当通知无效宣告请求程序的对方当事人作为第三人参加诉讼。

宣告无效的专利权视为自始即不存在。宣告专利权无效的决定，对在宣告专利权无效前人民法院作出并已执行的专利侵权的判决、调解书，已经履行或者强制执行的专利侵权纠纷处理决定，以及已经履行的专利实施许可合同和专利权转让合同，不具有追溯力。但是因专利权人的恶意给他人造成的损失，应当给予赔偿。专利权人或者专利权转让人不返还专利侵权赔偿金、专利使用费、专利权转让费，明显违反公平原则的，应当全部或者部分返还。

二、专利实施的强制许可

专利实施的强制许可是国务院专利行政部门，不经专利权人同意，许可有关单位或个人实施其专利的一种强制性法律手段，其目的是防止专利权人滥用其权利，维护国家和公众利益。

(一)强制许可的法定种类

我国《专利法》第四十八条至第五十一条对强制许可作了详细的分类。国务院专利主管部门根据具备实施条件的单位或者个人的申请，可以给予实施发明专利或者实用新型专利的强制许可的主要情形有以下几种。

(1) 专利权人自专利权被授予之日起满 3 年，且自提出专利申请之日起满 4 年，无正当理由未实施或者未充分实施其专利的。

(2) 专利权人行使专利权的行为被依法认定为垄断行为，为消除或者减少该行为对竞争产生的不利影响的。

(3) 在国家出现紧急状态或者非常情况时，或者为了公共利益的目的。

(4) 为了公共健康目的，对取得专利权的药品，国务院专利主管部门可以给予制造并将其出口到符合中华人民共和国参加的有关国际条约规定的国家或者地区的强制许可。

(5) 一项取得专利权的发明或者实用新型比前已经取得专利权的发明或者实用新型具有显著经济意义的重大技术进步，其实施又有赖于前一发明或者实用新型的实施的，国务院专利行政部门根据后一专利权人的申请，可以给予实施前一发明或者实用新型的强制许可。在依照上述规定给予实施强制许可的情形下，国务院专利行政部门根据前一专利权人的申请，也可以给予实施后一发明或者实用新型的强制许可。

强制许可涉及的发明创造为半导体技术的，其实施限于公共利益的目的和《专利法》

第四十八条第(二)项规定的情形，即被依法认定为垄断行为，为消除或者减少该行为对竞争产生的不利影响的。除依照《专利法》第四十八条第(二)项、第五十条规定给予的强制许可外，即除了被认定构成垄断行为或者为了公共健康目的之外，强制许可的实施应当主要为了供应国内市场。

2018 年 3 月 21 日国务院办公厅发布了《关于改革完善仿制药供应保障及使用政策的意见》，其第十二条规定：“要依法分类实施药品专利强制许可，提高药品可及性。鼓励专利权人实施自愿许可。具备实施强制许可条件的单位或者个人可以依法向国家知识产权局提出强制许可请求。在国家出现重特大传染病疫情及其他突发公共卫生事件或防治重特大疾病药品出现短缺，对公共卫生安全或公共健康造成严重威胁等非常情况时，为了维护公共健康，由国家卫生健康委员会会同工业和信息化部、国家食品药品监督管理局等部门进行评估论证，向国家知识产权局提出实施强制许可的建议，国家知识产权局依法作出给予实施强制许可或驳回的决定。”

(二)申请强制许可的程序及许可费用

因专利权人在法定期限内未实施或充分实施其专利或者前后技术关联而申请强制许可的单位或者个人应当提供证据，证明其以合理的条件请求专利权人许可其实施专利。

国务院专利行政部门作出的给予实施强制许可的决定，应当及时通知专利权人，并予以登记和公告。给予实施强制许可的决定，应当根据强制许可的理由规定实施的范围和时间。取得实施强制许可的单位或者个人不享有独占的实施权，并且无权允许他人实施。强制许可的理由消除不再发生时，国务院专利行政部门应当根据专利权人的请求，经审查后作出终止实施强制许可的决定。

取得实施强制许可的单位或者个人应当付给专利权人合理的使用费，或者依照我国参加的有关国际条约的规定处理使用费。付给使用费的，其数额由双方协商；双方不能达成协议的，由专利行政部门裁决。专利权人对专利行政部门关于实施强制许可的决定不服的，专利权人和取得实施强制许可的单位或者个人对专利行政部门关于实施强制许可的使用费的裁决不服的，可自收到通知之日起 3 个月内向人民法院起诉。

三、专利权的保护

《专利法》能否发挥为了保护专利权人的合法权益，鼓励发明创造，推动发明创造的应用等，关键在于能否对专利权进行切实有效规范的保护。

(一)专利权的保护范围

发明或者实用新型专利权的保护范围以其权利要求的内容为准，说明书及附图在必要时可以用于解释权利要求，需要有书面说明。外观设计专利申请文件中没有权利要求书和说明书，只有体现外观设计的图片或照片及简要说明，因此其专利权的保护范围以表示在图片或者照片中的该产品的外观设计为准，简要说明可以用于解释图片或者照片所表示的该产品的外观设计。

(二)专利侵权行为及专利纠纷的处理

专利侵权行为，是指在专利权有效期内，行为人未经专利权人许可，擅自实施他人专利以牟取利益的非法行为。因专利侵权引起纠纷的，由当事人协商解决；不愿协商或者协商不成的，专利权人或者利害关系人可以向人民法院起诉，也可以请求管理专利工作的部门处理。管理专利工作的部门处理时，认定侵权行为成立的，可以责令侵权人立即停止侵权行为，当事人不服的，可以自收到处理通知之日起 15 日内依照我国《行政诉讼法》向人民法院起诉；侵权人期满不起诉又不停止侵权行为的，管理专利工作的部门可以申请人民法院强制执行。

1. 侵犯专利权的民事责任

侵犯专利权人的权利，侵权人通常需要承担相应的民事责任，主要包括停止侵权和赔偿损失。

1) 停止侵权

专利权人或者利害关系人有证据证明他人正在实施或者即将实施侵犯专利权的行为，如不及时制止将会使其合法权益受到难以弥补的损害的，可以在起诉前向人民法院申请采取责令停止有关行为的措施。申请人提出申请时，应当提供担保；不提供担保的，驳回申请。裁定责令停止有关行为的，应当立即执行。为了制止专利侵权行为，在证据可能灭失或者以后难以取得的情况下，专利权人或者利害关系人可以在起诉前向人民法院申请保全证据。

2) 赔偿损失

赔偿损失，即侵权人因侵权行为损害了专利权人的利益，应承担损失的赔偿责任。《专利法》第六十五条规定：“侵犯专利权的赔偿数额按照权利人因被侵权所受到的实际损失确定；实际损失难以确定的，可以按照侵权人因侵权所获得的利益确定。权利人的损失或者侵权人获得的利益难以确定的，参照该专利许可使用费的倍数合理确定。赔偿数额还应当包括权利人为制止侵权行为所支付的合理开支。权利人的损失、侵权人获得的利益和专利许可使用费均难以确定的，人民法院可以根据专利权的类型、侵权行为的性质和情节等因素，确定给予 1 万元以上 100 万元以下的赔偿。”

2. 侵犯专利权的行政责任

根据《专利法》第六十三条的规定：“假冒专利的，除依法承担民事责任外，由管理专利工作的部门责令改正并予公告，没收违法所得，可以并处违法所得 4 倍以下的罚款；没有违法所得的，可以处 20 万元以下的罚款；构成犯罪的，依法追究刑事责任。

《专利法实施细则》第八十四条确定以下几种行为为假冒专利行为：①在未被授予专利权的产品或者其包装上标注专利标识，专利权被宣告无效后或者终止后继续在产品或者其包装上标注专利标识，或者未经许可在产品或者产品包装上标注他人的专利号；②销售第①项所述产品；③在产品说明书等材料中将未被授予专利权的技术或者设计称为专利技术或者专利设计，将专利申请称为专利，或者未经许可使用他人的专利号，使公众将所涉及的技术或者设计误认为是专利技术或者专利设计；④伪造或者变造专利证书、专利文件或者专利申请文件；⑤其他使公众混淆，将未被授予专利权的技术或者设计误认为是专利技术或者专利设计的行为。

管理专利工作的部门根据已经取得的证据，对涉嫌假冒专利行为进行查处时，可以询问有关当事人，调查与涉嫌违法行为有关的情况；对当事人涉嫌违法行为的场所实施现场检查；查阅、复制与涉嫌违法行为有关的合同、发票、账簿以及其他有关资料；检查与涉嫌违法行为有关的产品，对有证据证明是假冒专利的产品，可以查封或者扣押。

3. 侵犯专利权的刑事责任

根据《专利法》第六十三条和我国《刑法》第二百一十六条的规定，假冒他人专利，情节严重的，构成假冒专利罪，处 3 年以下有期徒刑或者拘役，并处或者单处罚金。按照相关司法解释的规定，有下列行为之一即构成《刑法》二百一十六条的“情节严重”：“①非法经营数额在 20 万元以上或者违法所得数额在 10 万元以上的；②给专利权人造成直接经济损失 50 万元以上的；③假冒 2 项以上他人专利，非法经营数额在 10 万元以上或者违法所得数额在 5 万元以上的；④其他情节严重的情形。”

(三)不视为侵犯专利权的行为

按照《专利法》的规定，有下列情形之一的，不视为侵犯专利权：①专利产品或者依照专利方法直接获得的产品，由专利权人或者经其许可的单位、个人售出后，使用、许诺销售、销售、进口该产品的；②在专利申请日前已经制造相同产品、使用相同方法或者已经作好制造、使用的必要准备，并且仅在原有范围内继续制造、使用的；③临时通过中国领陆、领水、领空的外国运输工具，依照其所属国同中国签订的协议或者共同参加的国际条约，或者依照互惠原则，为运输工具自身需要而在其装置和设备中使用有关专利的；④专为科学研究和实验而使用有关专利的；⑤为提供行政审批所需要的信息，制造、使用、进口专利药品或者专利医疗器械的，以及专门为其制造、进口专利药品或者专利医疗器械的。

【专栏 11-4】

“Bolar 例外”

(Bolar Exemption)

上述第⑤项是“BOLAR 例外”，该制度便于公众获得药品和医疗器械，保护公众利益和人民生命健康。

为生产经营目的使用、许诺销售或者销售不知道是未经专利权人许可而制造并售出的专利侵权产品，能证明该产品合法来源的，不承担赔偿责任。

(四)其他规定

申请专利的发明创造涉及国家安全或者重大利益需要保密的，按照国家有关规定办理。中国单位或者个人将其在国内完成的发明创造向外国申请专利的，应当遵守《专利法》第二十条第一款的规定，事先报经国务院专利行政部门进行保密审查。

侵夺发明人或者设计人的非职务发明创造专利申请权和规定的其他权益的，由所在单位或者上级主管机关给予行政处分。

管理专利工作的部门不得参与向社会推荐专利产品等经营活动。管理专利工作的部门违反规定的，由其上级机关或者监察机关责令改正，消除影响，有违法收入的予以没收；情节严重的，对直接负责的主管人员和其他直接责任人员依法给予行政处分。从事专利管理工作的国家机关工作人员以及其他有关国家机关工作人员玩忽职守、滥用职权、徇私舞弊，构成犯罪的，依法追究刑事责任；尚不构成犯罪的，依法给予行政处分。

四、专利权的国际保护

国民待遇原则、优先权原则、最惠国待遇原则是保护专利权国际条约中始终贯彻和遵循的三大原则。

(一)保护工业产权巴黎公约

《保护工业产权巴黎公约》是国际工业产权领域的第一个公约，至今仍发挥着重大影响力。此条约于 1883 年 3 月在法国巴黎签订。公约自签订以来经过数次修订，目前大多数国家适用的是 1967 年的斯德哥尔摩文本。至 2017 年 5 月，加入巴黎公约的国家共有 177 个。我国于 1985 年 3 月 19 日正式成为该公约的成员国。

公约规定了几项重要原则，作为成员国工业产权立法应当遵循的共同准则有以下三方面。

(1) 国民待遇原则。公约任何成员国的国民，在保护工业产权方面，应在其他成员国内享有各该国法律现在或今后给予各该国国民的各种利益；公约所特别规定的权利不得受到任何侵害。因此，他们只要遵守各该国国民应遵守的条件和手续，即应受到与各该国国民同样的保护，并在他们的权利遭到任何侵害时，同样依法律予以纠正。非成员国的国民，在一个成员国的领土内有住所或有真实、有效的工商企业的，都应享有与成员国国民同样的待遇。

(2) 优先权原则。申请人或其权利合法继承人已在一个成员国内正式提出专利申请，在规定的期限内又就同一发明创造向其他成员国提出申请，享有优先权，即将首次申请日作为有效申请日。

(3) 专利权独立原则。独立是指一个成员国授予申请人的发明创造专利，与其他国家就同一发明创造所授予的专利是相互独立的，即互不干涉。这是各国主权原则的体现。

(二)与贸易有关的知识产权协议(TRIPS)

《与贸易有关的知识产权协议》是关贸总协定乌拉圭回合谈判的最后文件之一，自 1995 年 1 月 1 日起生效。我国在 21 世纪初已加入世界贸易组织，该协议对我国已发生效力。协议除适用《保护工业产权巴黎公约》规定的国民待遇外，自己也规定了国民待遇。另外还规定了最惠国待遇原则，关于知识产权的保护，一个成员给予任何其他国家的国民的任何利益、优惠、特权或者豁免，均应立即无条件地给予所有其他成员国国民。协议所述的专利，仅指发明专利，不要求各成员国保护实用新型。而对工业品外观设计，允许各成员国用工业产权法保护，或者用版权法(著作权法)予以保护，这与《保护工业产权巴黎公约》的规定一致。

(三)世界知识产权组织

世界知识产权组织是根据 1967 年 7 月在斯德哥尔摩签订的《建立世界知识产权组织公约》成立的。该组织于 1970 年成立，1974 年成为联合国的一个专门机构，总部设在日内瓦。其目的是促进世界范围内的知识产权保护，保证成员国之间的合作。至 2018 年 7 月，成员国家已达到 191 个。我国于 1980 年 6 月成为该组织成员国。

世界知识产权组织的主要任务包括：①鼓励缔结新的国际条约；②协调各国知识产权立法；③给予发展中国家以法律、技术援助；④收集传播信息情报；⑤办理国际注册及成员国之间的其他行政合作事宜。

(四)专利合作条约

为了避免在许多国家审查和再审查发明，一个新的国际公约于 1970 年建立，被称为专利合作条约(Patent Cooperation Treaty，PCT)。PCT 的方法是申请人可以在一个国家递交一项“国际申请”。该申请递交给在日内瓦的世界知识产权组织，并且由一个指定的主要的审查局来审查，由该局作出的检索报告然后传递给所有那些申请人希望获得专利的国家。每个成员国在由主要审查局作出的检索报告的基础上进行最后的分析授予专利。

PCT 是国际专利制度的一大成绩。它仍然不允许由一个机构授予一项“国际专利”，但它为不同国家审查和再审查申请节省了时间。在未来的专利制度下，国家和地区的知识产权局将变成服务组织，它们不仅会通过注册专利权来为研发活动提供支持，而特别是为获得专利文件中含有的技术和商业信息提供加强的途径。

本章小结

专利法是工业产权法的一个重要组成部分，是对发明创造给予有效保护的法律制度，在实践中发挥着鼓励发明创新、推动科学技术进步的作用。学习时应掌握专利权的主体与客体，理解专利权的授予条件，熟悉专利的申请和审批，识别专利侵权行为，明白加强专利保护的重要意义，清楚其保护救济实施程序。

复习思考题

1. 专利权具有什么特征？
2. 试述我国《专利法》规定的专利权客体。
3. 授予专利权的条件包括哪些？
4. 简述我国的专利审批程序。
5. 试述专利侵权行为及专利权的保护。

案例分析

某股份有限公司 (以下简称甲公司)拥有一种专利制冷设备产品，很受用户欢迎，市场销售很好。2009 年 10 月 25 日，甲公司发现某设备有限公司 (以下简称乙公司)生产和销售的设备与自己的专利设备非常相似。甲公司认为，乙公司的行为已经构成了专利侵权，并向专利管理机关进行投诉，要求乙公司停止侵权、赔偿损失。经专利管理机关查明，乙公司生产和销售的设备，在技术特征方面与甲公司的专利设备产品完全相同，且乙公司的行为并未取得甲公司的许可。

根据上述情况，回答下列问题并说明理由：

(1) 乙公司的行为是否构成专利侵权？

(2) 甲公司要求乙公司停止侵权、赔偿损失的要求是否合法？

(资料来源：王炯，赵德淳.商贸法律与案例[M]. 北京：中国财政经济出版社，2014.)

第十二章 银 行 法

本章导读：

银行是近现代市场经济发展的产物。在古代虽有商品经济，但是没有现代意义上的银行。商品经济在一定意义上就是交换经济，等价交换是基本的原则和常识。最初的交换是物物交换，后来出现了一般等价物作为交换的媒介，这个一般等价物逐步演化成为了货币。货币本身也是商品，是作为一般等价物的特殊商品。最早成为货币的商品材料除了牲畜之外，还有贝壳、珠玉、兽皮、五谷、布匹、石刀和农具等，后来逐渐固定在金属上，最后固定在金银上面。随着商品交换范围的进一步扩大，出现了国家统一铸造的金属铸币，并烙上了国家的印记；再后来出现了纸币；到了现代出现了电子货币。货币与银行有密切的关系，银行是经营货币的特殊企业，即使不是企业的中央银行也有货币发行等业务。由于货币是衡量一个人物质财富的主要标准(如通常说的百万富翁、亿万富豪等)，因而以经营货币为主要业务的银行便面临其货币被他人据为己有的道德风险；同时，以银行为主的金融体系是现代国家经济的最重要组成部分，银行有问题，则经济发展必受影响。所以各国都非常重视通过立法对银行进行较严格的监管。

但银行产生之初，并无专门的银行法律体系，也无专门的监督管理机构。随着市场经济的发展，人们逐渐意识到金融机构对社会公众和社会经济稳定发展的巨大影响时，才采取某种法律约束其行为。银行的法律约束，开始只是个别的、特指的或间断的，后来慢慢发展成一种标准的、严格的、持续的、全国性的统一管理。例如，1694 年英格兰银行由英国国会作出决议以敕令设立，但到 1844 年《英格兰银行条例》才公布，它与英格兰银行的建立相隔了 150 年。其他国家也有类似的情况。例如，我国很早就有票号或钱庄办理货币业务，但是我国很长时期内并无银行立法。1908 年清政府公布的《大清银行则例》和《银行通行则例》，被认为是中国最早的银行法。

学习目标：

本章的内容主要包括：银行、金融、银行法的概念，银行的功能，中国人民银行的法律地位、组织机构、职能、可使用的货币工具、业务规则及监管权；我国银行业监管法的含义，银行业监管的原则、内容和方法；我国商业银行的概念及其功能、商业银行的设立和变更、商业银行的业务规则、商业银行的接管和终止等。通过本章的学习，读者要了解我国金融体系的现状、银行的功能、银行法的概念及调整对象、中国人民银行的组织机构、银行业监管机构的设置及监管目标；理解和掌握银行的概念，人民银行的法律地位、人民银行的货币工具、业务规则及监管权，我国银行业监管的原则、监管的方式及方法，我国商业银行的设立和变更，商业银行的业务规则、商业银行的接管和终止。

关键概念：

金融(Finance)

银行(Bank)
银行法(The Law of Bank)
中央银行(The Center Bank)
商业银行(Commercial Bank)
银行监管(Banking Supervision)

第一节　银行及银行法概述

在现代市场经济中，银行是最重要的金融机构。由于其重要性和特殊性，各国纷纷立法加强对银行的监管，目前，发达市场经济国家都有完备的银行法律体系。

一、金融机构及其分类

金融是货币资金融通的简称，它是以银行等金融机构为中心的各种形式的信用活动以及在信用基础上组织起来的货币流通。从有无中介看，金融可分为间接金融和直接金融。间接金融是指融资双方当事人通过银行等金融机构作为媒介而发生资金借贷行为、产生法律上的债权债务关系的金融；直接金融是指融资双方当事人即筹资人和投资人直接发生货币资金有偿借贷行为和投资行为，产生法律上的债权债务关系的金融。间接金融必须通过金融机构发生作用。金融机构是专门从事货币信用活动的中介组织。在我国金融机构有广义、狭义之分，狭义的金融机构指银行，广义的金融机构包括银行和非银行金融机构。

金融机构从不同的角度分为不同的类型，包括：①以能否吸收经营存款业务为标准，可将间接金融机构分为银行性金融机构和非银行性金融机构。前者如全国性商业银行、城市商业银行；后者如金融公司、金融租赁公司、信托公司、投资公司、保险公司和基金公司等。②以是否营利为标准，可分为商业性金融机构和政策性金融机构。前者以营利为目的，后者则不以营利为目的。

我国现行的金融机构主要包括：①中央银行——中国人民银行；②商业银行、政策性银行和证券机构、保险机构、信托机构等非银行金融机构；③信用合作机构等。

二、银行及其功能

银行是经营货币业务的金融机构，具有信用中介、支付中介和信用创造等功能。

(一)银行的含义

我国《辞海》(2010 年版)将银行定义为：“通过存款、放款、汇兑、储蓄、信托等业务，承担信用中介的信用机构。”作为中介信用机构，银行是以货币为媒介，经营货币信用的特殊企业。它是随着商品经济的发展而产生的，随着市场经济的发展而快速发展，在现代金融体系中居于核心地位。

据史料记载，欧洲最早出现的银行是设在意大利的威尼斯银行(1580 年)。世界上第一个真正的资本主义银行是 1694 年成立的英格兰银行。在我国古代，办理货币兑换，经营存款、放款和汇兑业务的机构，称为票号或钱庄。我国第一家民族资本银行是 1897 年在上海设立的中国通商银行。新中国成立后的中央银行是中国人民银行，于 1948 年 12 月 1 日在河北省石家庄正式成立的。它在办理信贷业务的同时，承担着中央银行的职责。

(二)银行的功能

银行的功能主要包括以下五点：①信用中介。银行一方面以存款的形式吸收社会大量闲置资金，另一方面以贷款的形式将集中的货币资金提供给生产和流通等部门使用，从而充当货币资金供给者与使用者的信用中介。②支付中介。银行保管着存款人的存入资金和贷款人的转存款，为客户办理收付，转账结算等金融服务业，充当社会支付的中介。③信用创造。银行可以创造代替金融铸币流通的信用工具，如银行券、支票、汇票和本票等。银行发行各种信用流通工具，不仅大大节约了金属铸币所需花费的非生产性流通费用，而且更能满足流通过程中对流通手段和支付手段的需要。④金融服务。银行利用其方便的条件和设施为客户提供多种金融服务，如存款、汇兑和理财等。⑤国家调控经济。各类银行配合政府的宏观经济政策，直接参与对社会经济的调控。中央银行的货币政策是国家调控经济、达到社会经济总量增长和结构平衡的最有效的政策措施。

【专栏 12-1】

网络银行

三、银行法及其调整对象

银行法是调整银行经营与监管活动中发生的各种法律关系的法律规范的总称。这些法律关系，包括银行与监管机构间、银行间、银行与其他金融机构间、银行与客户间的各种关系。这些法律关系可分为三类：①银行组织关系。银行组织关系，是一种主要涉及银行内部组织结构的管理关系。②银行经营业务关系。银行经营业务关系，是指银行之间以及银行与其客户之间，在经营货币或其他信用业务等活动中所形成的经济关系，如存款关系、贷款关系、结算关系、投资关系和金融代理关系等。③银行管理关系。银行管理关系，是指国家金融主管机关和其他国家经济管理机关在对银行行为进行监督管理和宏观调控过程中形成的社会关系。例如，政府对存款、贷款和利率的管理关系，货币和外汇管理关系，结算管理关系和银行监管与审计关系等。

第二节　中国人民银行法

中国人民银行是我国的中央银行，在我国银行体系中居于中心地位。《中华人民共和国人民银行法》(以下简称《中国人民银行法》)规定了我国中国人民银行的性质、组织机构、业务规则及监管权力等。

一、中国人民银行的性质和法律地位

《中国人民银行法》第二条规定：“中国人民银行是中华人民共和国的中央银行。中国人民银行在国务院领导下，制定和执行货币政策，防范和化解金融风险，维护金融稳定。”该条明确了中国人民银行的性质。

(一)中国人民银行的性质

中国人民银行的性质，即指中国人民银行区别于其他金融机构的根本属性。中国人民银行是我国的中央银行。中央银行是国家金融体系的核心，在金融业中居于主导地位，承担着制定和执行国家的货币政策，管理商业银行和金融市场的责任，通过货币金融体系对整个国民经济发挥宏观调控作用。中国人民银行成立后，经历了不同的发展阶段，其性质也在不断变化。直至 1995 年《中国人民银行法》的实施，用法律的形式确立了中国人民银行的中央银行性质和法律地位，为中国人民银行行使中央银行的各项职权提供了法律依据。

依据《中国人民银行法》的相关规定，中国人民银行的性质体现在以下四点：①它是发行的银行。即中国人民银行垄断了我国的货币发行权，负责发行人民币，管理人民币流通。②它是政府的银行。中国人民银行负责制定和执行国家的货币政策，以及为政府提供金融服务。中国人民银行直接办理政府的存款；并办理向政府的贷款。③它是银行的银行。中国人民银行集中商业银行的存款准备金，并对它们提供信用，成为最后贷款人。④它是金融调控及监管的银行。通过制定和执行货币信用政策对市场资金供求及经济发展进行调控，并对金融行业进行功能性监管。《中国人民银行法》规定，中国人民银行是在国务院领导下的相对独立的国家金融宏观调控管理机关，独立于国务院的其他组成部门。

(二)中国人民银行的法律地位

1. 中国人民银行是独立法人

中国人民银行是根据《中国人民银行法》设立的中国的中央银行，具有独立的法人地位，主要体现在：①中国人民银行有自己的资本。其全部资本由国家出资，属于国家所有。②中国人民银行具有自己的营业收入和营业支出。例如，中国人民银行在公开市场业务操作中的政府债券、外汇买进卖出，在票据再贴现中的票据购进等，都会形成相应的营业收入和营业支出。③中国人民银行财务上实行独立核算，拥有自己的资产负债表和相关的财务会计报表。中国人民银行应当于每一会计年度结束后的 3 个月内，编制资产负债表、损益表和相关的财务会计报表，并编制年度报告，按照国家有关规定予以公布。④中国人民银行独立承担民事责任。但是如果中国人民银行发生亏损则由中央财政拨款弥补。

2. 中国人民银行是特殊的金融机构

《中国人民银行法》规定，中国人民银行发布与履行其职责有关的命令和规章，依法制定和执行货币政策，发行人民币，监督管理银行间同业拆借市场和银行间债券市场，持有、管理、经营国家外汇储备、黄金储备；经理国库；维护支付、清算系统的正常运行；指导、部署金融业反洗钱工作，负责反洗钱的资金监测；负责金融业的统计、调查、分析和预测；以及从事有关国际金融活动和国务院规定的其他职责。以上规定表明，中国人民银行从其服务功能来看，它是发行的银行、政府的银行和银行的银行，处于我国金

【专栏 12-2】

中央银行的组织类型

融活动的中心地位；从其政策功能来看，它主要代表国家制定和执行统一的货币金融政策。同时，中国人民银行还拥有一定的制定行政规章的权力和行政管理权。

二、中国人民银行的组织机构

中国人民银行的组织机构包括行长、货币政策委员会及中国人民银行分支机构等。

(一)行长

行长是我国中央银行的最高行政领导人，全权领导中国人民银行的工作，享有对内管理和执行银行内部事务、对外代表银行的权力。

行长有权召集和主持中国人民银行行务会议，讨论决定中国人民银行工作的重大问题，签署上报国务院重要请示、报告，根据法律和国务院行政法规、命令、决定，在中国人民银行权限内，发布命令、指示和规章，对中国人民银行行使领导权。行长主持的行务会议享有中国人民银行权限范围内的决策权和决定权。副行长协助行长工作。

(二)货币政策委员会

货币政策委员会是中国人民银行制定货币政策的咨询议事机构。货币政策委员会的组成、职责和工作程序由国务院规定，报全国人民代表大会常务委员会备案。

货币政策委员会的职责是在综合分析宏观经济形势的基础上，依据国家的宏观经济调控目标，就货币政策的制定、调整，一定时期内的货币政策控制目标，货币政策工具的运用，货币政策与其他宏观经济政策的协调等有关货币政策的重要措施提出建议。货币政策委员会通过全体会议来履行职责。货币政策委员会委员享有同等的权利和义务，以保障其职责的履行。

(三)中国人民银行分支机构

中国人民银行可根据履行职责的需要设立分支机构。中国人民银行的分支机构是总行的派出机构，不是独立的法人，也不是地方政府的组成部分。中国人民银行对分支机构实行统一领导和管理，其正副行长和主要干部均由上级任免。中国人民银行的分支机构根据中国人民银行的授权维护本辖区的金融稳定，承办有关业务。目前，中国人民银行在全国设立有两个营业管理部和九个分行，两个营业管理部分别是：中国人民银行北京营业管理部、中国人民银行重庆营业管理部；九个分行分别是：天津分行、沈阳分行、上海分行、南京分行、济南分行、武汉分行、广州分行、成都分行、西安分行。

(四)中国人民银行的内部职能机构

中国人民银行根据履行职责的需要，按业务分工原则和国家机构编制委员会的要求，在内部设立若干司(局)机构。中国人民银行的主要业务活动和业务管理都有相应的职能部门办理。

三、中国人民银行的货币政策工具

货币政策是指中央银行或货币当局为了实现一定的经济目标而确立的组织、管理、调控、干预社会信用的各种金融措施的总称。制定和实施货币政策是法律赋予中央银行的一项重要权力，必须在《中国人民银行法》规定的范围内进行；宏观调控的目标、可运用的货币政策工具的范围等都要符合法律的规定。宏观调控政策一般由终极目标、中介目标和货币政策工具组成。

发达国家大多把货币政策目标定为稳定币值、经济增长、充分就业和平衡国际收支四个方面。在理论和实践上，货币政策的四大目标之间总是存在一定的冲突和矛盾，所以要同时实现四大目标几乎是不可能的。《中国人民银行法》规定，货币政策目标是保持货币币值的稳定，并以此促进经济的增长。但人民银行在制定、执行货币政策时既要注重稳定币值的目标，也应考虑其他目标。

货币政策目标的实现是通过货币政策工具的运用来实现的。《中国人民银行法》对中国人民银行可运用的货币政策工具作了规定。

(1) 存款准备金。存款准备金是指金融机构为保证客户提取存款和资金清算需要而准备的在中央银行的存款，中央银行要求的存款准备金占其存款总额的比例就是存款准备金率。存款准备金是中央银行货币政策的重要工具，是传统的三大货币政策工具之一。存款准备金通常包括三部分：一是库存现金；二是按一般存款的一定比例向中央银行交存的存款，即法定存款准备金；三是在中央银行存款中超过法定存款准备金部分，成为超额准备金。

(2) 基准利率。基准利率是指中央银行对金融机构的存贷款利率，它在整个社会利率体系中处于最低水平。中央银行提高基准利率，就会直接影响商业银行向中央银行筹资的成本，从而迫使商业银行调高放款利率；同时也意味着向资本市场和货币市场发出中央银行收紧银根的信号，引导资金市场的价格上升，抑制社会资金向短期资金市场和长期资本市场流入。

(3) 再贴现政策。再贴现是指商业银行或者其他金融机构以贴现所获得的未到期票据向中央银行进行的票据转让。中央银行通过调节再贴现率，可达到调节信用规模、实现对宏观经济调控的作用。提高贴现率是收缩信贷；降低贴现率则是放松信贷。

(4) 再贷款。即向商业银行提供贷款。中国人民银行只能向商业银行以及国务院批准的特定的非银行金融机构提供贷款。这也是中央银行的一个重要的货币政策工具。中国人民银行根据执行货币政策的需要，可以决定对商业银行贷款的数额、期限、利率和方式，但贷款的期限不得超过 1 年。

(5) 公开市场业务。公开市场业务是指中央银行在证券市场上公开买卖有价证券，从而起到调节货币供给与信用作用的一种业务活动。当经济发展需要放松银根时，中央银行可以通过公开市场买进有价证券，这实际上等于向社会投入一定数量的基础货币，间接地促进了社会信用的扩张；当银根需要收紧时，中央银行可以通过在公开市场上卖出有价证券，减少市场上相应数量的基础货币，从而减少货币供应量，引起社会信用的收缩。公开市场业务这一货币政策工具与其他货币政策工具相比较，具有机动性和灵活性的优点。公开市场业务应具备一定的前提条件，即整体经济和证券市场较为发达，证券市场的机制较完善，有门类齐全、数量充足的证券供中央银行买卖。

(6) 其他货币政策工具。中央银行还可以运用其他的货币政策工具，如信用控制工具、消费信用控制工具、证券信用控制工具和不动产信用控制工具等。

四、中国人民银行业务的禁止性规定

法律禁止中国人民银行从事的业务有以下四个方面：①中国人民银行不得对政府财政透支，不得直接认购、包销国债和其他政府债券。切断中国人民银行和财政在基础货币上的联系，是实现“保持货币币值的稳定，并以此促进经济增长”目标的需要。②中国人民银行不得向地方政府、各级政府部门提供贷款。中国人民银行在国务院领导下依法独立执行货币政策，履行职责，开展业务，不受地方政府、各级政府部门、社会团体和个人的干涉。③中国人民银行未经批准，不得向非银行金融机构以及其他单位和个人提供贷款。中国人民银行有义务作为非银行金融机构的最后贷款人，当这些机构出现重大困难或其他特殊情况时，经国务院批准中国人民银行可以对这些金融机构提供贷款。④中国人民银行不得向任何单位和个人提供担保。中国人民银行具有国家机关的性质，而《中华人民共和国担保法》(以下简称《担保法》)规定国家机关不能担任保证人，中国人民银行如果向单位或个人提供担保则是违反《担保法》的行为。

五、中国人民银行的金融监管权

与庞大的金融市场相伴的金融监管是一个复杂的体系，采用不同的监管体制，则监管权力的分配不尽相同。我国采用的是分业监管体制，中国人民银行对金融市场具有部分监管权。

(1) 对货币与货币政策有关的行为有检查监督权，该类权力主要包括：①对实行存款准备金的情况进行监督管理；②对特种贷款进行管理(特种贷款是指国务院决定的由中国人民银行向金融机构发放的用于特定目的的贷款)；③对人民币的管理；④对银行间同业拆借市场、债券市场的管理；⑤对黄金的管理；⑥对经理国库的管理；⑦对清算的管理；⑧对反洗钱的管理。所谓洗钱是指将非法收入合法化的过程；反洗钱，即防止非法收入合法化的一切措施的总称。目前，我国洗钱的渠道颇多，但多数与我国的现金管理、账户管理不严有关，因此赋予中国人民银行反洗钱管理的权力，对改变我国目前反洗钱监管不力的现状有积极意义。

(2) 对银行业进行检查监督的建议权。中国人民银行根据执行货币政策和维护金融稳定的需要，可以建议国务院银行监督管理机构对银行业金融机构进行检查监督。银行业监督管理机构应在法律规定的时间内予以回复。

(3) 在特定条件下对银行业金融机构的检查监督权。中国人民银行对银行业金融机构不进行日常的全面检查，但当银行业金融机构出现支付困难，可能引发金融风险时，为了维护金融稳定，经国务院批准，中国人民银行有权对银行业金融机构进行全面监督检查。

(4) 获取资料、信息权。根据履行职责的需要，中国人民银行有权要求银行业金融机构报送必要的资产负债表、利润表以及其他财务会计、统计报表和资料的权利。有共享国务院各金融监管机构有关金融监督管理方面的信息的权力。

(5) 相关资料收集、发布权。中国人民银行有统一编制全国金融统计数据、报表，并按照国家有关规定予以公布的权力。

第三节　银行业监督管理法

银行业主要由中国银行业监督管理委员会(简称银监会)监管。为规范银监会的监管行为，制定了《中华人民共和国银行业监督管理法》(以下简称《银行业监督管理法》)。

一、银行业监督管理法概述

《银行业监督管理法》对银监会的机构设置、银行业监管原则作了具体规定，并确立了我国银行业监管的目标。虽然中国银保监会已经成立，但在法律修订前我们依照现行法律仍然称之为银监会。

(一)银行业监管法的含义

银行业监管是指国家法定的监管机关为了保障金融业的稳健发展而对银行业金融机构、同业自律组织和相关社会中介组织及其行为所进行的监督管理。

银行业监管法是调整国家对银行业金融机构及其金融活动进行监督管理过程中产生的经济关系的法律规范的总称。2003 年 12 月 27 日，第十届全国人大常委会第六次会议通过了《银行业监督管理法》(2006 年 10 月 31 日进行了修订)，确定设立银监会专门对我国银行业金融机构进行监管。根据国务院机构改革的需要，2018 年 3 月银监会与保监会合并为中国银保监会，全面负责我国银行业和保险业的监管。银行业金融机构是指在中国境内设立的商业银行、城市信用合作社、农村信用合作社等吸收公众存款的金融机构以及政策性银行。对在中国境内设立的金融资产管理公司、信托投资公司、财务公司、金融租赁公司以及经国务院银行业监督管理机构批准设立的其他金融机构的监督管理，适用《银行业监督管理法》对银行业金融机构监督管理的规定。

(二)银行业监管的原则

(1) 适度监管原则。该原则要求银行业监管机构遵循银行业发展的客观规律，其监管行为不能干涉银行业金融机构的经营决策权和金融自主权，而是通过制度和规则使银行业金融机构得以稳健经营，以在市场经济的大环境中获得良性发展。只有当银行业金融机构出现信用危机时，才能采取某些强制措施。

(2) 独立监管原则。在一个有效的银行监管体系下，参与银行监管的每个机构要有明确的责任和目标，并充分享有操作上的自主权和充分的资源。只有这样才能排除外界对金融监管的非法干预，才能保障监管主体有效行使监管职能，使监管目标得以实现。为此，我国《银行业监督管理法》规定，银行业监督管理机构及其从事监督管理工作的人员依法履行监督管理职责，受法律保护；地方政府、各级政府部门、社会团体和个人不得干涉。

(3) 监管高效原则。银行业监管的高效率原则既包括监管的经济效率，也包括监管的行政效率。前者强调金融监管应通过鼓励、引导、规范和监督管理来提高金融业的整体效率，而不应导致银行业金融机构效率的丧失；后者强调银行业金融机构应以尽可能少的成本支出达到金融监管的目标。银行业监管要实现经济效益与社会效益的统一。我国《银行业监督管理法》充分地体现了这一原则，注重了平衡安全与效率的关系，在提出银行业监管的目标是“促进银行业的合法、稳健运行，维护公众对银行业的信心”的同时，还要求银行业监管应当保护银行业公平竞争能力，注重有效配置监管资源、降低监管成本，

(4) 协调监管原则。它是指银行业监管机构与其他金融监管主体之间职责分明、分工合理、相互配合。这既包括分业监管中不同国家机关的协调，也包括国内监管与国际监管、东道国监管与母国监管的协调以及银行业金融机构内部监管与专门机关的外部监管的结合。只有这样，才能节约监管成本，提高监管的效率。

(5) 监管信息共享原则。国务院银行业监督管理机构、中国人民银行、国务院其他金融监督管理机构之间应建立监督管理信息共享的机制。国务院银行业监督管理机构对中国人民银行提出的检查银行业金融机构的建议，应当自收到建议之日起30日内予以回复。

(三)银行业监管的目标

银行业监管的目标是促进银行业的合法、稳健运行，维护公众对银行业的信心。银行业监管应当保护银行业公平竞争，提高银行业竞争能力。因而我国银监会的监管目标可概括为：①促进银行业的合法、稳健运行。银行业具有高风险、不稳定以及与国民经济各部门广泛联系的特性，所以银行一旦破产就会危及社会经济秩序的稳定，最终危害社会公众利益。银监会要从银行业金融机构的设立、经营范围、业务规则等方面进行监管，以保障银行的稳健运行，维护良好的金融秩序，促进社会经济的健康发展。②维护公众对银行业的信心。存款人和投资者是银行业的支撑者，是银行业生存和发展的基础。如果存款人和投资者对金融市场丧失信心，退出金融市场，必将危及银行的稳定和发展。所以，监管者对处于弱势地位的存款人和投资者的利益要给予特殊保护，以维护公众对银行的信心。③维护银行业公平竞争、提高银行业竞争能力。只有竞争才能提高银行工作效率，改进服务质量，降低服务成本。当然，竞争应该是良性的、适度的、公平的，过度的、不正当的竞争会增加银行业的经营风险。我国银行业除面临国内竞争外，还面临着国际竞争，因而必须在银保监会的监管下提高银行业的竞争力。

二、银行业监管的法律规定

银保监会主要对银行业金融机构实施市场准入监管、资本充足性监管、清偿能力监管等，在监管中具有发布相关命令、实施审批、指导监督等权力，监管的方式主要有检查、监管谈话、实施强制措施等。

(一)银行业监管机构的职权

我国的各级银行业监管机构具有以下监督管理权。

(1) 制定发布有关银行业金融机构及其业务活动监督管理的规章和命令权。《银行业监督管理法》规定，银行业监督管理机构依照法律、行政法规制定并发布对银行业金融机构及其业务活动监督管理的规章、规则。

(2) 设置、变更银行业金融机构审批权。它包括三个方面的内容：①根据银行业金融机构的条件，决定是否发给银行业金融机构许可证；②对银行业金融机构的合并、兼并、购买进行审批，以鼓励和保持金融业的合法竞争，防止垄断；③对银行业金融机构市场退出的审批权。《银行业监督管理法》规定，依照法律、行政法规规定的条件和程序，审查

批准银行业金融机构的设立、变更、终止以及业务范围。

(3) 业务经营管理监督权。它包括四个方面的权力：①业务范围决定权；②股东资格审查权；③业务经营状况检查权；④资金结构管理权。

(4) 报表管理权。银行业监管机构有要求银行业金融机构按时向其报送资产负债表、损益表等财务报表和资料的权力。

(5) 信息披露权。银行业监管机构有负责统一编制全国有关金融统计数据、报表，并按照国家有关规定予以公布的权力。

(6) 指导监督权。银行业监管机构对银行业金融机构有进行指导性监督的权力。

(7) 经营水平评定权。《银行业监督管理法》首次明确规定，银行业监督管理机构应当建立银行业金融机构监督管理评级体系和风险预警机制，根据银行业金融机构的评级情况和风险状况，分别加以监督管理。

(8) 行政处罚权。对于违反法律法规规定的银行业金融机构，银行业管理机构有权责令其停止违法行为，并依法给予其相应的行政处罚，如吊销金融业务经营许可证、责令停业整顿等。如当事人依法提出复议，银行业监管部门有行政复议权。

(二)银行业监管的具体内容

银行业监管的内容包括对银行业金融机构的监管和对相关金融市场的监管。

(1) 关于市场准入的管制。市场准入即符合法定条件的银行业金融机构可进入市场，依法营运；不符合条件的不能进入市场，不得开展金融业务经营。关于市场准入的监管，包括对银行业金融机构的组织机构设立、变更、终止的监督管理，还包括对其高级管理人员从业资格的审查、业务范围的审查和章程的审查。

(2) 对资本充足性的管制。资本充足条件是指银行业金融机构的资本保持既能经受坏账损失风险，又有正常营业，达到盈利水平所必须具备的自有资本与整体业务的比例关系。一般认为，资本充足性是通过资本搭配率和风险资产率两方面予以反映。我国《商业银行法》规定，商业银行资本充足率不得低于 8%，即资本充足率=资本总额/风险资产总额≥8%。

(3) 对清偿能力、偿付能力的监管。对银行清偿能力的管制反映为对银行资产负债规定若干比率。对银行业金融机构清偿能力和偿付能力的管制，目的在于防止因临时资金急需而导致支付困难，避免出现破产的局面。

(4) 对业务范围的限制。这主要体现在商业银行是否可以从事一些传统意义上的非银行项目，如证券业、信托业以及保险业等，而保险业、信托业是否可以从事某些银行业务。我国《商业银行法》规定，商业银行在国内不得投资于股票和不动产，不得从事信托业和保险业，而其他非银行金融机构一般不得从事银行业务。

(5) 对资金使用的限制。这主要表现在银行的贷款方面，为避免因某个企业破产而影响银行的稳定性，多数国家均规定银行对某客户发放贷款的最高限额，我国《商业银行法》规定，对同一借款人的贷款余额与商业银行资本余额的比例不得超过 10%。

(三)银行业监管的方式

银行业监督管理方式是指为达到监管目的对监管对象进行监管所必需的方法和手段，

它是实现银行业目的的必要途径。我国银行业监管方式主要有以下几种。

1. 检查

检查包括现场检查和非现场检查。现场检查是指银行业监督管理机关派专门的检查人员，到银行业金融机构(含分支机构)进行实地检查。进行现场检查，应当经银行业监督管理机构负责人批准。在检查过程中，监管机关有权询问银行业金融机构的工作人员，要求其对有关检查事项作出说明；有权查阅、管制与检查事项有关的文件、资料，对可能被转移、隐匿或者毁损的文件、资料予以封存；有权检查银行业金融机构运用电子计算机管理业务、数据的系统。现场检查时，检查人员不得少于 2 人，并应当出示合法证件和检查通知书；检查人员少于 2 人或者未出示合法证件和检查通知书的，银行业金融机构有权拒绝检查。

非现场检查方式是通过对银行业金融机构上报的财务资产负债表、利润表和其他会计、统计报表和经营管理资料以及注册会计师出具的审计报告进行分析、稽核来进行监督。通过对其业务状况、财产状况及其资金运用状况的报告、报表、文件等资料的审查，发现存在的问题，提出改进和处理意见。此种检查要求银行业金融机构报送的资料必须真实、及时，否则就很难达到检查的目的。

现场检查和非现场检查可以单独进行，也可以结合进行，一般是结合进行。

2. 监管谈话

银行业监管机构根据履行职责的需要，可以与银行业金融机构的董事、高级管理人员进行监管谈话，要求银行业金融机构的董事、高级管理人员就银行业金融机构的业务活动和风险管理的重大事项做出说明。

3. 行政命令及行政强制措施

采取行政命令，责令改正，予以行政处罚及其他强制措施是监管机关发现银行业金融机构有违反法律的行为时必须采取的一种监管方式。《银行业监督管理法》第三十七条规定：“如违反审慎性经营规则，其行为严重危及银行业金融机构稳健运行、损害存款人和其他客户合法权益的，经批准，可以责令暂停部分业务。停批开办新业务，限制分配红利和其他收入，限制资产转让，责令控股股东转让股权或者限制有关股东的权利，责令调整董事、高级管理人员或者限制其权利，停止批准增设分支机构等。”

4. 接管和撤销

接管和撤销是一种严格的监督方式。接管是接管组织依照有关法律和国务院的规定对被接管的银行业金融机构直接采取各种必要的措施，以制止银行业金融机构危害社会公共利益的行为，恢复银行业金融机构的正常经营。

同时，对于银行业金融机构有违法经营、经营管理不善等情形，不予撤销将严重危害金融秩序、损害公众利益的，国务院银行业监督管理机构有权予以撤销。

上述监管方式彼此有一定联系，银行业监管部门可根据实际情况决定予以采用。除检查这一方式被广泛使用于所有的监管对象之外，其余的行政命令、行政处罚、接管和撤销都是针对具体的违法行为的，监管机关不能无条件地任意使用。

第四节　商业银行法

我国的商业银行是经营货币业务的公司企业，由于其经营的特殊性，它在我国国民经济发展中占有重要地位，也是很容易出现问题的行业，尤其需要相应的法律来规范。

一、商业银行的概念、特征

(一)商业银行的概念

商业银行是指依照我国《中华人民共和国商业银行法》(以下简称《商业银行法》)和《公司法》设立的吸收公众存款、发放贷款、办理结算等业务的企业法人。其基本职能是通过各种融资渠道和信用手段筹集货币资金，为市场主体提供所需货币和信用工具，促进我国经济的发展。

(二)商业银行的特征

商业银行具有以下特征：①商业银行是企业。商业银行是以营利为目的而从事经营活动的企业。②商业银行是企业法人。商业银行不仅是企业，而且还是企业法人。商业银行以其全部法人财产独立承担民事责任。③商业银行是从事金融业务的企业法人。商业银行的业务范围是金融业务，商业银行可以经营下列部分或者全部业务：吸收公众存款；发放短期、中期和长期贷款；办理国内外结算；办理票据承兑与贴现；发行金融债券；代理发行、代理兑付、承销政府债券；买卖政府债券、金融债券；从事同业拆借；买卖、代理买卖外汇；从事银行卡业务；提供信用证服务及担保；代理收付款项及代理保险业务；提供保管箱服务；经国务院银行业监督管理机构批准的其他业务。此外，商业银行经中国人民银行批准，可以经营结汇、售汇业务。

二、商业银行法概述

《商业银行法》即是规范商业银行设立、组织与活动的法，主要对商业银行的市场准入、业务范围及规则、组织机构等作了规定。

(一)我国商业银行法的概念、立法宗旨和特点

商业银行法是调整商业银行的组织及其业务经营关系的法律规范的总称。它包括商业银行组织法和以商业银行为中心的与客户、中央银行及其他金融机构之间关系的协调法。商业银行法属于企业法，在市场经济法律体系中，属于市场主体法。我国《商业银行法》的立法宗旨是：①保护商业银行及相关主体的合法权益；②规范商业银行的行为，提高信贷资金质量；③加强监管，保障商业银行的稳健运行，维护金融秩序；④促进社会主义市场经济的发展。

我国《商业银行法》具有以下特点：①突出体现了保护商业银行的合法权益。《商业银行法》明确了商业银行是企业法人，以效益性、安全性、流动性为经营原则，实行自主经营、自担风险、自负盈亏、自我约束的经营机制；规定了商业银行的各项权利以及侵犯

商业银行权利将承担的相应法律责任。②注重提高银行信贷资产质量。《商业银行法》要求商业银行在开展信贷业务时，严格审查借款人的资信和贷款担保，以及对商业银行实行资产负债比例管理，禁止任何单位或个人强令商业银行提供贷款或担保等。③重视保护存款人和客户的利益。《商业银行法》除在总则中规定了保护存款人利益的原则外，还在第三章专门规定了存款人保护的内容，“商业银行办理个人储蓄存款业务，应当遵循存款自愿、取款自由、存款有息、为存款人保密的原则。”除法律另有规定外，商业银行有权拒绝任何单位和个人查询、冻结、扣划个人的储蓄和单位存款。

(二)商业银行的组织体制、组织形式和组织机构

1. 商业银行的组织体制

商业银行的组织体制有以下几种。

(1) 单一银行制。单一银行制又称独立银行制或单元银行制，是指银行业务完全由各自独立的商业银行经营、不设分支机构的银行制度，如美国等。

(2) 总行分行制。总行分行制的特点是法律允许在总行之下，在国内外普遍设立分支机构。我国商业银行根据业务需要可以在中华人民共和国境内外设立分支机构。所以，我国商业银行实行的是总行分行制。

(3) 集团银行制。集团银行制亦称银行持股公司制，是指某个集团成立一个股权公司，由该公司控制或收购若干商业银行。集团银行制下的商业银行具有独立的法人地位，银行持股公司控制着它们的业务和经营政策。

(4) 连锁银行制。连锁银行制又称联合银行制，是指某一集团或某一人购买若干独立普通银行的多数股票，从而控制这些银行。连锁银行制下的商业银行具有独立的法律地位。

(5) 全能银行制。全能银行制指商业银行可以经营各种金融业务，其最大的特点是银行不仅可以从事长期及短期的金融业务，而且可以全面经营其他金融业务，故称“全能银行”。

2. 商业银行的组织形式

我国《商业银行法》第十七条关于“商业银行的组织形式、组织机构适用《公司法》的规定”，我国商业银行的组织形式为公司。我国商业银行主要有以下三类。

(1) 有限责任商业银行。有限责任商业银行是指两个以上股东共同出资，股东以其出资额为限对银行承担责任，银行以其全部资产对外承担责任的商业银行。采用有限责任公司形式的商业银行应当首先符合《公司法》规定的条件。

(2) 国有独资商业银行。国有独资商业银行是由国家单独出资设立的有限责任公司形式的商业银行。它只有一个股东，即国家。国有独资商业银行的章程由国家授权投资的机构依照《公司法》的规定制定，或由董事会制定并报国家授权投资的机构或者国家授权部门批准。

(3) 股份有限商业银行。股份有限商业银行是指银行的全部资本分为等额股份，股东以所持股份为限对银行承担责任，银行则以其全部资产对银行的债务承担责任的商业银行。我国现已设立招商银行、交通银行、华夏银行等多家股份制商业银行。

3. 商业银行的组织机构

商业银行的组织机构一般应包括公司机关和分支机构。商业银行组织机构包括股东会(股东大会)、董事会、监事会和行长等。

我国商业银行是按照《公司法》规定设立的公司制企业法人，因此，商业银行的内部组织机构与公司的组织机构十分相似。

(1) 有限责任公司制的商业银行。其组织机构由股东会、董事会(经理)和监事会组成，其中，股东会是权力机构，董事会(经理)是执行机构，监事会是监督机构。

(2) 股份制公司制的商业银行。其组织机构由股东大会、董事会和监事会组成，分别为股份制银行的权力机构、执行机构和监督机构。

此外，商业银行还设立行长(总经理)。行长是商业银行的日常经营管理者，对董事会负责。

三、商业银行的设立、变更

商业银行的设立必须符合法定的条件，其设立程序比一般公司更为复杂，必须取得相关机构的金融许可证，才能在工商管理部门注册。

(一)商业银行的设立

1. 商业银行设立的条件

设立商业银行，应经国务院银行业监督管理机构审查批准。未经国务院银行业监督管理机构批准，任何单位和个人不得从事吸收公众存款等商业银行业务，任何单位不得在名称中使用“银行”字样。

设立商业银行必须具备以下条件：①有符合《商业银行法》和《公司法》规定的章程。②有符合法定的注册资本最低限额。设立全国性商业银行的注册资本最低限额为10亿元人民币。设立城市商业银行的注册资本最低限额为1亿元人民币，设立农村商业银行的注册资本最低限额为 5000 万元人民币，而且注册资本应当是实缴资本。③有具备任职资格的董事长(行长)、总经理和其他高级管理人员。④有健全的组织机构和管理制度。健全的管理制度包括人事管理制度、贷款存款管理制度、结算管理制度和财务管理制度等。⑤有符合要求的营业场所、安全防范措施和与业务有关的其他设施。

2. 设立商业银行的程序

(1) 申请。设立商业银行首先要由发起人向主管银行的机关提出申请。申请人应当提交下列文件、资料：①申请书，申请书应当载明拟设立的商业银行的名称、所在地、注册资本、业务范围等；②可行性研究报告；③国务院银行业监督管理机构规定提交的其他文件、资料。

(2) 审查阶段。设立商业银行的申请经审查符合条件的，申请人应当填写正式申请表，并提交下列文件、资料：①章程草案；②拟任职的董事、高级管理人员的资格证明；③法定验资机构出具的验资证明；④股东名册及其出资额、股份；⑤持有注册资本 5%以上的股东的资信证明和有关资料；⑥经营方针和计划；⑦营业场所、安全防范措施和与业务有关的其他设施的资料；⑧国务院银行业监督管理机构规定的其他文件、资料。

银行业监督管理机构经审查认为申请人的申请及提交的文件符合《商业银行法》要求，经批准设立商业银行，并颁发经营许可证。

(3) 登记阶段。商业银行设立人凭银行业监管机构颁发的经营许可证向工商行政管理部门办理登记，领取营业执照。

商业银行还可以设立分支机构。商业银行的分支机构是总行的派出机构，其营运资金都由总行拨付，全部资产都属于总行所有，任何重大的业务经营决策必须由总行决定，不具备法人条件，只能在总行授权范围内从事经营活动。商业银行拨付各分支机构的营运资金额的总和，不得超过总行资本总额的60%。

(二)商业银行的变更

商业银行的变更是指经批准设立的商业银行，在经营过程中发生一些重大的事项变化。

1. 商业银行的形式变更

商业银行的形式变更是指商业银行的登记之重要事项的变更。商业银行经国务院银行业监督管理机构批准可以变更下列事项之一：①变更名称；②变更注册资本；③变更总行或者分支行所在地；④调整业务范围；⑤变更持有资本总额或者股份总额 5%以上的股东；⑥修改章程；⑦国务院银行业监督管理机构规定的其他变更事项。

2. 商业银行主体的变更

商业银行主体的变更是指商业银行的合并与分立。商业银行合并与分立适用我国《公司法》的规定，并须报经国务院银行业监督管理机构审查批准。

四、商业银行的业务规则

商业银行作为特殊的企业必须以效益性、安全性和流动性为经营原则，与一般企业相比，其经营的业务不同，经营的业务规则也不同。

(一)商业银行存款管理规则

存款是指企业、事业、机关等单位和居民个人把暂时不用的货币资金存入银行或其他信用机构的一种信用形式。吸收存款是商业银行最基本的负债业务。

商业银行办理存款业务时应遵守以下规定：①商业银行办理个人储蓄存款业务，应当遵循存款自愿、取款自由、存款有息、为存款人保密的原则；对个人储蓄存款，商业银行有权拒绝任何单位或者个人查询、冻结、扣划，但法律另有规定的除外。②对单位存款，商业银行有权拒绝任何单位或者个人查询，但法律、行政法规另有规定的除外；有权拒绝任何单位或者个人冻结、扣划，但法律另有规定的除外。③商业银行应当按照中国人民银行规定的存款利率的上下限确定存款利率，并予以公告。④商业银行应当按照中国人民银行的规定，向中国人民银行交存存款准备金，留足备付金。⑤商业银行应当保证存款本金和利息的支付，不得拖延、拒绝支付存款本金和利息。

(二)商业银行贷款管理规则

《商业银行法》第三十四条规定："商业银行根据国民经济和社会发展的需要，在国家产业政策指导下开展贷款业务。”在具体的贷款活动中要遵守以下规则。

(1) 严格贷款审查。商业银行应当对借款人的借款用途、偿还能力、还款方式等情况进行严格审查；应当实行审贷分离、分级审批的制度。

(2) 严格贷款担保。商业银行贷款，借款人应当提供担保。商业银行应当对保证人的偿还能力，抵押物、质物的权属和价值以及实现抵押权、质权的可行性进行严格审查。只有经商业银行审查、评估，确认借款人资信良好，确能偿还贷款的，可以不提供担保。

(3) 借款合同管理。商业银行应当与借款人订立书面借款合同。合同应当约定贷款种类、借款用途、金额、利率、还款期限、还款方式、违约责任和双方认为需要约定的其他事项。

(4) 利率管理。商业银行应当按照中国人民银行规定的贷款利率的上下限，确定贷款利率。

(5) 贷款资产负债比例管理。商业银行贷款，应当遵守下列资产负债比例管理的规定：①资本充足率不得低于 8%；②贷款余额与存款余额的比例不得超过 75%；③流动性资产余额与流动性负债余额的比例不得低于 25%；④对同一借款人的贷款余额与商业银行资本余额的比例不得超过 10%；⑤国务院银行业监督管理机构对资产负债比例管理的其他规定。

(6) 禁放关系贷款。商业银行不得向关系人发放信用贷款；向关系人发放担保贷款的条件不得优于其他借款人同类贷款的条件。

(7) 银行自主贷款。任何单位和个人不得强令商业银行发放贷款或者提供担保；商业银行有权拒绝任何单位和个人强令要求其发放贷款或者提供担保。

(8) 有偿贷款、按期归还。借款人应当按期归还贷款的本金和利息。借款人到期不归还担保贷款的，商业银行依法享有要求保证人归还贷款本金和利息或者就该担保物优先受偿的权利。借款人到期不归还信用贷款的，应当按照合同约定承担责任。

(三)同业拆借管理规则

同业拆借，应当遵守中国人民银行的规定。禁止利用拆入资金发放固定资产贷款或者用于投资。拆出资金限于交足存款准备金、留足备付金和归还中国人民银行到期贷款之后的闲置资金。拆入资金用于弥补票据结算、联行汇差头寸的不足和解决临时性周转资金的需要。

(四)结算业务管理规则

商业银行办理票据承兑、汇兑、委托收款等结算业务，应当按照规定的期限兑现，收付入账，不得压单、压票或者违反规定退票。有关兑现、收付入账期限的规定应当公布。

(五)其他业务管理规则

商业银行的其他业务管理规则主要包括以下几方面：①商业银行在我国境内不得从事信托投资和证券经营业务，不得向非自用不动产投资或者向非银行金融机构和企业投资，但国家另有规定的除外。②商业银行发行金融债券或者到境外借款，应当依照法律、行政法规的规定报经批准。③商业银行不得违反规定提高或者降低利率以及采用其他不正当手段，吸收存款，发放贷款。④商业银行的营业时间应当方便客户，并予以公告。商业银行应当在公告的营业时间内营业，不得擅自停止营业或者缩短营业时间。⑤商业银行办理业务，提供服务，按照规定收取手续费。收费项目和标准由国务院银行业监管机构、中国人民银行根据职责分工，分别会同国务院价格主管部门制定。

(六)商业银行工作人员守则

商业银行的工作人员应当遵守法律、行政法规和其他各项业务管理的规定，不得有下列行为：①利用职务上的便利，索取、收受贿赂或者违反国家规定收受各种名义的回扣、手续费；②利用职务上的便利，贪污、挪用、侵占本行或者客户的资金；③违反规定徇私向亲属、朋友发放贷款或者提供担保；④在其他经济组织兼职；⑤违反法律、行政法规和业务管理规定的其他行为；⑥商业银行的工作人员不得泄露其在任职期间知悉的国家秘密、商业秘密。

【专栏 12-3】

成为懂得“互联网+”商业规则的人

五、商业银行的监督管理

根据《商业银行法》的规定，商业银行的监督管理包括三种形式：商业银行的自我监管、银行业监管机构的专门监督和审计机关的审计监督。

(1) 商业银行的自我监管是商业银行监督管理的基础。《商业银行法》对商业银行的自我监管作了详细规定。①建立健全内部管理制度。商业银行应当按照有关规定制定本行的业务规则，建立健全本行的风险管理和内部控制制度。②建立健全稽核检查制度。商业银行应当建立健全本行对存款、贷款、结算、呆账等各项情况的稽核检查制度；商业银行还应该对分支机构进行经常性的稽核和检查监督。③建立健全会计制度。商业银行应当依照《会计法》及其他有关法律、法规的规定，建立健全本行的财务会计制度，如实、全面、准确地记录本行的业务活动。商业银行还应当按照规定向国务院银行业监督管理机构、中国人民银行报送资产负债表、利润表以及其他财务会计、统计报表和资料。

(2) 银行业监管机构的专门监督。国务院银行业监督管理机构有权依照《商业银行法》第三、四、五章的规定，随时对商业银行的存款、贷款、结算、呆账等情况进行检查监督。

(3) 审计机关的审计监督。商业银行应当依法接受审计机关的审计监督。

六、商业银行的接管和终止

如果商业银行在经营过程中发生了严重问题，监管机构有权对商业银行进行接管；如果商业银行没有存在的必要或破产也可终止。

(一)商业银行的接管

商业银行的接管是当商业银行已经或者可能发生信用危机，严重影响存款人的利益时，由监管机构派遣人员进驻并在一定期限内行使其经营管理权的制度。

1. 接管的原因

《商业银行法》第六十四条规定："商业银行已经或者可能发生信用危机，严重影响存款人的利益时，国务院银行业监督管理机构可以对该银行实行接管。接管的目的是对被接管的商业银行采取必要措施，以保护存款人的利益，恢复商业银行的正常经营能力。被接管的商业银行的债权债务关系不因接管而变化。"商业银行的接管必须具备法定的原因，即已经发生信用危机，严重影响存款人利益，或者是可能发生信用危机，将严重影响存款人的利益。符合上述原因之一，银行业监管机构有权并应该予以接管。

2. 接管的具体实施

在接管工作进入实际阶段前，接管机关应制定切实可行的整顿方案，其内容为明确整顿具体的期限和目标；根据需要，调换领导人员，改组管理机构，还可按法定程序裁减多余人员，改进经营管理方针，完善经营管理措施；制定实现整顿目标的具体保证方案。

接管由国务院银行业监管机构组织实施。决定对商业银行进行接管时，应提前书面通知被接管的商业银行。接管决定书应载明被接管的商业银行名称；接管的理由和法律依据；应注明接管的机关和接管的期限。接管决定应予以公告。银行业监管机构对商业银行的接管，自接管决定实施之日起开始。接管一开始，接管机构便行使商业银行的经营管理权，并负责处理被接管银行的一切往来业务。

3. 接管终止

接管期限由银行业监管机构确定，最长不得超过 2 年。接管决定规定的期限已满或决定延长的期限已满，或在接管期限内已恢复正常的经营能力，或接管期限未满前该商业银行已被合并或者被依法破产，银行业监管机构均可据此宣告接管终止。

(二)商业银行的终止

商业银行的终止，是指商业银行法律地位的丧失，即商业银行不复存在。商业银行终止的事由有以下三种。

(1) 解散。解散是指出现法定事由或公司章程规定的情况，而使商业银行法人资格消灭的情形。商业银行因分立、合并或者出现公司章程规定的解散事由需要解散的，应当向银行业监管机构提出申请，并附解散的理由和支付存款的本金和利息等债务清偿计划。经国务院银行业监管机构批准后解散。商业银行解散的，应当依法成立清算组，进行清算，按照清偿计划及时偿还存款本金和利息等债务。国务院银行业监管机构监督清算过程。

(2) 破产。商业银行不能支付到期债务，经国务院银行业监管机构同意，由人民法院依法宣告其破产。商业银行被宣告破产的，由人民法院组织国务院银行业监管机构等有关部门和有关人员成立清算组，进行清算。商业银行因破产而终止。商业银行破产清算时，在支付清算费用、所欠职工工资和劳动保险费用后，应当优先支付个人储蓄存款的本金和利息。

(3) 撤销。撤销是指商业银行违反法律、行政法规的规定，被中国人民银行吊销经营许可证，取消其经营资格，并最终被撤销主体资格。商业银行因吊销经营许可证被撤销的，国务院银行业监管机构应当依法及时组织成立清算组，进行清算，按照清偿计划及时偿还存款本金和利息等债务。

本章小结

银行在我国金融体系中占有重要地位，是我国金融业的主体。银行法是调整银行业及银行业监管关系的法律规范的总称。中央银行在一国银行体系中被称为发行的银行、银行的银行和政府的银行。我国的中央银行为中国人民银行，其主要功能为制定金融政策和进行宏观调控。商业银行是指以营利为目的，吸收公众存款、发放贷款、办理结算等业务的企业法人。我国商业银行以安全性、流动性和效益性为经营原则，实行自主经营、自担风险、自负盈亏、自我约束。我国的国务院银行业监督管理机构负责对全国银行业金融机构及其业务活动监督管理的工作；银监会监管的目标是促进银行业的合法、稳健运行，维护公众对银行业的信心；监管的原则是依法、公开、公正和效率；监管的对象是银行业金融机构，包括在中华人民共和国境内设立的商业银行、城市信用合作社和农村信用合作社等吸收公众存款的金融机构以及政策性银行，对在中华人民共和国境内设立的金融资产管理公司、信托投资公司、财务公司、金融租赁公司以及经国务院银行业监督管理机构批准设立的其他金融机构。

复习思考题

1. 简述中国人民银行的法律地位。
2. 简述货币政策委员会及其职能。
3. 试述中国人民银行的业务规则。
4. 简述银行业监管的原则。
5. 试述银行业监管的方式。
6. 简述商业银行的概念及其特征。
7. 试述商业银行的业务规则。
8. 如何认识商业银行的接管？

案例分析

某借款人就格式条款诉银行案

A 公司为经营需要从 B 商业银行贷款 1.5 亿元，以自有物业价值 2.3 亿元的某大楼作为抵押担保，贷款期限 2 年。贷款到期后，A 公司不能按期还款，后银行行使抵押权并额外再支付 2000 万元于 2011 年取得某大楼所有权。2014 年 B 银行卖出该大楼获利 5000 万元。2015 年该银行决定修建自用办公楼，并决定入股 C 房地产股份公司，获取 30%的股份。

根据上述事实，回答下列问题并说明理由:

(1) 2011 年 B 银行能否取得某大楼的所有权?

(2) 2014 年 B 银行出售某大楼是否合法?

(3) B 银行可否 2015 年决定修建自用办公大楼?

(4) B 银行决定入股 C 房地产公司是否正确?

第十三章 证 券 法

本章导读：

当今社会，拥有证券的人越来越多，证券，特别是股票、债券、基金等成为很多家庭财富的重要组成部分。随着我国市场经济的发展，证券的品种和数量还会不断地增加。证券是需要交易的，如果不交易其作为流动的财富价值就会贬损，于是证券市场不断地发展壮大。从历史看，证券市场是商品经济发展到一定阶段的产物，从 1726 年世界上第一个证券交易所在巴黎成立以来，至今已有 200 多年的历史。目前证券市场逐步发展完善起来，一是市场规模日益扩大；二是市场规则日臻完善；三是交易手段日益先进，电子指令自动交易系统逐渐取代了原有的报价成交方式，证券的无形交易已逐渐取代有形交易。我国证券市场已发展成为金融市场的重要组成部分。证券市场的发展，对于优化金融结构，促进资本形成，完善上市公司的法人治理，发挥了重要作用；证券投资也已经成为人们日常理财的重要手段。学会理财是人的一生中增加财富的重要手段，这已成为共识。证券法是规范证券发行及交易之法，在规范人们进行证券交易，达到理财目的的过程中具有重要意义。我国上海、深圳证券交易所开立的股票交易账户就已超过 1 亿个，说明投资者的普遍性；但是这些证券市场的投资者大多数都是中小投资者，与作为团体的证券的发行人实力上存在天壤之别，多数时候都面临投资权益被侵害的可能性。一般认为证券法的基本功能在于保护投资人的利益，特别是要保护中小投资人的利益。另外，从世界范围看，证券市场的风险比较大，违法犯罪活动总是禁而不绝。20 世纪 30 年代初的经济大危机以及 2008 年的全球金融危机都与证券市场的犯罪和监管不完善有密切的关系。所以，证券立法的完善是证券市场顺利发展、投资者投资利益获得保护的基础和前提。

由上述可知，学习证券法不管对于投资者，还是对作为证券市场的管理者，都具有重要意义。通过本章学习，相信读者对于证券以及我国证券市场都会有新的认识，对于证券投资的风险及投资品种的选择会有自己新的看法。

学习目标：

本章内容主要包括：证券法及其特征、证券法调整的证券范围、证券法的基本原则、证券市场及其构成，证券的发行、证券上市交易及其条件、禁止交易的证券行为、证券信息公开、上市公司收购，证券交易所、证券公司等机构的设立及职责。通过本章的学习，读者应当了解证券及证券法的概念，各类证券机构的设立条件及其职责；理解和掌握证券发行及其条件、发行规则，证券上市交易及其条件、交易规则，上市公司收购及其种类、具体程序规则等。

关键概念：

证券(Securities)
证券法(Securities Law)

股票(Stock)
债券(Notes)
证券承销(Securities Underwriting)
证券交易(Exchange of Securities)
要约收购(Tender Offer)

第一节 证券法概述

相对于其他市场而言，证券市场是风险较高的市场，尤其需要完善的法律规范和制度建设。我国的证券市场发展较晚，证券法制体系仍需加强。

一、证券法的概念与特征

证券法是调整国家在证券市场管理以及证券在平等主体间流通转让过程中所发生的社会关系的法律规范的总称。证券法具有以下几个方面的特征。

(1) 证券法既调整纵向法律关系，也调整横向法律关系。①纵向法律关系，即国家对证券市场的监督管理关系，主要有国家证券监督管理机构(简称证监会)对证券业所实施的各项监管行为而形成的具有强制性的社会关系；以证券业协会进行自律监管为主要表现形式的证券自律监管关系。②横向法律关系，主要包括证券发行关系；证券承销关系；证券交易关系；证券公司与客户之间的关系；证券公司与发行人和上市公司之间的保荐关系；证券交易所与其会员及上市公司之间的民事关系；证券服务机构与发行人(上市公司)之间的证券委托服务关系；证券交易的结算关系等。

(2) 证券法既是实体法，又是程序法。证券法是实体法规范，规定了证券市场主体的权利与义务及其范围，包括发行人、证券商、投资者及其他主体的权利与义务规范，投资者保护规范、证券法律责任规范等；同时它又是程序法，规定了权利实现和义务履行的步骤和过程，包括证券的发行、上市、交易程序、发行人信息公开和持续公开程序，证券商和证券交易场所的设立程序等。因此，证券法是实体法和程序法相结合的综合性规范。

(3) 证券法是强行性规范法。证券代表特定的财产与权利，并且在市场上公开流通，只有以国家强制力保证严格实施，才能有效抑制证券欺诈等违法行为，稳定社会经济秩序，保护公众投资者。因此，证券法强调对社会公众利益的保护，要求行为者必须遵循法律规定，履行法定义务，而完全排除当事人适用法律的选择权。

(4) 证券法是具有国际性因素的国内法。证券法是由一国立法机关依照法定程序制定的法律，因此证券法属于国内法；但证券市场的发展具有其自身的规律性，加之国际经济的交流和融合，国际化的趋势已成为世界经济的一个特点，各国证券法中共有的、规律性的内容日趋增多，因此证券法具有一定的国际性因素。

我国于 1998 年制定了《中华人民共和国证券法》(以下简称《证券法》)，并于 1999 年 7 月 1 日实施；2005 年 10 月又进行了大规模修订，并于 2006 年 1 月 1 日实施。

二、证券法的调整范围

证券法的调整范围因各国证券种类的不同而异，但差别不大。证券法一般调整证券发行与交易行为。

(一)调整的证券种类

证券一般又称有价证券，是指发行人依照法律、行政法规的规定，经批准签发的表示一定财产权的凭证。证券有广义和狭义之分。广义的证券包括财物证券，如提货单；货币证券，如用作支付工具的票据；资本证券，如股票和债券。狭义的证券仅指资本证券。

【专栏 13-1】

有价证券的含义及特征

【专栏 13-2】

股票的种类

《证券法》调整的证券限于资本证券。《证券法》第二条规定："在中华人民共和国境内，股票、公司债券和国务院依法认定的其他证券的发行和交易，适用本法；本法未规定的，适用《公司法》和其他法律、行政法规的规定。政府债券、证券投资基金份额的上市交易，适用本法；其他法律、行政法规有特别规定的，适用其规定。证券衍生品种发行、交易的管理办法，由国务院依照本法的原则规定。"由此，《证券法》调整的证券包括以下种类。

(1) 股票。股票是股份公司发行的、用以表彰投资者的股东身份和权益的有价证券。

(2) 债券。债券是政府、金融机构、公司企业等为筹集资金而向投资者发行的，约定在一定期限内还本付息的有价证券，包括公司债券、政府债券、企业债券和金融债券等。

(3) 认股权证。它是由股份有限公司发行，授予持有人在限定期限内以一定价格购买一定数量的该公司增资发行股票的选择权凭证。认股权证本身不是股份证明书，凭证持有人不具有股东资格，不享有股东权利。

(4) 投资基金，是指经依法批准设立证券投资基金时，由基金发起人向投资者发行的证明持有基金单位的凭证。

(5) 国务院认定的其他证券，如存托凭证等。根据中国证监会 2018 年 6 月发布的《存托凭证发行与交易管理办法(试行)》第二条的规定，存托凭证是指由存托人签发、以境外证券为基础在中国境内发行、代表境外基础证券权益的证券。

(二)调整的行为种类或市场范围

证券法既调整证券发行也调整证券交易行为，因此，证券法既调整发行市场也调整交易市场。证券发行，是指发行人以筹集资金为目的，向投资者出售代表一定权利的有价证券的活动。证券发行活动形成发行市场，即证券发行市场。证券交易，是指对依法发行的证券进行买卖的行为。证券交易活动形成证券交易市场。

三、证券法的基本原则

证券法的基本原则是贯穿证券法始终的，证券市场上各类主体都必须遵守的一般行为准则。我国证券法的原则主要有以下几方面。

(1) 公开、公平、公正原则。《证券法》第三条规定：“证券的发行、交易活动，必须实行公开、公平、公正的原则。”公开原则是要求证券发行、证券交易活动中的所有制度、规范、行为必须公开，对凡是涉及与证券有关的一切真实情况都必须予以公开，以便使每一个投资者都能知悉。公开原则是证券发行、证券交易制度的核心。公平原则是指所有证券市场的参与者的法律地位都是平等的，不论证券市场主体的大小、强弱，都应一视同仁，其合法权益受到同样的保护。公正原则是指证券监管机构和司法机关履行职责时，都应一视同仁，严格依法进行。

(2) 自愿、有偿、诚实信用原则。《证券法》第四条规定：“证券发行、交易活动的当事人具有平等的法律地位，应当遵守自愿、有偿、诚实信用的原则。”自愿原则是指证券市场参与者是依据自己的意愿参与证券的发行和交易，他人不得干涉。有偿原则是指当事人按照等价有偿原则进行证券发行、交易的活动。诚实信用原则指证券市场主体在证券发行、证券交易活动中，不得弄虚作假、欺骗他人，应当实事求是地履行自己的诺言，恪守信用。

(3) 合法原则。证券发行、交易活动，必须遵守法律、行政法规；禁止欺诈、内幕交易和操纵证券交易市场的行为。证券发行、交易的一切活动必须遵照法律、法规的规定进行，合法的证券行为才受法律的保护。

(4) 政府集中统一监管与行业自律监督管理相结合的原则。证监会及其派出机构依法对全国证券市场实行集中统一监督管理。依法设立的证券业协会，实行自律性管理。同时，我国对金融市场的证券业、银行业、保险业和信托业实行分业监管。

四、证券市场

证券市场是一国金融市场的重要组成部分，按照不同标准可以分为不同类型。证券市场在我国社会经济发展中具有越来越重要的地位。

(一)证券市场的概念

证券市场是指证券发行与交易的场所。按照市场的职能，证券市场分为发行市场和交易市场。发行市场又称一级市场，是发行新证券的市场，证券发行人通过证券发行市场将已获准公开发行的证券第一次销售给投资者，以获取资金；证券交易市场又称二级市场，是对已发行的证券进行买卖、转让交易的场所。按照交易的对象，证券市场可以分为股票市场、债券市场和基金市场。基金市场是基金证券发行和流通的市场。按照组织形式，证券市场分为场内市场(即集中交易市场)和场外市场。场内市场是由证券交易所开设，以提供有价证券竞价买卖的场所；场外市场则主要指店头市场，亦即柜台市场，它是指交易所集中

【专栏 13-3】

创业板市场

交易之外的交易市场。

证券市场的交易对象是有关金融工具，主要包括股票、公司债券、企业债券、基金、国债以及证券衍生产品，如股票期货、股票期权、认股权证、债券期货和债券期权等。

(二)证券市场的主体

证券市场的主体包括证券发行人、投资者、中介机构、交易场所，以及自律性组织和监管机构。发行人是在证券市场上发行证券的单位，一般有企业、金融机构和政府部门。投资者是证券市场上证券的购买者，也是资金的供给者。投资者有个人投资者和机构投资者，个人投资者可以自己直接参与证券的买卖，也可以通过证券经纪人买卖证券。机构投资者是指有资格进行证券投资的法人单位。证券中介机构主要是指证券经营机构、资产评估机构、会计师事务所和律师事务所等。交易场所是进行证券交易的场所，有场内交易市场和场外交易市场两种。自律性组织和证券监管机构是对证券市场进行监督管理的机构。自律性组织包括证券交易所、证券业协会等，主要是在本所或本行业内实行自我监管，证券监管机构是代表政府对证券市场进行监督管理的机构，在我国为中国证券监督管理委员会及其派出机构。

(三)证券市场的功能

证券市场的功能是指证券市场对经济发展所产生的影响。持续性的证券交易市场对于证券发行具有重要意义。因其不仅给证券变现创造了必要的市场条件，使持有证券的投资人可随时出售证券，收回投资并获得收益，也使投资者通过这一市场获得证券投资机会。

证券市场的功能表现在：①证券市场是筹集资金和公众投资的重要桥梁；②证券市场是合理配置市场资源的重要手段；③证券市场是预测经济趋势，提供必要商情的重要场所；④证券市场是政府货币政策的重要依托。

同时如果证券法规不完善，证券市场管理不当也会导致投机欺诈盛行，加剧社会矛盾，并加剧经济波动。

第二节　证券发行与承销

证券发行是证券交易的前提，是发行主体与投资主体的重要活动。证券发行需要专门的承销机构承销，当事人不能自行销售。

一、证券发行

证券发行，是指经批准符合条件的发行人按照一定程序、以相同条件将有关证券发售给投资者的行为。

(一)证券发行方式

证券发行方式，按不同的标准可分成以下几类。

(1) 按证券的发行是否要通过承销机构，可分为直接发行与间接发行。直接发行是指证券发行人无需通过证券经营机构的承销而直接与证券购买人签订购买合同；间接发行是指证券发行人并不直接与购买人发生关系，而是通过证券经营机构承销进行发行。

(2) 按发行对象的不同，可分为非公开发行与公开发行。非公开发行，也称私募，是指仅以不超过 200 个特定的投资者为募集资金对象而进行的证券发行。公开发行，也称公募，是指证券发行人以相同条件向不特定的任何社会公众和组织或向 200 个以上的特定对象所进行的证券发行。向 200 人以下的特定对象发行证券，不得采用广告、公开劝诱和变相公开方式，否则即属于公开发行。

(3) 按证券发行时间的不同，分为设立发行与增资发行。设立发行发生在股份有限公司设立之时，又称首次发行；增资发行是公司成立之后发行股票的行为。增资发行的方式包括：①向原有股东送股；②向原有股东配售；③向不特定社会公众发行新股。

(二)证券发行审核制度

发行审核，是指主管机关依法对发行人提交的发行证券的申请作出是否准予发行的制度。关于发行审核，国际上主要有两种体制，即注册制和核准制。

(1) 注册制，又称申报制或形式审查制，是指证券监管机构对发行人发行证券，事先不作实质性审查，仅对申请文件进行形式审查，发行者在申报申请文件以后的一段时间内，若没有被拒绝注册，即可以发行证券。信息披露是注册制的核心。发行人提供的材料必须是正式的、真实的、可靠的和全面的。2015 年 12 月 27 日全国人民代表大会通过决定，授权国务院在实施股票发行注册制改革中调整适用《证券法》的有关规定，正式开启了股票注册制发行的序幕，2018 年 2 月这一授权再次延长 2 年至 2020 年 2 月 29 日。

(2) 核准制，又称实质审查制，即发行者发行证券，不仅要真实公开全部的可供认购者判断的资料，并且要符合若干实质条件，方可获准发行证券。证券主管机关有权依公司法和证券法规定的限制条件，对发行者作出的发行申请及呈报资料作实质性价值审查，发行人获得证券主管机关的批准后，才能发行证券。核准制的目的是为了保护投资者利益，便于政府利用公权对证券发行作适当监督。

(三)证券发行条件及规则

《证券法》规定公开发行证券必须符合法律、行政法规规定的条件，并依法报经证监会或者国务院授权的部门核准或审批；未经依法核准或审批，任何单位和个人不得向社会公开发行证券。

1. 公开发行股票的条件

公开发行股票，必须依照《证券法》《公司法》规定的条件，报经国务院证券监督管理机构核准。证券会于 2006 年和 2009 年分别依法制定了主板和创业板的《首次公开发行股票并上市管理办法》，对股票发行上市条件做了细化。发行人必须向证监会提交规定的申请文件和有关文件。

【专栏 13-4】
股票发行的程序

上市公司发行新股，应当符合《公司法》有关发行新股的条件，可以向社会公开募集，也可以向原股东配售。上市公司对发行股票所募集资金，必须按招股说明书所列资金用途使用，改变招股说明书所

列资金用途，必须经股东大会批准。擅自改变用途而未作纠正的，或者未经股东大会认可的，不得发行新股。

2. 公司债券发行的条件

发行公司债券，必须依照《证券法》规定，报经国务院授权的部门审批。发行人必须向该审批部门提交规定的申请文件，主要包括：①公司营业执照；②公司章程；③公司债券募集办法；④资产评估报告和验资报告；⑤国务院授权的部门或者国务院证券监督管理机构规定的其他文件；⑥依照《证券法》规定聘请保荐人的，还应报送保荐人出具的发行保荐书。

发行人向国务院证券监督管理机构或者国务院授权的部门提交的证券发行申请文件，必须真实、准确、完整。为证券发行有关文件的专业机构和人员，必须严格发行法定职责，保证其所出具文件的真实性、准确性和完整性。

3. 发行审核

证监会设发行审核委员会，依法审核股票发行申请。发行审核委员会由证监会的专业人员和所聘请的该机构外的有关专家组成，以投票方式对发行申请进行表决，提出审核意见。证监会或者国务院授权的部门应当自受理证券发行申请文件之日起 3 个月内作出决定；不予核准或者审批的应当作出说明。证券发行申请经核准或者经审批，发行人应当依照法律、行政法规的规定，在证券公开发行前，公告公开发行募集文件，并将该文件置备于指定场所供公众查阅。发行证券的信息依法公开前，任何知情人不得公开或者泄露该信息。发行人不得在公告公开发行募集文件之前发行证券。证监会或者国务院授权的部门对已作出的核准或者审批证券发行的决定，发现不符合法律、行政法规规定的，应当予以撤销；尚未发行证券的，停止发行；已经发行的，证券持有人可以按照发行价并加算银行同期存款利息，要求发行人返还。股票依法发行后，发行人经营与收益的变化，由发行人自行负责；由此变化引致的投资风险，由投资者自行负责。

二、证券承销

证券承销是指证券承销机构以一定方式在法定或约定时间内销售发行人公开发行的证券，并由此收取承销费用的行为。

(一)证券承销的方式

承销分为代销与包销。代销与包销的不同之处在于代销为一般的委托代理关系，是在法定或约定的期限内不能完成证券发售任务时，余额退还发行人的证券承销方式。包销包括余额包销和全额包销，余额包销是指证券公司在相关的时间内不能全部售出发行证券的，自己买下全部余额，向发行人支付证券发行款的行为；全额包销指承销商一次购进全部证券，然后再自行或委托中间商出售于投资大众，并支付发行人全部款项的行为。

(二)承销协议内容

证券公司与发行人必须签订承销协议，协议应载明以下事项：①当事人的名称、住所及法定代表人姓名、名称、住所和法定代表人表明合同主体的身份；②代销、包销证券的种类、数量、金额及发行价格；③代销、包销的期限及起止日期；④代销、包销的付款方式及日期。如果没有载明付款方式与地点，发行人应在证券公司所在地以公平合理的方式(如转账)结算；⑤代销、包销的费用和结算方式。这是合同的基本内容之一，没有此项规定，则会导致合同无效；⑥违约责任；⑦国务院证券监督管理机构规定的其他事项。

此外，由于每次承销业务都或多或少有其特点，承销协议还应包括双方当事人所约定的其他内容。

(三)证券承销的规则

公开发行证券的发行人有权依法自主选择承销的证券公司。证券公司不得以不正当竞争手段招揽证券承销业务。证券公司承销证券，应当对公开发行募集文件的真实性、准确性、完整性进行核查；发现含有虚假记载、误导性陈述或者重大遗漏的，不得进行销售活动；已经销售的，必须立即停止销售活动，并采取纠正措施。向社会公开发行的证券票面总值超过人民币 5000 万元的，应当由承销团承销。承销团应当由主承销和参与承销的证券公司组成。

证券的代销、包销期最长不得超过 90 日。证券公司在代销、包销期内，对所代销、包销的证券应当保证先行出售给认购人，证券公司不得为本公司事先预留所代销的证券和预先购入并留存所包销的证券。证券公司包销证券的，应当在包销期满后的 15 日内，将包销情况报证监会备案。证券公司代销证券的，应当在代销期满后的 15 日内，与发行人共同将证券代销情况报证监会备案。

股票发行采取溢价发行的，其发行价格由发行人与承销的证券公司协商确定，报证监会核准。

第三节　证券交易及其信息公开

证券交易是证券流动性价值的体现。投资者一般都是通过所持证券的增值以及其价格变动获得交易机会来获利的。特别是在一个投机的市场上，通过证券交易获利成了主要手段。《证券法》对证券交易有较严格的限制，并禁止非法交易行为。信息公开是减少非法交易的重要手段。

一、证券交易的概念

证券交易，是指已发行并被投资者认购的证券进行转让、买卖的活动。证券交易一般分为两种形式，一种形式是上市交易，是指证券在证券交易所集中交易挂牌买卖。凡经批准在证券交易所内登记买卖的证券称为上市证券。证券能在证券交易所上市交易的公司，称为上市公司。另一种形式是上柜交易，是指公开发行但未达上市标准的证券在证券柜台交易市场买卖。

二、证券交易的一般规则

允许交易的证券，必须是依法发行并交付的证券。所谓依法发行并交付，是指证券的发行是完全按照有关法律的规定进行的，符合法律规定的条件和程序，具有法律依据，通过发行程序并已经将证券交付给购买者。非依法发行的证券，不得买卖。依法发行的股票或者公司债券及其他证券，除有特别限制以外，都允许依法进行交易。

经依法核准的上市交易的证券在证券交易所挂牌交易，必须采用公开的集中竞价交易方式。证券交易的集中竞价实行价格优先、时间优先的原则；即买方出价高的优先买方出价低的，卖方出价低的优先卖方出价高的，多数卖方中出价最低的与多数买方中出价最高的优先成交，以此类推，连续竞价；并在出价相同时，由最先出价者优先成交。大宗交易、协议转让从其规定。

证券交易主要以现货进行交易，即证券交易达成后，按当时的价格进行实物交割的交易方式，但开通融资融券、期货账户的投资者也可进行融资融券及期货交易。

证券交易所、证券公司、证券登记结算机构从业人员、证券监督管理机构工作人员和法律、行政法规禁止参与股票交易的其他人员，在任期或者法定限期内，不得直接或者以化名、借他人名义持有、买卖股票，也不得收受他人赠送的股票。

为股票发行出具审计报告、资产评估报告或者法律意见书等文件的专业机构和人员，在该股票承销期内和期满后 6 个月内，不得买卖该种股票。此外，为上市公司出具审计报告、资产评估报告或者法律意见书等文件的专业机构和人员，自接受上市公司委托之日起至上述文件公开后 5 日内，不得买卖该种股票。

持有一个股份有限公司已发行股份 5%的股东，应当在其持股数额达到该比例之日起 3 日内，向该公司报告，公司必须在接到报告之日起 3 日内向证监会报告；属于上市公司的，应当同时向证券交易所报告。上述股东将其所持有的股票在买入后 6 个月内卖出，或者在卖出后 6 个月内又买入，由此所得收益归该公司所有，公司董事会应当收回该股东所得收益。公司董事会不按规定执行的，其他股东有权要求董事会执行。如董事会不执行，以致公司遭受损害的，负有责任的董事依法承担连带赔偿责任。但是，证券公司从事证券包销业务，因购入售后剩余股票而持有 5%以上股份的，卖出该部分股票时不受 6 个月时间的限制，即可以在 6 个月之内将该部分股票卖出。

【专栏 13-5】

证券交易的程序

三、证券上市交易的条件

证券上市是指证券交易所依据一定的标准承认并接纳发行人的有价证券在交易所市场上交易，进行自由公开买卖。申请证券上市交易，应当向证券交易所提出申请，由证券交易所依法审核同意，并由双方签订上市协议。除政府公债等豁免证券按主管机关通知，可直接于交易所买卖外，其余证券上市必须满足法定条件，由其发行人提出申请，经交易所审查，主管机关核准后，才能上市。

(一)股票上市

1. 股票上市交易的条件

《证券法》第五十条规定，股份有限公司申请股票上市必须符合下列条件：①股票经国务院证券管理机构核准已公开发行。即股份有限公司要成为上市公司的先决条件是公司股票已向社会公众公开发行，属募集设立的股份有限公司。②公司股本总额不少于人民币3000 万元。这里的股本总额包括向社会公众公开发行的投票和发起人认购及向特定投资者发行的股票的总和。③公开发行的股份达到公司股份总数的 25%以上；公司股本总额超过人民币 4 亿元的，公开发行股份的比例为 10%以上。④公司最近 3 年无重大违法行为，财务会计报告无虚假记载。

证券交易所可以规定高于前款规定的上市条件，并报国务院证券监督管理机构核准。

2. 股票上市的程序

(1) 上市申请。股票上市交易应向交易所提出申请，申请时应提交下列文件：①上市报告书；②申请上市的股东大会决议；③公司章程；④公司营业执照；⑤依法经会计师事务所审计的公司最近 3 年的财务会计报告；⑥法律意见书和证券公司的推荐书；⑦最近一次的招股说明书。此外，还包括证券交易所上市规则规定的其他文件。

(2) 证券交易所核准同意。交易所收到发行人提交的上市申请及上述规定的有关文件后，应当进行审查，决定是否同意发行人上市交易，并通知当事人。

(3) 签订上市协议。交易所同意发行人的上市申请后，应当自接到该股票发行人提交的前述规定的文件之日起 6 个月内，安排该股票上市交易。证券交易所并就有关情况报送中国证监会备案，同时向申请人出具“上市通知书”，申请人接到通知书后，应与证券交易所签订上市协议书。

(4) 上市公告。签订上市协议的公司应当在上市交易的 5 日前公告股票上市的有关文件，并将该文件置备于指定场所供公众查阅。上市公司除公告上述规定的上市申请文件外，还应当公告下列事项：①股票获准在证券交易所交易的日期；②持有公司股份最多的前 10 名股东名单和持股数额；③公司的实际控制人；④董事、监事、经理及有关高级管理人员的姓名及其持有本公司股票和债券的情况。

(5) 挂牌交易。在公开上市公告书后，申请上市的股票将根据证券交易所安排和上市公告书披露的上市日期挂牌交易，直至该股票丧失上市条件。

3. 上市保荐

我国《证券法》在证券发行和证券上市的两个环节分别制定了保荐人制度。在发行阶段，保荐机构应当严格履行法定职责，遵守业务规则和行业规范，对发行人的申请文件和信息披露资料进行审慎核查，督导发行人规范运行，对其他中介机构出具的专业意见进行核查，对发行人是否具备持续盈利能力、是否符合法定发行条件作出专业判断，并确保发行人的申请文件和招股说明书等信息披露资料真实、准确、完整、及时。

在证券完成发行工作准备上市阶段，保荐机构推荐发行人证券发行上市，应当按照法律、行政法规和证监会的规定，对发行人及其发起人、大股东、实际控制人进行尽职调查、审慎核查，根据发行人的委托，组织编制申请文件并出具推荐文件。

4. 暂停和终止股票上市

上市公司有下列情形之一的，由证券交易所决定暂停其股票上市交易：①公司股本总额、股权分布等发生变化不再具备上市条件；②公司不按照规定公开其财务状况，或者对财务会计报告作虚假记载，可能误导投资者；③公司有重大违法行为；④公司最近 3 年连续亏损；⑤证券交易所上市规则规定的其他情形。

上市公司有下列情形之一的，由证券交易所决定终止其股票上市交易：①公司股本总额、股权分布等发生变化不再具备上市条件，在证券交易所规定的期限内仍不能达到上市条件；②公司不按照规定公开其财务状况，或者对财务会计报告作虚假记载，且拒绝纠正；③公司最近 3 年连续亏损，在其后一个年度内未能恢复盈利；④公司解散或者被宣告破产；⑤证券交易所上市规则规定的其他情形。

(二)债券上市

《证券法》第五十七条规定："公司申请公司债券上市交易，应当符合下列条件：①公司债券的期限为 1 年以上；②公司债券实际发行额不少于人民币 5000 万元；③公司申请债券上市时仍符合法定的公司债券发行条件。"

公司在向证券交易所提出公司债券上市交易申请时，应提交下列文件：①上市报告书；②申请上市的董事会决议；③公司章程；④公司营业执照；⑤公司债券募集办法；⑥公司债券的实际发行数额。此外，还有证券交易所上市规则规定的其他文件。申请可转换为股票的公司债券上市交易，还应当报送保荐人出具的上市保荐书。

公司债券上市交易申请经证券交易所审核同意后，签订上市协议的公司应当在规定的期限内公告公司债券上市文件及有关文件，并将其申请文件置备于指定场所供公众查阅。

公司债券上市交易后，公司有下列情形之一的，由证券交易所决定暂停其公司债券上市交易：①公司有重大违法行为；②公司情况发生重大变化，不符合公司债券上市条件；③公司债券所募集资金不按审批机关核准的用途使用；④未按照公司债券募集办法履行义务；⑤公司最近 2 年连续亏损。

公司如有上述第①、④项所列情况之一，经查实后果严重的，或有上述第②、③、⑤项所列情况之一的，在限期内未能清除的，则由交易所决定终止该公司债券上市。公司解散、依法被责令关闭或者宣告破产的，由证券交易所终止其公司债券上市。

四、禁止的证券交易行为

证券法公正原则的立法宗旨就在于通过法律手段禁止内幕交易、操纵市场、欺诈客户等行为，保证投资者在证券市场获得公平、公正的待遇。

(一)禁止内幕交易

内幕交易是指发行证券公司的董事、监事、经理等内部人员及其他市场相关人员，直接或间接利用其地位、职务的便利或控制关系，获取发行人尚未公开的、对其证券价格有重大影响的信息，自己或通过他人进行证券交易，从中牟利或避免损失的行为。

内幕人员。下列人员为知悉证券交易内幕信息的内幕人员：①发行人的董事、监事、高级管理人员；②持有公司 5%以上股份的股东及其董事、监事、高级管理人员，公司的实际控制人及其董事、监事、高级管理人员；③发行人控股的公司及其董事、监事、高级管理人员；④由于所任公司职务可以获取公司有关内幕信息的人员；⑤证券监督管理机构工作人员以及由于法定职责对证券的发行、交易进行管理的其他人员；⑥保荐人、承销的证券公司、证券交易所、证券登记结算机构、证券服务机构的有关人员；⑦证监会规定的其他人。

内幕信息。证券交易活动中，涉及公司的经营、财务或者对该公司证券的市场价格有重大影响的尚未公开的信息，称为内幕信息。

下列各项信息皆属内幕信息：①发生可能对上市公司股票交易价格产生较大影响的投资者尚未得知的重大事件，如经营范围的重大变化、重大投资行为，发生重大债务与诉讼等；②公司分配股利或者增资的计划；③公司股权结构的重大变化；④公司债务担保的重大变更；⑤公司营业用主要资产的抵押、出售或者报废一次超过该资产的 30%；⑥公司的董事、监事、经理、副经理或者其他高级管理人员的行为可能依法承担重大损害赔偿责任；⑦上市公司收购的有关方案；⑧证监会认定的对证券交易有显著影响的其他重要信息。

知悉证券交易内幕信息的知情人员或者非法获取内幕信息的其他人员，不得买入或者卖出所持有的该公司的证券，或者泄露该信息或者建议他人买卖该证券。

(二)禁止操纵证券交易价格

操纵证券交易价格是指在证券市场中，制造虚假繁荣、虚假价格、诱导或者迫使其他投资者在不了解真相的情况下作出错误投资决定，使操纵者获利或减少损失的行为。

操纵证券交易价格实质上是一种对不特定人的欺诈行为。操纵者利用非法手段，使投资者产生投资决策失误，并以此获利。为了保护投资者的利益，维持证券交易公正合理地进行，必须严格禁止操纵市场行为。

我国《证券法》规定，禁止任何人以下列手段获取不正当利益或者转嫁风险：①通过单独或者合谋，集中资金优势、持股优势或者利用信息优势联合或者连续买卖，操纵证券交易价格；②与他人串通，以事先约定的时间、价格和方式相互进行证券交易或者相互买卖并不持有的证券，影响证券交易价格或者证券交易量；③在自己实际控制的账户之间进行证券交易，影响证券交易价格或者证券交易量；④以其他方法操纵证券交易价格。

(三)禁止传播虚假信息

禁止国家工作人员、新闻传播媒介从业人员和有关人员编造并传播谣言或者虚假信息，严重影响证券交易。禁止证券交易所、证券公司、证券登记结算机构、社会中介机构及其从业人员，证券业协会、证券监督管理机构及其工作人员，在证券交易活动中作出虚假陈述或者信息误导。

证券交易信息主要通过各种传播媒介来进行传播，其影响面广，且往往具有一定的权威性。因此，各种传播媒介在传播有关证券信息时，必须做到真实、客观，不得利用传播媒介误导投资者。

(四)禁止证券欺诈

在证券交易中，禁止证券公司及其从业人员从事下列损害投资者利益的欺诈行为：①违背客户的委托为其买卖证券；②不在规定时间内向客户提供交易的书面确认文件；③挪用客户所委托买卖的证券或者客户账户上的资金；④未经客户的委托，擅自为客户买卖证券，或者假借客户的名义买卖证券；⑤为牟取佣金收入，诱使客户进行不必要的证券买卖；⑥利用传播媒介或者通过其他方式提供、传播虚假或者误导投资者的信息；⑦其他违背客户真实意思表示，损害客户利益的行为。例如，证券经营机构不按国家有关法规和证券交易场所业务规则的规定处理证券买卖委托；证券经营机构保证客户的交易收益或者允许赔偿客户的投资损失等。

我国《证券法》还规定，在证券交易中，禁止法人非法利用他人账户从事证券交易；禁止法人出借自己或者他人的证券账户；禁止任何人挪用公款买卖证券。

五、上市公司信息公开

《证券法》对上市公司信息公开有严格的要求，从上市公司招股开始就要求其披露相关信息，有的甚至要求在招股前应进行相关信息预披露。其信息公开还必须符合相关原则。

(一)信息公开的含义

信息公开又称信息披露，是指证券发行人按照法定要求将自身财务、经营等情况向证券管理部门和证券交易所报告，并向投资人公告的活动。信息公开制度是规定信息公开的内容、时间、方式、程序等事项的法律规范。信息公开制度是监管证券市场的重要手段，是证券市场贯彻公开原则的具体体现。

证券发行时的信息公开称为初次公开或发行公开，发行信息披露的文件主要有招股说明书、招股说明书摘要和招股说明书(申报稿)等；证券上市时及上市后的信息公开称为持续公开或继续公开，信息公开的义务人主要是上市公司。我们这里主要讨论后者。

(二)信息公开的标准

信息公开的标准主要有以下几个。

(1) 真实性。真实性就是要求公开的信息内容必须符合上市公司的实际经营状况，不得有任何虚假记载。强调真实原则，是努力将上市公司所公开的信息客观化，排除对投资者投资判断活动的人为干扰，用投资判断的真实性来促进投资判断活动的公平性。

(2) 准确性。准确性就是要求公司在公开信息时必须确切表明其含义，其内容不得使人产生误解，不得有误导性陈述，使投资者难以通过其陈述获得准确的信息。

(3) 完整性。完整性就是要求必须将能够影响证券市场价格的重大信息都予以公开，不能有重大遗漏，不能将法定事项部分或全部不予记载，或者未予公开。对于投资者整体来说，上市公司将各种影响股票市场价格的重大信息都予以公开，是投资判断正确性和公平性的前提条件。在防止内幕交易方面，完整原则具有更为重要的作用。

(4) 及时性。信息具有动态性，信息越新，其利用价值也就越高。反之，陈旧的信息可能因环境的变化而变得毫无利用价值。信息披露的及时性要求披露义务人在定时的信息披露中披露最新的信息，在有重大事件发生而可能影响证券的投资价值时，披露义务人应迅速行动，及时披露相关信息。

(5) 易解性。公开披露的信息的受体大部分是不具有专业技能的普通公众投资者，而考虑到成本和交易习惯的因素，一般的公众投资者通常只是自行分析判断相关信息，因此，公开资料的易解性比较重要。信息披露的易解性要求披露人尽量以明确、浅显的语言来表述相关信息，尽量使所公开的信息通俗易懂。

(三)持续信息公开的内容

1. 定期报告

(1) 中期报告。股票或者公司债券上市交易的公司，应当在每一会计年度的上半年结束之日起 2 个月内，向国务院证券监督管理机构和证券交易所提交记载以下内容的中期报告，并予公告：①公司财务会计报告和经营情况；②涉及公司的重大诉讼事项；③已发行的股票、公司债券变动情况；④提交股东大会审议的重要事项；⑤国务院证券监督管理机构规定的其他事项。

(2) 年度报告。股票或者公司债券上市交易的公司，应当在每一会计年度结束之日起 4 个月内，向国务院证券监督管理机构和证券交易所提交记载以下内容的年度报告，并予公告：①公司概况；②公司财务会计报告和经营情况；③董事、监事、经理及有关高级管理人员简介及其持股情况；④已发行的股票、公司债券情况，包括持有公司股份最多的前 10 名股东名单和持股数额；⑤公司的实际控制人；⑥国务院证券监督管理机构规定的其他事项。

(3) 季度报告。上市公司在第 1 季度和第 3 季度结束后 1 个月内应依法公开披露其季度报告。

2. 临时报告

发生可能对上市公司股票交易价格产生较大影响的重大事件，投资者尚未得知时，上市公司应当立即将有关该重大事件的情况向证监会和证券交易所报送临时报告，并予公告，说明事件的起因、目前的状态和可能产生的法律后果。

上述所称重大事件主要包括：①公司的经营方针和经营范围的重大变化；②公司的重大投资行为和重大的购置财产的决定；③公司订立重要合同，而该合同可能对公司的资产、负债、权益和经营成果产生重要影响；④公司发生重大债务和未能清偿到期重大债务的违约情况；⑤公司发生重大亏损或者遭受超过净资产 10%以上的重大损失；⑥公司生产经营的外部条件发生的重大变化；⑦公司的董事、1/3 以上监事或者经理发生变动；⑧持有公司 5%以上股份的股东或者实际控制人，其持有股份或者控制公司的情况发生较大变化；⑨公司减资、合并、分立、解散及申请破产的决定；⑩涉及公司的重大诉讼，股东大会、董事会决议被依法撤销或者宣告无效；⑪公司涉嫌犯罪被司法机关立案调查，公司董事、监事、高级管理人员涉嫌犯罪被司法机关采取强制措施；⑫证监会规定的其他事项。

(四)信息公开的监督管理

证监会对上市公司年度报告、中期报告、季度报告、临时报告以及公告的情况进行监督，对上市公司分派或者配套新股的情况进行监督。证监会、证券交易所、承销的证券公司及有关人员，对公司依照法律、行政法规规定必须作出的公告，在公告前不得泄露其内容。

依照法律、行政法规规定必须作出的公告，应当在国家有关部门规定的报刊上或者在

专项出版的公报上刊登，同时将其置备于公司住所、证券交易所，供社会公众查询。

发行人、承销的证券公司公告招股说明书、公司债券募集办法、财务会计报告、上市报告文件、年度报告、中期报告和临时报告，存在虚假记载、误导性陈述或者有重大遗漏，致使投资者在证券交易中遭受损失的，发行人、承销的证券公司应当承担赔偿责任，发行人、承销的证券公司的负有责任的董事、监事、经理应当承担连带赔偿责任。

上市公司经核准上市之后，由于法定情形的出现，如有重大违法行为或不再具备其他上市条件，证券交易所应当取消其上市资格。当上市公司的资格被取消时，应当及时进行公告。证券交易所经授权在作出有关取消上市公司上市资格的决定及公告的同时，应当报证监会备案。

第四节　上市公司收购

上市公司收购是上市公司做大做强的重要手段，由于上市公司是公众公司，影响公众投资者的利益，所以我国《证券法》对此有较详细的规定。

一、上市公司收购的概念与种类

(一)上市公司收购的概念

上市公司的收购是指当事人为取得或巩固对某一上市公司的控制权而购入该公司发行在外的股份的行为。实施收购行为的人称为收购人，收购目标公司称为被收购公司，也叫目标公司。

(二)上市公司收购的种类

上市公司收购的形式多种多样，依不同的标准可分为不同的类型。

(1) 全面收购和部分收购。根据收购要约中对收购所要达到的持股总数有无要求，上市公司收购可分为全面收购和部分收购。全面收购的收购要约中没有持股总量的要求；部分收购的收购要约中有持股总数的要求，并对受要约人的应约股份按比例接纳。

(2) 自愿收购和强制收购。根据收购是否为法律强制性义务，上市公司收购可以分为自愿收购和强制收购。自愿收购是投资者及其一致行动人持有一个上市公司的股份达到一定比例时，自主决定通过发出收购要约以增持目标公司股份。要约人按照自己的收购意愿发出收购要约，并按照在要约中确定的收购价格购入应约人的股份。强制收购是投资者及其一致行动人持有一个上市公司的股份达到一定比例限制时，如愿意继续增持股份的，应向上市公司所有股东发出收购要约，表示愿意以收购要约中的条件购买该上市公司的股份。

(3) 场内收购和场外收购。根据收购是否在证券交易所内进行，上市公司收购可分为场内收购和场外收购。凡是在证券交易所内上市的目标公司的收购，称为场内收购；反之，则称为场外收购。场外收购必须经证券监督管理机构特别批准方可进行。

(4) 根据收购者发出收购要约前是否与目标公司沟通，可分为友好收购和敌意收购；根据收购所要控制的目标和采取的方式不同，可分为直接收购和间接收购；根据收购价格的确定方式不同，可分为协议收购、公开收购和自由竞价收购；根据收购的代价不同，可分为现金收购和股权交换等。

二、上市公司收购的一般规则

我国《证券法》在上市公司收购的方式、信息披露和强制要约等方面都有详细规定，当事人必须认真履行相应的义务。

(一)收购方式

《证券法》规定上市公司收购可以采取要约收购、协议收购及其他合法方式。

(1) 要约收购。要约收购是指当投资者持有一个上市公司的股份达到一定比例时，如果进行收购，则应向目标公司的所有股东发出收购上市公司全部或部分股份的要约，并按收购要约收购目标公司股份的一种收购方式。

(2) 协议收购。协议收购是指收购人通过与上市公司的管理层或者目标公司的股东反复磋商，达成协议，并按照协议所规定的收购条件、收购价格、收购期限以及其他规定事项，收购上市公司股份的收购方式。

(二)持股披露规则

《证券法》规定了上市公司收购的持股披露制度，具体有以下两方面的内容。

第一，通过证券交易所的证券交易，投资者持有或者通过协议、其他安排与他人共同持有一个上市公司已发行的股份达到 5%，应当在该事实发生之日起 3 日内，向证监会、证券交易所作出书面报告，通知该上市公司，并予公告；在上述期限内，不得再行买卖该上市公司的股票。书面报告和公告的具体内容包括：①持股人的名称、住所；②所持有的股票的名称、数量；③持股达到法定比例或者持股增减变化达到法定比例的日期。

第二，投资者持有或者通过协议、其他安排与他人共同持有一个上市公司已发行的股份达到 5%后，其所持该上市公司已发行的股份比例每增加或者减少 5%，应当依照上述规定进行报告和公告。在报告期限内和作出报告、公告后 2 日内，不得再行买卖该上市公司的股票。

(三)强制要约规则

强制投资者发出收购要约的条件包括：①投资者持有或者通过协议、其他安排与他人共同持有一个上市公司已发行的股份达到 30%；②投资者控制上市公司已经发行股份总数的 30%，是通过证券交易所的证券交易产生或通过协议产生的；③投资者继续收购上市公司的股份。

投资者应依法向被收购的上市公司的所有股东发出收购要约，不能只向被收购的上市公司的部分股东发出收购要约。收购上市公司部分股份的，应当约定被收购的上市公司股东承诺出售的股份数额超过预定收购的股份数额的，收购人按比例进行收购。对于协议收购达到 30%的，证监会可以豁免收购人的要约收购义务。

三、上市公司收购程序

要约收购是收购方向目标公司股东发出收购要约而进行的收购，它是上市公司收购的一种最常见、最典型的方式。

(一)要约收购的程序

(1) 聘请财务顾问，制作并报送上市公司收购报告书。收购人在依照规定向国务院证券监督管理机构和证券交易所报送上市公司收购报告书之日起 15 日后，公告其收购要约。在该期限内，证监会发现上市公司收购报告书不符合法律、行政法规规定的，应当及时告知收购人，收购人不得公告其收购要约。收购人应当聘请在中国注册的具有从事财务顾问业务资格的专业机构担任财务顾问，否则不得收购上市公司。上市公司收购报告书应当包括以下内容：①收购人的名称、住所；②收购人关于收购的决定；③被收购的上市公司名称；④收购目的；⑤收购股份的详细名称和预定收购的股份数额；⑥收购的期限、收购的价格；⑦收购所需资金额及资金保证；⑧报送上市公司收购报告书时所持有被收购公司股份数占该公司股份总数的比例等事项。

(2) 要约公告的发布和效力。收购人在依照法律规定报送上市公司收购报告书之日起 15 日后，公告其收购要约。收购要约的期限不得少于 30 日，并不得超过 60 日。在收购要约的有效期限内，收购人不得撤回其收购要约；收购人需要变更收购要约中事项的，必须事先向国务院证券监督管理机构及证券交易所提出报告，经获准后，予以公告。收购要约的不可撤回，旨在保护广大投资者的利益，但其中的灵活规定也充分兼顾了我国证券市场的特殊性。收购要约中提出的各项收购条件，适用于被收购公司所有的股东，这体现证券市场的公平原则。收购要约一经发出，在要约期限里要约收购便成为上市公司收购的唯一方式，我国《证券法》第九十三条规定："采取要约收购方式的，收购人在收购要约期限内，不得采取要约规定以外的形式和超出要约的条件买卖被收购公司的股票。"

(3) 终止交易与强制收购。收购期限届满，被收购公司股权分布不符合上市条件的，该上市公司的股票应当由证券交易所依法终止上市交易；其余仍持有被收购公司股票的股东，有权向收购人以收购要约的同等条件出售其股票，收购人应当收购。收购行为完成后，被收购公司不再具备股份有限公司条件的，应当依法变更企业形式。

(二)协议收购的程序

协议收购是一种善意收购。在我国目前的上市公司购并中，协议收购是最常采用的方式，但我国《证券法》对协议收购的规定却较为简单。采取协议收购方式的，收购人可以依照法律、行政法规的规定同被收购公司的股东以协议方式进行股权转让。以协议方式收购上市公司时，达成协议后，收购人必须在 3 日内将该收购协议向证监会及证券交易所作出书面报告，并予公告。在未作出公告前不得履行收购协议。采取协议收购方式的，协议可以临时委托证券登记结算机构保管协议转让的股票，并将资金存放于指定的银行。

(三)收购结束公告

在上市公司收购中，收购人对所持有的被收购的上市公司的股票，在收购行为完成后

的 12 个月内不得转让。通过要约收购或者协议收购方式取得被收购公司股票并将该公司撤销的，属于公司合并；被撤销公司的原有股票，由收购人依法更换。收购上市公司的行为结束后，收购人应当在 15 日内将收购情况报告证监会和证券交易所，并予公告。

上市公司收购中涉及国家授权投资机构持有的股份的，应当按照国务院的有关规定，经有关主管部门批准后方可进行。

第五节　证券交易所及证券服务机构

证券发行和交易都必须在一定的场所进行，证券交易所就是这样的场所。证券服务机构是为证券发行与交易服务依法设立的组织。

一、证券交易所

证券交易所是为证券集中交易提供场所和设施，组织和监督证券交易，实行自律管理的法人。

(一)证券交易所的概念和特征

证券交易所有公司制和会员制两种，我国 1990 年 11 月 26 日设立的上海证券交易所和 1991 年 4 月 11 日设立的深圳证券交易所均属会员制证券交易所，具有如下特征：①它属于会员制事业法人，依法独立享有民事权利和承担民事义务；②它为证券的集中竞价交易提供场所，本身不从事任何证券的买卖；③它履行或者设定严格的证券上市、交易规则，在法定权限内对证券上市人、会员等进行监督；④它应当依法定条件设立。

证券交易所的设立和解散由国务院决定。设立证券交易所必须制定章程，但章程的制定和修改，必须经国务院证券监督管理机构批准。

(二)证券交易所的功能

证券交易所具有以下几方面的功能。

(1) 保证证券交易的连续性。在证券交易所里，由于各类证券品种都是公开挂牌交易，所以在开市期间，需要减少价格涨落过甚的市场风险，保证整个证券市场能连续、平稳发展。

(2) 形成公平的交易价格。由于实行集中竞价，证券交易价格根据证券的供求关系确定，因此，通过公开和竞争的方式产生的交易价格，较为公平合理。证券竞价交易采用集合竞价和连续竞价两种方式。集合竞价是指对一段时间内接受的买卖申报一次性集中撮合的竞价方式。连续竞价是指对买卖申报逐笔连续撮合的竞价方式。

(3) 为证券交易各方提供优良服务。证券交易所为证券交易各方提供的场地设施和各种服务，如通信系统，计算机设备，办理证券的结算、过户等，使证券交易各方能迅速、便捷地完成各项证券交易活动。

(4) 维护证券市场秩序。证券交易所是管理和控制整个证券市场的第一线自律性监管机构。它通过制定和执行交易所的交易规则和交易制度，控制市场风险，处分违规者，从而达到维护市场秩序的目的。

(三)证券交易所的职责

我国《证券法》规定的证券交易所的职责包括：①提供证券交易的场所和设施。②制定证券交易所的业务规则。证券交易所依法制定集中竞价交易的有关规则、会员管理规定、会员场上经纪人和清算交割人员及证券交易所从业人员业务规则等。③接受上市申请、安排证券上市。④决定停牌或临时停市。因突发性事件而影响证券交易的正常进行时，证券交易所可以采取技术性停牌的措施；因不可抗力的突发性事件或者为维护证券交易的正常秩序，证券交易所可以决定临时停市。⑤对会员进行监管。证券交易所有权要求会员提供有关文件，对会员违法或不再具备会员资格的，应予以开除。会员的场上经纪人违反证券交易所有关规则的，由证券交易所给予纪律处分，情节严重的，撤销其资格，禁止其入场交易。⑥对上市公司进行监督。证券交易所依法监督上市公司的信息公开，设立上市公司档案，对上市公司董事、监事、高管持有本公司股票的进行监督等。⑦管理和公布市场信息。证券交易所公布证券交易行情，并按交易日制作证券市场行情表，予以公告。

二、证券公司

证券公司是指由证监会批准依《公司法》设立的在证券市场上经营证券业务的金融机构。证券公司的业务主要包括承销证券发行、代理买卖证券、自营买卖证券、资产管理、兼并与收购、研究与咨询、代理上市公司还本付息或支付红利等。证券公司的设立应符合法律、法规对证券经营机构的特定条件规定，这些特定条件包括资本、人员、场地和管理制度等四个方面。

(一)具备法定最低资本金

证券公司的法定资本最低限额因其业务范围大小而有所区别。经证监会批准，证券公司可以经营下列部分或者全部业务：①证券经纪；②证券投资咨询；③与证券交易、证券投资活动有关的财务顾问；④证券承销与保荐；⑤证券自营；⑥证券资产管理；⑦其他证券业务。证券公司经营前述第①项至第③项业务的，注册资本最低限额为人民币 5000 万元；经营第④项至第⑦项业务之一的，注册资本最低限额为人民币 1 亿元；经营第④项至第⑦项业务中两项以上的，注册资本最低限额为人民币 5 亿元。证券公司的注册资本应当是实缴资本。

(二)从业人员的资格要求与限制

主要管理人员和业务人员必须具备证券从业资格。对证券公司董事、监事及高级管理人员的从业限制，应遵守《公司法》的相关规定。同时，《证券法》还规定，下列人员不得担任证券公司的董事、监事或者经理：①因违法行为或者违纪行为被解除职务的证券交易所、证券登记结算机构的负责人或者证券公司的董事、监事、高级管理人员，自被解除职务之日起未逾 5 年；②因违法行为或者违纪行为被撤销资格的律师、注册会计师或者投资咨询机构、财务顾问机构、资信评级机构、资产评估机构、验证机构的专业人员，自被撤销资格之日起未逾 5 年。

因违法行为或者违纪行为被开除的证券交易所、证券登记结算机构、证券服务机构、证券公司的从业人员和被开除的国家机关工作人员，不得招聘为证券公司的从业人员。国家机关工作人员和法律、行政法规规定的禁止在公司中兼职的其他人员，不得在证券公司中兼任职务。

(三)拥有固定经营场所和合格的交易设施

场地设施是证券公司业务活动的基本物质条件。我国行政规章对证券公司、营业部的营业场地的面积、安全设备、计算机设施、行情显示与公告设施、资料陈列设施等均有具体要求。例如，证券公司需有主机或终端机与证券交易所集中市场的电脑连接，必须向客户提供必要的操作设施等。

(四)健全的管理制度和分业管理体系

健全的管理制度包括公司章程、从业人员业务规则、纪律规范、处分办法等规定和实践中一系列的行之有效的规程，并有规范的自营业务与经纪业务分业管理的体系，要求两个业务分设两个机构，两套人员，两个账户，分类经营，分类管理，其实质是不能将客户资金与自有资金混合使用。这是保障一个大型证券公司按部就班、稳健运行的内部机制。

三、证券登记结算机构

证券登记结算机构为证券交易提供集中的登记、托管与结算服务，是不以营利为目的的法人。设立证券登记结算机构必须经国务院证券监督管理机构批准。

设立证券登记结算机构，应当具备下列条件：①自有资金不少于人民币 2 亿元；②具有证券登记、托管和结算服务必需的场所和设施；③主要管理人员和业务人员必须具有证券从业资格；④证监会规定的其他条件。

证券登记结算机构的名称中应当标明“证券登记结算”字样。我国现行证券登记结算机构为中国证券登记结算公司，其职能包括：①证券账户、结算账户的设立；②证券的托管和过户；③证券持有人名册登记；④证券交易所上市证券交易的清算和交收；⑤受发行人的委托派发证券权益；⑥办理与上述业务有关的查询；⑦证监会批准的其他业务。

四、其他证券交易服务机构

其他证券交易服务机构还包括证券投资咨询业务、证券资信评级业务、证券发行与交易所涉及的会计、审计及法律业务的机构。

(一)证券投资咨询机构

证券投资咨询机构是指专门从事使用大量的证券信息资料进行系统分析，向证券投资者提供咨询服务的机构。证券投资咨询机构多采用有限责任公司形式。

(1) 证券投资咨询业务。证券投资咨询业务是指从事证券投资咨询业务的机构及其投资咨询人员为投资人提供证券分析、预测或者建议等直接或者间接有偿咨询服务的活动。具体来讲，主要包括：①接受投资人或客户委托，提供证券投资咨询服务；②举办有关证券投资咨询的讲座、报告会、分析会等；③在报刊上发表证券投资咨询的文章、评论、报告，以及通过电台、电视台等公众传播媒体提供证券投资服务；④通过电话、传真、电脑网络等电信设备系统，提供证券投资咨询服务；⑤证监会认定的其他形式。

(2) 投资咨询人员的禁止行为。投资咨询人员的禁止行为包括：①代理委托人从事证券投资；②与委托人约定分享证券投资收益或者分担证券投资损失；③买卖本咨询机构提供服务的上市公司股票；④法律、行政法规禁止的其他行为。

(二)证券资信评估机构

证券资信评估机构是指专门从事证券投资研究，对证券的信用和质量进行评估的法人组织。其开展的业务有：①对发行债券企业进行资信评估；②评定和公布各种有价证券的信用等级；③评定和公布证券公司的信用等级；④对股票发行与上市公司的有关材料进行检查和评估。

(三)会计师事务所、审计师事务所和律师事务所的职责

为证券的发行、上市或者证券交易活动制作、出具审计报告、资产评估报告或者法律意见书等文件的会计师事务所、审计师事务所和律师事务所及其工作人员，必须按照执业规则规定的工作程序出具报告，对其所出具报告内容的真实性、准确性和完整性进行核查和验证，并就其负有责任的部分承担连带责任。

本章小结

证券法是市场经济条件下一个重要的部门法律制度，它所包含的法律关系众多，涉及到法律主体方方面面。从法律关系来看，有证券发行法律关系、证券交易法律关系、证券监管法律关系等。从涉及的主体类别来看，包括证券发行人、投资者、证券承销机构、证券交易所、证券监督管理机构、证券登记结算机构和证券交易服务机构等。在证券市场众多投资者中，中小股民是一个特殊的群体，其权益经常被侵犯，必须给予特别的保护。同时，我国证券市场过于注重融资功能而忽视投资功能，上市公司高价发行股票，部分上市公司质量堪忧，大股东利用自身优势高价卖出、低价买入公司股票等情况的存在，加大了我国证券市场的风险，这是市场各参与方都必须重视的问题。否则，我国证券市场的发展可能受到影响。

复习思考题

1. 简述证券和证券法的概念。
2. 试述证券发行规则。
3. 试述证券交易的一般规定及其禁止行为。
4. 简述证券上市条件和信息公开制度。
5. 试述上市公司收购的概念、收购规则和收购程序。
6. 简述证券交易所的职责。

案例分析

上市公司债券发行的法律问题

恒利发展是在上海证券交易所挂牌的上市公司，股本总额 10 亿元，主营业务为医疗器械研发与生产。恒利发展拟通过非公开发行公司债券的方式筹集 1 亿元收购资金，并初拟了发行方案，内容如下：①拟发行的公司债券规模为 1 亿元，期限 5 年，面值 10 元；②发行对象为不超过 300 名的合格投资者，其中：企事业单位、合伙企业的净资产不得低于 500 万元，个人投资者名下金融资产不得低于 100 万元。

恒利发展召开的临时股东大会对资产重组和公司债券发行事项分别进行了表决，出席该次股东大会的股东共持有 4.5 亿股有表决权的股票，关于资产重组的议案获得 3.1 亿股赞成票，关于发行公司债券的议案获得 2.3 亿股赞成票，该次股东大会宣布两项议案均获得通过。在上述两项方案的表决中，持股比例为 0.1%的股东孙某均投了反对票。根据前述表决结果，孙某认为，两议案的赞成票数均未达到法定比例，不能形成有效的股东大会决议。孙某还对恒利发展通过置换方式出让主业资产持反对意见，遂要求公司回购其持有的恒利发展的全部股份，被公司拒绝。随后，孙某书面请求监事会对公司全体董事提起诉讼，称公司全体董事在资产重组交易中低估了公司主业资产的价值，未尽到勤勉义务，给公司造成巨大损失，应承担赔偿责任，亦被拒绝，孙某遂直接向人民法院提起股东代表诉讼，人民法院裁定不予受理。

根据上述内容，回答下列问题并说明理由：

(1) 公司初拟的非公开发行公司债券方案中，有哪些内容不符合证券法律制度的规定？

(2) 临时股东大会作出的公司债券发行决议，是否符合法定表决权比例？

(3) 恒利发展是否有义务回购股东孙某所持公司的股份？

(4) 人民法院对孙某的起诉裁定不予受理，是否符合法律规定？

(资料来源：2015 年中国注册会计师考试试题)

第十四章 票 据 法

本章导读：

人类社会的交换方式从物物交换到钱货交换是一个重大进步。在原始社会，人们使用以物易物的方式，交换自己所需要的物资，比如一头牛换一把斧头。但是有时候受到用于交换的物资种类的限制，要求甲用于交换的物品必须是乙正好需要的，而乙用于交换的物品也正好是甲所需要的，如果甲用于交换的物品并非乙所需要的，那么交易就无法实现，所以人们不得不寻找一种能够为交换双方都接受的物品。这种物品就是最原始的货币。贝壳、羽毛等不容易大量获取的物品都曾经作为货币使用过。现代贸易基本上都是货物与货币的交换。随着社会经济的进一步发展，商业贸易日趋频繁，交易的范围也逐渐突破了地域的限制，特别是全球经济一体化的发展趋势更推动了各国各地区密切贸易关系的建立，交易额日趋增大，现金交易越来越困难，为了适应贸易活动中方便安全的需要，现代票据制度应运而生。以票据代替现金可以解决现金支付的费时、费力、高成本和低效率的问题，使支付结算更加迅速、便利和安全。特别是交易双方远隔千万里，如何实现隔地支付呢？双方亲自进行交易不现实也不经济，把一大笔巨款邮寄出去风险太大，请专门机构负责运送货币，交易成本太高，那么这些方法不可取，还有什么既简单便捷又经济安全的方法呢？如果选择使用票据，这些问题全都解决了，简言之，付款人只需将一定金额的票据交付或寄给收款人即可达到隔地或同地异处运送一定金额的目的，省去了交易双方当事人诸多麻烦担忧。这即体现了票据的支付和汇兑功能。

学习目标：

本章将围绕票据法的基本核心内容展开，系统讲述票据法律制度的产生发展及其具体内容。通过本章的学习，使读者理解票据的特征，认识票据立法的国际发展趋势，正确掌握票据行为有效成立的构成要件，把握票据权利的具体内容及其行使保全，清楚票据瑕疵含义及其构成要件和法律效果，知道票据丧失后如何采取补救措施保护持票人的权利，并了解我国关于汇票、本票及支票的具体法律规定。

关键概念：

票据(Negotiable Instruments)
票据背书(To Endorse A Bill)
票据贴现(Discount)
票据行为(Act of Bill)
票据权利(Right of Bill)
票据抗辩(Pleading of Negotiable Instruments)
后手(Subsequent Endorser)
汇票(Bill of Exchange)

本票(Promissory Note)
支票(Cheque)
追索权(Recourse)
出票(Draw A Bill)
承兑(Accept or Honor)
付款(Pay)
保证(Warrant or Guarantee)

第一节 票据及票据法

票据法作为市场经济的重要立法，对维持市场的商品和票据交易秩序意义重大。《中华人民共和国票据法》(以下简称《票据法》)的颁布施行既有利于确立票据法律关系，促进票据活动的健康发展，又有利于我国银行支付、结算和信用制度的改革，促进国民经济的持续健康发展。

一、票据的含义

“票据”一词有广义与狭义之分。广义的票据，是指各种经济活动中所使用的表彰财产权的书面凭证，包括钞票、发票、提单、仓单、保单、车票、船票、机票、债券、股票、借据、汇票、本票和支票等。狭义的票据，则是指依照法律规定的形式制成并以无条件支付一定金额为内容，且由《票据法》规范的有价证券。

我国《票据法》中所称的票据为狭义上的票据，是指出票人依法签发的，约定由本人或委托他人在见票时或者在票载日期到来时无条件支付确定的金额给收款人或持票人的一种有价证券。这一定义有以下几层含义。

(1) 票据是一种有价证券。票据权利与票据证券相互关联，票据持有人即为票据权利人，如不持有票据，不能主张行使票据权利。

(2) 票据是出票人与收款人约定由自己或自己委托的人付款的有价证券。票据的付款人既可以是出票人自己，也可以是出票人委托的其他人。正因为付款人的不同，决定了票据的不同种类。

(3) 票据是以无条件支付一定金额为内容的有价证券。无条件支付，是指付款人对合法持票人应当无条件付款；付款人向持票人付款是没有收取对价的权利的；付款人支付票面金额时，不得附带条件，应当无条件地按照票据文义支付。

(4) 票据必须是依《票据法》签发的有价证券。票据无论在内容上还是在形式上，都必须符合《票据法》的规定。当事人必须严格按《票据法》规定在票据上记载有关事项。

二、票据的特征

票据是完全有价证券，具有金钱性、无因性、要式性、文义性及流通性等特征。

(1) 票据的完全有价证券性。这是指证券上权利的发生、移转及行使三者全部与证券的不可分离性。票据权利的产生以作成票据为必要；票据权利的转移以交付票据为必要；

票据权利的行使以持有并提示票据为必要。票据权利与票据证券同时发生、移转和消灭。

(2) 票据的金钱性。票据的发生和存在都是以支付一定金钱为目的和内容，并且是唯一目的与内容。票据的持票人享有向票据上的债务人请求支付票载金额的请求权及追索权，这种付款请求权和追索权本质上都是债权，而且这种债权的内容就是请求支付一定的金额。

(3) 票据的无因性。它是指票据只要符合《票据法》规定的形式要件，票据权利就产生，其效力原则上不受产生票据的原因关系(如买卖、租赁、雇佣等合同关系)的影响。票据原因的无效、撤销和消灭对于票据的效力不产生影响。

(4) 票据的要式性。票据是依《票据法》签发的有价证券，其制作、转让、保证及承兑的方式等，《票据法》都有明确的规定，票据行为必须严格按照《票据法》规定的要素和款式作成，才能产生《票据法》上的效力。

(5) 票据的文义性。根据《票据法》规定，票据上的一切权利义务，只能按照票据上记载的文义来确定。在票据上签章者都应依票据所载文义承担责任。票载文义之外的任何理由、任何事项都不得作为确定票据权利义务的根据。

【专栏 14-1】

票据的无因性

(6) 票据的流通性。流通是票据的重要特征，是票据价值的重要体现。记名票据通过背书及交付的形式进行转让，无记名票据直接通过交付转让。

三、票据的分类

按照不同的分类标准，可对票据进行不同分类。

(一)法律上的分类

我国《票据法》第二条第二款规定：“本法所称票据，是指汇票、本票和支票。”所以，我国《票据法》上的票据只有三种：汇票、本票和支票。

(二)学理上的分类

(1) 自付票据与委托票据。根据出票人是否直接付款，可将票据分为自付票据和委托票据。自付票据是指出票人本人直接对票据无条件付款的票据，如本票。委托票据是指出票人本人不直接承担付款义务，而是委托他人并在票据上加以记载，由他人承担无条件付款义务的票据，如汇票、支票。

(2) 支付票据与信用票据。根据票据的不同功能，可将票据分为支付票据和信用票据。支付票据是指见票即付并只能由银行或者其他金融机构支付的票据，典型的如支票。信用票据是依靠出票人的信用而签发的在出票日后的制定日期才能支付票据金额的票据，如汇票与本票。

(3) 记名票据、无记名票据及指示式票据。根据票据是否记载权利人的名称或姓名，可将票据分为记名票据、无记名票据及指示式票据。记名票据是指在票据上明确记载权利人的名称的票据；无记名票据是指票据上不记载收款人的名称，或把权利人记作“持票人”或“来人”等字样的票据；指示式票据是指在票据上记载的收款人的姓名或名称之后，还附加记载有“或其指定之人”的票据。

(4) 即期票据与远期票据。根据票据上所记载的不同到期日，可将票据分为即期票据和远期票据。即期票据是指持票人需随时提示付款，由出票人见票付款的票据；远期票据是指在票据上记载将来某个日期为到期日，付款人在该日期到来时才付款的票据。

四、票据的功能

总的来讲，票据具有支付、汇兑、信用、流通、融资及结算六大功能。

(1) 支付功能。票据的支付功能，是票据最基本、最原始的功能，票据可以代替现金成为支付工具，这是适应贸易活动中支付方便安全的需要而产生的功能。汇票、本票、支票都具有这一功能，且支票是单纯的支付工具。

(2) 汇兑功能。票据的汇兑功能，是指票据具有异地输送资金的作用。付款人只需要将一定金额的票据交付或寄给收款人即可达到隔地或同地异处运送一定金额的目的。本票、支票都具有这一作用，但票据的汇兑功能主要是通过汇票来实现的。

(3) 信用功能。票据的信用功能，是指票据的出票人可以使用未来可期待取得的资金签发票据，即将未来可取得资金的信用能力转变为当前的支付能力，如远期票据。

(4) 流通功能。票据的流通功能，是指基于票据流通转让的属性，票据权利自由流通，不受民法中有关债权转让与规定的限制，可以节约商品流通环节中的货币资金。票据作为流通工具使用，往往比货币更为简便。

(5) 融资功能。票据的融资功能，是指票据当事人可以通过票据转让或贴现来筹集资金的作用。票据当事人可以利用票据调度资金，这一功能主要通过票据的转让和贴现来实现。

【专栏 14-2】

票据的贴现

(6) 结算功能。票据的结算功能，是指当事人相互持有对方所签发的票据，发生相互支付时，可以用票据进行债务抵销。相互持有的对方票据，可以是相互签发的，也可以是通过背书转让从他人手中取得的对方签发的票据。

五、票据法概述

票据法有广义与狭义之分。广义的票据法是指一国法律体系中所有调整票据关系以及与票据关系有关的其他社会关系的法律规范的总称。狭义的票据法则是指以票据法命名的专门规范票据法律关系的单行法规，如我国的《票据法》。

(一)票据法的历史发展及其国际统一化趋势

1. 票据法的历史发展

近代票据法起源于欧洲中世纪的商人习惯法，依托于 12、13 世纪意大利地中海沿岸城市发展起来的商人法，它主要表现为商业习惯和商业规则，为各国商人所共同接受。大约在 17 世纪以后，随着国家主权的兴起，各国相继颁布自己的商事法律，由此形成了各国成文的票据法。到 20 世纪 30 年代日内瓦统一票据法公约制定之前，世界上曾存在有法国法系、德国法系和英美法系三大有代表性的票据法体系。

2. 票据法的国际统一化趋势

19 世纪末 20 世纪初，票据随着贸易和旅游的发展在国际经济交往中的应用日趋广泛，票据法各自为政的局面已难以适应这一发展，票据立法国际化、统一化问题引起了国际范围的广泛关注。自 20 世纪以来，统一票据法的国际活动主要有三次，分别是：海牙统一票据法会议(制定了《统一票据规则》《统一票据法公约》与《统一支票规则》)、日内瓦统一票据法会议(通过国际统一票据法及与其相关的三个国际公约)及联合国统一票据法活动(签订了《联合国国际汇票和国际本票公约》)。但国际票据立法的冲突依然比较明显，要制定一部大多数国家普遍认同的国际统一票据法，有待国际社会共同努力。

(二)我国票据立法的发展

我国的票据立法始于清朝末年。1929 年，国民政府立法院制定了《票据法》，于 1929 年 9 月 28 日通过，同年 10 月 30 日公布施行，中国历史上第一部票据法从此诞生。次年 7 月 1 日国民政府又公布了《票据法实施法》，这部票据法经过多次修订目前仍在我国台湾地区施行。

新中国成立后，在相当长时期内，我国一直是用行政办法来管理票据，对票据的使用进行严格的限制。进入 20 世纪 80 年代以后，随着经济体制改革，对外开放扩大及商品经济的发展，票据又重新受到人们的重视，调整票据活动的规则也逐步出现，这些规则起初是零散的地方法规和行政规章。直到 1995 年 5 月 10 日，第八届全国人大常委会第十三次会议才通过《中华人民共和国票据法》(简称《票据法》)，并于 1996 年 1 月 1 日起实施；2004 年 8 月 28 日全国人大常委会对《票据法》进行了修订。

第二节 票 据 行 为

票据行为是票据关系人所实施的能引起一定法律后果的行为，在符合有关条件时，票据行为也可以由他人代理进行，但其后果归属于票据关系人本人(见代理的有关规定)。

一、票据行为概述

票据行为有广义与狭义之分。狭义的票据行为，是指票据关系人以发生票据债权债务关系为目的的要式法律行为，主要包括出票、背书、承兑、保证、参加承兑和保付。广义的票据行为，是指以票据上权利义务关系的发生、变更或消灭为目的而为的法律行为，除了包括上述狭义的票据行为外，还包括付款、参加付款、见票、划线和涂销等。

(一)票据行为的特征

票据行为具有以下几个方面的特征。

(1) 要式性。票据行为具有严格的法定行为方式，票据法对每种票据行为都规定了必要的方式，不允许当事人自由决定或变更，否则票据不产生法律效力，票据因此被称为“要式证券”。

(2) 文义性。票据行为的内容完全以票据上的所载文字为准，即使文字记载与实际情况不一致，仍然发生票据上的法律效力，决不允许当事人以票据上文字记载以外的证据对

票据文字记载的内容加以解释或变更，票据因此被称为“文义证券”。

(3) 无因性。票据行为的无因性是指票据行为一旦成立，就与其赖以产生的基础关系(票据原因关系、票据资金关系和票据预约关系)完全分离，该基础关系有效与否，甚至存在与否都不会影响票据行为的效力。

(4) 独立性。票据行为的独立性，是指依法成立的各个票据行为，分别依其在票据上所记载的文义独立发生效力，不受其他票据行为的影响。

(5) 连带性。票据行为的连带性，是指同一票据上的各种票据行为人均对持票人承担连带责任。

(二)票据行为的种类

我国《票据法》规定了出票、背书、承兑和保证四种行为，未规定参加承兑和保付。

(1) 出票。出票是指出票人依照法定款式作成票据并交付于受款人的行为，是创设票据权利的原始行为。它包括“作成”和“交付”两种行为。所谓“作成”就是出票人按照法定款式制作票据，在票据上记载法定内容并签名。所谓“交付”是指根据出票人本人的意愿将其交给受款人的行为。

(2) 背书。背书是指持票人转让票据权利与他人的行为。票据一经背书转让，票据上的权利也随之转让给被背书人。

(3) 承兑。承兑是指汇票的付款人承诺负担票据债务的行为。承兑为汇票所独有。汇票的出票人和付款人之间是一种委托关系，出票人签发汇票，并不等于付款人就一定付款，持票人为确定汇票到期时能得到付款，在汇票到期前向付款人进行承兑提示。

(4) 保证。保证是指除票据债务人以外的第三人为担保票据债务的履行、以负担同一内容的票据债务为目的一种附属票据行为。票据保证适用于汇票和本票，不适用于支票。

二、票据行为的有效要件

票据行为作为一种法律行为，必须同时具备实质有效要件与形式有效要件。

(一)票据行为的实质有效要件

(1) 票据行为人具有票据能力。票据行为人的票据能力，包括票据权利能力和票据行为能力。所谓票据权利能力，是指行为人参与票据法律关系，享受票据权利承担票据义务的主体资格；所谓票据行为能力，是指行为人依法以自己的行为独立参与票据法律关系，行使票据权利履行票据义务的资格。自然人终生享有票据权利能力，且一律平等。法人的票据权利能力始于其成立，终于其消灭。限制民事行为能力人和无行为民事行为能力人为无票据行为能力人。法人的票据行为能力，也始于其设立，终于其消灭。

(2) 票据行为人的意思表示真实。民法上要求的行为人的意思表示必须真实，原则上也适用于票据行为。票据行为在对意思表示真实的具体适用上具有一定的特殊性，即以行为的外观来确定票据行为的效力。只有在直接当事人间或者非善意持票人主张权利的情况下，票据债务人才可以以意思表示不真实为理由进行抗辩。

(3) 票据行为的合法性。票据行为的合法性分为内容合法与形式合法两个方面。通常所讲的票据行为合法，只要求票据行为的形式合法。

(二)票据行为的形式有效要件

1. 票据必须以书面形式作成

《票据法》要求的书面形式，有其严格而具体的含义，不仅要求票据行为必须在特定的纸张上进行，而且对文字字体及书写笔墨等都有明确而具体的规定，票据行为必须符合这些规定，才能产生法律效力。

2. 票据行为人必须在票据上签章

尽管不同的票据行为的内容不同，但“签章”是《票据法》对每一种票据行为所作的共同的强制性要求，票据签章是各种票据行为生效的必备要件。签章是确定票据义务人最基本的要素，只有签章才能确定票据行为人成为票据债务人，并依其签章时的票载文义承担票据义务。《票据法》第七条规定：“票据上的签章，为签名、盖章或者签名加盖章。法人和其他使用票据的单位在票据上的签章，为该法人或者该单位的盖章加其法定代表人或者其授权的代理人的签章名。在票据上的签名，应当为该当事人的本名。”

3. 票据行为必须符合法定的款式

票据行为的款式是指票据行为的记载事项。《票据法》规定的记载事项由于其效力不同，可分为必要记载事项、可以记载的事项、不得记载事项及记载不生票据法效力的事项。

1) 必要记载事项

必要记载事项又可分为绝对必要记载事项和相对必要记载事项。

(1) 绝对必要记载事项，即依《票据法》非记载不可的事项，如漏缺其一则票据无效。绝对必要记载事项一般包括：①票据种类；②票据金额；③出票时间；④无条件支付或无条件委托支付的文字。《票据法》第二十二条、第七十五条、第八十四条详细规定了汇票、本票、支票的绝对应记载事项。

(2) 相对必要记载事项，是指依《票据法》应该记载的事项。相对必要记载事项，也是《票据法》规定必须在票据上记载的事项，若不记载，法律另作相应规定予以推定，并不影响票据的效力，如票据上的付款地、出票地、背书日期和被保证人名称等。

2) 可以记载事项

可以记载事项，又称任意记载事项，是可由当事人按其意愿任意记载的事项，这些事项一旦记载，则产生《票据法》上的效力，如不得转让等。

3) 不得记载事项

不得记载事项，是指按《票据法》规定，不得在票据上记载的事项。这类事项分成两种：一是该类记载无效的事项。该项记载无效，票据仍然有效。例如，背书不得附有条件，若记载有条件，该记载条件无效，背书仍然有效。二是使票据无效的事项。这些事项记载后，整个票据无效。例如，有附条件支付的记载，票据即归无效。

记载不生票据法效力的事项，是指票据上记载了《票据法》规定以外的事项，如签发票据的原因和用途、收款人银行账号等。这种事项的记载不发生《票据法》上的效力，但不影响民法上的效力。

4. 票据行为人必须交付票据

所谓交付，是指票据行为人将记载完毕的票据交给相对人持有。有效的票据行为，除了行为人以书面在票据上记载法定事项并签章外，还需要将票据交付相对人。

第三节 票据当事人的权利

票据当事人的权利包括持票人享有的票据权利、利益偿还请求权和票据债务人基于法定事由享有的票据抗辩权。

一、票据权利

票据权利作为票据当事人的主要权利，其行使目的在于获得票据金额的如数支付。

(一)票据权利的概念与种类

1. 票据权利的概念和特征

票据权利，是指持票人向票据债务人或关系人请求支付一定金额的权利，包括付款请求权和追索权，其有如下特征。

(1) 票据权利是票据持票人向票据债务人行使的一种权利。票据为完全有价证券，票据权利附随在票据之上，票据权利和票据完全结合在一起，行使票据权利，必须以持有并提示票据为前提。

(2) 票据权利是一种单纯的金钱给付请求权。票据是金钱债权证券，是持票人向票据债务人所行使的请求权，该请求权的内容只能是票载数额的货币，而不可能是金钱之外的任何物品或劳务等其他标的物。

(3) 票据权利是双重请求权。票据权利包括付款请求权和追索权两种(或称两次)权利。付款请求权是第一次请求权；在票据到期时付款请求权不获实现或票据到期前因存在法定事由使付款请求权可能得不到实现时，则产生第二次请求权即追索权，这亦可以说是一种补救性权利。

(4) 票据权利是无因性权利。权利人仅凭持票即享有票据权利，至于权利的发生原因以及持票原因，则在所不问，权利人没有义务说明，义务人也没有权利和必要审查追踪。

2. 票据权利的种类

(1) 付款请求权。付款请求权是指持票人向票据主债务人或者票据关系人请求支付票据金额的权利，这是票据上的第一次权利。

(2) 追索权。追索权是指当票据到期得不到付款，或者在到期日前得不到承兑，或者在到期日前发生其他法定原因使票据可能得不到承兑或者付款时，持票人在保全票据权利的基础上，向付款人以外的票据债务人请求支付票据金额及其他法定款项的权利，是票据上的第二次权利。

(二)票据权利的取得

1. 票据权利的原始取得

(1) 出票取得票据权利。出票即创设票据权利，持票人基于出票人的出票取得票据，实现了对票据的占有，原始取得了票据权利。

(2) 善意取得票据权利。善意取得，是指票据受让人依《票据法》所规定的票据转让方式，善意地从无处分权人手中取得票据，从而享有票据权利的一种法律制度。票据的善意取得须同时具备以下条件：①持票人必须是从无处分票据权利的人手中取得票据；②持票人必须是依《票据法》上规定的票据转让方式(背书或者交付)取得票据；③持票人取得票据时必须是善意的，无恶意或重大过失。④持票人必须是给付了相应对价而取得票据。

2. 票据权利的继受取得

【专栏 14-3】

票据权利的善意取得

(1) 《票据法》上的继受取得。持票人按照《票据法》上规定的背书或者交付方式，从有权处分票据人处受让票据权利，或者票据保证人因履行票据义务而取得票据权利，或者是被追索人因清偿债务而取得票据权利。

(2) 一般民商法上的继受取得。持票人按照一般民商法的普通债权的转让、继承、赠与和企业合并等方式取得票据，同时取得票据权利。

(三)票据权利的行使和保全

票据权利的行使，是指票据权利人请求票据义务人履行票据义务的行为。票据权利的保全，是指票据权利人为防止票据权利的丧失而实施的一切行为。

票据权利行使和保全的方法通常有提示票据和依法取证。所谓提示票据，是指在《票据法》规定的期间内，持票人向票据债务人或关系人出示票据，请求其履行票据债务(承兑或支付票据金额)，是行使请求权的前提。所谓依法取证，是指依法取得相关的证据证明持票人曾经依法行使票据权利而遭到拒绝或者根本无法行使票据权利。

持票人行使或者保全票据权利，应当在当事人的营业时间内、在票据当事人的营业场所进行；票据当事人无营业场所的，则在其住所进行。

(四)票据权利的消灭

票据权利的消灭，是指票据权利由于出现法定事由而失去法律效力。这些事实主要有付款、拒绝付款、记载事项的更改、时效期间经过、保全手续欠缺以及民法上规定的债权消灭等。

二、利益偿还请求权

利益偿还请求权，是指当票据权利因时效届满或者手续欠缺而消灭时，票据的持票人享有的，请求票据的出票人或者承兑人在其所受利益限度内予以偿还的权利。

利益偿还请求权的成立要件包括：①须有合格的权利行使人；②票据上的权利曾经有效存在过；③票据权利必须是因时效期限届满或欠缺保全手续而消灭；④出票人或者承兑人只在其因持票人的票据权利丧失而实际享有的利益限度之内负偿还责任。

持票人行使利益偿还请求权，不以持有票据并提示票据为必要，但应提供证明自己能够行使该权利的所有事实。利益偿还请求权的诉讼时效适用我国《民法总则》的一般规定。利益偿还请求权行使的结果是完全地消灭票据权利和《票据法》上的权利。

三、票据抗辩权

票据抗辩权是指票据债务人享有的，依法对票据债权人拒绝履行票据债务的权利。票据抗辩的特征包括：①它是票据债务人所享有的一种权利；②票据债务人行使票据抗辩权以不履行票据债务为目的；③票据债务人行使票据抗辩权必须存在法定的抗辩事由；④票据债务人行使抗辩权必须符合《票据法》的规定。

(一)票据抗辩权的类型

票据抗辩权的类型，也称为票据抗辩法定事由或原因，是指法律规定票据债务人可以对票据的持票人进行抗辩的依据，分为物的抗辩原因和人的抗辩原因两大类。

1. 物的抗辩

物的抗辩，又称“绝对的抗辩”或“客观的抗辩”，是基于票据本身的事由而进行的抗辩。票据债务人可以对一切持票人行使物的抗辩。该抗辩权不因为持票人的不同而受影响，权利行使只和票据本身这个“物”相关。根据抗辩权人范围的不同，又可分为以下两种。

(1) 一切票据债务人可以对一切债权人行使的抗辩。①欠缺票据上应记载事项或记载了票据上不得记载的事项而使票据无效的抗辩，如没有记载票据金额、无签章或记载为有条件付款。②票据上记载的到期日未到或票据上记载的付款地与持票人请求付款的地点不符而对权利人可以行使的抗辩。由于支票限于见票即付不存在到期日，也就不存在此项抗辩。③票据应依法付款或依法提存而使票据权利消灭的抗辩。④票据因法院作除权判决而使票据权利失效的抗辩。

(2) 特定的票据债务人可以对一切债权人行使的抗辩。所谓特定票据债务人，就是有效票据上某一不合法行为的直接相对人。有下列情形之一的，特定的票据债务人可以行使抗辩权：①签章人为民事行为能力欠缺者。签章人及其法定代理人得为此抗辩，不承担票据责任。②无权代理和越权代理。被代理人(本人)得以此抗辩拒绝任何给付请求。③票据伪造、变造。被伪造的人，因其签章系伪造，事实上并未签章，故不负票据责任，得对抗任何持票人。票据上有变造的，在变造前签章，对变造后的文义一概不负责任，可对抗任何持票人。④票据权利行使和保全手续欠缺。持票人行使追索权而欠缺拒绝证明或退票理由书或其他有效证明的，丧失对其前手的追索权，被追索人得以其追索权因保全手续欠缺而消灭为事由，进行抗辩。⑤票据权利因时效期间届满而消灭。⑥对不得转让的票据背书转让的。持票人将载有“不得转让”字样的票据再转让他人的，第三人持票向出票人或原背书人行使权利时，原背书人需依票据上“不得转让”的文义，对其后手的后手行使抗辩权。

2. 人的抗辩

人的抗辩，又称“相对的抗辩”或“主观的抗辩”，是指特定的债务人基于票据本身之外的原因对特定的债权人的抗辩。这种抗辩是基于当事人之间的特定关系而产生的，一旦持票人发生变更，就不得再进行抗辩。人的抗辩包括以下几种。

(1) 一切债务人可以对特定的债权人行使的抗辩。①持票人欠缺或丧失受偿能力。②持票人取得票据时为恶意。持票人要行使票据权利，首先必须具有权利人的资格。③持票人欠缺形式上、实质上的受领资格的抗辩。当持票人所持的票据为记名票据时，持票人必须以背书的连续性来证明其票据权利的存在。

(2) 特定票据债务人可以向特定的票据债权人行使的抗辩。①票据原因关系不合法或不存在或消灭。②欠缺对价。票据直接当事人之间，签发和受领票据是以给付对价为条件的，如持票人未按约提供与票款金额相当的商品或劳务等，债务人可以拒绝履行票据义务。③直接当事人之间特别约定的情势出现。④票据债务已经清偿、抵销或免除而未载于票据上，可对直接当事人抗辩。⑤票据欠缺交付。作成票据尚未交付就被盗或遗失，可对盗窃人或拾得人以票据行为无效为由抗辩，但不得对抗善意第三人。

(二)票据抗辩权行使的限制

票据的抗辩是为了防止不法行为，以保护债务人的合法权益。但对票据的抗辩如不加限制，有关票据债务人随意地抗辩就会影响票据的流通性。对此《票据法》专门对抗辩作出限制：“票据债务人不得以自己与出票人或者持票人的前手之间的抗辩事由，对抗持票人。但是，持票人明知存在抗辩事由而取得票据的除外。”

第四节　票据的瑕疵、票据丧失及补救

票据瑕疵即票据的缺陷，即票据在有效要件方面有所欠缺，瑕疵不同产生的法律后果也不同。如果票据权利人由于非本人原因失去了对票据的占有，可以采取相应的法律救济措施，保障自己的权利。

一、票据的瑕疵

票据的瑕疵是指票据上存在影响票据权利义务关系的票据行为，主要包括票据的伪造、变造与涂销。

(一)票据的伪造

1. 票据伪造的概念及构成要件

票据伪造是指假冒他人的名义或虚构他人名义在票据上进行票据行为并在票据上签章。构成票据伪造行为，必须具备以下要件：①伪造者所为的行为在形式上符合票据行为的要件。票据伪造行为本身并非票据行为，但从该行为的外观看，完全符合法律规定的票据行为的形式要件，否则就不是票据的伪造。②伪造者须假冒他人名义或虚构他人名义在票据上签章，目的是取得非法的票据利益，此乃票据伪造的根本。所谓“假冒”，是指没有得到他人的授权而以他人名义在票据上签章。

2. 票据伪造的法律后果

(1) 对伪造人的法律后果。票据伪造人没有在票据上真正签名或盖章，因而其不承担票据责任，但承担其他法律责任(刑事责任、损害赔偿责任)。

(2) 对被伪造人的法律后果。由于被伪造人自己并没有亲自或依法委托他人在票据上签章，既不承担任何票据责任，也不用对任何人承担其他法律责任。

(3) 对票据上真实签章人的法律后果。票据上的伪造签章不影响票据上其他真实签章的效力，真实的签章人应该承担相应的票据义务。

(4) 对票据的付款人的法律后果。付款人或代理付款人在付款时不存在恶意及重大过失的情形，即只要按照法律规定对票据上的签章及各项记载事项进行了通常的审查，即使其未能辨认出票据上有伪造的签章而付了款，该付款行为有效。但付款人及其代理付款人以恶意或者有重大过失付款的，应当自行承担责任。

(5) 对票据的持票人的法律后果。善意取得伪造票据的持票人，对伪造人以及被伪造人均不能主张票据权利，对真实签章的票据债务人仍然可主张完全的票据权利。

(二)票据的变造

1. 票据变造的概念与构成要件

票据变造是指没有合法变更权限的人，变更除签章以外的其他票据记载事项的行为。构成票据变造必须具备的要件包括：①变造票据必须是没有变更权限的人所为的行为。任何人对票据上记载的票据金额、日期或收款人名称进行更改，以及非原记载人对除这三项以外的其他记载事项进行更改的行为，均属没有更改权限的人所为，都构成票据的变造。②票据变造必须是以被变造的票据合法存在为前提。如果票据自始无效，则不存在票据变造的问题。③票据变造必须是变更票据签章以外的其他事项的行为。变更票据签章的行为属于票据伪造。

2. 票据变造的法律后果

(1) 对变造人的法律后果。如果票据的变造人本来就是票据上的行为人，在票据上有其签章，那么该变造人应当按其变造后的票据记载事项承担票据义务，并承担变造票据的刑事责任、民事责任；如果票据的变造人在票据上没有签章，则不负有票据上的义务，但应当承担刑事责任、民事责任。

(2) 对票据上其他签章人的法律后果。在变造之前签章的人，对变造前的原记载事项负责；在变造之后签章的人，对变造后的记载事项负责；不能辨别是在票据被变造之前或之后签章的，视为在变造之前签章。

(3) 对票据的持票人的法律后果。善意取得变造票据的持票人，可以向票据债务人主张完全的票据权利，依其取得票据时记载的文义行使票载金额的请求权。

(4) 对票据的付款人的法律后果。票据变造对票据的付款人的法律后果与票据伪造对票据付款人的法律后果基本相同。

(三)票据的涂销

1. 票据涂销的概念及构成要件

票据涂销是指采用某些方法，涂抹或消除票据上的签名或其他记载事项的行为。票据涂销应具备以下要件：①票据涂销应是有涂销权人故意所为的行为。所谓有涂销权的人，一般应为原记载人或《票据法》明确规定的有涂销权利的人。有涂销权的人进行的涂销又有故意和非故意两种情形，发生不同法律后果。②票据涂销仅限于对票据上记载事项的涂抹和消除行为，所以不包括对票据记载事项的更改或增加。

2. 票据涂销的效力

(1) 权利人故意涂销的后果。根据各国票据法的规定，有涂销权的人故意涂销的，被涂销部分的记载事项失去票据记载效力，被涂销部分的票据权利自然消灭。

(2) 权利人非故意涂销的后果。各国票据法一般规定权利人的非故意涂销行为不影响票据权利的行使。

(3) 非权利人涂销的后果。由非权利人所为的涂销行为，无论行为人主观故意或者非故意，均不影响票据权利。

二、票据的丧失及补救

票据一旦丧失，会对持票人带来诸多不利，特别是作为债务人履行义务的凭证，权利人不能出示便不能强硬要求付款人付款，因此应该及时采取相应的补救措施。

(一)票据丧失的概念、构成要件及后果

票据丧失是指持票人并非出于自己的本意而丧失对票据的占有，简称失票。票据丧失又分为票据的绝对丧失与票据的相对丧失。前者是指票据的物质形态已经发生了根本性的变化，作为一张票据已不存在，也称为票据的灭失，如烧毁、腐烂；后者是指票据只是脱离了真正权利人的占有，而在物质形态上并没有发生根本性的变化，作为一张票据仍然存在，只是原来的持票人丧失了对票据的占有，如票据的遗失、被盗、被抢。

票据丧失的构成要件包括：须有持票人丧失对票据的占有的事实；持票人丧失票据是由于其意志以外的原因造成的；持票人所丧失的票据上的票据权利须有效存在。

票据丧失的后果。票据作为完全有价证券，无论是绝对丧失还是相对丧失，都将导致票据权利人无法行使票据权利的法律后果。但票据的绝对丧失与相对丧失的风险不同。

(二)票据丧失的补救

1. 票据绝对丧失后的补救

票据绝对丧失，票据权利人可向法院提出确认之诉。权利人只需提供证据证明其所享有的票据权利及有关票据灭失的事实。管辖法院作出裁定确认以后，即可在票据未到期时，请求原出票人签发新票据，或者票据已到期时，凭法院的裁定向票据付款人或其他票据债务人行使付款请求权或追索权。

2. 票据相对丧失后的补救

相对丧失的票据，票据本身并未毁灭，仍可以流通，也可能被善意第三人取得。票据权利人相对丧失其票据以后，主要是失去了行使票据权利的依据。为防止票据金额被他人冒领，防止票据通过流通转至善意第三人之手，同时也为了恢复行使票据权利的依据，票据权利人可以采取相应补救措施。

票据相对丧失的补救措施通常有挂失止付、申请公示催告和提起诉讼三种，失票人可根据丧失票据的具体情形自由选择。

1) 挂失止付

(1) 挂失止付的概念。挂失止付是指在票据丧失时，失票人将丧失票据的情况通知付款人，并请求付款人停止付款，接受挂失止付的付款人在票据款项未被他人取得的情况下，决定暂停支付的一种失票补救措施，是习惯上经常采用的一种补救方法。

(2) 挂失止付的程序。失票人应当及时向票据的付款人或代理付款人发出书面通知，并要求通知书记载相关事项。接受挂失止付通知的付款人或者代理付款人在收到挂失止付通知书后，应当进行核查。如果查明该票据确未付款，应当立即停止付款。如果该票据在此之前已经付款，付款人或代理付款人不再接受挂失止付。但付款人或者代理付款人以恶意或者重大过失付款的除外。

(3) 挂失止付的效力。票据的付款人或者代理付款人接受了失票人提交的挂失止付通知后，应当立即停止付款。无论任何持票人在挂失止付有效期内请求付款，都不得支付，否则责任自负。如果付款人或代理付款人在收到挂失止付通知书之日起 12 日内没有收到人民法院的止付通知书，自第 13 日起，挂失止付通知失效，付款人或代理付款人向持票人付款，不再承担责任。

2) 公示催告(该部分内容见第十六章的公示催告程序)

3) 票据诉讼

(1) 票据诉讼的概念。票据诉讼，是指票据丧失后，失票人在票据权利时效届满以前，向人民法院提起的，请求法院责令票据债务人支付票据金额的诉讼。

(2) 票据诉讼的程序。票据丧失后，在票据权利时效期间届满以前，失票人可以向出票人提供担保，请求其补发票据；如果出票人拒绝补发，失票人则可以出票人为被告，向出票人住所地或者票据支付地的基层人民法院提起诉讼。票据丧失后，在票据权利时效期间届满以前，失票人也可以向票据的付款人或者承兑人提供担保，请求其付款；如果票据的付款人或者承兑人拒绝付款，则失票人可以付款人或承兑人为被告，向付款人或者承兑人住所地或者票据支付地的基层人民法院提起诉讼。失票人在上述两种情况下所提起的票据诉讼，人民法院应当对失票人所提供的担保进行审查，如果认为担保适当(担保金额相当于票据载明的金额)，则应判令出票人补发票据或判令付款人、承兑人承担付款义务；如果认为担保不适当，则应判令失票人重新提供担保或补足担保。

第五节　汇　票

汇票是一种委付票据，在交易中特别是在异地交易中，使用汇票既安全又便捷。

一、汇票的概念和特征

汇票是指由出票人签发的，委托付款人在见票时或者在指定日期无条件支付确定金额给收款人或者持票人的票据。汇票具有以下特征：①汇票是委付票据。汇票的出票人并不是汇票的付款人，而是另行委托他人作为付款人支付汇票金额，就这一点而言，汇票与支票相同，与本票不同。②汇票是信用票据。汇票既可以是见票即付的即期汇票，也可以是记载将来某个日期为付款日的远期汇票。③汇票设有承兑制度。承兑是汇票特有的制度，是远期汇票的付款人承诺在汇票到期日无条件支付汇票金额的票据行为。汇票之所以需要设立承兑制度，是由汇票的性质决定的。

二、汇票的种类

按照不同的分类标准，在理论上可将汇票分为以下几种类型。

(1) 即期汇票与远期汇票。这是根据汇票付款时间不同所进行的分类。即期汇票，是指以汇票的提示日为到期日，持票人可以随时请求付款人对汇票付款，付款人见票即付的汇票。远期汇票，是指汇票上记载了将来的某个日期为付款日，在这一日期到来之前，持票人不得提示付款的汇票。

(2) 记名汇票、指示汇票与无记名汇票。这是根据汇票对权利人记载方式的不同所作的分类。记名汇票，是指出票人在汇票上明确记载了收款人的姓名或名称的汇票，也称为“抬头汇票”。指示汇票，是指出票人在汇票上不仅明确记载了收款人的姓名或名称，而且附加了“或其指定人”字样的汇票。无记名汇票，是指出票人没有在汇票上记载收款人的姓名或名称，或者将其记载为“持票人”或“来人”的汇票。

(3) 一般汇票与变式汇票。这是根据当事人的资格是否兼任而进行的分类。一般汇票，是指汇票的三方基本当事人分别由三个不同的主体充当，互不兼任的汇票。变式汇票，是指某一主体同时兼任两个或两个以上汇票基本当事人的汇票。

(4) 国内汇票与涉外汇票。这是根据汇票是否具有涉外因素所作的分类。国内汇票，是指不具有涉外因素的汇票。即汇票上的全部当事人均为中国人，且票据上的全部行为都发生在中华人民共和国境内的汇票。涉外汇票，是指具有涉外因素的汇票。即票据的当事人中有外国人或票据行为中有的发生在我国领域外的汇票，都属于涉外汇票。

(5) 光票与跟单汇票。这是根据汇票的承兑或付款是否要求跟附单据所作的分类。光票，是指无须附带任何商业单据，付款人或承兑人仅依汇票本身即可付款或承兑的汇票。跟单汇票，又称押汇汇票或信用汇票，是指必须附带与交易有关的商业单据才能获得承兑或付款的汇票。

实践中，我国《票据法》把汇票分为银行汇票与商业汇票。

(1) 银行汇票是出票银行签发的，由其在见票时按照实际结算金额无条件支付给收款人或者持票人的票据。根据银行汇票的用途，可将银行汇票分为现金银行汇票和转账银行汇票两种。

(2) 商业汇票是由出票人签发的，委托付款人在指定日期无条件支付确定的金额给收款人或者持票人的票据。根据承兑人的不同，商业汇票可以分为银行承兑汇票和商业承兑汇票。银行承兑汇票是收款人开出并经银行等金融机构承兑的汇票。收款单位向付款单位发出汇票，经付款单位认可后，向其开户银行申请承兑，银行受理承兑，汇票到期由承兑银行支付票款，因此，收款单位收受银行承兑汇票具有极大安全性。商业承兑汇票通常是由收款单位发出汇票，由付款单位予以承兑，汇票到期时，收款单位通过开户行向承兑付款人收到票款。

三、汇票的出票

汇票的出票是指出票人签发票据并将其交付给收款人的票据行为。这一概念有三层含义：①汇票的出票是出票人创设汇票的基本票据行为；②汇票出票的内容表现为一种无条件支付的委托；③汇票的出票由作成汇票和交付汇票两部分构成。

(一)汇票出票的法定记载事项

(1) 汇票出票时必须记载的事项包括：表明“汇票”的字样；无条件支付的委托；确定的金额；付款人名称；收款人名称；出票日期；出票人签章。汇票上未记载前款规定事项之一的，汇票无效。

(2) 未记载事项的认定：汇票上记载付款日期、付款地、出票地等事项的，应当清楚、明确。未记载付款日期的，为见票即付。未记载付款地的，付款人的营业场所、住所或者经常居住地为付款地。未记载出票地的，出票人的营业场所、住所或者经常居住地为出票地。

(二)汇票出票的效力

(1) 汇票出票对出票人的效力。汇票的出票使出票人成为汇票上的义务人，其义务的内容是对其签发的汇票能够获得承兑和付款承担担保责任，当汇票不获承兑或者付款时承担清偿责任。

(2) 汇票出票对收款人的效力。出票人作成汇票并将汇票实际交付给收款人后，收款人便取得了汇票上的权利，包括付款请求权和追索权。

(3) 汇票出票对付款人的效力。即期汇票的出票，使付款人成为汇票的债务人，负有对汇票付款的义务。而在远期汇票，情况则大不相同。付款人仅因出票而取得一种地位或资格，即取得对汇票进行承兑和付款的资格。

四、汇票的背书

持票人如需转让自己所享有的汇票权利，必须实施符合法律规定的背书行为。一旦背书有效成立，则会产生《票据法》上的相关效力。

(一)背书的概念和特征

所谓背书，是指持票人以转让汇票权利或者将一定的汇票权利授予他人行使为目的，在汇票背面或者粘单上记载有关事项并签章，然后将汇票交付被背书人的一种附属的票据行为。背书具有以下特征：①背书是一种附属的票据行为；②背书是由持票人或收款人所为的票据行为；③背书是以转让汇票权利或者将一定的票据权利授予他人行使为目的的票据行为；④背书是一种要式行为。

(二)背书的种类

根据背书的目的不同，可将汇票的背书分为转让背书与非转让背书两大类。转让背书中，依背书是否存在特殊性为标准，可进一步分为一般转让背书与特殊转让背书。一般转让背书中，依是否记载被背书人为标准，又可进一步分为完全背书与空白背书；特殊转让背书中，依背书的特殊性不同，又可进一步分为限制背书、回头背书和期后背书；非转让背书中，依背书目的不同，又可进一步分为委托收款背书与质押背书。

(三)背书的款式

背书的绝对必要记载事项，是指背书人在背书时必须予以记载的事项。我国《票据法》规定背书的绝对必要记载事项有背书人名称和被背书人名称两项。

背书的相对必要记载事项，是指背书人应当在背书时予以记载，但如果没有记载也不影响背书的效力，其内容按法律规定进行推定。我国《票据法》规定的背书的相对必要记载事项有两项，一是表明背书类型的文句，二是背书日期。

可以记载的事项，又称为得记载事项或任意记载事项，是指法律没有规定必须记载，背书人依自己的意志决定记载与否，一旦记载即产生票据法上效力的事项。按我国《票据法》的规定，这类事项仅指“不得转让”字样的记载。

某类事项不属于《票据法》规定的背书的应当记载事项，但《票据法》也不禁止背书人记载，如果背书人在背书时记载了这种事项，也不因此影响背书的效力，只是这一记载不产生《票据法》上的效力。按照我国《票据法》的规定，记载不生《票据法》效力的事项只有一项，就是有关背书附条件的记载。

禁止记载事项或有害记载事项，是指《票据法》规定背书人不得记载，一旦记载，将导致背书行为无效的事项。根据我国《票据法》的规定，这类事项有两项：一是将汇票金额部分转让的记载；二是将汇票金额分割转让的记载。

(四)背书的效力

一般转让背书有效成立后，在《票据法》上产生权利转移、权利担保、权利证明及切断抗辩四个方面的效力。

第六节　本票与支票

本票、支票与汇票一起构成了票据的法律分类。本票是一种自付票据，而支票是一种特殊的委付票据，是特殊形式的汇票。

一、本票

本票是出票人签发的，承诺自己在见票时无条件支付确定的金额给收款人或者持票人的票据。我国《票据法》中所称的本票，特指银行本票，是银行签发的，承诺自己在见票时无条件支付确定的金额给收款人或者持票人的票据。本票具有以下特征：本票是自付票据；本票没有承兑制度；本票当事人为两方；本票出票人为主债务人。

(一)我国票据法中本票类型

定额银行本票与不定额银行本票。这是以本票上记载的金额是否固定为标准对银行本票所作的分类。定额银行本票的金额，已由本票的印制部门事先印制于本票正面，签发时不必再另行填写；不定额银行本票则并未印有本票金额，而是由出票银行根据当事人的约定在出票时按规定填写。

现金本票与转账本票。这是以付款方式为标准对银行本票所作的分类。用于转账的，是转账银行本票；用于支取现金的，是现金银行本票。

(二)本票不同于汇票的法律规定

1. 本票记载的事项

(1) 绝对必要记载事项。我国《票据法》第七十六条规定了六项，分别是：表明“本票”的字样，即本票文句；无条件支付的承诺，即支付文句；确定的金额；收款人名称；出票日期；出票人签章。该法第七十七条规定了付款地与出票地两项相对必要记载事项。出票人可以在本票上记载“不得转让”字样，记载有这一内容的本票不得转让。

(2) 不得记载事项。不得记载事项，是指依《票据法》规定，行为人不应当记载在票据上的事项，包括记载本身无效的事项和记载使票据无效的事项。记载本身无效的事项，是指《票据法》规定不得记载，当事人仍予以记载，则该记载本身无效，但并不因此影响票据或票据上其他票据行为的效力。记载使票据无效的事项，也称为禁止记载事项，是指法律规定不得记载的、与票据的必要记载事项内容相抵触的事项，此类事项一旦记载，将导致票据无效。

2. 本票的付款

本票为自付证券，出票人就是付款人，不存在另外的付款人。因此，本票的持票人只能向出票人或其代理付款人进行付款提示，而不能向其他银行提示付款。我国《票据法》第七十九条规定：“本票自出票日起，付款期限最长不得超过 2 个月。”出票人不在此期限内提示付款，则丧失对出票人以外的前手的追索权。

(三)本票准用汇票的法律规定

我国《票据法》第八十一条规定：“本票的背书、保证、付款行为和追索权的行使，除本章有规定外，适用本法第二章有关汇票的规定。本票的出票行为，除本章规定外，适用本法第二十四条关于汇票的规定。”

二、支票

支票是出票人签发的，委托办理支票存款业务的银行或者其他金融机构在见票时无条件支付确定的金额给收款人或者持票人的票据。支票具有所有票据所共有的特征，还有自己的特征：支票的付款人仅限于银行及其他法定金融机构；支票是见票即付的票据。支票没有承兑制度；支票的出票人与付款人之间必须存在资金关系。

(一)我国票据法上的分类

我国《票据法》根据支付方式的不同，将支票分为普通支票、现金支票、转账支票与划线支票四种。所谓普通支票，是指支票上未印制“现金”或“转账”字样，持票人依法可以请求付款人以现金方式付款，也可以请求付款人以转账方式付款的支票；所谓现金支票，是指支票上印制有“现金”字样，持票人依法只能请求付款人以现金方式付款的支票；所谓转账支票，是指支票上印制有“转账”字样，持票人依法只能请求付款人以转账方式付款的支票。

(二)支票不同于汇票的制度

1. 支票的出票

1) 支票的记载事项

支票绝对必要记载事项有：支票字样、支票文句(即无条件支付的委托)、确定的金额、付款人名称、出票日期和出票人签章等六项，缺少其中任何一项，支票无效。相对应当记载的事项有付款地和出票地两项。

出票人可以在支票上记载“不得转让”字样，则支票不得转让；出票人可以依双方约定在支票上记载支付的货币种类，则付款时应以支票上记载的货币支付。

支票的记载不生《票据法》上效力的事项适用对汇票的法律规定。

2) 支票出票人与付款人之间的资金关系

支票与汇票同属于委托票据，但是支票与汇票不同的是，支票的出票人必须与其委托的付款人之间存在一定的资金关系。也正是由于这种资金关系的存在，才使付款人不必经过承兑而负有付款义务。《票据法》第八十七条规定：“支票的出票人所签发的支票金额不得超过其付款时在付款人处实有的存款金额。出票人签发的支票金额超过其付款时在付款人处实有的存款金额的，为空头支票。禁止签发空头支票。”

2. 支票的付款

《票据法》第九十一条第一款规定了支票的提示付款期间：“支票的持票人应当自出票日起 10 日内提示付款；异地使用的支票，其提示付款期限由中国人民银行另行规定。”

支票付款人对支票的审查有两点与汇票、本票不同，一是审查出票人在支票上的签章是否与其预留银行的签章相符，银行与出票人约定使用支付密码的，同时应当审查支付密码是否正确；二是付款人在付款时应当审查支票是否为空头支票，只有出票人在付款人处的存款足以支付支票金额时，付款人才于持票人提示付款的当日足额付款。

(三)支票准用汇票的制度

我国《票据法》第九十四条规定：“支票的背书、付款行为和追索权的行使，除本章有规定外，适用本法第二章有关汇票的规定。支票的出票行为，除本章规定外，适用本法第二十四条、第二十六条关于汇票的规定。”

本章小结

本章主要介绍了票据与票据法律制度的产生和发展。作为一种在商事活动中广泛使用的支付工具，票据与大家的日常学习、生活联系并不是特别密切，特别是本章内容对在校学生来讲比较抽象，有一定难度，必须在理解的基础上加以掌握。在进行本章学习时应掌握票据的概念及其特征，清楚我国规定的具体票据类型，理解票据行为成立的有效条件，熟悉票据抗辩的种类，识别票据的瑕疵，知道在票据丧失后权利人应该采取哪些有效措施来予以补救。

复习思考题

1. 简述票据的概念及特征。
2. 简述票据行为有效成立的构成要件。
3. 试述票据权利的主要内容。
4. 试述票据抗辩的种类。
5. 试述票据伪造、变造与涂销的概念、构成要件及其法律后果。
6. 在我国丧失票据后，适用挂失止付应包括哪些具体的程序？

案例分析

甲公司为支付货款向乙公司签发一张以 A 银行为承兑人、金额为 100 万元的银行承兑汇票。A 银行作为承兑人在汇票票面上签章，甲公司的股东郑某在汇票上以乙公司为被保证人，进行了票据保证的记载并签章。甲公司将汇票交付给乙公司工作人员孙某。孙某将该汇票交回乙公司后，利用公司财务管理制度的疏漏将汇票暗中取出，并伪造乙公司财务专用章和法定代表人签章，将汇票背书转让给与其相互串通的丙公司。丙公司随即将该汇票背书转让给丁公司，用于支付房屋租金，丁公司对于孙某伪造汇票之事不知情。丁公司于汇票到期日向 A 银行提示付款。A 银行在审核过程中发现汇票上的乙公司签章系伪造，故拒绝付款。丁公司遂向丙公司、乙公司和郑某追索，均遭拒绝。后丁公司知悉孙某伪造汇票之事，遂向其追索，亦遭拒绝。

根据上述内容，回答下列问题并说明理由：

(1) 丁公司能否因丙公司的背书转让行为而取得票据权利？

(2) 乙公司是否应当向丁公司承担票据责任？

(3) 郑某是否应当向丁公司承担票据责任？

(4) 孙某是否应当向丁公司承担票据责任？

(资料来源：2017 年注册会计师考试试题)

第十五章　劳动法律制度

本章导读：

英国古典政治经济学的创始人威廉·配第先生说过：“劳动是财富之父，土地是财富之母。”足见劳动在人类财富创造中的重要性，也说明劳动在每个人的一生中对财富获取的重要性，通常没有付出劳动的人是没有资格从社会获取财富的。我国《宪法》规定劳动是每位公民的权利，也是每位公民的义务。正是依据《宪法》的这一规定，我国先后制定了《劳动法》《就业促进法》《劳动合同法》《劳动争议调解仲裁法》等。《劳动法》是劳动法律制度的基本法。《劳动法》的主要宗旨是保护劳动者的合法权益，同时也考虑了劳动者与用人单位双方的权利与义务的对等，如在规定职工可以辞职的同时，也规定用人单位可以依法辞退职工，从而保证了劳动者的择业自主权和用人单位的用人自主权。但并不是说《劳动法》对劳动者和用人单位实施平等的保护，因为面对用人单位劳动者多数是弱者，所以《劳动法》对劳动者实施倾斜保护。《劳动法》还规定工会可以代表职工与用人单位就劳动报酬、工作时间、休息休假、劳动安全卫生和保险福利等事项，在平等协商的基础上订立集体合同。《劳动合同法》既坚持了现行《劳动法》确立的劳动合同制度的基本框架，包括双向选择的用人机制，劳动关系双方有权依法约定各自的权利和义务，依法规范劳动合同的订立、履行、变更、解除和终止等；同时又对《劳动法》确立的劳动合同制度作出了较大修改，使之进一步完善。根据新法优于旧法，特别法优于普通法的原则，在两法规定有冲突的地方，应以《劳动合同法》的规定为准。《劳动争议调解仲裁法》规定了劳动争议调解仲裁的基本原则、受案范围、具体程序规则等内容，但限于篇幅，本章没有介绍。

学习目标：

本章主要讨论了劳动法的基础知识，主要包括劳动法的含义及调整对象，我国劳动立法简况，劳动法律关系，劳动就业概况，人力资源市场的管理，劳动就业服务，劳动合同的概念及订立，劳动合同的效力、履行、变更、解除和终止，工作时间、工资及休假制度，违反劳动法的法律责任等。通过对本章内容的学习，读者应该了解我国劳动立法的状况，劳动法的调整范围、适用范围，就业的概念及国家促进就业的职责，职业培训、就业援助、劳动就业服务的主要内容，劳动时间及工资、休假的规定，违反劳动法的责任；理解和掌握劳动关系的概念及特征、劳动法律关系的概念及构成，人力资源市场管理的有关规定，劳动合同的概念、特征及类型，劳动合同的订立、效力，劳动合同的履行、变更、解除及终止。

关键概念：

劳动法(Labour Law)
劳动者(Labourer)

劳动关系(Labor Relation)
就业(Employment)
失业(Unemployment)
劳动合同(Contract of Labor)
调解(Mediation)
劳动仲裁(Labour Arbitration)

第一节 劳动法概述

随着我国市场经济体制的建立，劳动力市场逐渐形成，用人单位与劳动者结成劳动关系主要是通过签订劳动合同，因而劳动法在保护劳动者权益方面越来越重要。

一、劳动法的含义及调整对象

劳动法与劳动关系密不可分，劳动法的调整对象主要是劳动关系；同时，只有当事人之间形成劳动关系才适用劳动法，如果形成劳务关系则适用相关民事法律规范。

(一)劳动法的含义

一般认为劳动法是调整劳动关系以及与劳动关系密切联系的其他社会关系的法律规范的总和。劳动法有广义和狭义之分。广义的劳动法是调整劳动关系以及与劳动关系密切联系的其他社会关系的所有法律规范的总称。狭义的劳动法，即指《中华人民共和国劳动法》(以下简称《劳动法》)，该法以维护劳动者的合法权益为立法宗旨，以劳动合同作为劳动关系成立的普遍法律形式，全面规范了劳动关系。

(二)劳动法的调整对象

劳动法调整两类特定的社会关系：劳动关系以及与劳动关系密切联系的其他社会关系，其中劳动关系是其基本调整对象。

(1) 劳动法的主要调整对象是劳动关系。劳动关系是劳动者与用人单位在劳动过程中发生的社会关系。它是劳动者在运用劳动能力、实现劳动过程中与劳动力使用者发生的社会关系。劳动法调整的劳动关系具有如下特征：①劳动关系是在实现劳动的过程中发生的社会关系。②劳动关系的当事人一方是劳动者，另一方是用人单位。③劳动关系兼有人身关系和财产关系的双重属性。劳动者向用人单位提供劳动力，实际就是将其人身在一定限度内交给用人单位支配，因而劳动关系具有人身属性；同时，用人单位要向劳动者支付劳动报酬，因此劳动关系也是一种财产关系。④劳动关系兼有平等关系和隶属关系的属性。双方当事人在确立、变更或终止劳动关系时，是依照平等、自愿、协商原则进行的，因而劳动关系具有平等的属性。但劳动关系一经确立，劳动者就从属于用人单位，成为用人单位的职工，须听从用人单位的指挥和调遣，双方形成管理与被管理、支配与被支配的关系，所以又有隶属关系的性质。

(2) 劳动法也调整部分其他社会关系。这主要是指与劳动关系的发生、变更、消灭有密切联系，并影响到劳动关系本身的社会关系。它主要包括：①劳动力管理方面的关系；

②劳动力配置服务方面的关系；③社会保障方面的关系；④工会活动方面的关系；⑤监督劳动法律执行方面的关系；⑥处理劳动争议方面的关系。

【专栏 15-1】

原告温连芝诉被告卢鉴洪劳务合同纠纷一案

二、我国的劳动立法及其适用范围

只有劳动力和生产资料分别归属于不同主体，双方主体为实现劳动过程才会形成劳动关系。所以劳动力和生产资料分别归属于不同主体，是劳动法产生的前提。这种前提直到资本主义社会才成为现实，因而各国学者公认英国议会 1802 年通过的《学徒健康与道德法》为劳动法产生的标志。

我国从 20 世纪 20 年代开始劳动立法的进程。1923 年北洋政府公布的《暂行工厂规则》是我国第一部劳动立法。1949 年新中国成立后，直到 1994 年 7 月 5 日第八届全国人大第八次会议才通过了我国第一部系统的、完备的劳动法，即《中华人民共和国劳动法》。随后为适应社会主义市场经济体制建立和发展的需要，我国制定了一系列的劳动法规，并于 2007 年 6 月颁布《中华人民共和国劳动合同法》(以下简称《劳动合同法》)、2007 年 8 月颁布《中华人民共和国就业促进法》(以下简称《就业促进法》)、2007 年 12 月颁布《中华人民共和国劳动争议调解仲裁法》(以下简称《劳动争议调解仲裁法》)。

全国人大及其常委会通过的劳动法律和国务院发布的劳动法规，除法律、法规另有规定外，在中华人民共和国境内发生法律效力，统一适用于我国的全部领域；凡地方性的劳动法规，只适用于当地人民政府行政管辖区域范围之内；民族自治区域的人民代表大会制定的劳动自治条例和单行条例，只适用于该民族自治区域。

《劳动法》第二条规定：“在中华人民共和国境内的企业、个体经济组织(以下统称用人单位)和与之形成劳动关系的劳动者，适用本法。国家机关、事业组织，社会团体和与之建立劳动合同关系的劳动者，依照本法执行。”《劳动合同法》第二条规定：“中华人民共和国境内的企业、个体经济组织、民办非企业单位等组织(以下称用人单位)与劳动者建立劳动关系，订立、履行、变更、解除或者终止劳动合同，适用本法。”可见，我国境内的企业、个体经济组织、民办非企业单位等组织(以下称用人单位)与劳动者建立劳动关系都适用劳动法。但国家机关、事业组织、社会团体中的非合同劳动关系(现行的干部人事制度下的劳动关系，包括比照实行公务员制度的工作人员，如工、青、妇等社会团体的机关工作人员；事业单位工作人员，如教师、科研人员等形成的劳动关系)，现役军人服役、家庭雇用保姆、自然人用工以及在农村集体经济组织中形成的劳动关系，不属于劳动法的调整范围。

三、劳动法律关系

(一)劳动法律关系的概念及特征

劳动法律关系是指劳动法主体之间，在实现劳动过程中依据劳动法律规范所形成的权利义务关系。它包括劳动关系以及与劳动关系密切联系的其他社会关系经由劳动法律调整后所形成的法律关系。

劳动法律关系的特征体现在以下四个方面：①劳动法律关系是“任意”与“强制”相结合的法律关系；②劳动法律关系是“平等”与隶属相结合的法律关系；③劳动法律关系是体现“实质平等”的法律关系，对劳动者采取倾斜保护就是要实现“实质平等”；④劳动法律关系在内容上具有不对称性。对用人单位权利限制较多，对劳动者的权利保护较多。

(二)劳动法律关系的主体

劳动者和用人单位是劳动关系的参加者，也是劳动法律关系最重要的主体。劳动者是指达到法定年龄、具有劳动能力，以从事某种社会劳动获取的收入为主要生活来源的公民。用人单位是指依法招用和管理劳动者，并按法律规定或合同约定向劳动者提供劳动条件、劳动保护和支付劳动报酬的劳动组织。用人单位作为劳动法律关系的主体必须具有依法享有用工权利和承担用工义务的资格，并能支付工资，提供各种劳动条件等。

(三)劳动法律关系的内容

劳动法律关系的内容是指劳动法律关系主体依据劳动法律规范所享有的权利和承担的义务。劳动者的权利主要包括：①劳动报酬权；②休息权；③劳动保护权；④职业培训权；⑤社会保障权；⑥结社权与集体协商权；⑦提请劳动争议处理权。劳动者的基本义务主要有：①劳动义务。劳动法律关系一旦成立，劳动者就必须一方面向用人单位提供实际劳动，另一方面必须完成一定的工作任务；②提高职业技能义务；③执行安全卫生规程和劳动纪律的义务；④遵守职业道德的义务；⑤法律规定的其他义务，如依法履行劳动合同的义务；保密义务；参加社会保险，缴纳保险费的义务。

用人单位的基本权利包括：①合理组织调配权；②劳动报酬分配权；③劳动奖惩权；④辞退职工权。用人单位的义务包括：①给付义务，即用人单位向劳动者支付劳动报酬或劳务费的义务；②保护义务，指用人单位负有保护劳动者生命、健康、人身权利、民主管理权利、宗教信仰等方面的义务；③附随义务，是指在劳动过程中，为了用人单位的利益或者劳动过程的正常进行而产生的义务。

(四)劳动法律关系的客体

劳动法律关系的客体是指劳动法律关系主体之间的权利、义务所共同指向的对象。劳动法律关系客体包括特定的行为和财物。特定的行为包括：①劳动行为。劳动行为是劳动者在社会劳动过程中支出体力和脑力的行为。劳动行为是劳动法律关系最重要的客体；②劳动中介服务行为；③劳动管理行为。劳动管理主体依法对劳动工作进行计划、组织、协调、监督的行为；④劳动争议仲裁与诉讼行为。

四、劳动法的基本原则

劳动法的基本原则是指国家劳动立法的指导思想，是调整劳动关系以及与劳动关系密切联系的其他社会关系的共同准则。根据我国《宪法》和《劳动法》的有关规定，《劳动法》的基本原则可以概括为以下方面：①维护劳动者合法权益与兼顾用人单位利益相结合的原则；②实行劳动行为自主与劳动标准制约相结合的原则；③坚持劳动者平等竞争与特殊劳动保护相结合的原则；④贯彻按劳分配与公平救助相结合的原则；⑤坚持法律调节与三方对话相结合的原则；⑥劳动力资源合理配置原则。

第二节　促进劳动就业

劳动者有就业的权利，因而世界各国都非常重视解决劳动者的就业问题，《中华人民共和国就业促进法》(以下简称《就业促进法》)明确了我国各级政府在促进就业中的责任，有利于增加就业岗位。

一、劳动就业概述

有劳动能力的人一般都有就业需求，我国劳动力队伍庞大，就业形势非常严峻，因此各级政府都负有采取积极措施促进就业的职责。

(一)劳动就业的概念和特征

劳动就业是指具有劳动能力的公民在法定劳动年龄内，自愿从事有一定劳动报酬或经营收入的社会活动。劳动者要就业就必须通过一定的方式与生产资料相结合，并通过这种结合实现劳动过程，以获取劳动报酬或经营收入。

劳动就业具有以下特征：①劳动就业的主体是具有劳动权利能力和劳动行为能力的公民。在实践中，劳动者达到劳动年龄，在就业的年龄限度内，就具备了劳动就业的条件。②劳动者就业是出于主观自愿。③劳动者就业所从事的职业必须是合法的，为社会所承认。一是劳动自谋职业需合法；二是招用劳动者的用人单位必须有相应的合法资格。④劳动者就业的目的及结果是取得报酬或劳动收入。

(二)国家促进就业的职责

国家促进就业是指国家尽责地把扩大就业放在经济社会发展的突出位置，实施积极的就业政策，坚持劳动者自主择业、市场调节就业、政府促进就业的方针，多渠道扩大就业，逐步实现社会就业比较充分的目标。我国《就业促进法》对国家和各级政府在促进就业的职责方面作了较详尽的规定。

政策是政府履行职责的具体体现。《就业促进法》规定的国家促进就业的政策包括：①鼓励各类企业在法律、法规规定的范围内，通过兴办产业或者拓展经营，增加就业；鼓励发展劳动密集型产业、服务业，扶持中小企业，多渠道、多方式增加就业岗位；鼓励、支持、引导非公有制经济发展，扩大就业，增加就业岗位。②发展国内外贸易和国际经济合作，拓宽劳动者就业渠道。③实行有利于促进就业的财政政策，加大资金投入，改善就业环境，扩大就业。④建立并逐步完善失业保险制度，依法确保失业人员的基本生活，促进其实现再就业。⑤鼓励企业增加就业岗位，扶持失业人员和残疾人就业，对相关人员及企业依法给予税收优惠。⑥实行有利于促进就业的金融政策，增加中小企业的融资渠道；鼓励金融机构改进金融服务，加大对中小企业的信贷支持，并对自主创业人员在一定期限内给予小额信贷等扶持。⑦实行城乡统筹的就业政策，建立健全城乡劳动者平等就业的制度，引导农业富余劳动力有序转移就业。⑧支持区域经济发展，鼓励区域协作，统筹协调不同地区就业的均衡增长。

县级以上地方政府促进就业的支持政策包括：①县级以上人民政府应当把扩大就业作为重要职责，统筹协调产业政策与就业政策。②县级以上人民政府在安排政府投资和确定重大建设项目时，应当发挥投资和建设项目带动就业的作用，增加就业机会。③县级以上人民政府应当根据就业状况和就业工作目标，在财政预算中安排就业专项资金用于促进就业工作。④县级以上地方人民政府推进小城镇建设和加快县域经济发展，引导农业富余劳动力就地就近转移就业；在制定小城镇规划时，将本地区农业富余劳动力转移就业作为重要内容。同时，应引导农业富余劳动力有序向城市异地转移就业；劳动力输出地和输入地人民政府应当互相配合，改善农村劳动者进城就业的环境和条件。⑤各级人民政府统筹做好城镇新增劳动力就业、农业富余劳动力转移就业和失业人员再就业工作。⑥各级人民政府采取措施，逐步完善和实施与非全日制用工等灵活就业相适应的劳动和社会保险政策，为灵活就业人员提供帮助和服务。⑦地方各级人民政府和有关部门应当加强对失业人员从事个体经营的指导，提供政策咨询、就业培训和就业指导等服务。

二、人力资源市场管理

人力资源市场是劳动者获得与用人单位建立劳动关系机会及建立劳动关系的重要场所，加强人力资源市场管理有利于保护劳动者的相关权益。

(一)政府的人力资源市场管理职责

人力资源市场，即劳动力市场，是交换劳动力的场所，即具有劳动能力的劳动者与生产经营中使用劳动力的用人单位之间进行交换的场所，是通过市场配置劳动力资源的经济关系的总和。劳动力市场交换关系表现为劳动力和货币的交换。

县级以上人民政府管理人力资源市场的职责主要包括：①培育和完善统一开放、竞争有序的人力资源市场，为劳动者就业提供服务。②鼓励社会各方面依法开展就业服务活动，加强对公共就业服务和职业中介服务的指导和监督，逐步完善覆盖城乡的就业服务体系。③加强人力资源市场信息网络及相关设施建设，建立健全人力资源市场信息服务体系，完善市场信息发布制度。④对职业中介机构提供公益性就业服务的，按照规定给予补贴。国家鼓励社会各界为公益性就业服务提供捐赠、资助。⑤县级以上人民政府和有关部门加强对职业中介机构的管理，鼓励其提高服务质量，发挥其在促进就业中的作用。⑥建立健全公共就业服务体系，设立公共就业服务机构，为劳动者免费提供相关服务。公共就业服务机构应当不断提高服务的质量和效率，不得从事经营性活动。公共就业服务经费纳入同级财政预算。⑦应当建立失业预警制度，对可能出现的较大规模的失业实施预防、调节和控制；对因自然灾害或者其他不可抗力导致的大规模失业，县级以上人民政府应当及时采取紧急应对措施。⑧国家建立劳动力调查统计制度和就业登记、失业登记统计制度，定期开展劳动力资源和就业、失业状况调查统计，并公布调查统计结果。省、自治区、直辖市人民政府根据本地区实际情况，逐步完善用人单位用工备案制度。

(二)对用人单位招用人员的管理

用人单位招用人员负有以下义务：①用人单位招用人员、职业中介机构从事职业中介活动，应当向劳动者提供平等的就业机会和公平的就业条件，不得实施就业歧视。②用人单位招用人员，除国家规定的不适合妇女的工种或者岗位外，不得以性别为由拒绝录用妇女或者提高对妇女的录用标准。用人单位录用女职工，不得在劳动合同中规定限制女职工结婚、生育的内容。③各民族劳动者享有平等的劳动权利。用人单位招用人员，应当依法对少数民族劳动者给予适当照顾。④国家保障残疾人的劳动权利。用人单位招用人员，不得歧视残疾人。⑤用人单位招用人员，不得以是传染病病原携带者为由拒绝录用。但经医学鉴定传染病病原携带者在治愈前或者排除传染嫌疑前，不得从事法律、行政法规和国务院卫生行政部门规定禁止从事的易使传染病扩散的工作。⑥用人单位通过职业中介机构招用人员，应当如实向职业中介机构提供岗位需求信息。⑦企业成规模裁减人员，应当遵守有关法律、法规的规定。

(三)对职业介绍活动的管理

职业中介机构分为非营利性的职业介绍机构和营利性职业介绍机构。非营利性职业介绍机构包括公共职业介绍机构和其他非营利性职业介绍机构。公共职业介绍机构是指各级劳动保障行政部门举办，承担公共就业服务职能的公益性服务机构。营利性职业中介机构，是指由法人、其他组织和公民个人举办的，从事营利性职业介绍活动的服务机构。

在我国设立职业介绍机构应符合以下条件：①有明确的章程和管理制度；②有开展业务必备的固定场所、办公设施和一定数额的开办资金；③有一定数量具备相应职业资格的专职工作人员；④法律、法规规定的其他条件。

设立职业中介机构，应当按照规定向劳动保障部门或者人事部门提出申请。劳动保障部门、人事部门应当自接到申请之日起 30 日内作出决定。符合条件的予以批准，并发给职业中介许可证；不符合条件的，不予批准，并说明理由。经许可的职业中介机构，应当向工商行政部门办理登记。

三、劳动就业服务

劳动就业服务是指就业服务主体为劳动力供需双方提供的一系列服务活动的总称。通过劳动就业服务，劳动者与用人单位便于沟通信息，使双方当事人能够更好地进行双向选择，以实现劳动者的顺利就业。

县级以上人民政府应当在财政预算中安排就业专项资金用于促进就业工作。就业专项资金用于职业介绍、职业培训、公益性岗位、职业技能鉴定、特定就业政策和社会保险等的补贴，小额贷款担保基金和微利项目的小额担保贷款贴息，以及扶持公共就业服务等。县级以上人民政府建立健全公共就业服务体系，设立公共就业服务机构，为劳动者免费提供下列服务：①就业政策法规咨询；②职业供求信息、市场工资指导价位信息和职业培训信息发布；③职业指导和职业介绍；④对就业困难人员实施就业援助；⑤办理就业登记、失业登记等事务；⑥其他公共就业服务。

(一)劳动就业服务的内容

1. 就业与失业登记

就业登记是指用人单位招用人员后，应当自录用之日起30日内，到当地劳动保障行政部门办理录用备案手续，并为被录用人员办理就业登记。就业登记由各级劳动就业管理中心、街道劳动保障事务所和公共职业介绍机构承办。用人单位招用人员后，应当于录用之日起30日内办理登记手续。就业登记可以规范用工行为，保护劳动者的合法权益。

在法定劳动年龄内，有劳动能力及有就业要求，处于无业状态的城镇常住人员，可以到相关机构进行失业登记，领取失业登记证。失业登记由县级以上地方人力资源和社会保障局指定的职业介绍机构承办；人力资源和社会保障局也可以委托乡镇、街道就业服务站或企业内就业服务机构代办。劳动者进行失业登记时，须持本人身份证件和证明原身份的有关证明；有单位就业经历的，还须持与原单位终止、解除劳动关系或者解聘的证明。登记失业人员凭登记证享受公共就业服务和就业扶持政策；其中符合条件的，按规定申领失业保险金。登记失业人员应当定期向公共就业服务机构报告就业失业状况，积极求职，参加公共就业服务机构安排的就业培训。用人单位与职工终止或者解除劳动关系后，应当于15日内办理登记手续。

2. 职业指导

职业指导，即职业介绍机构向劳动力供需双方提供指导、咨询及服务，使当事人实现双向选择的指导性工作。根据《就业服务与就业管理规定》，职业指导包括以下内容：①向劳动者和用人单位提供国家有关劳动保障的法律法规和政策、人力资源市场状况咨询；②帮助劳动者了解职业状况，掌握求职方法，确定择业方向，增强择业能力；③向劳动者提出培训建议，为其提供职业培训的相关信息；④开展对劳动者个人职业素质和特点的测试，并对其职业能力进行评价；⑤对妇女、残疾人、少数民族人员及退役的军人等就业群体提供专门的职业指导服务；⑥对大中专学校、职业院校、技工学校学生的职业指导工作提供咨询和服务；⑦对准备从事个体劳动或开办私营企业的劳动者提供创业咨询服务；⑧为用人单位提供选择招聘方法、确定用人条件和标准等方面的招聘用人指导；⑨为职业培训机构确立培训方向和专业设置等提供咨询参考。

3. 职业介绍

职业介绍是指职业中介机构为满足求职者就业和用人单位招用人员所提供的中介服务以及相关服务的活动。

根据《就业服务与就业管理规定》，职业中介机构可以从事下列业务：①为劳动者介绍用人单位；②为用人单位和居民家庭推荐劳动者；③开展职业指导、人力资源管理咨询服务；④收集和发布职业供求信息；⑤根据国家有关规定从事互联网职业信息服务；⑥组织职业招聘洽谈会；⑦经劳动保障行政部门核准的其他服务项目。

职业中介机构不得有下列行为：①提供虚假就业信息；②发布的就业信息中包含歧视性内容；③伪造、涂改、转让职业中介许可证；④为无合法证照的用人单位提供职业中介服务；⑤介绍未满 16 周岁的未成年人就业；⑥为无合法身份证件的劳动者提供职业中介服务；⑦介绍劳动者从事法律、法规禁止从事的职业；⑧扣押劳动者的居民身份证和其他证件，或者向劳动者收取押金；⑨以暴力、胁迫、欺诈等方式进行职业中介活动；⑩超出核准的业务范围经营；⑪其他违反法律、法规规定的行为。

职业中介机构应当建立服务台账，记录服务对象、服务过程、服务结果和收费情况等，并接受劳动保障行政部门的监督检查。职业中介机构提供职业中介服务不成功的，应当退还向劳动者收取的中介服务费。

(二)职业培训

职业培训，是指在不同程度的普通教育的基础上，对培训对象进行旨在从事某种生产或工作所需的专业技术知识和实际操作技能的教育和训练，主要包括从业前培训、学徒培训、在岗培训、转岗培训、转业培训、再就业前培训和其他职业培训。

我国实行学历证书、培训证书和职业资格证书制度。国家职业资格分为初级(五级)、中级(四级)、高级(三级)、技师(二级)、高级技师(一级)。技工学校、职业(技术) 学校、就业训练中心及各类职业培训机构的毕(结)业生，必须取得相应的职业资格证书后，方能到技术工作岗位工作。

国家依法发展职业教育，鼓励开展职业培训，促进劳动者提高职业技能，增强就业能力和创业能力。县级以上人民政府根据经济社会发展和市场需求，制订并实施职业能力开发计划；且应加强统筹协调，鼓励和支持各类职业院校、职业技能培训机构和用人单位依法开展就业前培训、在职培训、再就业培训和创业培训；鼓励劳动者参加各种培训。

【专栏 15-2】

失业人员是否可以领取职业培训和职业介绍的补贴？

根据我国相关法律规定，我国公民享有职业培训权，主要包括：岗前培训权、在职培训权、专业培训权以及残疾公民的特殊教育培训权。

(三)就业援助

就业援助是就业服务机构通过贯彻落实各项促进就业的扶持政策以及就业服务机构为主的有关部门对就业困难人员的具体帮助，使其实现就业，以增加家庭劳动收入，摆脱贫困为目的的各种支助活动。《就业促进法》明确规定各级人民政府应建立健全就业援助制度，主要包括以下方面。

(1) 明确了就业援助的对象。就业援助的对象，是指因身体状况、技能水平、家庭因素、失去土地等原因难以实现就业，以及连续失业一定时间仍未能实现就业的就业困难人员。就业困难人员的具体范围，由省、自治区、直辖市人民政府根据本行政区域的实际情况规定。

(2) 特别规定了对城市零就业家庭的就业援助。零就业家庭是指法定劳动年龄内的家庭人员均处于失业状况的城市居民家庭。县级以上地方人民政府采取多种就业形式，拓宽公益性岗位范围，开发就业岗位，确保城市有就业需求的家庭至少有一人实现就业。同时规定街道、社区公共就业服务机构在就业援助中的具体职责。

(3) 明确了就业援助的措施。①各级人民政府建立健全就业援助制度，采取税费减免、贷款贴息、社会保险补贴、岗位补贴等办法，通过公益性岗位安置等途径，对就业困难人员实行优先扶持和重点帮助。②地方各级人民政府加强基层就业援助服务工作，对就业困难人员实施重点帮助，提供有针对性的就业服务和公益性岗位援助；鼓励和支持社会各方面为就业困难人员提供技能培训、岗位信息等服务。③政府投资开发的公益性岗位，应当优先安排符合岗位要求的就业困难人员。被安排在社区公益性岗位工作的，按照国家规定给予岗位补贴。④各级人民政府采取特别扶助措施，促进残疾人就业，并要求用人单位应当按照国家规定安排残疾人就业。

(4) 规定了对就业压力大的特定地区的扶持。国家鼓励资源开采型城市和独立工矿区发展与市场需求相适应的产业，引导劳动者转移就业。对因资源枯竭或者经济结构调整等原因造成就业困难人员集中的地区，上级人民政府应当给予必要的扶持和帮助。

第三节　劳动合同制度

劳动合同是用人单位与劳动者建立劳动关系的主要方式。不但《劳动法》《劳动合同法》都规定，用人单位与劳动者形成劳动关系，应当订立劳动合同，而且《劳动合同法》还对用人单位不与劳动者订立劳动合同的情形规定了较严厉的处罚措施。

一、劳动合同概述

在签订劳动合同前，劳动者应该先弄清楚什么是劳动合同，可以与用人单位签订哪种类型的劳动合同，这样才有利于保护自己的权益。

(一)劳动合同的概念及特征

《劳动法》第十六条规定："劳动合同是劳动者与用人单位确立劳动关系、明确双方权利和义务的协议。建立劳动关系应当订立劳动合同。"订立劳动合同，应当遵循合法、公平、平等自愿、协商一致、诚实信用的原则。劳动合同具有以下特征：①劳动合同主体具有特定性。其主体只能是劳动者和用人单位。②劳动合同是特殊的实践性合同。即劳动者与用人单位双方除对用工关系意思表示一致之外，还以用工之日作为判断劳动关系成立的基本标准。③劳动合同是有偿的双务合同。④劳动合同是一种继续性合同，即在合同效力消灭(解除、终止)后，只能向后消灭，而不能向前追溯。劳动合同以劳动行为及对应报酬为标的。⑤劳动合同具有涉及第三人物质利益的特性。劳动者享有社会保险和福利待遇的权利可能使没有参加签订劳动合同的第三人，即劳动者的直接亲属依法享有一定的保险福利待遇。

(二)劳动合同的种类

根据不同的标准劳动合同可分为不同类型，以下是比较常用的分类。

1. 根据合同当事人一方人数的多少划分

根据合同当事人一方人数的多少不同，可将劳动合同分为个人劳动合同和集体劳动合同。个人劳动合同是指用人单位与某一劳动者之间确定劳动关系，明确相互权利义务的协

议，即合同的劳动者一方与用人单位都是单一的。通常所讲的劳动合同一般均指个人劳动合同。集体劳动合同则是工会代表本单位劳动者群体与用人单位之间签订的劳动合同。

2. 根据劳动合同的期限划分

根据劳动合同的期限不同，可将劳动合同分为以下几种。

(1) 有固定期限的劳动合同。它是指用人单位和劳动者在订立劳动合同时明确约定合同终止的期限的劳动合同。

(2) 无固定期限的劳动合同。它是指用人单位与劳动者约定无确定终止时间的劳动合同。《劳动合同法》规定，用人单位与劳动者协商一致，可以订立无固定期限劳动合同。有下列情形之一，劳动者提出或者同意续订、订立劳动合同的，除劳动者提出订立固定期限劳动合同外，应当订立无固定期限劳动合同：①劳动者在该用人单位连续工作满 10 年的；②用人单位初次实行劳动合同制度或者国有企业改制重新订立劳动合同时，劳动者在该用人单位连续工作满 10 年且距法定退休年龄不足 10 年的；③连续订立二次固定期限劳动合同，且劳动者没有本法第三十九条和第四十条第一项、第二项规定的情形，续订劳动合同的。另外，用人单位自用工之日起满 1 年不与劳动者订立书面劳动合同的，视为用人单位与劳动者已订立无固定期限劳动合同。

(3) 以完成一定工作为期限的劳动合同。它是指用人单位与劳动者约定以某项工作的完成为合同期限的劳动合同。有下列情形之一的，用人单位可选择与劳动者签订以完成一定工作任务为期限的劳动合同：①以完成单项工作任务为期限的劳动合同；②因季节原因临时用工的劳动合同；③其他双方约定的以完成一定工作任务为期限的劳动合同。

二、劳动合同的订立

劳动合同的订立是指劳动者和用人单位经过充分协商，就合同的主要条款达成一致后签署劳动合同，确立劳动关系的法律行为。劳动合同的订立过程即是劳动关系确立的过程，劳动合同的订立也要经过要约和承诺两个阶段。《劳动法》规定，订立和变更劳动合同，应当遵循平等自愿、协商一致的原则，不得违反法律、行政法规的规定。订立劳动合同还须符合前述劳动者与用人单位的条件。

(一)劳动合同订立过程中当事人的权利义务

当事人的知情权。劳动者与用人单位建立劳动关系是对双方权利义务的重大处分，是一个非常严肃的过程，因而保证劳动合同双方的信息对称是建立公平的劳动关系的重要基础。《劳动合同法》第八条规定：“用人单位招用劳动者时，应当如实告知劳动者工作内容、工作条件、工作地点、职业危害、安全生产状况、劳动报酬，以及劳动者要求了解的其他情况；用人单位有权了解劳动者与劳动合同直接相关的基本情况，劳动者应当如实说明。”但对明显与劳动用工无关的信息，如血型、宗教信仰等，当事人有权拒绝回答。

用人单位在招用中的义务。用人单位招用劳动者，不得扣押劳动者的居民身份证和其他证件，不得要求劳动者提供担保或者以其他名义向劳动者收取财物，否则用人单位将受到相应的处罚。

(二)劳动合同的内容

劳动合同的内容是指劳动者与用人单位双方通过平等协商所达成的关于劳动权利和劳动义务的具体条款。劳动合同的内容包括必备条款和非必备条款。

劳动合同的必备条款是指由法律规定的劳动合同中必须具备不可缺少的内容。我国《劳动合同法》第十七条规定："劳动合同应当具备以下条款：①用人单位的名称、住所和法定代表人或者主要负责人；②劳动者的姓名、住址和居民身份证或者其他有效身份证件号码；③劳动合同期限；④工作内容和工作地点；⑤工作时间和休息休假；⑥劳动报酬；⑦社会保险；⑧劳动保护、劳动条件和职业危害防护；⑨法律、法规规定应当纳入劳动合同的其他事项。"

劳动合同非必备条款是劳动者和用人单位之间在必备条款之外，根据双方的具体情况，经过协商认为需要约定的条款。我国《劳动合同法》规定用人单位与劳动者可以约定试用期、培训、保守秘密、补充保险和福利待遇等其他事项。

关于试用期问题，《劳动合同法》作了明确规定：劳动合同期限 3 个月以上不满 1 年的，试用期不得超过 1 个月；劳动合同期限 1 年以上不满 3 年的，试用期不得超过 2 个月；3 年以上固定期限和无固定期限的劳动合同，试用期不得超过 6 个月。同一用人单位与同一劳动者只能约定一次试用期。以完成一定工作任务为期限的劳动合同或者劳动合同期限不满 3 个月的，不得约定试用期。试用期包含在劳动合同期限内。

三、劳动合同的效力

劳动合同的效力是指劳动合同的内容对双方当事人的约束力。劳动合同生效的前提是劳动合同成立，合同成立是当事人对合同的内容协商一致并达成合意的状态，是合同订立过程终结的后果。

无效劳动合同是指所订立的劳动合同不符合法定条件，不能发生当事人预期的法律后果的劳动合同。无效劳动合同从订立时起就没有法律约束力。《劳动合同法》第二十六条规定："下列劳动合同无效或者部分无效：①以欺诈、胁迫的手段或者乘人之危，使对方在违背真实意思的情况下订立或者变更劳动合同的；②用人单位免除自己的法定责任、排除劳动者权利的；③违反法律、行政法规强制性规定的。"

全部无效劳动合同，是指劳动合同当事人和基本内容不符合法定条件，劳动合同条款全部无效。部分无效劳动合同，是指劳动合同的部分条款不符合法定条件，但是并不影响劳动合同的基本内容的，不符合法定条件的那一部分条款无效，其余条款仍有效。

对劳动合同的无效或者部分无效有争议的，由劳动争议仲裁机构或者人民法院确认。

四、劳动合同的履行与变更

当事人订立的劳动合同生效后，应该根据一定的原则按照法律规定或当事人约定履行劳动合同，一方当事人也可以依据法律规定或当事人约定变更劳动合同。

(一)劳动合同的履行

劳动合同的履行是指劳动合同当事人依照劳动合同的规定，履行合同规定的义务和行使合同规定的权利的行为。劳动合同的履行应当遵循以下几项原则：①全面履行原则。劳动合同的全面履行是指劳动合同双方当事人都必须严格、全面地依照法律和合同的约定履行自己的义务。②亲自履行原则。劳动关系是具有人身关系性质的社会关系以及劳动合同是特定主体之间的合同都要求劳动合同的履行只能在订立合同的特定主体之间进行。劳动法律关系确立后，劳动者不允许请他人代为劳动。③诚实信用履行原则。劳动合同双方当事人在履行合同过程中应遵循诚实信用原则，根据法律的规定和合同的性质、目的、习惯履行通知、协助、保密等义务。

《劳动合同法》对劳动合同的履行还作了一些特别规定具体包括：①用人单位应当按照劳动合同约定和国家规定，向劳动者及时足额支付劳动报酬。用人单位拖欠或者未足额支付劳动报酬的，劳动者可以依法向当地人民法院申请支付令，人民法院应当依法发出支付令。②用人单位应当严格执行劳动定额标准，不得强迫或者变相强迫劳动者加班。用人单位安排加班的，应当按照国家有关规定向劳动者支付加班费。③劳动者可以拒绝用人单位管理人员违章指挥、强令冒险作业。④用人单位变更名称、法定代表人、主要负责人或者投资人等事项，不影响劳动合同的履行。⑤用人单位发生合并或者分立等情况，原劳动合同继续有效，劳动合同由承继其权利和义务的用人单位继续履行。

(二)劳动合同的变更

劳动合同的变更，是在劳动合同履行过程中，因出现法定或约定情况，当事人对已经生效的合同条款进行修改或补充。劳动合同的变更不包括主体的变化。劳动合同的变更主要有以下原因：①订立合同所依据的法律法规已经废止或修改；②因不可抗力无法履行原合同；③经用人单位与劳动者协商一致依法变更；④当事人一方情况发生变化，需要改变合同内容的，如企业转产、重组或劳动者健康状况发生改变。

五、劳动合同的解除

劳动合同的解除，是指劳动合同订立后尚未全部履行之前，由于某种原因导致劳动合同一方或双方当事人提前终止劳动关系的法律行为。我国《劳动法》《劳动合同法》规定的劳动合同的解除主要包括法定解除和协商解除两种。法定解除是指出现国家法律、法规或合同规定的可以解除劳动合同的情况时，不需当事人双方一致同意，合同效力可以自然终止或单方提前终止。协商解除是指合同双方当事人因某种原因，在双方自愿的情况下，互相协商，在彼此达成一致的基础上提前终止劳动合同的效力。

(一)用人单位单方解除劳动合同

1. 用人单位直接解除劳动合同的情形

《劳动合同法》第三十九条规定：“劳动者有下列情形之一的，用人单位可以解除劳动合同：①在试用期间被证明不符合录用条件的；②严重违反用人单位规章制度的；③严重失职，营私舞弊，给用人单位造成重大损害的；④劳动者同时与其他用人单位建立劳动关系，对完成本单位的工作任务造成严重影响，或者经用人单位提出，拒不改正的；⑤因本法第二十六条第一款第一项规定的情形致使劳动合同无效的；⑥被依法追究刑事责任的。”

2. 用人单位提前通知解除劳动合同的情形

《劳动合同法》第四十条规定：“有下列情形之一的，用人单位提前 30 日以书面形式通知劳动者本人或者额外支付劳动者一个月工资后，可以解除劳动合同：①劳动者患病或者非因工负伤，在规定的医疗期满后不能从事原工作，也不能从事由用人单位另行安排的工作的；②劳动者不能胜任工作，经过培训或者调整工作岗位，仍不能胜任工作的；③劳动合同订立时所依据的客观情况发生重大变化，致使劳动合同无法履行，经用人单位与劳动者协商，未能就变更劳动合同内容达成协议的。”

3. 用人单位经济性裁员解除劳动合同的情形

《劳动合同法》第四十一条规定：“有下列情形之一，需要裁减人员 20 人以上或者裁减不足 20 人但占企业职工总数 10%以上的，用人单位提前 30 日向工会或者全体职工说明情况，听取工会或者职工的意见后，裁减人员方案经向劳动行政部门报告，可以裁减人员：①依照企业破产法规定进行重整的；②生产经营发生严重困难的；③企业转产、重大技术革新或者经营方式调整，经变更劳动合同后，仍需裁减人员的；④其他因劳动合同订立时所依据的客观经济情况发生重大变化，致使劳动合同无法履行的。”

用人单位依照上述规定裁减人员，在 6 个月内重新招用人员的，应当通知被裁减的人员，并在同等条件下优先招用被裁减的人员。

在裁减人员时，企业应当优先留用下列人员：①与本单位订立较长期限的固定期限劳动合同的；②与本单位订立无固定期限劳动合同的；③家庭无其他就业人员，有需要扶养的老人或者未成年人的。

4. 用人单位解除劳动合同的相关义务

用人单位单方解除劳动合同，应当事先将理由通知工会。用人单位违反法律、行政法规规定或者劳动合同约定的，工会有权要求用人单位纠正。

用人单位应当在解除或者终止劳动合同时出具解除或者终止劳动合同的证明，并在 15 日内为劳动者办理档案和社会保险关系转移手续。

用人单位违反《劳动合同法》规定解除或者终止劳动合同，劳动者要求继续履行劳动合同的，用人单位应当继续履行；劳动者不要求继续履行劳动合同或者劳动合同已经不能继续履行的，用人单位应当依照《劳动合同法》规定支付赔偿金。

(二)劳动者单方解除劳动合同

《劳动合同法》第三十八条规定：“用人单位有下列情形之一的，劳动者可以解除劳动合同：①未按照劳动合同约定提供劳动保护或者劳动条件的；②未及时足额支付劳动报酬的；③未依法为劳动者缴纳社会保险费的；④用人单位的规章制度违反法律、法规的规定，损害劳动者权益的；⑤因本法第二十六条第一款规定的情形致使劳动合同无效的；⑥法律、行政法规规定劳动者可以解除劳动合同的其他情形。用人单位以暴力、威胁或者非法限制人身自由的手段强迫劳动者劳动的，或者用人单位违章指挥、强令冒险作业危及劳动者人身安全的，劳动者可以立即解除劳动合同。”

根据上述情况解除劳动合同，劳动者无须支付违约金。

《劳动合同法》第三十七条规定：“劳动者提前 30 日以书面形式通知用人单位，可以解除劳动合同。劳动者在试用期内提前 3 日通知用人单位，可以解除劳动合同。”

(三)用人单位解除劳动合同的限制

《劳动合同法》第四十二条规定：“劳动者有下列情形之一的，用人单位不得依照本法第四十条、第四十一条的规定解除劳动合同：①从事接触职业病危害作业的劳动者未进行离岗前职业健康检查，或者疑似职业病病人在诊断或者医学观察期间的；②在本单位患职业病或者因工负伤并被确认丧失或者部分丧失劳动能力的；③患病或者非因工负伤，在规定的医疗期内的；④女职工在孕期、产期、哺乳期的；⑤在本单位连续工作满 15 年，且距法定退休年龄不足 5 年的；⑥法律、行政法规规定的其他情形。”

(四)解除劳动合同的经济补偿

《劳动合同法》第四十六条规定：“有下列情形之一的，用人单位应当向劳动者支付经济补偿：①劳动者依照本法第三十八条规定解除劳动合同的；②用人单位依照本法第三十六条规定向劳动者提出解除劳动合同并与劳动者协商一致解除劳动合同的；③用人单位依照本法第四十条规定解除劳动合同的；④用人单位依照本法第四十一条第一款规定解除劳动合同的；⑤除用人单位维持或者提高劳动合同约定条件续订劳动合同，劳动者不同意续订的情形外，依照本法第四十四条第一项规定终止固定期限劳动合同的；⑥依照本法第四十四条第四项、第五项规定终止劳动合同的；⑦法律、行政法规规定的其他情形。”

经济补偿按劳动者在本单位工作的年限，每满 1 年支付 1 个月工资的标准向劳动者支付。6 个月以上不满 1 年的，按 1 年计算；不满 6 个月的，向劳动者支付半个月工资的经济补偿。用人单位依照《劳动合同法》有关规定应当向劳动者支付经济补偿的，在办结工作交接时支付。用人单位依法终止工伤职工的劳动合同的，除依照《劳动合同法》的规定支付经济补偿外，还应当依照国家有关工伤保险的规定支付一次性工伤医疗补助金和伤残就业补助金。

劳动者月工资高于用人单位所在直辖市、设区的市级人民政府公布的本地区上年度职工月平均工资 3 倍的，向其支付经济补偿的标准按职工月平均工资 3 倍的数额支付，向其支付经济补偿的年限最高不超过 12 年。这里的月工资是指劳动者在劳动合同解除或者终止前 12 个月的平均工资。经济补偿的月工资按照劳动者应得工资计算，包括计时工资或者计件工资以及奖金、津贴和补贴等货币性收入。

(五)解除劳动合同时的违约金

有下列情形之一，用人单位与劳动者解除约定服务期的劳动合同的，劳动者应当按照劳动合同的约定向用人单位支付违约金：①劳动者严重违反用人单位的规章制度的；②劳动者严重失职，营私舞弊，给用人单位造成重大损害的；③劳动者同时与其他用人单位建立劳动关系，对完成本单位的工作任务造成严重影响，或者经用人单位提出，拒不改正的；④劳动者以欺诈、胁迫的手段或者乘人之危，使用人单位在违背真实意思的情况下订立或者变更劳动合同的；⑤劳动者被依法追究刑事责任的。

六、劳动合同的终止

【专栏 15-3】

《〈劳动合同法〉实施条例》的相关规定

劳动合同终止是指因劳动合同确定的权利义务关系消亡而致劳动法律关系结束。《劳动合同法》第四十四条规定："有下列情形之一的，劳动合同终止：①劳动合同期满的；②劳动者开始依法享受基本养老保险待遇的；③劳动者死亡，或者被人民法院宣告死亡或者宣告失踪的；④用人单位被依法宣告破产的；⑤用人单位被吊销营业执照、责令关闭、撤销或者用人单位决定提前解散的；⑥法律、行政法规规定的其他情形。"

第四节　工时制度和工资制度

工时制度与工资制度是劳动法的重要内容，关系到劳动者的切身利益。在我国，部分用人单位不讲诚信，任意延长劳动时间且不付加班费，这是劳动法所不允许的。

一、工作时间和休息时间

工作时间和休息时间都有法律规定，一般情况下劳动者连续劳动一定的时间后都需要休息一定的时间，以恢复劳动力。劳动者正常劳动时间之外的劳动就是加班，应获得用人单位支付的相应报酬。

(一)工作时间

工作时间是指劳动者为履行劳动义务，在法定期限内应当从事劳动或工作的时间。工作时间是劳动法律关系中的劳动者对用人单位履行劳动义务、从事劳动和工作的时间。工作时间的长度由法律直接规定，或通过集体合同或劳动合同在法定范围内约定。工作时间包括每日工作的小时数、每周工作的天数和小时数。工作日有以下几类。

(1) 标准工作日。标准工作日是法律规定的国家机关、社会团体、企业事业单位在正常情况下普遍实行的工作日。我国的标准工时为劳动者每日工作时间 8 小时，每周工作时间 40 小时，一周工作 5 天。实行计件工作的劳动者，用人单位根据前述工作时间，合理确定其劳动定额和计件报酬标准。

(2) 缩短工作日。缩短工作日是指在法定的特殊情况下实行的工作时间少于标准工作日时间的工作日。我国《劳动法》规定下列情况可以缩短工作时间：①从事矿山井下、高山、严重有毒有害、特别繁重和过度紧张的体力劳动工人；②从事夜班工作的职工；③哺乳期内的女职工；④未成年工。

(3) 延长工作日。延长工作日是指职工在每个工作日的工作时间超过标准工作日时间长度的工作日制度。加班是典型的延长工作日。我国《劳动法》规定用人单位由于生产经营的需要，经与工会和劳动者协商后，可以延长工作时间，一般每日不得超过 1 小时；因特殊原因需要延长工作时间的，在保障劳动者身体健康的条件下延长工作时间每日不得超过 3 小时，而且每月累计不得超过 36 小时。但有下列特殊情况和紧急任务之一的，延长

工作时间不受以上限制：①发生自然灾害、事故或者因其他原因，使人民的安全健康和国家资产遭到严重威胁，需要紧急处理的；②生产设备、交通运输线路、公共设施发生故障，影响生产和公众利益，必须及时抢修的；③必须利用法定节日或公休假日的停产期间进行设备检修、保养的；④为完成国防紧急任务或者完成上级在国家计划外安排的其他紧急生产任务，以及商业、供销企业在旺季完成收购、运输、加工农副产品紧急任务的。

延长工作日后，应该补休，无法补休时，可以补发工资。补发工资的标准为：①安排劳动者延长工作时间的，支付不低于工资的 150%的工资报酬；②休息日安排劳动者工作又不能安排补休的，支付不低于工资的 200%的工资报酬；③法定休假日安排劳动者工作的，支付不低于工资的 300%的工资报酬。

(二)休息休假时间

休息休假时间是劳动者在法定工作时间之外由劳动者自由支配的时间。

(1) 劳动者的休息时间。我国《劳动法》规定，劳动者工作日内有相应的间隙休息时间，工作日之间也应有足够的休息时间，用人单位还应保证劳动者每周至少休息 1 日。

(2) 法定节假日。它是指全体人民或部分人民的休息日。法定的节假日，用人单位应安排劳动者休息。我国相关法律法规规定的全体人民的节假日有：元旦、春节、清明节、国际劳动节、端午节、中秋节、国庆节。部分人民的节假日有：妇女节、青年节、儿童节、建军节。

(3) 带薪年休假。我国《劳动法》规定，国家实行带薪年休假制度。《职工带薪年休假条例》规定：职工累计工作已满 1 年不满 10 年的，年休假 5 天；已满 10 年不满 20 年的，年休假 10 天；已满 20 年的，年休假 15 天。国家法定休假日、休息日不计入年休假的假期。单位确因工作需要不能安排职工休年休假的，经职工本人同意，可以不安排职工休年休假。对职工应休未休的年休假天数，单位应当按照该职工日工资收入的 300%支付年休假工资报酬。但职工有下列情形之一的，不享受当年的年休假：①职工依法享受寒暑假，其休假天数多于年休假天数的；②职工请事假累计 20 天以上且单位按照规定不扣工资的；③累计工作满 1 年不满 10 年的职工，请病假累计 2 个月以上的；④累计工作满 10 年不满 20 年的职工，请病假累计 3 个月以上的；⑤累计工作满 20 年以上的职工，请病假累计 4 个月以上的。

(4) 探亲假。探亲假是指与父母或配偶分居两地的职工，在一定期限内所享受的一定期限的带薪假期。工作满 1 年的固定职工，与配偶不住在一起，又不能在公休假团聚的，每年给予一方探亲假 1 次，假期为 30 天；未婚职工探望父母，原则上每年给假 1 次，假期为 20 天；已婚职工探望父母，每 4 年给假 1 次，假期为 20 天。

二、工资制度

劳动法中的工资制度，是有关工资的组成、协商确定、发放和最低工资制度等一系列制度的总称。工资即劳动报酬，是指职工因履行劳动义务而获得的，由用人单位以法定或约定的方式支付的各种形式的物质补偿。工资的分配应当遵循按劳分配原则，实行同工同酬。工资的种类一般包括：计时工资、计件工资、奖金、津贴和补贴、延长工作时间的工资报酬以及特殊情况下支付的工资等。工资是劳动者劳动收入的主要组成部分。

用人单位可以根据本单位的特点和经济效益，依法自主确定本单位的工资的分配形式。工资应当以货币形式按月支付给劳动者本人。以货币形式支付工资是国际上通行的做法，在我国工资应当依法定货币支付，不得以实物及有价证券替代货币支付。按月支付指每月至少应发放一次工资，实行月薪制的单位，工资必须每月发放。实行小时工资制和周工资制的人员，工资也可以按日或周发放。超过企业与职工约定或劳动合同规定的每月支付工资的时间发放工资即为不按月支付。用人单位应足额向劳动者支付工资，不得克扣或者无故拖欠劳动者的工资。“克扣”是指用人单位对履行了劳动合同规定的义务和责任，保质保量完成生产工作任务的劳动者，不支付或未足额支付其工资。但下列情形不属于克扣劳动者工资：①国家的法律、法规中有明确规定的；②依法签订的劳动合同中有明确规定的；③用人单位依法制定并经职代会批准的厂规、厂纪中有明确规定的；④企业工资总额与经济效益相联系，经济效益下浮时，工资必须下浮的，但支付给提供正常劳动职工的工资不得低于当地的最低工资标准；⑤因劳动者请事假等相应减发工资等。

我国还实行最低工资制度。所谓最低工资是指劳动者在法定工作时间内正常履行劳动义务的，应在其所在单位获得的劳动报酬的最低标准。用人单位向劳动者支付的工资不得低于当地最低工资标准。最低工资的确定实行政府、工会、企业三方代表民主协商的原则。确定和调整最低工资标准应当综合参考下列因素：①劳动者本人及平均赡养人口的最低生活费用；②社会平均工资水平；③劳动生产率；④就业状况；⑤地区之间经济发展水平的差异。当上述因素发生变化时，应当适时调整最低工资标准，每年最多调整一次。

第五节　违反劳动法律的法律责任

违反劳动法律的法律责任，是指用人单位、劳动者、劳动行政部门等各种主体因违反劳动法律而依法应当承担的法律后果。责任形式主要有行政责任、民事责任和刑事责任。

一、违反《劳动法》的法律责任

用人单位违反法律规定，延长劳动者工作时间的，由劳动行政部门给予警告，责令改正，并可以处以罚款。

用人单位的劳动安全设施和劳动卫生条件不符合国家规定或者未向劳动者提供必要的劳动防护用品和劳动保护设施的，由劳动行政部门或者有关部门责令改正，可以处以罚款；情节严重的，提请县级以上人民政府决定责令停产整顿；对事故隐患不采取措施，致使发生重大事故，造成劳动者生命和财产损失的，对责任人员依法追究刑事责任。

用人单位非法招用未满 16 周岁的未成年人的，由劳动行政部门责令改正，处以罚款；情节严重的，由工商行政管理部门吊销营业执照。用人单位违反《劳动法》对女职工和未成年工的保护规定，侵害其合法权益的，由劳动行政部门责令改正，处以罚款；对女职工或者未成年工造成损害的，应当承担赔偿责任。

用人单位无故不缴纳社会保险费的，由劳动行政部门责令其限期缴纳；逾期不缴的，可以加收滞纳金。国家工作人员和社会保险基金经办机构的工作人员挪用社会保险基金，构成犯罪的，依法追究刑事责任。

用人单位无理阻挠劳动行政部门、有关部门及其工作人员行使监督检查权，打击报复举报人员的，由劳动行政部门或者有关部门处以罚款；构成犯罪的，对责任人员依法追究刑事责任。

劳动行政部门或者有关部门的工作人员滥用职权、玩忽职守、徇私舞弊，构成犯罪的，依法追究刑事责任；不构成犯罪的，给予行政处分。

违反《劳动法》规定侵害劳动者合法权益，其他法律、行政法规已规定处罚的，依照该法律、行政法规的规定处罚。

二、违反《就业促进法》的法律责任

劳动行政等有关部门及其工作人员滥用职权、玩忽职守、徇私舞弊的，对直接负责的主管人员和其他直接责任人员依法给予处分。

地方各级人民政府和有关部门、公共就业服务机构举办经营性的职业中介机构，从事经营性职业中介活动，向劳动者收取费用的，由上级主管机关责令限期改正，将违法收取的费用退还劳动者，并对直接负责的主管人员和其他直接责任人员依法给予处分。

未经许可和登记，擅自从事职业中介活动的，由劳动行政部门或者其他主管部门依法予以关闭；有违法所得的，没收违法所得，并处1万元以上5万元以下的罚款。职业中介机构提供虚假就业信息，为无合法证照的用人单位提供职业中介服务，伪造、涂改、转让职业中介许可证的，由劳动行政部门或者其他主管部门责令改正；有违法所得的，没收违法所得，并处1万元以上5万元以下的罚款；情节严重的，吊销职业中介许可证。职业中介机构扣押劳动者居民身份证等证件的，由劳动行政部门责令限期退还劳动者，并依照有关法律规定给予处罚。违反本法规定，职业中介机构向劳动者收取押金的，由劳动行政部门责令限期退还劳动者，并以每人500元以上2000元以下的标准处以罚款。

企业未按照国家规定提取职工教育经费，或者挪用职工教育经费的，由劳动行政部门责令改正，并依法给予处罚。

侵害劳动者合法权益，造成财产损失或者其他损害的，依法承担民事责任；构成犯罪的，依法追究刑事责任。

违反《就业促进法》实施就业歧视的，劳动者可以向人民法院提起诉讼。

三、违反《劳动合同法》的法律责任

用人单位直接涉及劳动者切身利益的规章制度违反法律、法规规定的，由劳动行政部门责令改正，给予警告；给劳动者造成损害的，应当承担赔偿责任。

用人单位提供的劳动合同文本未载明《劳动合同法》规定的劳动合同必备条款或者用人单位未将劳动合同文本交付劳动者的，由劳动行政部门责令改正；给劳动者造成损害的，应当承担赔偿责任。

用人单位自用工之日起超过1个月不满1年未与劳动者订立书面劳动合同的，应当向劳动者每月支付2倍的工资。用人单位违反本法规定不与劳动者订立无固定期限劳动合同的，自应当订立无固定期限劳动合同之日起向劳动者每月支付2倍的工资。用人单位违反《劳动合同法》规定解除或者终止劳动合同的，应当依照该法第四十七条规定的经济补偿标准的 2 倍向劳动者支付赔偿金。

用人单位违反《劳动合同法》规定与劳动者约定试用期的，由劳动行政部门责令改正；违法约定的试用期已经履行的，由用人单位以劳动者试用期满月工资为标准，按已经履行的超过法定试用期的期间向劳动者支付赔偿金。

用人单位违法扣押劳动者居民身份证等证件的，由劳动行政部门责令限期退还劳动者本人，并依照有关法律规定给予处罚。用人单位违反本法规定，以担保或者其他名义向劳动者收取财物的，由劳动行政部门责令限期退还劳动者本人，并以每人 500 元以上 2000 元以下的标准处以罚款；给劳动者造成损害的，应当承担赔偿责任。劳动者依法解除或者终止劳动合同，用人单位扣押劳动者档案或者其他物品的，依上述规定处罚。

用人单位有下列情形之一的，由劳动行政部门责令限期支付劳动报酬、加班费或者经济补偿；劳动报酬低于当地最低工资标准的，应当支付其差额部分；逾期不支付的，责令用人单位按应付金额 50%以上 100%以下的标准向劳动者加付赔偿金：①未按照劳动合同的约定或者国家规定及时足额支付劳动者劳动报酬的；②低于当地最低工资标准支付劳动者工资的；③安排加班不支付加班费的；④解除或者终止劳动合同，未依照《劳动合同法》规定向劳动者支付经济补偿的。

用人单位有下列情形之一的，依法给予行政处罚；构成犯罪的，依法追究刑事责任；给劳动者造成损害的，应当承担赔偿责任：①以暴力、威胁或者非法限制人身自由的手段强迫劳动的；②违章指挥或者强令冒险作业危及劳动者人身安全的；③侮辱、体罚、殴打、非法搜查或者拘禁劳动者的；④劳动条件恶劣、环境污染严重，给劳动者身心健康造成严重损害的。

用人单位未按规定向劳动者出具解除或者终止劳动合同的书面证明的，由劳动行政部门责令改正；给劳动者造成损害的，应当承担赔偿责任。用人单位招用与其他用人单位尚未解除或者终止劳动合同的劳动者，给其他用人单位造成损失的，应当承担连带赔偿责任。

对不具备合法经营资格的用人单位的违法犯罪行为，依法追究法律责任；劳动者已经付出劳动的，该单位或者其出资人应当依照本法有关规定向劳动者支付劳动报酬、经济补偿、赔偿金；给劳动者造成损害的，应当承担赔偿责任。

个人承包经营违反本法规定招用劳动者，给劳动者造成损害的，承包的组织与个人承包经营者承担连带赔偿责任。

劳动合同依照《劳动合同法》第二十六条规定被确认无效，给对方造成损害的，有过错的一方应当承担赔偿责任。

劳动者违反《劳动合同法》规定解除劳动合同，或者违反劳动合同中约定的保密义务或者竞业限制，给用人单位造成损失的，应当承担赔偿责任。

劳动行政部门和其他有关主管部门及其工作人员玩忽职守、不履行法定职责，或者违法行使职权，给劳动者或者用人单位造成损害的，应当承担赔偿责任；对直接负责的主管人员和其他直接责任人员，依法给予行政处分；构成犯罪的，依法追究刑事责任。

【专栏 15-4】

孔某与北京某物业管理公司劳动争议纠纷案

本章小结

以《劳动法》为基本法的劳动法律制度是以保护劳动者权益为出发点的，同时也保护用人单位的权益。劳动者参加劳动就会形成一定的劳动关系，但是并不是一切劳动关系都受劳动法调整，如自雇者的劳动，只有劳动者与用人单位形成的符合劳动法律规定的劳动关系才适用劳动法。根据《劳动法》《劳动合同法》的规定，劳动者与用人单位形成劳动关系必须订立书面的劳动合同，并在劳动合同中约定清楚双方当事人的权利义务。读者要注意的是，《劳动合同法》在劳动行为能力、劳动争议处理、试用期、劳动合同的签订以及经济补偿金方面都较《劳动法》有所突破。例如经济补偿金，以前劳动合同终止用人单位是不用支付劳动者经济补偿金的，只有在用人单位解除劳动合同等情况下才支付劳动者经济补偿金。《劳动合同法》还规定在一定期限内用人单位不与劳动者签订书面劳动合同时，用人单位要支付劳动者双倍的工资。在劳动争议处理中，改变了以往的仲裁前置程序，给予当事人选择救济方式更大的自主性。总之《劳动合同法》针对市场经济发展中出现的问题加强了对劳动者的保护力度。本章我们还介绍了《就业促进法》的主要内容。

复习思考题

1. 简述劳动关系及其特征。
2. 试述劳动法律关系。
3. 试述国家和政府在促进就业中的职责。
4. 简述用人单位招用人员的管理规定。
5. 简述劳动合同的主要内容。
6. 试述劳动者解除劳动合同的规定。
7. 试述用人单位解除劳动合同的规定。
8. 简述工资制度的主要内容。

案例分析

主管做了半年廉价工，《劳动合同法》能否维权？

国庆前夕，王小姐一肚子气离开了上海某科技公司。她在该公司做满 3 个月试用期后，又被“考察”了 3 个月，等于“试用”了两次。最后老总告诉她，“你不适合这份工作”，于是王小姐只好离开公司。由于最初 3 个月是“试用期”，王小姐工资只有 800 元，而公司里同级别的主管每个月拿 2200 元。王小姐 2007 年刚刚攻读完硕士，2008 年 4 月到这家公司应聘。公司刚刚开发了一个新项目，技术比较高端。公司让王小姐做主管，并签订“试用期合同”：如双方期满后都感觉合适，再签订 3 年的合同。

王小姐兢兢业业地在公司一直干到 7 月初，终于可以“转正”，但公司又说“再考察 3 个月”。王小姐很不情愿地熬到 9 月底，老总主动找到王小姐，“你很有能力，但你不适合这份工作。”一句话，将做了半年“廉价工”的王小姐轻松踢走。之后，她从另一个主管圈中得知，这个项目期限就是半年！由于涉及专业比较高端，“留下你，平时也难得用到，浪费成本”。

(资料来源：葛玉辉. 新劳动合同法使用解析[M]. 北京：经济管理出版社，2008.)

根据上述情况，回答下列问题：

(1) 此案中公司试用期的规定是否违法？

(2) 此案中王小姐能得到多少经济补偿金？

第十六章　经济仲裁和诉讼法律制度

本章导读：

经济仲裁和诉讼是为当事人解决经济纠纷而设立的正式法律制度。在市场经济条件下，大量的经济活动中产生纠纷在所难免。经济纠纷是指在市场经济活动中，市场主体之间发生的经济权利和经济义务的纷争。防止和减少经济纠纷的发生、及时地解决已经产生的经济纠纷对于我国社会主义市场经济体制的完善、促进经济的可持续发展、构建和谐社会都有极为重要的意义。

我国解决经济纠纷的主要方式有：协商、调解、经济仲裁和经济诉讼。《辞海》(2010)认为协商就是共同商量以便取得一致意见。经济纠纷中的协商是指当事人在发生经济纠纷后，本着互谅互让的原则，就纠纷的实质问题，在分清是非、消除误解、明确责任的基础上，自愿达成和解协议而解决争议的一种方式。调解是指当事人自愿将争议交由第三方并由该第三方主持从中调停，在明辨是非、分清责任、互谅互让的基础上，促使双方就争议事项达成和解协议的一种解决争议的方式。调解主要有民间调解、行政调解和仲裁诉讼中的调解。民间调解又称人民调解，是指在村民委员会、居民委员会或企业、事业单位所设立的人民调解委员会主持下，调解民事纠纷的一种方式，达成的调解协议不具有法律上的强制力。行政调解是指在国家行政机关主持下对特定的经济纠纷和其他纠纷依法进行的调解，调解范围仅限于行政机关职权管辖之内的事项，调解协议一般不具有法律的强制力。仲裁裁决、法院判决前的调解，在效力与上述民间调解、行政调解的效力不同。仲裁机关和法院的调解书在送达当事人后，和生效的仲裁裁决书、法院判决书的效力一样，一方当事人不履行时，另一方当事人可向人民法院申请强制执行。

学习目标：

本章主要介绍的内容有：经济仲裁的概念与特征、经济仲裁的原则、仲裁委员会、仲裁协议、仲裁程序及仲裁决议及其执行、涉外经济仲裁、经济纠纷审判机构及其受案范围、经济案件的管辖、经济纠纷审理的程序规则等。通过本章学习，读者要了解经济纠纷的解决方式、仲裁委员会的组成、涉外经济仲裁的相关规定、经济诉讼的基本原则；理解和掌握经济仲裁的概念、特征及仲裁的原则，仲裁协议的效力，仲裁的程序规则，仲裁决议的执行；掌握和理解经济诉讼的含义，经济案件的管辖，一审普通程序、审判监督程序、督促程序、公示催告程序、执行程序的具体规定。

关键概念：

经济仲裁(Economic Arbitration)
诉讼(Lawsuit)
当事人(Party)
原告(Plaintiff)

被告(Defendant)

证据(Evidence)

第一节 经济仲裁法律制度

经济仲裁是解决经济纠纷的常用手段之一。不仅在我国，在国际上经济仲裁也成了当事人容易接受的解决经济纠纷的重要方式。

一、经济仲裁概述

与协商、调解、诉讼相比，经济仲裁有其独特的一面，有自己独立的原则，其仲裁的案件仅仅限于法定的范围。

(一)经济仲裁的含义及特征

仲裁也称为公断，是解决争议或纠纷的一种方法。《中国大百科全书》(2009)将其定义为："双方当事人在争议发生前或者发生后达成协议，约定将争议提交由双方选定的仲裁机构处理，由仲裁员审理后作出对双方当事人具有法律约束力的裁决。"

经济仲裁，是指经济纠纷当事人在纠纷发生前或者发生后自愿达成书面仲裁协议，将他们之间的纠纷提交给当事人选定的仲裁机构进行审理并作出裁决，以解决纠纷的方法。经济仲裁是我们对国内经济仲裁和涉外经济仲裁的一种概括性说法，是通过仲裁方法解决各类合同纠纷、国际经济贸易纠纷、海事纠纷的裁决活动。它不同于解决国家争端的国际仲裁、解决劳动争议的劳动仲裁、解决行政争议的行政仲裁。

经济仲裁的特征包括：①经济仲裁是一种自愿解决争议的准司法方法；②经济仲裁解决争议具有较大的灵活性，因为当事人可以选择审理争议的仲裁员和仲裁适用的规则；③从各国立法及相关仲裁规则看，经济仲裁裁决为终局裁决；④与法院判决相比，经济仲裁裁决在外国法院更容易得到承认与执行。

(二)仲裁法的概念

仲裁法是指调整在仲裁过程中发生的各种关系的法律规范的总称，其内容主要包括：仲裁的范围和基本原则、仲裁机构的地位及设立、仲裁庭的组成和仲裁程序的进行、当事人和仲裁机构在仲裁中的权利与义务、仲裁裁决的效力及其执行等。

为适应改革开放的需要，保证公正、及时的仲裁经济纠纷，保护当事人的合法权益，保障社会主义市场经济健康发展，1994 年 8 月 31 日第八届全国人大常委会第九次会议通过了《中华人民共和国仲裁法》(以下简称《仲裁法》)，自 1995 年 9 月 1 日起施行，并分别于 1995 年 9 月 1 日、2017 年 9 月 1 日，由全国人大常务委员会进行了两次修正。

(三)经济仲裁的基本原则

仲裁的基本原则，是贯穿仲裁机构仲裁经济纠纷案件整个过程的，对仲裁活动起着指导作用或在仲裁活动进行的各阶段起着主导作用的行为准则。根据我国《仲裁法》的规定，经济仲裁有以下几项基本原则。

(1) 自愿原则。自愿原则是仲裁制度的基本原则，体现在以下几方面：①当事人是否将他们之间发生的纠纷提交仲裁，由其自愿协商决定；②当事人双方协商选定仲裁机构；③仲裁庭的组成形式可以由当事人约定；④当事人可约定交由仲裁解决的争议事项；⑤当事人还可以约定审理方式、开庭形式等有关的程序事项。

(2) 以事实为根据，以法律为准绳的原则。这是我国处理经济纠纷的一项基本原则，也是《仲裁法》的基本原则。《仲裁法》第七条规定："仲裁应当根据事实、符合法律规定、公平合理地解决纠纷。"

(3) 仲裁独立的原则。仲裁员在独立的基础上公正办案，是正确裁决案件的保证。《仲裁法》第八条规定："仲裁依法独立进行，不受行政机关、社会团体和个人的干涉。"《仲裁法》第十四条进一步规定："仲裁委员会独立于行政机关，与行政机关没有隶属关系。仲裁委员会之间也没有隶属关系。"这是实现独立仲裁的组织保证。仲裁独立不仅指仲裁机构的独立性，也包括仲裁员办案的独立性。仲裁庭办理案件时，不仅不受行政机关、社会团体和个人的干涉，也不受仲裁委员会本身的干涉。

(4) 一裁终局原则。《仲裁法》第九条规定："仲裁实行一裁终局的制度。裁决作出后，当事人就同一纠纷再申请仲裁或者向人民法院起诉的，仲裁委员会或人民法院不予受理。"因此，裁决书自作出之日起发生法律效力，当事人应当履行裁决。一方当事人不履行的，另一方当事人可以依法向人民法院申请强制执行。

(四)经济仲裁的范围

经济仲裁范围是指依法设立的仲裁委员会可以受理何种当事人的何种纠纷的问题。根据《仲裁法》第二条、第三条的规定，经济仲裁的范围包括平等主体的公民、法人和其他组织之间发生的合同纠纷和其他财产权益纠纷。此外《仲裁法》明确规定，婚姻、收养、监护、抚养、继承纠纷和依法应由行政机关处理的行政争议，不能仲裁。

二、仲裁机构和仲裁委员会

仲裁机构是指常设的备有较为完善的仲裁规则和仲裁员名册，并有完整的管理和服务，保证顺利完成仲裁事项的组织。国际上，仲裁机构通常都是民间组织，如美国、英国、瑞典等国的仲裁机构即如此，但有的仲裁机构和政府有密切联系，如韩国商事仲裁院，政府在经费上有所资助，还有一些仲裁机构是官方或半官方组织。我国的国内经济仲裁机构是根据《仲裁法》设立的仲裁委员会。

(一)仲裁委员会

仲裁委员会是组织进行仲裁工作，解决经济纠纷的事业单位法人，独立于行政机关。

1. 仲裁委员会的设立

根据《仲裁法》第十一条规定，仲裁委员会应当具备下列条件：①有自己的名称、住所和章程；②有必要的财产；③有该委员会的组成人员，即仲裁委员会主任、副主任和委员，组成仲裁委员会的管理机构，以委员会的形式实施对仲裁机构的组织、领导和管理；④有聘任的仲裁员。仲裁员是直接实施具体仲裁行为的人，没有仲裁员，仲裁委员会将不能开展正常工作。

在仲裁委员会设立的程序上，我国《仲裁法》第十条规定："仲裁委员会可以在直辖市和省、自治区人民政府所在地的市设立，也可以根据需要在其他设区的市设立，不按行政区划层层设立。"由上述规定的市人民政府组织有关部门和商会统一组建，到省、自治区、直辖市的司法行政部门办理设立登记，未经登记设立的，其仲裁裁决不具有法律效力。登记机关在收到申请登记文件之日起 10 日内，对符合设立条件的仲裁委员会予以设立登记，并发给登记证书；对不符合条件的，不予登记。

经登记的仲裁委员会变更其住所、组成人员的，应当在变更后 10 日内向登记机关备案。仲裁委员会决议终止的，也应当向登记机关办理注销登记。登记机关对仲裁委员会的设立登记和注销登记，自作出登记之日起生效，予以公告，并报司法行政部门备案。

2. 仲裁委员会的组成

仲裁委员会由主任 1 人、副主任 2～4 人和委员 7～11 人组成。仲裁委员会的主任、副主任和委员由法律、经济贸易专家和有实际工作经验的人员担任，仲裁委员会的组成人员中，法律、经济贸易专家不得少于 2/3，从而保证了仲裁委员具有较高的专业水平。

3. 仲裁员的资格

仲裁员是仲裁经济纠纷的裁判者，在具体案件的仲裁过程中，居于主持人和裁决者的地位，对于仲裁案件的进程和裁决结果起着决定性作用，在一裁终局的情况下尤其如此。根据《仲裁法》的规定，仲裁委员会要设置自己的仲裁员名册。仲裁员资格的取得应符合下列条件。

(1) 品德条件。《仲裁法》第十三条规定，仲裁委员会应当从公道正派的人中聘任仲裁员。所以仲裁员必须能秉公办事，尊重事实和法律、平等对待双方当事人，不偏不倚，公正裁决。

(2) 业务条件。根据《仲裁法》第十三条规定，仲裁员应当符合下列条件之一：①通过国家统一法律职业资格考试取得法律职业资格，取得法律职业资格，从事仲裁工作满 8 年；②从事律师工作满 8 年的；③曾任法官满 8 年的；④从事法律研究，教学工作并具有高级职称的；⑤具有法律知识、从事经济贸易等专业工作并且具有高级职称或者具有同等专业水平的。

(二)仲裁协会

中国仲裁协会是我国的仲裁管理机构，是社会团体法人。仲裁委员会是中国仲裁协会的成员。中国仲裁协会的章程由全国会员大会制定，中国仲裁协会是仲裁委员会的自律性组织，根据章程对仲裁委员会及其组成人员、仲裁员的违纪行为进行监督。中国仲裁协会依照本法和民事诉讼法的有关规定制定仲裁规则。

三、仲裁协议

仲裁协议是仲裁机构受理当事人经济纠纷的前提，由当事人自愿达成。当事人达成的仲裁协议必须符合法定的条件才有效。

(一)仲裁协议的概念和内容

【专栏 16-1】

仲裁条款和仲裁协议是否有效?

仲裁协议，是指当事人一致同意将他们之间业已发生或将来可能发生的经济纠纷交付仲裁解决的一种协议。仲裁协议具有法律拘束力，它既是任何一方当事人将争议提交仲裁的依据，也是仲裁机构或仲裁庭受理经济争议案件的依据，因而被称为仲裁的基石。

仲裁协议包括下列内容：①请求仲裁的意思表示；②仲裁事项；③选定的仲裁委员会。

(二)仲裁协议的效力

仲裁协议一旦订立对当事人就具有了法律约束力。仲裁协议有效必须具备以下条件：①仲裁协议订立人必须是完全民事行为能力人；②双方自愿申请仲裁；③仲裁事项不超出法律规定的仲裁范围；④仲裁协议须为书面形式。

《仲裁法》第十七条规定，有下列情形之一的，仲裁协议无效：①约定的仲裁事项超出法律规定的仲裁范围的；②无民事行为能力人或限制民事行为能力人订立的仲裁协议；③一方采取胁迫手段，迫使对方订立仲裁协议的。

仲裁协议对仲裁事项或者仲裁委员会没有约定或者约定不明确的，当事人可以补充协议；达不成补充协议的，仲裁协议无效。仲裁协议独立存在，合同的变更、解除、终止或者无效，不影响仲裁协议的效力。当事人对仲裁协议的效力有异议的，可以请求仲裁委员会作出决定或者请求人民法院作出裁定。一方请求仲裁委员会作出决定，另一方请求人民法院作出裁定的，由人民法院裁定。当事人对仲裁协议的效力有异议，应当在仲裁庭首次开庭前提出。

四、仲裁程序

仲裁程序主要包括仲裁的申请与受理、仲裁庭的组成、开庭和裁决、仲裁裁决的撤销及仲裁裁决的执行等内容。

(一)申请和受理

1. 申请仲裁应当符合的条件

当事人申请仲裁应当符合以下条件：①有仲裁协议；②有具体的仲裁请求和事实、理由；③属于仲裁委员会的受理范围。

2. 受理

当事人申请仲裁，应当向仲裁机构递交仲裁协议、仲裁申请书及副本。仲裁委员会收到仲裁申请书之日起 5 日内，认为符合受理条件的，应当受理，并通知当事人；认为不符合受理条件的，应当书面通知当事人不予受理，并说明理由。

(二)仲裁庭的组成

仲裁庭是依双方当事人的约定可以由 3 名仲裁员或者 1 名仲裁员组成。由 3 名仲裁员组成的，设首席仲裁员。

当事人约定由 3 名仲裁员组成仲裁庭的，应当各自选定或者各自委托仲裁委员会主任指定 1 名仲裁员，第 3 名仲裁员由当事人共同选定或者共同委托仲裁委员会主任指定。第 3 名仲裁员是首席仲裁员。当事人约定由 1 名仲裁员成立仲裁庭的，应当由当事人共同选定或者共同委托仲裁委员会主任指定仲裁员。当事人没有在仲裁规则规定的期限内约定仲裁庭的组成方式或者选定仲裁员的，由仲裁委员会主任指定。

仲裁员有下列情形之一的，必须回避：①是本案的当事人或者当事人、代理人的近亲属；②与本案有利害关系；③与本案当事人、代理人有其他关系，可能影响公正仲裁的；④私自会见当事人、代理人，或者接受当事人、代理人的请客送礼的。

此外，当事人也有权提出回避申请。当事人提出回避申请的，应当说明理由，在首次开庭前提出。回避事由在首次开庭后知道的，可以在最后一次终结前提出。仲裁员是否回避，由仲裁委员会主任决定；仲裁委员会主任担任仲裁员时，由仲裁委员会集体决定。

(三)开庭和裁决

1. 开庭

仲裁应当开庭进行。当事人协议不开庭的，仲裁庭可以根据仲裁申请书、答辩书以及其他材料作出裁决。仲裁不公开进行。当事人协议公开的，可以公开进行，但涉及国家秘密的除外。

仲裁委员会应当在仲裁规则规定的期限内将开庭日期通知双方当事人。当事人有正当理由的，可以在仲裁规则规定的期限内请求延期开庭。是否延期，由仲裁庭决定。申请人经书面通知，无正当理由不到庭或者未经仲裁庭许可中途退庭的，可以视为撤回仲裁申请。被申请人经书面通知，无正当理由不到庭或者未经仲裁庭许可中途退庭的，可以缺席裁决。

仲裁庭应当将开庭情况记入笔录，并由仲裁员、记录人、当事人和其他仲裁参与人签名或盖章。当事人申请仲裁后，可以自行和解。达成和解协议的，可以请求仲裁庭根据仲裁协议作出裁决书，也可以撤回仲裁申请。

2. 调解

仲裁中的调解是指在仲裁庭的主持下，当事人在自愿协商和互谅互让的基础上达成一致意见以解决纠纷的一种结案方式。仲裁庭在作出裁决之前，可以先行调解。当事人自愿调解的，仲裁庭应当调解。调解不成的，应当及时作出裁决。调节达成协议的，仲裁庭应当制作调解书或根据协议的结果制作裁决书。调解书和裁决书具有同等法律效力。

调解书应当写明仲裁请求和当事人协议的结果。调解书由仲裁员签名，加盖仲裁委员会印章，送达双方当事人。调解书经双方当事人签收后，即发生法律效力。在调解书签收前双方当事人反悔的，仲裁庭应及时作出裁决。

3. 裁决

裁决书应当写明仲裁请求、争议事实、裁决理由、裁决结果、仲裁费用的负担和裁决日期。当事人协议不愿写明争议事实和裁决理由的，可以不写。裁决书由仲裁员签名，加盖仲裁委员会印章。对裁决持不同意见的仲裁员，可以签名，也可以不签名。仲裁庭仲裁纠纷时，其中一部分事实已经清楚，可以就该部分先行裁决。对裁决书中的文字、计算错误或者仲裁庭已经裁决但在裁决书中遗漏的事项，仲裁庭应当补正；当事人自收到裁决书之日起30日内，可以请求仲裁庭补正。裁决书自作出之日起发生法律效力。

(四)仲裁裁决的撤销

申请撤销仲裁裁决，是指对不符合法律规定情况的仲裁裁决，经由当事人提出申请，人民法院组成合议庭审查核实，裁定撤销仲裁裁决的行为。

当事人提出证据证明裁决有下列情形之一的，可以自收到裁决书之日起 6 个月内向仲裁委员会所在地的中级人民法院申请撤销裁决：①没有仲裁协议的；②裁决的事项不属于仲裁协议的范围或仲裁委员会无权仲裁的；③仲裁庭的组成或者仲裁的程序违反法定程序的；④裁决所根据的证据是伪造的；⑤对方当事人隐瞒了足以影响公正裁决的证据的；⑥仲裁员在仲裁该案时有索贿受贿，徇私舞弊，枉法裁决行为的；⑦人民法院认定该裁决违背社会公共利益的。

人民法院应当在受理撤销裁决申请之日起 2 个月内作出撤销裁决或者驳回申请的裁定。人民法院受理撤销裁决的申请后，认为可以由仲裁庭重新仲裁的，通知仲裁庭在一定期限内重新仲裁，并裁定中止撤销程序。仲裁庭拒绝重新仲裁的，人民法院应当裁定恢复撤销程序。

(五)仲裁裁决的执行

《仲裁法》第六十二条规定：“当事人应当履行裁决。一方当事人不履行的，另一方当事人可以依照《民事诉讼法》的有关规定向人民法院申请强制执行。受申请的人民法院应当执行。”申请执行必须遵守《民事诉讼法》规定的申请期限，无正当理由逾期提出申请执行的，人民法院可以驳回申请，不予执行。人民法院在执行中的其他问题，按照《民事诉讼法》的有关规定办理。

被申请人提出证据证明裁决有《民事诉讼法》第二百三十七条第二款规定情形之一的，经人民法院组成合议庭审查核实，裁定不予执行。一方当事人申请执行裁决，另一方当事人申请撤销裁决的，人民法院应当裁定中止执行。人民法院裁定撤销裁定的，应当裁定终结执行。撤销裁定的申请被裁定驳回的，人民法院应当恢复执行。

五、涉外经济仲裁

有些当事人的经济纠纷是具有涉外因素的，那就应该选择涉外仲裁机构进行仲裁。

(一)涉外仲裁的概念

涉外仲裁，又称为国际商事仲裁，是我国的涉外仲裁机构对涉外经济、贸易、运输和海事中所发生的争议，依照仲裁程序进行仲裁的活动。

(二)涉外仲裁的法律适用

《仲裁法》第六十五条规定，涉外经济贸易、运输和海事中发生的纠纷的仲裁，适用

《仲裁法》第七章“涉外仲裁的特别规定”的规定，第七章没有规定的，适用《仲裁法》其他有关规定。

(三)涉外仲裁机构

《仲裁法》第六十六条规定：“涉外仲裁委员会可以由中国国际商会组织设立。涉外仲裁委员会由主任一人、副主任若干人和委员若干人组成。涉外仲裁委员会的主任、副主任和委员可以由中国国际商会聘任。”该法第六十七条还规定：“涉外仲裁委员会可以从具有法律、经济贸易、科学技术等专门知识的外籍人士中聘请仲裁员。”

我国现有两个常设涉外仲裁机构，一是中国国际经济贸易仲裁委员会；二是中国海事仲裁委员会。二者均附属于中国国际贸易促进委员会(中国国际商会)。

(四) 涉外仲裁的几项特别规定

《仲裁法》对涉外仲裁的特别规定主要有以下几项。

(1) 涉外仲裁的当事人申请证据保全的，涉外仲裁委员会应当将当事人的申请提交证据所在地的中级人民法院。

(2) 涉外仲裁的仲裁庭可以将开庭情况记入笔录，或者作出笔录要点，笔录要点可以由当事人和其他仲裁参与人签字或者盖章。

(3) 涉外仲裁委员会作出的发生法律效力的仲裁裁决，当事人请求执行的，如果被执行人或者其财产不在中华人民共和国领域内，应当由当事人直接向有管辖权的外国法院申请承认和执行。

(4) 涉外仲裁规则可由中国国际商会依照《仲裁法》和《民事诉讼法》有关规定制定。

第二节　经济诉讼法律制度

经济诉讼，是指人民法院在双方当事人和其他诉讼参与人参加下，审理和解决经济纠纷的活动。我国没有经济诉讼立法，因此在经济纠纷的诉讼中，主要是依照《民事诉讼法》的有关规定来解决经济纠纷。

一、经济诉讼的基本原则

经济诉讼的基本原则是法律规定的在整个诉讼过程中起指导作用的基本准则，主要包括以下几项原则。

(1) 当事人诉讼权利平等原则。《民事诉讼法》规定，诉讼当事人有平等的诉讼权利，人民法院审理经济纠纷案件，应当保障和便利当事人行使诉讼权利，但当事人诉讼权利平等，不等于诉讼权利相同。民事诉讼中的诉讼权利和诉讼义务是对等的。

(2) 法院调解原则。该原则是指人民法院审理民事、经济纠纷案件时，对于能够调解解决的案件，在双方当事人自愿的条件下，查明事实、分清是非，依法说服和指导双方当事人达成协议，以调解方式结案。

(3) 辩论原则。该原则是指在人民法院主持下，当事人有权就案件事实和争议的问题，各自陈述其主张和根据，互相进行反驳和答辩。辩论权是当事人的一项重要诉讼权利，贯穿审判程序的全过程。

(4) 检察监督原则。人民检察院是国家的法律监督机关，对经济审判活动进行监督，是法律赋予它的一项重要职权，也是它行使法律监督权的一项重要内容。

(5) 处分原则。处分原则是指民事诉讼当事人在法律规定的范围内自由支配自己依法享有的民事权利和诉讼权利。当事人行使处分权利贯穿在整个诉讼过程中。

(6) 支持起诉原则。机关、社会团体、企业事业单位对损害国家、集体或者个人民事权益的行为，可以支持受损害的单位或者个人向人民法院起诉。这通常是对受害人负有保护责任的组织，如妇联、共青团或街委会对弱势群体履行的职责。

二、经济纠纷审理机构受案范围及案件管辖

经济纠纷的案件目前由人民法院民事审判庭第二庭受理。但对于当事人之间产生的纠纷应该由哪个法院来审理，在《民事诉讼法》中是通过案件管辖的规定来解决的。

(一)经济纠纷审判机构及其受案范围

我国的经济纠纷案件由民事审判庭第二庭受理，具体范围包括合同纠纷案件；涉外或港澳台经济纠纷案件；农村承包合同纠纷案件；经济损害赔偿纠纷案件；企业破产案件；企业承包合同和企业租赁经营合同纠纷案件等。

另外，我国分别在大连、天津、青岛、上海、宁波、厦门、广州、海口、北海和武汉设立了海事法院，它们与普通中级人民法院同级，二审法院为各海事法院所在地的高级人民法院。海事法院受理的案件包括海事侵权纠纷案件、海商合同纠纷案件、共同海损纠纷案件、海事执行案件和海事请求保全案。

(二)案件管辖

管辖，是指确定各级人民法院之间和同级人民法院之间受理第一审经济纠纷案件的分工和权限的制度。对当事人而言，管辖实际上是经济纠纷发生后，当事人应当向哪一级、哪一个人民法院起诉的问题；对法院而言，是对具体经济案件如何行使审判权的问题。

1. 级别管辖

级别管辖是指按照一定的标准划分上下级法院之间受理第一审经济案件的分工和权限。确定各级法院的级别管辖可依据被诉主体的隶属关系、诉讼标的金额、案件疑难复杂程度、社会影响大小等因素。

我国的法院分为最高、高级、中级和基层四级人民法院。基层人民法院管辖除法律规定必须由上级法院直接管辖之外的所有第一审案件。中级人民法院管辖下列第一审案件：①重大涉外经济纠纷案件；②在本辖区内有重大影响的经济纠纷案件；③最高人民法院确定由中级人民法院管辖的经济纠纷案件。高级人民法院管辖在本辖区内有重大影响的第一审经济纠纷案件。最高人民法院管辖在全国有重大影响的，以及认为应当由其审理的第一审经济纠纷案件。

2. 地域管辖

地域管辖是指同级人民法院之间受理第一审民事经济案件的分工和权限，它分为一般地域管辖、特殊地域管辖、专属管辖和协议管辖。

(1) 一般地域管辖。一般地域管辖是指以当事人住所地与法院的隶属关系确定的管辖，主要由被告住所地法院管辖，即“原告就被告”原则。

(2) 特殊地域管辖。特殊地域管辖，又称特别管辖，通常是指不以被告所在地，而以引起诉讼的法律事实的所在地、诉讼标的所在地为标准确定诉讼的管辖法院。其种类包括：①因合同纠纷提起的诉讼由被告住所地或合同履行地法院管辖；②因保险合同纠纷提起的诉讼，由被告住所地或保险标的物所在地法院管辖；③因票据纠纷提起的诉讼，由票据支付地或被告住所地法院管辖；④因公司设立、确认股东资格、分配利润、解散等纠纷提起的诉讼，由公司住所地法院管辖；⑤因运输合同纠纷提起的诉讼，由运输始发地、目的地或被告住所地法院管辖；⑥因侵权行为而提起的诉讼，由侵权行为地、被告住所地法院管辖；⑦因交通事故请求赔偿提起的诉讼，由事故发生地、车辆或船舶最先到达地、航空器最先降落地或被告住所地人民法院管辖；⑧因船舶碰撞或其他海事损害事故请求损害赔偿提起的诉讼，由碰撞发生地、碰撞船舶最先到达地、加害船舶被扣留地或被告住所地法院管辖；⑨因海难救助费提起的诉讼，由救助地或被救船舶最先到达地的法院管辖；⑩因共同海损提起的诉讼，由船舶最先到达地、共同海损理算地或航程终止地法院管辖。

(3) 专属管辖。专属管辖是指法律规定某些案件只能由特定的人民法院管辖，它具有强制性和排他性。对专属管辖的案件，其他任何法院均无管辖权，当事人也不得协议变更管辖法院。属于我国法院专属管辖的案件，外国法院无权管辖。我国的专属管辖有三类：①因不动产纠纷提起的诉讼，由不动产所在地人民法院管辖；②因港口作业中发生的纠纷提起的诉讼，由港口所在地法院管辖；③因继承纠纷提起的诉讼，由被继承人死亡时住所地或主要遗产所在地人民法院管辖。

(4) 协议管辖。协议管辖是双方当事人以书面协议自愿达成选择解决其民事、经济纠纷的管辖法院。协议管辖应符合以下条件：①必须是第一审合同纠纷和其他财产权益纠纷案件；②只能在被告住所地、合同履行地、合同签订地、原告住所地、标的物所在地的法院中选择一个法院，不得违反《民事诉讼法》关于级别管辖、专属管辖的规定；③必须采用书面形式。

3. 裁定管辖

裁定管辖是指根据人民法院的裁定确定诉讼的管辖法院。我国《民事诉讼法》规定的裁定管辖有三种：①移送管辖是指人民法院发现已受理的案件不属于本法院管辖，依法将案件移送有管辖权的人民法院受理，是对地域管辖的补充；②指定管辖是上级人民法院因发生特殊情况而指定辖区内的某一下级法院行使管辖权；③管辖权转移，是指经上级人民法院决定或同意，将某个案件的管辖权由上级人民法院转交给下级人民法院，或由下级人民法院报请后转交给上级人民法院，是对级别管辖的一种变通和补充。

4.管辖权异议

管辖权异议是指当事人认为受诉人民法院对该案无管辖权，而向该法院提供的不服该法院管辖的意见或主张，是当事人行使诉讼权利的表现。提出管辖权异议的条件包括：①提出管辖权异议的主体必须是本案的当事人；②管辖权异议的客体是第一审民事案件的管辖权；③提出管辖权异议的时间须在提交答辩状期间。

三、审判组织和诉讼参加人

(一)审判组织

具体审理案件的法庭是由 3 名法官组成的合议庭，符合一定条件的案件可适用简易程序审理，由审判员一人单独审理。

(二)当事人

1. 原告

原告是指为维护本人或依法由其管理、保护的民事权益而以自己的名义向人民法院起诉，启动民事诉讼程序的人。

2. 被告

被告是指为原告利益对立，被原告起诉而由法院通知应诉的人。

3. 共同诉讼人

二人以上的一方或双方当事人统称为共同诉讼人。共同诉讼人包括共同原告及共同被告。

4. 第三人

第三人是指对他人争议的诉讼标的有独立请求权，或者虽无独立的请求权，但案件的处理结果与其有法律上的利害关系，而参加到原告、被告已经开始的诉讼中进行诉讼的人。对原告、被告争议的诉讼标的认为有独立请求权，或者案件处理结果可能与其有法律上的利害关系。这是第三人参加诉讼的根据。第三人同原告或者被告存在某种民事法律关系，案件的审理结果可能与第三人有法律上的利害关系，这是第三人区别于共同诉讼人和诉讼代理人的根本之点。

5. 诉讼代表人

诉讼代表人是指为了便于诉讼，由人数众多的一方当事人推选出来，代表其利益实施诉讼行为的人。我国的诉讼代表人制度，是以共同诉讼制度为基础，并吸收了诉讼代理制度的机能。

(三)诉讼代理人

诉讼代理人是指以当事人的名义，在一定权限范围内，为当事人的利益进行诉讼活动的人。因代理权的不同可分为法定诉讼代理人和委托诉讼代理人。诉讼代理的目的在于维护被代理人的合法权益，因此只能以被代理人的名义进行诉讼，而不能以自己的名义进行诉讼。诉讼代理人是有诉讼行为能力的人。没有诉讼行为能力的人，不能作为诉讼代理人。在诉讼中，如果诉讼代理人丧失了诉讼行为能力，也就丧失了诉讼代理人的资格。

四、经济纠纷案件审理的具体程序规则

我国法院在审理经济案件时采用的是两审终审制，即经过一审的案件，当事人不服判决的，可以向上级法院提起上诉，经过上诉审的案件的判决即为终审判决，不管当事人服不服判决，都应该执行。当然当事人仍然享有申请再审、申诉、申请检察机关抗诉等权利，但不影响案件判决的生效和执行。

(一)第一审普通程序

第一审程序是指人民法院审理民事、经济案件时普遍适用的基础程序。第一审程序是民事、经济审判程序中体系最完整、内容最完备的一种程序，包括普通程序和简易程序。第一审普通程序具有程序的完整性、广泛的适用性特点。简易程序是普通程序的简化。

1. 起诉和受理

起诉是公民、法人或其他组织，认为自己的民事、经济权利受到侵犯或与他人产生争议，以自己的名义，请求人民法院依法审判，给予司法保护的诉讼行为。受理是指人民法院通过审查原始的起诉，认为符合起诉条件，而决定立案审理的诉讼行为。普通程序的开始是起诉与受理两个诉讼行为的结合。

起诉必须符合下列条件：①原告是与本案有直接利害关系的公民、法人和其他组织；②有明确的被告；③有具体的诉讼请求和事实、理由；④在人民法院受理民事经济案件的范围内，属于受诉人民法院管辖。

起诉应向人民法院递交起诉状，并按照被告人数提出副本；书写确实有困难的，可以口头起诉。人民法院审查后，认为符合起诉条件的，应在7日内立案，并通知当事人；认为不符合起诉条件的，应在7日内裁定不予受理，原告对裁定不服的，可以提起上诉。

2. 审理前的准备

审理前的准备，是人民法院受理案件后，在开庭审理前，为保证案件顺利开庭审判，依法所做的各项准备工作。例如，将起诉书的副本在立案之日起 5 日内送达被告，被告在收到起诉状副本之日起 15 日内提出答辩状。被告不提出答辩状的，不影响人民法院审理。又如，在合议庭确定后3日内告知当事人，决定是否采取财产保全和先予执行等；对于案情比较复杂或者证据数量较多的案件，人民法院可以组织当事人在开庭前向对方出示或者交换证据，并将交换证据的情况记录在卷。

【专栏 16-2】

证据的种类

3. 开庭审理

开庭审理是指人民法院在当事人和其他诉讼参与人的参加下，全面审查，认定案件事实，并依法作出裁定或调解的活动。它是普通程序中最重要的阶段和中心环节，由庭审准备、宣布开庭、庭审调查、法庭辩论、评议和判决几个阶段组成。

法庭调查的顺序：①当事人陈述；②告知证人的权利义务，证人作证，宣读未到庭的证人证言；③出示书证、物证和视听资料；④宣读鉴定结论；⑤宣读勘验笔录。

法庭辩论的顺序：①原告及其诉讼代理人发言；②被告及其诉讼代理人答辩；③第三人及其诉讼代理人发言或者答辩；④互相辩论。法庭辩论终结，由审判长按照原告、被告、第三人的先后顺序征询各方最后意见。

经济纠纷案件的审理，一般应公开进行，但涉及国家秘密或涉及商业秘密，经当事人申请不公开审理的除外。开庭时，当事人可以辩护；经法庭许可，可以向证人、鉴定人、勘验人发问；还可要求重新进行调查鉴定或勘验。当事人经人民法院传票传唤，无正当理由拒不到庭或未经法庭许可中途退庭的，若是原告，可按撤诉处理，被告反诉的，可以缺席判决；若是被告，可缺席判决。在判决前如当事人愿意，法院可主持调解。

人民法院宣告判决，不论案件是否公开审理，一律公开进行。宣告判决分为当庭宣判和定期宣判两种。当庭宣判的，应当在 10 日内送达判决书；定期宣判的，宣判后立即送达判决书。送达判决书时还应告知当事人上诉权利、上诉期限和上诉法院。当事人在判决书送达之日起 15 日内不上诉的，判决即发生法律效力。

简易程序是指基层人民法院和它派出的人民法庭审理简单案件所运用的既独立又简便易行的诉讼程序。简易程序适用于事实清楚、权利义务关系明确、争议不大的简单的案件。原告可以口头起诉，当事人双方可以同时到基层人民法院或者它派出的法庭，请求解决纠纷。适用简易程序审理的案件，由审判员一人独任审理，可随时传唤当事人、证人，不受普通程序中的法庭调查、法庭辩论等程序的限制。

我国《民事诉讼法》规定，部分案件的裁判不允许上诉，实行的是一审终审，包括：①最高人民法院直接受理和审判的一审民事案件；②依照特别程序审理的案件；③依照督促程序和公示催告程序审理的案件；④依照我国《民事诉讼法》第一百六十二条的规定所审理的小额诉讼案件。另外，根据《破产法》的规定，在企业破产程序中，除了对不予受理破产申请的裁定和驳回破产申请的裁定可以提起上诉外，对于其他裁定不允许提起上诉；根据最高人民法院《关于适用〈中华人民共和国婚姻法〉若干问题的解释(一)》的规定，对于申请宣告婚姻无效的案件，有关婚姻效力的判决一经作出，即发生法律效力，不允许提起上诉。

【专栏 16-3】

小额诉讼程序

(二)第二审程序

第二审程序是指当事人不服第一审人民法院作出的判决或裁定，依法请求上一级人民法院对案件进行审理所适用的程序。第二审程序因当事人上诉引起，上诉是当事人的诉讼行为，上诉权是当事人的重要诉讼权利。

上诉必须在法定期限内提出，即判决的上诉期限是判决书送达之日起 15 日内，裁定的上诉期限是裁定书送达之日起 10 日内。上诉必须递交上诉状，不允许口头形式上诉。上诉状应当通过原审人民法院提出，并按照对方当事人或者代理人的人数提供副本。

审理上诉案件，应由审判员组成合议庭进行。合议庭认为不需要开庭审理的，可直接判决或裁定。上诉审法院只对上诉请求的有关事实和适用的法律问题进行审查。

上诉审的裁判方式包括：①认为原判决认定事实清楚，适用法律正确的，判决驳回上诉、维持原判；②认为原判决适用法律错误的，依法改判、撤销或变更；③认为原判决认定基本事实不清，证据不足的，裁定撤销原判决，发回原审人民法院重审，或查清事实后改判；④认为原判决违反法定程序，可能影响案件正确判决的，裁定撤销原判决，发回原审法院重审。原审人民法院对发回重审的案件案作出判决后，当事人提起上诉的，第二审人民法院不得再次发回重审。

对判决的上诉案件，应在第二审立案之日起 3 个月内审结，有特殊情况需延长的，由本院院长批准；对裁定的上诉案件，应在第二审立案之日起 30 日内作出终审裁定。

当事人对第一审重审案件的判决、裁定不服的，仍可上诉。

(三)审判监督程序

审判监督程序是人民法院发现已发生法律效力的判决、裁定和调解书确有错误，依法决定对案件进行再审的程序。它是纠正已发生法律效力的判决、裁定错误的补救程序。

各级法院院长对本院已生效的判决、裁定，发现确有错误，认为需要再审的，应当提交审判委员会讨论决定。最高人民法院对地方各级人民法院已生效的判决、裁定，上级人民法院对下级人民法院已生效的判决、裁定发现确有错误的，有权提审或指令下级法院再审。最高人民检察院对各级人民法院已生效的判决、裁定，上级人民检察院对下级法院已生效的判决、裁定，发现确有错误的，应当提出抗诉，人民法院应当再审。

当事人对已生效的判决、裁定和调解书认为有错误的，可依法向原审法院或上一级人民法院申请再审，但不停止原判决、裁定的执行。决定再审的案件，裁定中止原判决的执行。此外，对违反法定程序可能影响案件正确判决、裁定的情形，或者审判人员在审理该案件时有贪污受贿、徇私舞弊、枉法裁判行为的，人民法院应当再审。

当事人申请再审，应当在判决、裁定发生法律效力后 2 年内提出；2 年后据以作出原判决、裁定的法律文书被撤销或者变更，以及发现审判人员在审理该案件时有贪污受贿、徇私舞弊、枉法裁判行为的，自知道或者应当知道之日起 3 个月内提出。

(四)督促程序

督促程序是人民法院根据债权人给付金钱和有价证券的申请，以支付令的形式，催促债务人限期履行义务的特殊程序。督促程序的适用必须符合以下条件：①督促程序的标的必须是具有给付内容的金钱和有价证券；②申请人的请求必须没有对待给付的义务，即债权人与债务人无其他债务纠纷；③支付令必须能够送达债务人；④必须向有管辖权的基层人民法院申请支付令。

债权人提出申请后，法院应当在 5 日内通知债权人是否受理。法院受理后，经审查认为债权、债务关系明确、合法的，应在受理之日起 15 日内向债务人发出支付令；申请不成立的，法院应裁定驳回。债务人自收到支付令之日起 15 日内清偿债务，或向法院提出书面异议。若债务人在法定期限内提出书面异议，法院应裁定终结督促程序，支付令自动失效，债权人可依普通程序向人民法院起诉；若债务人逾期不提异议又不履行支付义务，债权人可向人民法院申请强制执行。

(五)公示催告程序

公示催告程序是指人民法院根据申请人的申请，以公示方式催告不明的利害关系人于一定期间内申请权利，否则，产生票据无效或失权后果的程序。它对保护票据关系的合法权益，保障票据的正常使用和流通有重要意义。

公示催告程序只适用于可以背书转让的票据或法律规定的其他事项，当事人一方必须处于不明的状态。申请公示催告的条件包括：①必须是可以背书转让的票据或其他事项；②必须是基于票据遗失、灭失或被盗；③申请人是票据丧失前的最后持有人；④必须向票据支付地的基层人民法院申请。

人民法院受理申请后，应当通知支付人停止支付，并在 3 日内发出公告，催促利害关系人申请权利，公示催告的期间，不得少于 60 日。受公示催告的利益关系人，在公示催告期间可向法院申报，法院收到申报后，应裁定终结公示催告程序，并通知申请人和支付人。此时，申请人或申报人可向法院起诉。若无人申报或申报被驳回，法院应根据申请人的再次申请作出判决，宣告票据无效。自判决公告之日起，申请人有权向支付人请求支付。如果利害关系人因正当理由不能在判决前向法院申报，自知道或应当知道判决公告之日起 1 年内，可向作出判决的法院起诉。

(六)执行程序

执行程序是指人民法院执行组织进行执行活动和申请执行人、被执行人以及协助执行人进行执行活动必须遵守的程序。它是审判程序完成之后的独立程序，但不是必经程序。

人民法院实行审执分离。法院设立专司执行的执行局，执行工作由执行员负责。执行根据是人民法院执行所依据的具有给付内容的生效法律文书，具体有人民法院制作的判决书、裁定书、调解书、支付令，仲裁机构制作的裁决书，公证机关制作的具有强制执行效力的债权文书。执行对象只能是被执行人的财产和行为，不能是被执行人的人身。执行主要由当事人申请执行，申请执行的期间为 2 年。申请执行时效的中止、中断，适用法律有关诉讼时效中止、中断的规定。

根据《民事诉讼法》的规定，执行措施有以下几种：①查询、冻结、划拨被执行人的存款；②扣留、提取被执行人的收入；③查封、扣押、冻结、拍卖、变卖被执行人的财产；④搜查被执行人隐匿的财产；⑤强制被执行人迁出房屋或退出土地；⑥强制被执行人交付法律文书指定的财物或票证；⑦强制转移有关财产证照；⑧强制被执行人完成法律文书指定的行为；⑨强制被执行人支付迟延履行期间的利息或迟延履行金。

本章小结

经济纠纷的解决有多种方式。协商是双方当事人自行解决分歧的方式，也是在经济活动中最常用的方式。调解是由第三方介入解决当事人纠纷的方式，有了第三方的介入，说明当事人之间矛盾已经比较激烈，不可能自行解决了。仲裁和诉讼是当事人把已经发生的纠纷交由依法设立的专门的解决经济纠纷的机构进行解决，是一种最后解决纠纷的方式，但不一定是最好的方式。仲裁和诉讼的不同在于仲裁机构仍然具有第三方性质，而司法机构则是由国家依法专门设立的代表国家强制力的案件审理机构，其程序性、强制性、权威性是无可比拟的；但仲裁裁决和司法判决、裁定一样具有法律强制力。

复习思考题

1. 简述经济仲裁的受案范围。
2. 什么是仲裁协议？它包括哪些内容？
3. 试述经济诉讼的管辖。
4. 试述第一审普通程序。

案例分析

2015 年 5 月 24 日，受雇于刘某(车主)的张某驾车运货，途经一木桥时，桥断裂，连车带人掉入河中。张某摔伤后自费看病支付医疗费上万元。刘某多次找到该桥所有人——南河公司索赔，无果。刘某于 2016 年 1 月 25 日将其诉至法院，要求赔偿汽车修理费和停运损失费共计 13.5 万元。法院适用简易程序审理此案，指定了 15 日的举证期限，在此期间刘某向法院提供了汽车产权证和购车发票等证据。一审开庭时，刘某又向法院提供了修车发票。庭审调查中，被告南河公司主张该证据已超过举证期限，而刘某则解释说，迟延提出证据是因工作忙，未能及时索取发票，最后法官仍安排双方对该证据进行质证。经双方同意，法庭主持该案调解。在调解中，被告承认确有工作疏漏，未及时发布木桥弃用的公告；原告也承认，知道该木桥已弃用，但没想到会断裂。双方最终未能达成调解协议。2016 年 3 月 16 日，法院依据双方在调解中陈述的事实和情况，认定被告承担主要责任，原告承担次要责任；并根据相关证据判决被告赔偿原告汽车修理费和停运损失费共计 8 万元。刘某当即表示将提起上诉。

2016 年 3 月 29 日刘某因病去世。刘某之子小刘于 2016 年 4 月 5 日向法院提起上诉；同时提出相关证明材料，要求法院确认其当事人的诉讼地位，并顺延上诉期限，法院受理了小刘的上诉并同意顺延上诉期限。

2016 年 7 月 3 日二审法院作出判决：原审原告提供的汽车修理费的证据中数额不实，依据新的事实证据，被上诉人赔偿上诉人汽车修理费和停运损失费共计 4.5 万元。

(资料来源：刘勇. 经济法基础与实务[M]. 北京：高等教育出版社，2016.)

根据上述情况，回答下列问题：

(1) 请指出一审法院在审理中存在的问题，并说明理由。
(2) 小刘的上诉是否成立？为什么？
(3) 请评价二审法院的判决，并说明理由。
(4) 张某就自己的医疗费索赔可以向谁主张？为什么？

主要参考文献

1. 李昌麒．经济法学[M]．5 版．北京：中国政法大学出版社，2017.
2. 张守文．当代中国经济法理论的新视域[M]．北京：中国人民大学出版社，2018.
3. 李昌麒．经济法[M]．北京：清华大学出版社，2012.
4. 程宝山．中国经济法基本理论[M]．郑州：郑州大学出版社，2013.
5. 秦雷，王牧．经济法[M]．北京：中国方正出版社，2006.
6. 中国注册会计师协会．经济法[M]．北京：中国财政经济出版社，2018.
7. 李东方．证券法学[M]．3 版．北京：中国政法大学出版社，2017.
8. 孙晓洁．公司法原论[M]．北京：中国检察出版社，2011.
9. 梁慧星．民法总论[M]．5 版．北京：法律出版社，2017.
10. 王卫国．破产法精义[M]．北京：法律出版社，2007.
11. 岳彩申．金融法学[M]．2 版．北京：中国人民大学出版社，2015.
12. 徐学鹿．商法学[M]．北京：中国人民大学出版社，2015.
13. 王利明．合同法研究(1、2 卷) [M]．3 版．北京：中国人民大学出版社，2015.
14. 商务部法条司．中华人民共和国反垄断法理解与适用[M]．北京：法律出版社，2007.
15. 王先林．竞争法学[M]．北京：中国人民大学出版社，2015.
16. 付希业．企业产品质量法律风险管理实务[M]．北京：法律出版社，2012.
17. 随彭生．合同法要义[M]．4 版．北京：中国政法大学出版社，2015.
18. 王利明．物权法研究[M]．北京：中国人民大学出版社，2016.
19. 李永军．《中华人民共和国民法总则》精释与适用[M]．北京：中国民主法制出版社，2017.
20. 王全兴．劳动法[M]．4 版．北京：法律出版社，2017.
21. 仇晓光等．公司法基础理论与实务教程[M]．长春：吉林人民出版社，2016.
22. 中国注册会计师协会．税法[M]．北京：中国财政经济出版社，2017.
23. 李玫．银行法[M]．北京：对外经济贸易大学出版社，2014.
24. 孔祥俊．商标法适用的基本问题[M]．北京：中国法制出版社，2014.
25. 郭禾．知识产权法[M]．北京：中国人民大学出版社，2014.
26. 张玉敏．专利法[M]．厦门：厦门大学出版社，2017.
27. 法律出版社法规中心．中华人民共和国专利法注释本[M]．北京：法律出版社，2014.
28. 孙桂娟．经济法概论[M]．2 版．北京：高等教育出版社，2016.
29. 刘心稳．票据法[M]．3 版．北京：中国政法大学出版社，2015.
30. 陈锋．票据法[M]．成都：四川大学出版社，2017.
31. 刘勇．经济法基础与实务[M]．北京：高等教育出版社，2016.
32. 财政部会计资格评价中心．经济法基础[M]．北京：经济科学出版社，2017.
33. 王福友．经济法[M]．北京：高等教育出版社，2017.